投资是一场较量。不要抱怨找不到好的投资机会,
就看你是否树立了正确的投资理念,是否掌握了正确的投资方法。

理性投资，聪明理财
掌握技巧，成就人生

每天学点投资学大全集

孙豆豆 ◎ 编著

立信会计出版社

图书在版编目（CIP）数据

每天学点投资学大全集/孙豆豆编著. —上海：
立信会计出版社，2011.4
（超值金版）
ISBN 978-7-5429-2855-9

Ⅰ.①每… Ⅱ.①孙… Ⅲ.①投资经济学-通俗读物
Ⅳ.①F830.59-49

中国版本图书馆CIP数据核字（2011）第049753号

策划编辑　蔡伟莉
责任编辑　张巧玲
封面设计　久品轩

每天学点投资学大全集

出版发行	立信会计出版社			
地　　址	上海市中山西路2230号	邮政编码	200235	
电　　话	(021) 64411389	传　　真	(021) 64411325	
网　　址	www.lixinaph.com	电子邮箱	lxaph@sh163.net	
网上书店	www.shlx.net	电　　话	(021) 64411071	
经　　销	各地新华书店			
印　　刷	廊坊市华北石油华星印务有限公司			
开　　本	787毫米×1092毫米　　1/16			
印　　张	24			
字　　数	423千字			
版　　次	2011年4月第1版			
印　　次	2013年4月第4次			
书　　号	ISBN 978-7-5429-2855-9/F			
定　　价	29.00元			

如有印订差错，请与本社联系调换

前　言

"不懂投资又怎样？我们父母以前不都是这样过来的吗？"

"哎呀，钱够用就好，吃多少穿多少自有天定，犯不着折腾。"

"钱这玩意儿，想花就花！大不了老了之后，回老家种田去，照样活得开心！"

……

虽然时代在变化，可抱有这种想法的人，还真是不少。大概是被"投资"这个词的专业性和琐碎性吓唬住了吧，很多人宁愿选择坐在电视机前喋喋不休地抱怨着"物价飞涨，钱不够花"，也不愿意挪出一点儿时间，去研究一下"让钱生钱"的方法。

是啊是啊，烦心的事已经够多的了，既然"我们的日子为什么这么难"已经成为一本畅销书的名字了，那我们绝对有理由不再瞎折腾让自己添堵。可是，朋友啊，就在你一方面努力工作、节俭生活，另一方面随遇而安、浑沌度日的同时，你的财富已经在不知不觉中从钱袋的漏洞溜走了——原本可以买一套一居室的钱，现在只能买一个卫生间了；原本每月薪水尚有盈余，现在快不够偿还信用卡上的欠债了。

俗话说："人挣钱，累死人；钱挣钱，乐死人。"要想解决这类问题，唯一的途径就是转变思维。勇敢面对必须让钱"生仔"的"任务"，学习科学的投资方法，并及时付诸行动。

投资是一门大学问。在投资过程中，财富是一串有弹性的货币化数字符号，可以极速暴涨，也可以瞬间消失。收益的大小不仅取决于大环境，更取决于对投资工具的选择和投资技巧的运用。投资不是专业人士的专利，只要你掌握了一定的技巧和方法，你也可以在投资世界里游刃有余。

事实上，每个人都希望能通过投资到达财富的天堂。但是，我们应该明白，投资不是一时冲动，不是投机取巧，也不是凭借运气，而是需要恒心，需要智慧，需要战胜自我的毅力、和时间赛跑的比赛，是每个人通过学习和实践才能掌握的一门学问，一门艺术。所以，我们很有必要下大工夫钻研投资学，掌握其精髓。

知识改变命运，信念成就未来。本书以实用性和趣味性为原则，对投资工具的介绍全面细致，讲授道理深入浅出，通俗易懂；推荐的方法科学实用，切实可行；内容贴近生活，紧跟时尚，适合不同层次、不同类型读者的投资理财之需。相信通过阅读本书，你一定能轻松掌握有关投资的知识和技巧，从而尽快踏上财富的增值之路。

目录

观念篇
脑袋决定口袋——富豪大款，宁有种乎

第一章　注意：安稳守财的时代过去了
"守财奴"的日子不好过 …………………………… 2
靠攒钱成不了富翁 ……………………………… 4
必须跑在CPI前面 ………………………………… 5
你知道二八定律吗 ……………………………… 6
钱只有动起来才有收益 ………………………… 7
钱能"生"钱，让钱为你工作 …………………… 8

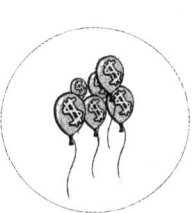

第二章　惊叹：只有不会赚钱的人，没有赚不了的钱
你为何没能变富人 ……………………………… 11
学会适宜的投资方法 …………………………… 13
投资理财的四个秘诀 …………………………… 14
家庭理财的几个误区 …………………………… 16
树立正确的投资观 ……………………………… 18
富人的六个财富经验 …………………………… 19
"月光族"的理财计划 …………………………… 20
适合"上班族"的理财法则 ……………………… 22
白领的理财规划 ………………………………… 24
月收入过万者的经济规划 ……………………… 26

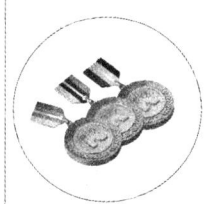

第三章　警惕：理财是你自己的事，切勿跟风
理财是自己的事 ………………………………… 28
"羊群效应"，厄运当头 ………………………… 30
别做贪婪的牺牲品 ……………………………… 31
切忌胡乱投资 …………………………………… 33

目录

投资自己，最值的赚钱方法 ………………………………… 34
把握投资的4个原则 …………………………………………… 36
理财要有新理念 ………………………………………………… 38

准备篇
明明白白赚大钱——把握先机，争取主动

第四章　筹划课：要有自己的理财目标
如何作投资财务计划 …………………………………………… 42
简明易行的理财规划四部 ……………………………………… 43
钱能生钱，也能生出富人 ……………………………………… 45
尽早理财，尽早获利 …………………………………………… 47
设定理财目标 …………………………………………………… 48
理财要考虑的其他问题 ………………………………………… 50

第五章　审查表：你现在的资产有多少
你有多少闲钱可以投资 ………………………………………… 54
你的财务是否陷入"亚健康" ………………………………… 56
财富亚健康成常态 ……………………………………………… 57
财富亚健康五大人群 …………………………………………… 58
如何使你的财富保持健康 ……………………………………… 60

第六章　基础课：投资须知的金融常识
重视理财知识，掌握理财技巧 ………………………………… 62
什么是泡沫经济 ………………………………………………… 63
了解专业投资术语 ……………………………………………… 64
如何正确评价投资回报 ………………………………………… 66
了解投资的税务知识 …………………………………………… 67

第七章　必杀技：钱生钱的投资学原理
资金的时间价值原理 …………………………………………… 70
什么是复利 ……………………………………………………… 71

复利真的可行吗	73
正复利与负复利	74
投资的杠杆原理	75
投资市场的不可预测性	76
投资市场的波动原理	78
投资的安全边际	81
投资的洼地效应	83

第八章　提高班：投资须读懂宏观经济

大环境决定小投资	85
经济危机带来投资的良机	87
利率调整中的投资理财机会	89
汇率变化中的投资理财机会	91
失业率和投资的关系大吗	93
货币供应量对投资的影响	95
消费者物价指数对投资的影响	97
投资的风向标GDP	99
投资的黄金分割律	101

第九章　补充课：不可忽视的投资风险

什么是风险	104
从风险角度看理财	105
风险的种类	106
风险的成因	108
风险的度量与回避	110
降低风险	112
投资与风险伴随	115
巴菲特如何规避风险	117

股票篇
最大众化的投资工具——看准再投，时运并存

第十章 入市须知：你了解什么是股票吗

- 股票的概念 …………………………………… 122
- 股票的内容 …………………………………… 123
- 股票的性质 …………………………………… 124
- 股票与储蓄的比较 …………………………… 125
- 股票与债券的比较 …………………………… 126
- 股票与投资基金的比较 ……………………… 127
- 股票与期货的比较 …………………………… 128
- 股票的作用——对于上市公司来说 ………… 128
- 股票的作用——对于股民来说 ……………… 129
- 股息和红利的来源 …………………………… 129

- 股息与红利的发放方式 ……………………… 130
- 除权与除息 …………………………………… 131
- 送红股的优势 ………………………………… 132
- 配股的利弊 …………………………………… 133
- 股息红利与投资回报 ………………………… 136
- 业绩增长与投资回报 ………………………… 136

第十一章 走进股市：怎样参与股票交易

- 股市交易术语——交易制度类 ……………… 138
- 股市交易术语——研判分析类 ……………… 141
- 股市交易术语——实盘交易类 ……………… 144
- 你了解开户那些事吗 ………………………… 147
- 股票的清算 …………………………………… 149

- 股票的交割 …………………………………… 149
- 交割的程序 …………………………………… 150
- 股票的过户 …………………………………… 150
- 成交的基本原则 ……………………………… 151
- 电脑自动交易竞价作业程序 ………………… 152

　　　　股票交易的集合竞价制度 ·············· 153
　　　　B股交易规则 ·························· 155
　　　　B股交易常见问题 ······················ 156

第十二章　选股技巧：如何选出赚钱的股票
　　　　选择市场性优异的股票 ················ 161
　　　　选择有潜力的低价股 ·················· 162
　　　　新上市的股票要特别关注 ·············· 162
　　　　选择强势产业的股票 ·················· 163
　　　　分析炒作题材 ························ 163

第十三章　买卖技法：怎样使投资回报最大化
　　　　顺势投资法 ·························· 166
　　　　"拔档子"操作法 ····················· 167
　　　　保本投资法 ·························· 167
　　　　守株待兔法 ·························· 168
　　　　以静制动法 ·························· 169
　　　　摊平操作法 ·························· 169
　　　　加码买进匀低成本法 ·················· 170
　　　　金融资产的投资三分法 ················ 170
　　　　分散投资组合法 ······················ 171
　　　　按投资期限制定的比例组合法 ·········· 171
　　　　试探性分开投资法 ···················· 172
　　　　由风险情况制定的组合法 ·············· 172
　　　　计划模式法 ·························· 172

基金篇
最安全省心的投资工具——专家理财，生财有道

第十四章　投资基金：适合的就是最好的
　　　　什么是基金 ·························· 176
　　　　澄清基金的几个认识误区 ·············· 177

目录

基金品种大观 …… 178
开放式基金和封闭式基金的区别 …… 179

第十五章　基金组合：我的基金我作主
买基金就选"三好"基金 …… 181
基金投资勿忘风险 …… 182
长投心态战胜市场 …… 183
如何掌握基金投资的方法 …… 184

第十六章　交易流程：手把手的操作指南
基金定投 …… 187
投资共同基金 …… 188
基金投资的四个价值点 …… 189
买基金需掌握六点评估法则 …… 190
投资基金的经验与教训 …… 191
怎样判断基金的赚钱能力 …… 191

第十七章　进阶技巧：业余投资，专业办法
像局内人一样买基金 …… 193
基金不是拿来炒的 …… 196
理性看待基金排名 …… 197
如何计算基金的总回报 …… 198

房产篇
别让通货膨胀偷走财富
——巧买巧卖，点"土"成金

第十八章　房产投资：买房，还是租房
为何房产投资吸引人 …… 202
投资房地产的优势 …… 203
投资房地产的弊端 …… 204
如何投资房地产 …… 205

住房投资的六种模式 …………………… 206
　　房产三大风险 …………………………… 207
　　哪些情况适合租房 ……………………… 208

第十九章　如何选房："挑房就跟挑男人一样"
　　选房要会"望、闻、问、切" ………… 210
　　哪些房子更有升值潜力 ………………… 211
　　哪些房地产是投资"雷区" …………… 213
　　选择楼盘有技巧 ………………………… 214
　　投资房产，精品才抗跌 ………………… 216

第二十章　防范陷阱："梦幻的家园"要不得
　　投资商品房的注意要点 ………………… 217
　　售楼广告可信吗 ………………………… 218
　　房产合同注意事项 ……………………… 219
　　房奴如何理财还贷 ……………………… 221
　　买期房怎样付款合算 …………………… 223
　　全装修房贷款如何办理 ………………… 225

第二十一章　如何买卖：关于二手房的那些事
　　买房前作预算了吗 ……………………… 226
　　如何挑选房产交易中介 ………………… 228
　　如何确定房屋的"身价" ……………… 229
　　买二手房的细节问题 …………………… 230
　　转手房屋有技巧 ………………………… 233
　　如何让二手房卖个好价钱 ……………… 234
　　堵住家庭装修的耗钱漏洞 ……………… 236

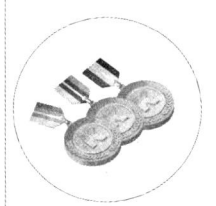

目录

其他篇
条条大道通罗马——你在休息，钱在工作

第二十二章 储蓄：懒人理财，永不落伍

认识储蓄 …………………………………… 240
把握储蓄理财中注意事项 ………………… 242
你知道这些储蓄窍门吗 …………………… 243
储蓄存款利息的计算方法 ………………… 245
避免和减少存款本金损失的技巧 ………… 247
储蓄理财需提防六大"破财" …………… 248
外币储蓄怎样划算 ………………………… 251
利息税扣税方式 …………………………… 252
巧用信用卡 ………………………………… 254

第二十三章 债券：风险较小，回报稳定

什么是债券 ………………………………… 257
债券的种类 ………………………………… 258
债券的性质和特征 ………………………… 260
债券的偿还 ………………………………… 261
如何进行债券交易 ………………………… 262
怎样计算债券收益 ………………………… 263

债券投资时机的选择 ……………………… 264
债券投资的风险因素 ……………………… 265
债券投资风险的防范 ……………………… 266
债券基金肯定不会赔钱吗 ………………… 268
投资债券讲策略 …………………………… 269
三个关键词帮你选择债券 ………………… 270
债券信用是怎样评级的 …………………… 272
国债基础知识 ……………………………… 273

第二十四章 保险：转移风险，双利投资

保险，人生的防护墙 ……………………… 275

买保险与银行储蓄哪个划算 …………… 276
认识保险类别 …………………………… 277
人生各个阶段的保险规划 ……………… 280
哪些人最需要买保险 …………………… 281
自我诊断家庭保单 ……………………… 282
分红保险的分红奥秘 …………………… 283
做好长期投资准备买保险 ……………… 285
学会买保险 ……………………………… 286
买保险时要注意抠细节 ………………… 288
买保险的六要六不要 …………………… 289
保险理赔注意事项 ……………………… 290
银行理财与保险理财有何不同 ………… 291

第二十五章　外汇：眼捷手快，用钱赚钱

外汇基础知识 …………………………… 293
汇率的概念及分类 ……………………… 297
外汇买卖操作技巧 ……………………… 299
获得合法外汇的十二种渠道 …………… 301
认识一下远期外汇买卖 ………………… 301
如何打理外汇资产 ……………………… 302
初学"外汇宝"须掌握三要点 ………… 303
个人外汇买卖指南 ……………………… 305
外汇投资误区 …………………………… 306

第二十六章　期货：以小搏大，大手投资

期货基本知识 …………………………… 309
比股票更有魅力的期货交易 …………… 312
期货交易的准备和流程 ………………… 313
期货交割是怎么回事 …………………… 314
商品期货交易实务 ……………………… 315
期权基本知识 …………………………… 316
期货市场的风险及其防范 ……………… 317
期货投资的误区 ………………………… 319

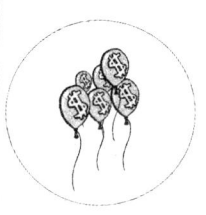
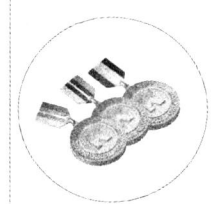

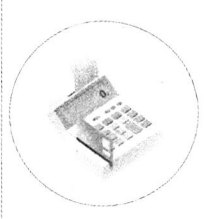

目录

第二十七章　信托：贵族游戏，舍我其谁

　　信托是怎么回事 ·················· 323

　　关于信托产品 ···················· 324

　　信托理财有哪些优势 ·············· 326

　　买信托理财产品要三看 ············ 327

　　大众如何投资信托 ················ 328

第二十八章　黄金：天然货币，永不贬值

　　炒黄金必备知识 ·················· 331

　　影响黄金价格的因素 ·············· 333

　　初炒黄金要注意 ·················· 335

　　炒黄金能满足不同投资者需求 ······ 337

　　黄金投资忌快进快出 ·············· 338

　　黄金理财的误区 ·················· 339

第二十九章　收藏：爱好赚钱，两不相误

　　收藏热逐渐升温 ·················· 341

　　收藏投资，先刷新观念 ············ 342

　　收藏投资有风险 ·················· 344

　　收藏投资种种 ···················· 345

　　如何靠收藏获利 ·················· 353

　　古玩收藏攻略 ···················· 354

　　艺术品小拍收益多 ················ 355

　　品牌货成为新潮收藏概念 ·········· 357

第三十章　融资淘宝，灵活应用

　　典当知识入门 ···················· 359

　　典当技巧知多少 ·················· 360

　　迅速融资方式：汽车典当 ·········· 362

　　常见融资方式：房产典当 ·········· 363

　　巧用典当行 ······················ 364

观念篇

脑袋决定口袋
——富豪大款,宁有种乎

近些年来,全球经济结构演变剧烈,财富分配效应使得贫富差距日益扩大,妥善应对"富者愈富、贫者愈贫"的社会现象成为很多国家的重要课题。无论是在中国,还是在日本、韩国,巨大的生活压力逐步压迫着气喘吁吁的上班族——过去那种靠死薪水,等着领退休金悠闲度日的时代已经不复存在了。如今,如果你还不设法转换思维,积极进行理财、投资,仔细规划你的财富人生,那么,不久后的将来,恐怕你会不知不觉地沦落为社会底层的新贫阶级。俗话说"脑袋决定口袋",贫穷,还是富有,往往只在一念之间。

第一章

注意：安稳守财的时代过去了

> 投资者是自己命运的舵手。
>
> ——波得·林奇
>
> 对大多数投资者来说，重要的不是他知道什么，而是清醒地知道自己不知道什么。
>
> ——巴菲特

"守财奴"的日子不好过

从前有一位守财奴，他熬了很多年，终于从年迈的兄长手中接下了兴旺的家业。由于雇工众多，每天消耗的口粮让守财奴心痛不已，于是没过多久，他就一意孤行地关闭了所有的铺子，遣散了所有的雇工，把家产全部变卖了，换成了一团既不用吃也无需喝的大金块，埋在一个隐秘之处。这块金子是守财奴的心头肉，令他朝思暮想，忧心不已。几乎每隔一天，他都会趁着夜深人静的时候，悄悄地把金子挖出来，审视、把玩一番。就这样过了几年。后来，有人留意到了他的行踪，猜出了内中隐情，趁他不备把金子挖走了。守财奴再去时，发现那个地方已经空空如也，于是拉扯着头发，号啕大哭起来。有一个过路人见到了痛不欲生的守财奴，问明了缘由后，竟笑了一笑，对他说："朋友，别灰心丧气，其实你并没有拥有原先的那块金子。不如拿块石头，权充金子埋入土中，这么做也能弥补你的损失，因为据我所知，你有金子时，也从没动用过。"

这个故事告诉我们：一切财物如不使用，就等于没有。从投资的角度来说，如果你的钱不能为你创造价值，就等于被埋没的"石头"。

一般说来，增加财富只有两个途径：要么是努力工作赚钱，存到银行，增加账面存款；要么就是投资，让钱生钱。我们发现，在现在这个经济高速发展的时代，单纯靠赚钱攒钱的第一种途径，很难实现生活无忧、经济自由的目标。

也许你会说："投资、理财，说起来容易做起来难，既麻烦又有风险。其实不懂得投资又怎样，以前我们的父母都这样过来了，难道我不可以如法炮制老一辈的经验吗？"甚至也有人会说："钱够用就好了，大不了老了之后，我回老家种田去，照样可以活得很快活！"

然而，现实是这样的吗？

虽然每个人都有选择生活方式的自由，但大环境的变化，迫使你不得不睁开双眼，面对这样的事实：千真万确的是——安稳守财的时代已经过去了！今天的你，随时可能遭遇通货膨胀、金融危机、失业、破产等各种不可预测的状况！无论何时，一旦你手头一无所有，那么，流落街头就不是什么奇怪的事情了。

从整个大环境来说，近年来，全球经济形势堪忧。自2007年以来，世界经济一直处于颠簸之中，次贷危机不仅给欧美大型金融机构带来重创，更为整个信贷和证券市场带来了信心危机。油价上涨惊心动魄，通货膨胀的压力骤然加大，美元贬值更使持有美元的国家和企业财富骤减。2008年秋以后，金融危机冲击经济，全球贸易到2009年三季度仍未摆脱负增长的境地，预计全年贸易量下降11.9%。目前，世界经济在政策刺激等短期因素的作用下开始走出衰退，缓慢复苏，但经济复苏路径和复苏前景仍面临着宽松政策调整、通胀预期、大宗商品价格上涨、贸易保护主义、失业率上升、美元贬值预期加深等不确定因素。世界经济放缓，势必将给中国经济带来影响，例如贸易保护主义引发的外需下降是未来中国经济的主要下拉动力，它既影响中国的出口贸易，也给就业带来更大压力。

而在我国，就业压力增大已经是不争的事实了。早在几年前，高校扩招时，人们就已经意识到不久后的一天，大学毕业生将面临艰难的就业环境。果然，2007年，大学生就业缺口率创十年来最低。这意味着，在毕业生人数逐年递增的背景下，企业对大学生的有效需求并未增加，就业压力还将继续增大。而2007年，已有一百多万的应届毕业生无法实现当期就业。想想看，在这一百多万人就业之前，不要说有多少社会资源就这么无情地被消耗掉，就是父母的血汗钱，加起来也是个很庞大的数目。

另外，更严峻的事实是，2005年《全国1%人口抽样调查主要数据》显示，我国60岁以上的老年人口已从1.2亿增长到1.49亿，占总人口的11.03%，几乎占全球老年人口的五分之一。随着我国经济发展的速度日益加快，人口老龄化给中国的经济、社会、政治、文化等多方面的发展带来了深刻影响，解决庞大的老年群体的养老、医疗、社会服务等方面需求的压力也越来越大，养老问题越来越成为社会的一项负担。一般来说，我国法定退休年龄为男60岁，女55岁，以平均寿命统计，这些是退休人员至少还有20年以上的退休生活。虽然社会养老保险一般是城乡老年人在养老保障上的首选，但社会的力量毕竟有限，急剧增长的老龄化压力已使政府的负担越来越重，"养"和"医"的问题也已经越来越迫切，大部分老年人也越来越不愿意选择依靠子女养老。如何才能摆脱单一的依靠社会保险来为老年生活买单的状况呢？这一切都需要你提前准备好满满的荷包。财务专家们发现，最好的方法是，无论你本人是在劳动还是在休息，你的钱都在一刻不停地为你而工作。只有这样，危机来临之时，你才得以从容应对。

靠攒钱成不了富翁

大多数人赚取的人生第一桶金往往是靠打工实现的，所以在投资的时候用钱会非常谨慎。很多人会有这样的观念：现在自己的金钱资本太少了，先攒两年吧，等储蓄多了再拿出来投资。等两年过后才发现，物价上涨，这点钱还是不够投资的，于是再攒两年吧。攒来攒去，发现即使一辈子也攒不到投资用的钱，于是就不再攒钱，而是找地方消费去了。

没有一个富翁是靠攒钱发家的。建立理财观念的第一步，就是要意识到挣钱和攒钱的区别。在物价上涨或货币贬值的时候，攒钱往往会使人变得越来越穷，富人则往往会在该省钱的时候省，该花钱的时候花，绝不含糊。

当然，同样多的钱该如何花，方式不同最终产生的结果会很不一样。会花钱，钱能给你带来几倍、几十倍甚至几百倍的收入；不会花钱，钱花了以后不但没有任何收益，甚至还会赔钱。如何花钱，往往成为富人的工作——他要将钱花得有价值。

犹太巨富比尔·萨尔诺夫小时候生活在贫民窟里。他家里有6个子女，全家只依靠做小职员的父亲一个人的收入维持生计，生活极为困难。父亲挣的每1分钱都让全家人省了又省，没有一项多余的开支，全家人就这样勉强度日。在比尔15岁的时候，父亲告诉他："小比尔，你已经长大了，要靠自己来养活自己了。"

比尔听了父亲的话，外出打工，然后用挣到的钱经商。这也是犹太人的一条优良传统。3年后，比尔改变了全家人的贫穷状况；5年之后，他们全家搬离了贫民窟；7年后，他们在寸土寸金的纽约市中心买下一套房子。

日本的趋势专家大前研一在其新书《M型社会》中提出惊人的观察结论——攒钱可能会让你越来越穷，必须要学会让钱生钱，才是赚钱之道。他表示，"新经济"浪潮改变了经济社会结构,代表富裕与安定的中产阶级,目前正在快速消失,其中大部分向下沦为中、下阶级,导致各国人口的生活方式,从倒U形转变为M形社会。

回想过去在倒U型社会中,理财等于存钱,人们习惯手头一有闲钱,就往邮局或银行定存账户里头放,有时候连利率是多少都不太关心。但在M形社会,储蓄虽然是累积资本的第一步骤,不过只会存钱的"守财奴",很快就会被打入中、下阶级,因为通货膨胀侵蚀获利的速度比利率上涨的速度快得多,把钱存进银行,只会越来愈少!

M型社会的理财,应该是透过资产配置的风险控管效果,将资金分配在不同的工具中,以求最具效益的获利率,达成各阶段生涯规划。简单地说,随着可利用的金融工具愈来愈多,例如基金、股票、债券,可选择的市场越来越广,例如欧、美、日新兴市场与中国股市。我们为何总是墨守利率高不过CPI的定期存款,而不去追求相对更多更稳定的报酬率呢?

必须跑在CPI前面

在理财投资的过程中,考虑物价因素是非常重要的。

小王、小李、小赵分别花40万元买了一套房子,之后又先后卖掉。

小王卖房子时,当时有25%的贬值率——商品和服务平均降低25%,所以小王卖了30.8万元,比买价降低23%。

小李卖房子时,物价上涨了25%,结果房子卖了49.2万元,比买价高23%。

小赵卖房子时,物价没有变,他卖了32万元,比买价低20%。

在这个过程中,三个人谁做得最好呢?

大多数人可能会认为是小李做得最好,而小王表现最差。为什么?因为大多数人只看到了小李卖的价格最高,而小王卖的价格最低。但是事实上是小王表现最好,因为考虑到通货膨胀的因素,他所得的钱购买力增加了20%,他是唯一再买这样的房子不需要贴钱的人。

这个事例告诉我们,在不同的时期,因为物价的不同,在进行投资理财的时候,一定要考虑到物价因素,考虑到当时的购买力,不能停留在3年前或者5年前的物价水平去思考。

物价是我们进行投资的一个非常重要的风向标。我们要看清楚物价的走势,找到准确的投资方向,抓住理财的最好时机。就像炒股票时,要购买有升值空间的股票一样,要求你有灵活的思维,从市场的定向去判断投资理财的方向。比如

你定期储蓄5年，到期后，所得利率收益加保值利息，再除去通货膨胀部分将所剩无几，这就是你没有跑在物价的前面，或者说你根本就没有考虑到物价对投资理财的影响。

抵御物价上涨，维持自己的财富保值增值的工具有很多，房产、股票、基金、人民币理财产品、黄金……但是对于很多人来说，如何选择适合自己的理财产品，却是一件颇为头疼的事情。面对一路高涨的物价，到底该做何选择？

"你可以跑不赢刘翔，但你必须跑赢CPI（居民消费价格指数）。"这是近年来在网上最为流行的话语之一。一时间，似乎什么商品都在涨价，大到房产，小到猪肉、鸡蛋，虽然我们的名义工资收入没有变化，但实际的购买力却在下降。跟上物价上涨的步伐，合理进行理财投资，已经成为很多人亟待解决的问题。

物价上涨，让人们对理财投资产生了更大的需求，都希望能够找到一种让自己的资金保值增值的方法。其实，方法很多，各有各的特点，我们要根据自己的收入情况和理财态度，慎重选择适合自己的理财方式，切不可盲目地进行投资，否则只能是哑巴吃黄连。

你知道二八定律吗

二八定律（也叫巴莱多定律）是19世纪末20世纪初意大利经济学家巴莱多发明的。他认为，在任何一组东西中，最重要的只占其中一小部分，约占20%，其余的约80%尽管是多数，却是次要的，因此又称二八定律。

二八定律得到了广泛的认证，一个企业80%的利润来自20%的项目；20%的人掌握了世界上80%的财富；20%的人身上集中了人类80%的智慧……在投资领域，这个定律也有其价值。在股市中就有这样的有趣现象——

股市中，有80%的投资者只想着怎么赚钱，仅有20%的投资者考虑到赔钱时的应变策略。但结果是，只有那20%的投资者能长期盈利，而80%的投资者却常常赔钱。

20%赚钱的人掌握了市场中80%正确的有价值信息，而80%赔钱的人因为各种原因没有用心收集资讯，只是通过股评或电视掌握20%的信息。

当80%的人看好后市时，股市已接近短期头部，当80%的人看空后市时，股市已接近短期底部。只有20%的人可以做到铲底逃顶，80%的人是在股价处于半山腰时买卖的。

券商80%的佣金是来自于20%短线客的交易，股民80%的收益却来自于20%的交易次数。因此，除非有娴熟的短线投资技巧，否则不要去贸然参与短线交易。

只占市场20%的大盘指标股对指数的升降起到80%的作用，在研判大盘走向时，要密切关注这些指标股的表现。

一轮行情只有20%的个股能成为黑马，80%的个股会随大盘起伏。80%的投资者都会和黑马失之交臂，但仅20%的投资者与黑马有一面之缘，能够真正骑稳黑马的更是少之又少。

有80%投资利润来自于20%的投资个股，其余20%投资利润来自于80%的投资个股。投资收益有80%来自于交易数的20%，其余交易数的80%只能带来20%的利润。所以，投资者需要用80%的资金和精力关注于其中最关键的20%的投资个股和20%的交易。

股市中20%的机构和大户占有80%的主流资金，80%的散户占有20%资金，所以，投资者只有把握住主流资金的动向，才能稳定获利。

成功的投资者用80%的时间学习研究，用20%的时间实际操作。失败的投资者用80%的时间实盘操作，用20%的时间后悔。

股价在80%的时间内是处于量变状态的，仅在20%的时间内处于质变状态。成功的投资者用20%的时间参与股价质变的过程，用80%的时间休息，失败的投资者用80%的时间参与股价量变的过程，用20%的时间休息。

……

由此看出，能够真正掌握投资理财技巧，让自己在利润与风险并存的理财投资中成功收益的人是少数的，你是愿做成功的"二"，还是愿做占大多数的"八"呢？

想要成为"二"中的一分子，并不是可望而不可及的事情，只要通过自己的努力，善于发现自身的优势，敢于去拼搏，善于在竞争激烈的社会中发现机遇，一旦发现了机遇就要抓住它，不要因为暂时的困难就放弃了可以给自己带来财富的机会。其实，能够让人富起来的方式很多，最重要的是要选择适合自己的方式，而不是一味地效仿他人。

钱只有动起来才有收益

受到了几年前轰动一时的"别针换房子"故事的启发，澳大利亚3名大学生为了募集善款，从2008年11月展开了一个名为"一蛋一世界"的大胆计划，他们打算用以物易物的方式，用一个鸡蛋最终换得100万澳元（相当于622万元人民币）。

很快，莱特等3名大学生就达成了第一笔交易——这只鸡蛋换成了一张电影《松果头的故事》原声大碟，接着，原声大碟被换成了一副串字游戏，而串字游戏又被换成了一本旅游书，然后旅游书被换成了一部旧数码相机，数码相机又换成了一个闹钟……

几番周折后,他们用那只闹钟竟然换到一辆1988年款的旧汽车。随即,他们将车卖掉,得到约100澳元。经过几轮交换,9个月之后,当初的那只鸡蛋已经换成了一个有已故著名板球明星唐·布拉德曼亲笔签名的板球。接着,他们又将这个板球以2 200澳元卖给了一名网友,再用得到的钱买到一张肯尼亚14天两人游套票。

就这样,经过15个月不停交换之后,当初那个不名一文的鸡蛋如今已经换成了一份价值2 200澳元的肯尼亚14天两人游套票,并有望在接下来的交换过程中以几何倍数继续"增值"。

在物品交换的过程中,每一个中间物品都起到了金钱的作用。当金钱流动起来,才能够创造出比原来更多的财富,这是对理财概念的一个很好的诠释。

乔·史派勒有一本书叫《动手来种钱》,书中提到一个只剩下1美分的人,这个人正准备一次用掉这1美分时,他突然改变了想法。他把钱换成铜币,他心里告诉自己每次花掉钱时,就要让钱再以10倍或更多倍的数量再回到手上。这种方法很有效。最终,他获得了巨大的财富。

钱是一种能源,只有在恰当的人手里,用在恰当的地方,才能创造出更大的价值。幻想安稳守财,富最多不过三代。

理财专家说:"大多时候,我们不是缺少钱而是缺少观念。财富是习惯,是思维方式。在资本运作占主导的社会,一个人必须养成良好的理财习惯,做好完美的理财计划,学会让钱动起来,将每1分钱都通过周密的运作发挥最大的作用。"

很多人理财的目的不是为了发财,所以往往选择把钱存入银行,将钱闲置起来,认为这样做既没有太大的风险,每年回收的利息也会带来一定的回报。不过到年底兴冲冲地去查询存款额度的时候,发现存款不是多了,而是少了。

这是因为,通货膨胀的速度往往会抵消甚至使银行的存款利率成为负值。比如说,银行存款1年期的利率为2.25%,扣除20%的利息税,实际存款利率只有1.80%。如果以CPI为3%计算,老百姓的1年期存款实际利率是负值。这就意味着1万元存进银行,1年后就只有9 790元,有210元白白"蒸发"了!

财富闲置就等于零,并且还要付一定的"折旧费"。最好的方法就是必须让钱动起来。高财商的人往往不会把钱存进银行,他们会把钱投资到不同的地方,以求获得最有效的收益。

钱能"生"钱,让钱为你工作

洛克菲勒曾经请两兄弟为他盖仓库。兄弟俩盖好仓库后去领工资,洛克菲勒对他们说:"你们要学会让钱为你们工作。如果你们手中有了钱,一定很快就会花光，不如把它换成我们公司的股票作为投资，你们觉得怎么样？"

哥哥听从了洛克菲勒的建议，当场答应了。但是，弟弟则坚持要现金。

洛克菲勒把钱给了弟弟，没过多久，他就把钱花光了；而哥哥因为公司的股票上涨，赚了不少钱，赚到的钱又作为本金买入公司股票。结果，复利的效用得以发挥，洛克菲勒的公司源源不断地赚钱，哥哥的财富也随之得到了增长。

一谈到挣钱，大多数人唯一的出路就是努力工作。事实上，真正获取财富的唯一途径就是让你的金钱为你工作。与此相反，现在人对经济有着长久的担忧，为了金钱不得不劳累地工作，牺牲掉自己的健康和自由。大多数人都成为金钱的奴隶，而不是金钱的主人。

如果想获得财务上的自由，最重要的一点就是要热爱金钱，并且会利用金钱。要学会把金钱当作是一种工具，千万不要为金钱而活着。钱只是一种工具，一种交换方式。所以，让钱赚钱总比永远为金钱苦苦挣扎奋斗要快乐。

王新在一家国有企业的工会工作。前几年看到不少同事下海经商，事业有成，她好生羡慕。但毕竟单位的各种保障和福利还不错，她又不想轻易丢掉这份工作而去涉足商场的风险。后来，她听从了别人的建议，就是在工作之余学会科学理财。有了第一笔积蓄后，王新没有把钱存银行，而把积蓄买成了国债。5年下来，算上利息和当时的保值贴息，她的积蓄正好翻了一番。然后赶上股市当时行情不错，王新又果断地把这笔积蓄投入到了股市中。几年下来，股票总值也收益颇丰。

王新并未被胜利冲昏头脑，而是见好就收，把股票及时抛掉，又买成较稳定的国债。2004年年初，她又将到期的国债本息一分为二，分别买了两年期信托和开放式基金，信托产品的年收益为6%，基金的申购价格为1.07元。不久前，信托产品到期兑付，那只基金的累计净值在经历涨涨跌跌之后也达到了1.27元，这样算起来，两年时间她共实现理财收益6.9万元，平均每年收益3.45万元，已经远超过她的年工资收入了。

理财的最高境界莫过于"会理、敢理、巧理"，简言之：让钱"生"钱。有句经典的说法：投资是一种神奇的东西，再赔，它也只是输掉你手头的，但一旦赢起来，它却能不受限制的翻番。虽然这句话听起来有失偏颇，但至少，给人一种启示：学会理财，可以让钱"生"钱。

美国美林公司公布的第10个年度世界财富报告显示，迄今为止，全世界拥有百万美元以上的富豪人数已经超过了871万人，资产增加了8.51%，而10年前百万美元富翁的人数仅仅是450万人。10年后的今天，即使具有超过3 000万美元资产身家的超级富豪的人数，也增加了10.21%，达到了85 500万人。富豪的增长率在世界上分布并不平均，发展中国家的增长率最高，其中亚太地区居世界首位，而韩国又位居第一（增长21.3%），中国和印度不甘落后，正在赶超日本，中国内地的增幅为6.8%，欧洲地区增幅较小，仅为4.5%，而北美洲地区依旧拥有着世界上最多的百万富豪。

这些富豪的产生往往靠的是理财致富之道。他们懂得赚来的钱再次投入到新的项目上，以钱赚钱；而穷忙的人却总是依靠自己出苦力赚钱，他们喜欢把赚到的钱存储起来，结果存来存去并没存住，最终还是花了出去。

据说，犹太富人对于财富有一个说法："只有舍得花钱才能挣到大钱，对该花的钱，绝不能计较。"所以，犹太富人往往是花1元钱就要起到1元钱的作用，花100万元就要起到100万元的作用，他们很少花冤枉钱。

并不是每个人都能很好地驾驭金钱，金钱只愿意为懂得运用它的人工作。聪明的人会把金钱放在稳当的生利投资上，让钱滚钱，利滚利，源源不断地创造财富。对有些人来说，他们挣钱方式轻松，但自己仍无法摆脱为金钱所奴役。如果刻意尝试，又担心一旦投资失误，就会损失惨重。

所以一定要学一学富人的投资智慧，让手中的钱动起来，以钱赚钱，为自己"生"出更多的财富。

第二章

惊叹：只有不会赚钱的人，没有赚不了的钱

> 20岁以前，所有的钱都是靠双手勤劳换来，20至30岁之间是努力赚钱和存钱的时候，30岁以后，投资理财的重要性逐渐提高，到中年时赚钱已经不重要，这时候反而是如何管钱比较重要。
>
> ——李嘉诚
>
> 不进行研究的投资，就像打扑克从不看牌一样，必然失败。
>
> ——波得·林奇

你为何没能变富人

有一个在银行工作的年轻人，大概是见多了有钱人，开始对自己相对丰厚的薪水耿耿于怀，总想着发一笔意外之财。无意中，他看到有人通过买彩票中大奖一夜暴富，便也开始尝试。起初，他只想着碰碰运气，不久后便觉得，投入越多，中大奖的机会也就越大，于是不仅花光了自己的积蓄，还利用职务之便，盗窃银行的巨额存款来买彩票。几年下来，盗窃了近百万元。最终东窗事发，不仅没能中大奖，还进了牢狱。

你是不是也在羡慕着别人怎么会那么有钱？是不是觉得有钱人可以进行投资，会越来越有钱？而自己，就算千辛万苦地攒点小钱，也不可能发大财？更让你愤愤不平的是，如今经济发展得这么快，社会上的有钱人越来越多，为何唯独你，没能分享到经济增长的些许果实？

从现在开始，学习一点理财投资吧。有钱人都有一个共同的观念：用钱去投

资,而不是抱着钱睡大觉。一个人如果不养成正确投资的好习惯,而是让钱在银行睡大觉,就是在浪费金钱,变相削减自己的财富。有些人辛劳一生,到头来却还是穷人,就是因为这些人不会把钱变成资本。

千万不要以为,投资只是富人的专利,小钱就不能进行投资。事实上,1 000万元有1 000万元的投资方法,1 000元也有1 000元的理财方式。所以,不要忽视小钱的力量。1分钱只要运用得当,也能创造出1元钱的价值。最关键的问题是要有一个清醒而又正确的认识,树立一个坚强的信念和必胜的信心。

首先,理财要走出三大误区:第一是认为理财是有钱人的事情,小钱不用打理,也不值得打理,这是大部分人的想法;第二是对很多理财产品存在偏见,认为某些理财方式是骗人的;第三就是不能正视风险,风险与收益往往是密不可分的。走出理财的三大误区才能正确地认识理财的意义,才能更有效地进行理财。

一天,一位理财师在作理财演讲,发现听众中有一位中年男子满面愁容,在人群中特别显眼。一群人围着理财师咨询各种问题,可那位男子远远站着不敢靠近。等人走得差不多了,他才怯生生地走过来。拿着很破旧的包,穿着非常旧的鞋。他介绍了自己的收入状况,说他一个人带着孩子生活,一个月最多只能剩下几百块钱,根本没财可理。

理财师说,法律从来没有规定钱少就不能理财。越是钱少越应当及早规划。那位男子不是没有钱,而是资金不足。这可绝不能难倒自己,完全可以通过正确的消费安排和坚持储蓄来筹集。如果坚持每月存300元钱,并用这些钱作长期投资,如果年收益率在10%左右,那么30年之后将变成655 000元。

今年35岁的方女士可以算是优秀的"家庭财务官"了,在理财方面,她一直坚持谨慎、理性的投资,目前家庭财务在方女士的巧手打理下,正朝着年增长20%~30%的目标不断前进。

在理财方面,方女士曾经走过一段艰难的日子。那是在她新婚时期,方女士和先生由于手头拮据,只能住在出租房。"在作买房和生孩子的选择时,我选择了前者,"方女士说道。结婚4年后,他们终于攒够钱买房,住进新房后,方女士也生下了自己的宝贝孩子。"那时,我们算是晚育了,不过经济条件不允许,也只能这样。"

现在,方女士和先生的收入都基本稳定,双方家庭负担不重,积蓄也比较充实。方女士在打理家庭财务时,不仅适当地进行投资,同时也考虑了一家人的保障问题。她先是为自己和先生购买了重大疾病险和人身事故赔付险,以保障他们一旦发生意外,孩子的生活教育能有保障。其次,她还给自己另外购买了住院医疗险,给先生购买了意外险,给孩子购买了返还型的分红险,为孩子建立了安全保障系统。

在投资方面，方女士倾向于股票投资。"我从不炒黑马股、题材股，一般都是购买一些分红比较慷慨的优质股，如果股票上涨达到我的收益预期就卖掉，如果不行我就拿着等它分红。"从1997年开始投资股市以来，方女士以自己独特的投资方法，不仅没有亏钱，还获得了可观的收益。

方女士的例子是不是能给你一些启示呢？只要善于投资，就算不是很有钱，也可以让自己的生活变得越来越红火，真正体会到经济增长带来的果实。所以，一定要转变自己的观念，从现在开始为自己进行一个理财计划，让自己尽快成为理财高手。

树立了正确的理财观念，更为重要的问题就是怎样才能掌握理财的技巧。理财是一门学问，是需要学习的，但是掌握了技巧，成为理财高手也不是件困难的事。面对银行、保险、股票、基金、债券、外汇等众多的投资渠道，我们可以根据自己的情况制订自己的理财计划，而且，还可以依靠专业人士的帮助。总之，只要认真分析，总能找到适合自己的投资理财方式。

学会适宜的投资方法

攒钱不是目的，目的是要把手中的钱用活，战胜通货膨胀。所以我们既要保证资金的安全，又要防止财富缩水，这就要求选择流动性高、风险低且具有一定收益性的金融产品进行投资。很多人都明白这一点，但又怕辛辛苦苦赚来的钱，万一因为投资不当而亏损，觉得存到银行才有保障。而有的人通过使用恰当的投资工具和方法，在财富的积累上取得成功。

在美国，有一位富有的理发师曾建议他的朋友，要做投资人，不做存款人。他还向他的朋友讲述了自己致富的秘密。他这样说道，他和他的兄弟都有一个好习惯，就是每年都要从收入中省出10%。与其不同的是，他的兄弟将这10%存入银行，他则将节省下来的5 000元投入到平均年收益8%的共同基金中。5年后，他的投资额已累计达到29 335元；虽然，银行零存整取的年利率也有8%，但他兄弟5年后的存款本息和只有26 600元，比他足足少了2 735元。

大概多数的人都不解，收益率都是8%，为何5年后兄弟俩到手的钱却相差如此多呢？

事实上，这就是百万富翁和普通人头脑所存在的差异。因为理发师深知投资的精髓是享受复利的好处，因此他就很富有。复利就是复合利息，它是指每年的收益还可以产生收益，也就是俗称的利滚利。

金融危机以前股票市场大涨，参与股票的人都发了财。但是，股票并不能让所有买它的人都赚钱，投资要讲究方法和时机。在个人、家庭或企业的理财规划中，购买股票往往是其中的一项，但是，鉴于股票的风险因素，在理财时要根据自身情况，选择适宜的理财方法。

一、量身理财

面对一个家庭的财产，建立一个良好的投资结构就像造一座金字塔，首先要有宽厚的底部，安全性高的投资，比如零风险的储蓄，才能依次建构高耸的塔尖，比如低风险的国债、中度风险的基金、高风险的不动产投资。成功的投资组合必须依靠不同风险层次的金融商品，你可能是储蓄型，可能是投资型，也可能是投机型，或者三型合一。

二、储蓄型理财

存住每分钱，避开所有风险是你的首要目标。如果你以及你的家人将在近期内动用手中现金，就必须做个储蓄型的安排。比如，你计划近期买房，就不该将房款投资在任何有风险的商品上，千万不要抱着再赚一点的幻想。你家的理财区域宜只限于国库券和储蓄等品种。

三、投资型理财

家庭财富的增长在于，维持一段长时间的固定持有，投资目标的价值随时间增加而成长。一般而言，投资时间越长，就越能获得较高利润。你应该以中度风险的金融商品为主，如股票和债券。

四、投机型理财

你很可能让你的家冒较大的风险，以求短期内获得巨额利润。如果是这样，你应当尽快熟悉期货、黄金等高风险的商品，积极参与进去。投资时需要注意的是，表现不如你所预期时，迅速将它脱手。

投资理财的四个秘诀

理财业有句行话："没有最好的理财产品，只有最适合客户的理财产品。"同样套用在理财观念上来说："没有最好的理财观，只有最适合自己的理财观。"

最新的数据表明，现在的银行存款总额已经超过了15万亿元，尽管目前处于"负利率"时代，认为"更多储蓄"最合算的老百姓依然占了38.5%，仍处于较高水平。显然，这和中国传统的谨慎、保守的金钱观念是分不开的。要想管好自己的钱袋子，在保有财富的基础上，使之得到最大收益，有以下四招。

一、财富管理需要合理规划

有位农夫整天无所事事，日子过得十分贫穷。有人问农夫是不是种了麦子。农夫回答："没有，我担心天不下雨。"那个人又问："那你种了棉花了吗？"农夫说："没有，我担心虫子咬坏棉花。"于是，那个人又问："那你到底种了什么？"农夫说："我什么也没种，因为，我要确保安全。"

现实生活中，很多人就像上述故事中的农夫一样，总是想追求一种绝对安全的获利方式，不敢去投资，怕冒风险。其实风险与机遇是共存的，没有投资哪来的收益呢？要想获得财富就必然要承担风险，绝对安全的投资是不存在的，财富管理的核心就是在风险最小化的情况下实现收益的最大化。

所以，树立合理的理财观至关重要。这就需要分析以下问题：在未来一二年甚至五到十年的时间里，自己的人生目标是什么？现在从事哪种行业？打算什么时候退休，退休后过什么样的生活？保险规划是否充分分散了风险？目前资产负债情况是怎样？投资偏好如何？风险承受能力高低？预期的投资回报率是多少？

从储蓄防老到买房、投资，只有做一个合理的规划，才能使自己的财富不断得到增值。

二、理财需知晓专业知识

在投资前，最重要的就是详细了解各方面有利和不利的信息，并进行综合的评估与分析，力争将风险降到最低。这就需要知晓一些投资理财的知识并及时获取理财产品的信息。

很多人缺乏理财意识，把钱放在银行存着，获得极为有限的一点利息。其实，就算是储蓄，如果能操作得当，也能获得更多的利息，比如长期不动用的活期存款换成定活两便存款，急用时可以及时取出，获得活期的利息，不用时到期也会得到定期的利息，远远高于活期储蓄的收益。

有些人虽有投资意识，却没有投资经验，对基金、股票、黄金、外汇一窍不通，他们经常会问理财师："现在有什么好的股票、有什么好的基金，请推荐给我，我去买。"其实，理财师的作用只是综合市场情况对投资者提出一个购买建议而已，买或者不买和买进还是卖出的最终决断权取决于投资者自己。如果投资者自己不会分析和操作，即使是最好的产品也不会带来收益。所以，投资理财一定要学会自己分析自己操作，不能完全依赖别人。

三、投资获益需选准时机

很多人喜欢选择投资房产，认为其安全性和收益性比瞬息万变的股市、债市等更有保障。但是楼市投资也是有风险的，且房产的变现性较差，如果买房和卖房的时间选择不好，炒房就会变成房东。在你急需用钱的时候，卖房子可能会成为你心里说不出的痛。

所以，许多投资理财的决策除了具备专业知识外，还需要投资者经常关注理财

信息，低入高出才能获得最大的收益。

四、投入越多收益越大

投资是需要付出成本的。在资本市场上有这样一个原则：等量资本获得等量利润。对于一位经验丰富的投资者来说，投资的绝对收益额往往是与投入的成本成正比的。

李四对股票操作很有理论和实践经验，在某一个时点，经市场分析和研究后，李四认为某种股票很有升值潜力，他用自己在证券公司账户上的全部资金1万元购买了500股每股市价为20元的股票。10天后，这只股票连续来了4个涨停板。李四见好就收，全部抛出，那么他在14天内获毛利4 641元，扣除印花税和交易佣金，获纯利4 000多元，投资收益率为40%左右。倘若他投入的是10万元或100万元，即使投资收益率没有发生变化，那么他可获纯利就是4万元或40万元。而40万元就意味着他在14天内赚了1辆中高档小轿车。

由此看来，投资是要资本的，高投资才能有高回报，那种拿着小钱幻想一夜暴富的事情是不存在的。

家庭理财的几个误区

美国有位作者以"你知道你家每年的花费是多少吗"为题进行调查，结果是近62.4%的有钱人回答知道，而非有钱人则只有35%知道。该作者又以"你每年的衣食住行支出是否都根据预算"为题进行调查，结论竟与前一个问题惊人的相似：有钱人中编预算的占2/3，而非有钱人只有1/3。进一步分析，不作预算的有钱人大都用一种特殊的方式控制支出，亦即造成人为的相对经济窘境。

有一个非常有才气的年轻人，他挣了很多钱，对未来很有信心，所以他总是把钱花得精光。突然有一天，他年轻的妻子得了重病，为了保住妻子的生命，他不得已请了一位著名的外科医生为妻子做一个性命攸关的手术，但是，医生要等他交足费用以后才能动手术。年轻人只好去借钱，这可是一笔巨款啊！妻子的命终于保住了，但是妻子随之而来的疗养和孩子们接二连三的生病，需要大量花费加上饱受焦虑的折磨，终于使他积劳成疾，赚的钱一年比一年少。最后，这个人职业受挫，全家穷困潦倒，没有钱渡过难关。在妻子害病之前，他本可以在一年之中就轻而易举地存上许多钱，但他由于过于自信而失去了这个机会。

我们不可能预见什么时候会生病或发生变故，或者某个突发事件搞得我们措手不及。由于不作长远打算，自己会在未来生活中遭受各种各样的磨难。一旦遇到紧急情况，银行账户里却没有一分钱，能想象这是一种怎样的窘迫啊！

有钱人一定有他们成为有钱人的原因，同样的钱，放到不同人手里会有不同的使用方法，有人用它来致富，有人用它来挥霍，不同的想法成就不同的人生。

一般来说，家庭理财存在下面几种误区。

一、面面俱到型，追求广而全的投资理财组合

小沈的投资理念是：鸡蛋不能放在一个篮子里，多尝试各种理财产品才能分散投资风险。所谓"东方不亮西方亮"，总有一处能赚钱——这也是眼下不少人奉行的理财之道。可是一年下来，小沈的投资成绩却不尽如人意，股市亏了、美金下跌、钱币没得动静，只有开放式基金挣了钱，可惜又买少了。

二、守株待兔型，大势判断不准

小谭的投资理念是：每一个基金都不多买，每一个基金也不错过，不同类型的基金可以分散不同程度的风险。结果一年下来，她的平均收益率为10%。10%对于投资者来说，也是一个不错的成绩了。但是考虑到前一年开放式基金的整体成绩，小谭的投资不算成功。

三、短线投机型，不注重长期趋势

至今，股市、汇市甚至期市都留下了小赵的影子。但情况并不像他以前想的那样，由于急着获取丰厚的回报，他的注意力全在短线投机上，听人风传某只股有异动就投进去，不见动静又快速撤出，一年多来股市里收益不理想；当外汇市场、期货市场十分红火时，小赵又转投汇市、期市。急于求成的投资心态并没有使他在汇市、期市有何建树，他很纳闷，为什么这样投资不赚钱？

四、盲目跟风型，理财随大流

为了能在基金市场上多分一杯羹，孙先生曾把房屋抵押出去购买基金。理财专家指出，这个方法大错特错——虽然孙先生购买的股票型基金的年收益超过20%，但高收益伴随着高风险，未来基金的收益谁来保证？何况，拿房子作抵押贷款买基金又是短线持有，一旦出现基金形势不好被套牢的现象，必然血本无归。

五、过分保守型，家财求稳不看收益

钱先生很固执，是有他的理由：现在夫妻俩做着小生意，除去女儿上学用的钱相对多一些，其他的东西家里都不缺，没太大的开销，这样每月省吃俭用还能另外存一点钱给夫妻俩将来养老。他对自己夫妻俩的能力有着清醒的认识，认为他们不大可能有更多的机会挣到大钱。而他能预见到将来最大的开支就是女儿上大学的费用，因此，额外收入是绝对不可以有什么差池的！长期以来固有的保守个性决定了钱先生对待这笔钱的态度就是：放哪里都不如放银行保险。

树立正确的投资观

我国理财市场的健康发展,一方面需要金融机构不断提高金融服务水平,开发出更多更好的理财产品,培养出更多高素质、复合型金融人才;另一方面也需要加强对投资者的理财教育,培养投资者的理财意识。在对投资者的理财教育中,树立正确的理财观念是非常重要的一项。

什么是正确的理财观念?

(1)理财是一个长期过程,需要时间和耐心,不可能一夜暴富。

(2)家庭不是企业,资产的安全性应放在第一位,盈利性放在第二位。

(3)树立风险意识,投资是有风险的。低风险的投资品种,如银行存款、国债等,难以产生高回报;高风险的投资品种,如股票、实业投资,有产生高回报的可能,但也能导致巨额亏损。

(4)要保证良好的资产流动性。保持富余的支付能力,不要将资金链绷得太紧。

(5)保险是重要的保障手段之一。保险是家庭资产的重要组成部分,一份保险也是一份对家人的关爱。

(6)要根据自己的实际情况及风险承受能力选择理财品种,不要随波逐流。

(7)不要过度消费。尤其是贷款消费,如房贷、汽车贷款等,贷款是刚性的。尽量减少家庭的债务负担。

(8)股票是一种最好的长期投资工具。它是使家庭资产大幅增值的最有效的投资方式,但如果投资操作不当,会导致巨额亏损,造成家庭财务危机。一定不能用借来的钱炒股票。

(9)要将生活保障(现金、债券、住房、汽车、保险、教育)与投资增值(股票、实业、不动产)合理分开。投资增值是一种长期行为,目的是使生活质量更高,不要因为投资而降低目前的生活质量。投资资金应该是正常生活消费以外的资金,用这样的闲钱投资,投资人才能保持一个良好的心态。

(10)要学习理财知识,要能同专业理财人员交流。要有一定的分辨能力,因为钱是你自己的。

(11)可以委托理财,但要慎选受托人。

(12)要编制家庭财务报表。包括资产负债表和现金流量表,做到收支有数,心中有底。

(13)要制定量化的、合理的理财目标。针对理财目标配置资产,做到有的放矢。

(14)抵制过高投资回报率的诱惑。任何投资回报率过高的项目都是值得怀疑的。

（15）投资一个项目。先考虑风险，再考虑收益，不能合理控制风险，收益无从谈起。

富人的六个财富经验

在富人看来，"钱追钱"的概念可以成为一般人学习的重点。实现"钱找钱"强于"人找钱"，首要在于学会投资。

富人手中的财富每年要求有至少有10%的回报。富人会经营钱财，他的钱在富翁睡觉时都替他赚钱。例如，借钱给朋友开店，但要收取合理的借贷利息，还要有抵押品；或者投资在房产上，收租金同时也享受房产升值回报。

富人更懂得利用他人的钱替自己赚钱。例如，富人需要买一套住房，现在他手中有70万元，他会从银行借70万~80万元，并且再买一套房，这是一种投资，于是银行的钱也在替他赚钱。而我们的一般习惯是全部付清房款，不喜欢借贷。

以下是几条关于财富的法则，这是从富人的财富经验中总结出来的智慧。

1. 不要忽视小钱的威力

投资理财需要很多钱吗？很多人都认为投资是有钱人的事，如果手头上的钱暂不宽裕的话，就没必要进行投资。事实上，每个人的钱也是从一块钱攒起来的，关键是你怎样对待这一块钱。捡破烂这一行业曾经产生过很多富翁，各种废旧物品，看上去值不了几个钱，但经过对钱的善于利用，就能累积到超过千万元的资产。所有的积蓄都是从不起眼的小钱投资开始的。所以从小钱开始一直到累积至百万元，并不是不可能完成的目标。

2. 做好储蓄

人们都知道，拥有的钱越多，其发挥的效益就会越大。要重视储蓄的威力。如果你当前有收入来源，那么你就从今天开始积累财富，可能一次只有5元、10元，但每一次微不足道的积累都将成为你实现财务自由之路的基石。

3. 立足现在，放眼长远

很多人会说：不愿意投资股票，因为不想等10年才成为富翁。每个人都想享受眼前的生活，不想为多少年后的财富付出目前的代价。于是，在多年后我们仍然是现在的生活状态，肯定不会比现在过得好。你当前的生活条件是由你过去所做的投资而决定的，所以，不妨在此刻为你的将来做好准备！

4. 选择有回报的产品

为什么总存不下钱？人们总是觉得花钱是天经地义的事。其实人和人用钱的地方并不相同。对美国有钱人（年收入22.5万美元或持有300万美元资产）做的一项调查表明，富人会把他们全部收入的约30%拿去投资或储蓄。这样做并不一定可以马上致富，但却是他们成为富人的共同相似点之一。如果希望花出去的钱能够有所回报，就必须改变消费习惯，选择有回报的产品进行投资。

5. 钱多并不是关键

钱多并不能解决你的问题。钱是一个放大镜，它可以折射出你的一些现实习惯。想成为一个百万富翁，如果你的工作只付给你每年18万元的薪水，最糟糕的打算就是你需要同时找6份工作，挣了100万元的同时你也会垮掉的。但是仍有很多每年赚100万元的人，他们只有一份薪水，但却不断地有财富入账。两者的区别就是，智者并不看存折的薄厚，而是看怎样才能让里面的钱高效地运转起来。

6. 养成良好的习惯

为实现你财务上的自由，你需要养成良好的理财习惯。第一，严格控制你的负债，在你做任何一项投资之前，应清楚是否应该用这笔钱先还清债务；第二，把投资和财务储蓄永远放在人生中的重要位置，这个就要看你持之以恒的魄力了。

"月光族"的理财计划

小王在东莞一家律师事务所工作，每个月工资有5 000元。她有一张信用卡，授信额度是1.5万元，设定的是每月工资直接还款，没有过逾期还款的经验。小王从不理财，也没有记账的习惯，支出方面，吃大概占去工资的20%，其他都用于购物、衣服、化妆品、护肤品等。小王喜欢拍照，拍完后还得经常冲印出来，还喜欢买一些DVD\VCD等碟片。平时自己和父母可能会生一些小病，每个月要花一些医疗费。再加上平时的一些人情往来，到了月底，小王就成为名副其实的"月光族"。

在城市中，有很多像小王这样赚钱不多，每个月只可以维持自己基本开销的一族，被称为"月光族"，"月光族"是一个中性词，没有绝对的褒贬意之分。

"月光族"产生的原因有：缺少生活磨炼，不知道赚钱辛苦；缺少理财锻炼，不会管理开支；缺少交际练习，因此钱来填补感情空白；报复心理作怪，由于年少时父母在零花钱上管制过严，一朝有钱，尽使手中财等。

对于很快就要承担起家庭责任的"月光族"们来说，一定要学会理财，这是当务之急的事。大手大脚的花钱习惯，往往使他们的薪水一发就见底，月月无剩余。这样看似"潇洒"的花钱做派既不利于个人事业的发展，也不利于今后家庭生活的美满。因此，养成良好的花钱习惯是十分必要的。

一、做好收支计划

对每月的薪水应该好好计划，哪些地方需要支出，哪些地方需要节省，每月做到把工资的1/3或1/4固定纳入个人储蓄计划，最好办理零存整取。储额虽占工资的小部分，但从长远来算，一年时间下来就有不小的一笔资金。储金不但可以用来添置一些大件物品如电脑等，也可作为个人"充电"学习及旅游等支出。另外每月可给自己做一份"个人财务明细表"，对于大额支出，超支的部分看看是否合理，如不合理，在下月的支出中可作调整。

二、尝试投资

在消费的同时，也要形成良好的投资意识，因为投资才是增值的最佳途径。所以不妨根据个人的特点和具体情况作出相应的投资计划，如股票、基金、收藏等。这样的资金"分流"可以帮助你克服大手大脚的消费习惯。当然要提醒的是，不妨在开始经验不足时进行小额投资，以降低投资风险。

三、日常交往

你的交际圈在很大程度上影响着你的消费程度。多交些平时不乱花钱、有良好消费习惯的朋友，不要只交那些以胡乱消费为时尚，以追逐名牌为面子的朋友。不顾自己的实际消费能力而盲目攀比只会导致"财政赤字"，应根据自己的收入和实际需要进行合理消费。

同朋友交往时，不要为面子在朋友中一味树立"大方"的形象，如在请客吃饭、娱乐活动中争着买单，这样往往会使自己陷入窘迫之中。最好的方式还是大家轮流坐庄，或者实行"AA"制。

四、自我克制

年轻人大都喜欢逛街购物，往往一逛街便很难控制自己的消费欲望。因此在逛街前要先想好这次主要购买什么和大概的花费，现金不要多带，也不要随意用卡消费。做到心中有数，不要盲目购物，以免买些不实用或暂时用不上的东西，造成闲置。

五、提高购物艺术

购物时，要学会讨价还价，货比三家，做到尽量以最低的价格买到所需物品。这并非"小气"，而是一种成熟的消费经验。商家换季打折时是不错的购物良机，但要注意一点，应选购些大方、易搭配的服装，否则造成虚置。

六、少参与抽奖活动

有奖促销、彩票、抽奖等活动容易刺激人的侥幸心理，使人产生"赌博"心态，从而难以控制自己的花钱欲望。

七、务实恋爱

在青春期中，恋爱会产生一笔很大的开支。处于热恋中的男女总想以鲜花、礼物或出入酒店、咖啡厅等场所来进一步稳固情感，尤其是男性，在女友面前特别在意"面子"，即使囊中羞涩也不惜"打肿脸充胖子"。但不要认为钱花得越多越能代表对恋人的感情,把恋情建立在金钱基础上,长远下去会令自己经济紧张,同时也会令对方无形中感到压力,影响彼此对爱情的判断。倘若一旦分手,即便没有产生经济方面的纠葛,也会使"投资"多的一方蒙受较大的经济损失。另外,你的大手大脚有时还会产生负面作用,比如给对方及对方父母留下不踏实、不会过日子的印象。送恋人的礼物不求名贵和华而不实,应考虑对方的喜好、需要与自己的经济能力相称。

八、不贪玩乐

年轻的朋友大都爱玩、爱交际,适当的玩和交际是必要的,但一定要有度,工作之余不要在麻将桌上、电影院、歌舞厅里虚度时光。玩乐不但丧志,而且易耗金钱。应该培养和发掘自己多方面的特长、情趣,努力创业,在消费的同时更多地积累赚钱的能力与资本。

如果你不想再做"月光族",完全可以通过合理的理财方法,让自己的钱包鼓起来。

适合"上班族"的理财法则

一个平凡的上班族,若想在有限的收入中存住更多的钱,就必须培养正确而良好的消费行为,仔细地规划每个月的收入与支出,否则,赚再多的钱恐怕也不够用。

以下是提供给现代上班族的理财法则,不妨一试。

一、准备3~6个月的急用金

就一般理财规划来说,最好以相当于1个月生活所需费用的3~6倍金额,作为失业、事故等意外或突发状况的应急资金。

二、减少负债,提升净值

小两口的家庭财务应变的实力尤其重要,也就是净值(等于资产减负债)必须进一步提升。而提升净值最直接的方法就是减少负债,国内负债形态包括房屋贷款、汽车贷款、信用卡与消费性贷款等。基本上,个人或家庭可承担的负债水准,应该是先扣除每月固定支出及储蓄所需后,剩下的可支配所得部分。至于偿债的原则,则应优先偿还利息较高的贷款。

三、把钱花得更聪明

如果"开源"的工作有困难,那么应有计划地消费,从"节流"做起。选对时节购物、货比三家不吃亏、克制购物欲望,以及避免滥刷信用卡、举债度日等,都是可以掌握的大度。

在方法上可针对每月、每季、每年可能的花费编列预算,据此再决定收入分配在各项支出的比例,避免将手边现金漫无目的地消费。最好养成记账的习惯,定期检查自己的收支情况,并适时调整。

四、养成强迫储蓄的习惯

"万丈高楼平地起"。所有人理财的第一步就是储蓄,要先存出一笔钱,作为投资的本钱,接下来才谈加速资产累积。若想要强迫自己储蓄,最好是一领到薪水,就先抽出20%存起来;无论是选择保守的零存整付银行定存,或是积极的定期定额共同基金,长期下来,都可以发挥积少成多的复利效果。

五、加强保值性投资

股市、汇市表现不佳,银行定存利率也频频往下调降,该阶段理财除谨守只用闲钱投资的原则以外,资产保值相当重要,可透过增加固定收益工具如银行定存、债券和债券基金的投资比重来达到目的。其中,债券基金因为具有投资金额较低、专业经理人管理操作及节税等好处,较于直接从事债券投资,门槛降低许多,加上目前实质收益率也可维持在银行定存之上,所以成为目前最热门的投资工具之一。不过由于国内外债券基金种类繁多,应先了解其投资范围、特性与适合的用途,配合自己的期望报酬与承担风险来选择。至于银行定存,在利率持续调降的趋势下,最好选择固定利率进行存款。

另外,还有一种工薪理财法可以学习,看看自己是否适合。

工薪理财法是一种有机组合投资,将个人余钱的35%存于银行,30%买国债,20%投资基金,5%买保险,还有10%用于艺术品及邮票、钱币等其他方面的投资。

其一,35%存于银行。虽然中央银行一再降低存款利率,但作为一种保本的保值手段,储蓄仍是普通百姓的首选目标。储蓄有不同的种类,我们可以按照不同的比例进行储蓄的分配。50%存1年期,35%存3年期,15%存活期,这样储蓄就可以实现滚动发展,既灵活方便,又便于随时调整最佳投资方向。

其二,30%买国债。投资国债,不仅利率高于同期储蓄,而且还有提前支取、按实际持有天数的利率计息的好处。

其三,20%投资基金。1997年年底,国家已正式出台了《证券投资基金管理暂行办法》,这标志着投资基金这一世界性的投资工具将在我国进入一个迅速发展的新时期。投资基金具有专家理财、组合投资、风险分散、回报丰厚等优点,一般年收益可在20%左右。

其四,5%购买保险。保险的基本职能是分担风险、补偿风险,在目前银行利率较低的情况下,购买保险更有防范风险和投资增值的双重意义。如今在大城市,花钱买平安、买保障已成为一种时尚。购买保险也是一种对"风险"的投资。

比如养老性质的保险，不但对人生意外有保障作用，而且也是长期投资增值的过程，可以买一些，5%足矣。

最后，是10%投资于艺术品及邮票、钱币等其他方面。艺术品投资属于安全性投资，风险最小，而且由于艺术品有极强的升值功能，所以长期投入，回报率极高。但千万注意要懂行，否则买了赝品悔之晚矣。至于其他收藏类投资，主要包括邮票、磁卡、钱币等，这不仅有投资性质，还融入了个人的兴趣和爱好，做好了可谓是一举两得。

白领的理财规划

陈伟今年33岁，供职于一家寿险公司任营销部经理。妻子32岁，银行职员。他们有一女儿，今年3岁。一家人家庭年收入12万元左右，家庭金融资产50多万元。对于如何理财，陈伟颇为感慨。

陈伟很惋惜错过了一些积累财富的良机，没有攒下多少财产。过了30岁以后，有了投资理财的紧迫感，开始注重管理和经营财富。

在经过了一番理财知识"充电"后，陈伟制定出一个颇为得意的理财计划。

一、合理消费

对于我们大多数人来说，30岁之前，也没想攒钱，反而是怕没那么多钱花。人过30岁，结婚，生了孩子，既是丈夫，又是父亲，还有双方父母，情况就大不一样了。自己不仅需要钱，而且需要有一个稳定的收入来源，这是责任。人过了30岁，虽然工作和收入渐趋稳定，积累明显增加，但花销却也多集中在一些较为昂贵的购房、家庭装修等项目上，这时不算计都不行。

结婚之前，陈伟和其他白领们一样，认为钱来得快，花得也痛快。所以总是去追求洒脱的生活，在消费上讲求品位、追求名牌，经常光顾大商场、西式快餐店、品牌专卖店同时也注重精神消费，书店、音像店也是最喜欢去的地方。然而高消费带来的结果却是自己可支配的资产相对缩小，很长一段时间自己就是"新贫族"一员。

现在，陈伟认识到自己原来的行为和观念非常不可取，所以开始注重合理科学消费。为了实现"零存整取"式的积累，陈伟很快接受了消费信贷，这样强迫自己按期还款付息，腾出了许多闲钱用于投资。

2000年，陈伟以按揭的方式购买了一套价值28万元的商品房，除交付首期8万元外，以后20年内每月还款1 275元。这使他一下子有了"豪宅"。

二、勇于投资

有句话叫"吃不穷，穿不穷，算计不到才受穷"。"你不理财、财不理你"，只有善于投资才能扩大家庭资金入口，保证生活支出。陈伟认为，由于自己受时间、精力、专业、兴趣、信息等因素的限制，如果轻易涉足风险投资领域，无疑加大自身理财机会成本。所以他需要专业人士来辅助个人理财。

陈伟总结出一套自己的投资理论，投资回报是一个非常明晰的概念。如果你把现金存入银行账户，你能够得到的回报只是按照一定利率计算的利息；如果你投资房地产，你得到的回报可能稍高一点，但你有可能在售出时亏本；如果你投资股票，你期望得到的回报会更高，可它的风险更大。作为个人理财，有效管理投资回报的方法是采取组合方式：把一部分资金放在回报率低、安全性高的投资目标，把另一部分放在回报率高、安全性低的投资目标。

目前，各银行都推出了理财服务，有些还是针对白领的，这为个人投资提供了很好的条件。在接触了一些理财师后，陈伟选择一家自己非常信任的银行理财中心，把自己的资产、收入及生活状况、风险承担能力、投资偏好、未来的人生目标告诉理财经理，通过"一对一"的客户经理，获得"量身定做"的理财建议。经过几次修改，他已按照规划的投资比例组合严谨地进行投资。

三、为老有所养做准备

对于保险，陈伟也计划得很充分。

一是，陈伟购买了投资型保险。除了购买医疗、意外伤害类保险外，陈伟着重加大了对连接险的投资。2000年，夫妻两人各自购买了人寿保险的"99鸿福"险10份，每3年就有20 000元的收益，平均每年6 666元，每月平均555元，而且人身保障还在加强。

二是，陈伟还购买了10年期储蓄分红险种40份，共缴费4万元，10年后可领取45 760元，外加若干红利。

三是，陈伟用积累追加投资。为实现20年后养老目标，陈伟目前投入本金10万元，他计划以后每年再从结余中拿出2万元追加投资，按每年5%收益率，退休时的本利总额将达到100万元，加上其他投资和保险收益，夫妻两人完全可以实现预期的养老目的。

上述方案是陈伟根据他们夫妻当前的收支状况设计的，如果考虑其收入增长等因素，即使其他条件有变化，他也完全可以通过改变投资项目来实现既定理财目标。

根据国内外权威机构的普遍预测，我国在未来二三十年的时间里，经济有望维持在7%~8%的增长速度，对于白领来说，通过合理规划、组合投资，完全有把握通过分享国民经济的增长成果来实现较高的投资收益。

月收入过万者的经济规划

素素今年27岁,卫校毕业后一直在一家大医院做护士。在好友的动员下,去年她辞去了这份固定工作,专门做起了某知名日化品牌的直销业务。由于善于交际,并具有一定的客户资源,她的业务越做越好,每月提成收入也从2 000元、5 000元、8 000元,一直到目前的万元以上。素素的丈夫朱先生是政府机关的公务员,在她的鼓动下,也被"拉下了水"做了直销业务。现在,朱先生的月收达到了5 000多元。

目前,两人的家庭收入为15 000元,除了日常开销、按月偿还银行住房贷款以外(尚欠银行贷款本息合计为4万元),每月还有1万元的结余。不过,由于夫妻两人均不善理财,面对不断增加的收入,他们还是只认银行储蓄一条路,渠道单一,收益低下。

夫妻两人来到一家银行进行了一番咨询。银行的理财师首先给他们分析道:目前素素一家把精力都放在赚钱上,对收入的打理缺乏长远的规划,比如,其收入较高,却没有考虑减少家庭债务;习惯有钱存银行,没有积极涉足其他收益高、保障能力强的投资渠道。总之,他们需要一条非常清晰、容易操作的理财思路。

这位理财师给出了具体的理财建议:

建议素素做好后续收入的打理。为实现家庭积蓄的稳妥增值,以应付将来的生儿育女,以及换房、扩大经营等开支,根据素素的实际情况,他设计了一套完整的理财方案。

一、可以考虑提前偿还住房贷款

按目前素素的收入,积攒4万元可谓轻而易举,所以积蓄达到4万元后,可以考虑提前偿还住房贷款。因为当时1年期存款税后利率仅为1.58%,而银行贷款的年利率却高达5%以上。有理财专家说,最好的存款方式就是还贷款。所以,提前还贷是素素减少家庭支出、优化资产结构的有效措施。

二、建议购买私家车

从事销售工作,主要工作是跑市场、访客户,时间就是金钱,如果拥有一辆属于自己的私家车,不但可以提高工作效率,还可以体现身份和经济实力,进而增强经济往来中的信用指数。根据素素夫妇的收入状况,理财师建议在1年内购买10万元左右的经济型轿车,比如富康、飞度、赛欧、凯悦等。

三、20%的后续收入进行储蓄

还清住房贷款和购买私家车以后,素素就可以一心一意打理后续收入了。大家都说银行储蓄利率低,负利率情况下存钱会"亏本",但再"亏本"也不能全面放弃储蓄，因为储蓄是中国人的传统，也是最稳妥的投资渠道之一；另外储蓄的变现能力最强，可以作为经营的准备金，所以，将20%的后续收入存银行储蓄，不但是家庭稳健理财的需要，也是素素打理生意的需要。

四、30%的后续收入购买国债

国债是以国家信誉做担保的金边债券，具有收益稳妥、利率高于储蓄、免征利息税等优势，素素可以用后续收入购买适量的凭证式国债。根据当前加息压力增大的实际情况，理财师建议购买短期的1年期国债。这样如果遇到加息，素素既可确保加息之前最大限度地享受较高利率，又可以在国债到期后，及时转入收益更高的储蓄或其他国债品种。

五、30%的后续收入用于购买开放式基金

开放式基金可以说是一种介于炒股和储蓄之间的投资方式，适合素素追求稳健又考虑收益的投资需求。根据当前股市相对低迷的实际情况，素素可以选择一家运作稳健、回报率高的基金公司，购买他们发行的新基金，因为新基金成立后正赶上"炒底"，所以其赢利能力也就相对较高。

六、15%的后续收入进行股票投资

中国股市的中长期前景是非常乐观的。因为素素从事直销工作，时间相对自由，可以用15%的后续收入购买一些能源、通信等潜力股票，这样可以在做业务时顺路到股票市场看看行情，或在家里通过网络看看大盘，适时调整持股结构，进行中长期投资。

七、5%的后续收入购买保险

从事直销工作，养老保障一般是靠自己多挣钱、用积蓄来应付生老病死。但在医疗开支不断涨价的今天和未来，万一遇到意外伤害或重大疾病，自己的积蓄有可能是杯水车薪，难以应付。所以，建议素素和先生用自己5%的后续收入购买适量的主险和附加险，以对两人的重大疾病、人身意外伤害提供有力保障。

同时，素素还可以购买集保障、储蓄、投资三种功能于一身的分红保险或分红型养老保险。

这位理财师的规划建议，对你是否也有所启示呢？

第三章

警惕：理财是你自己的事，切勿跟风

在大众贪婪时，你要缩手，在大众恐惧时，你要进取。当人们忘记"二加二等于四"这种最基本的常识时，就该是脱手离场的时候了。

——沃伦·巴菲特

我一向是不关心大盘涨跌的，我只关心市场中有没有符合我的投资标准的公司。

——吉姆·罗杰斯

理财是自己的事

投资必然会伴随着风险，有风险才会有收益。在投资之前，投资者要充分考虑到自己的承受能力，了解到需要承受的风险和投资产品的特性，切忌盲目。

张清在东方财富网的股吧上发现一篇文章，标题是《明日重大利好消息出台敬请关注》。他很好奇，点击一看，是中信证券公司的网站，网站顶部写着"公司经过中国证监会批准"，并有电子版的批准证书。网站内容主要有"强力个股推荐"、"精确市场预测"、"实战业绩"、"涨停板股票服务"。

张清拨打了网站底部显示的手机号码，业务员陈某说公司实力很强，有专人研究分析股票，近期几只大牛股都抓住了。于是张清心动不已，按要求向中信证券的业务员陈某账户缴纳了一个季度的服务费4 380元，对方也传真了一份已盖章的服务合同，并口头保证15个交易日获利120%，总获利不低于360%。但此后，公司推荐的股票却只跌不涨。

一周以后张清后悔了，想讨回服务费，但发现再也无法联系到陈某，公司的电话也无人接听。

这是一个上当受骗的投资案例。不法分子常常利用网络平台假冒合法证券公司之名，诱骗投资者上当。面对投资市场上鱼龙混杂的局面，作为投资者，我们应该如何避免上当受骗呢？

理财不仅是技术活，也是力气活，现在市场上各种投资产品不断涌现，市场行情瞬息万变，不仅要求投资者具备充足的专业知识，更要投入不少精力和时间，这对大多数非专业人士而言是一种苛求。因此"专家理财"应运而生。

有人会问："理财到底要靠自己还是要请专家呢？"这个问题没有固定的答案，是仁者见仁、智者见智的问题。

认可委托专家理财的人认为，术业有专攻，理财靠专家。专家拥有更多投资渠道。个人投资者一般只能在二级市场进行投资，不能参与一级市场的发行行为；而机构既可在二级市场进行交易，还可以在一级市场通过承销、包销活动获得丰厚的利润；专家选用的投资方式更为灵活。机构投资者既可以进行现金交易，也可进行回购交易和套利交易，个人只能进行现金交易；专家可选择更多的投资品种。机构投资者可以投资于一些个人无法选择的品种。例如，国内的金融债券目前主要面对机构发行，在很多情况下个人无法购买。金融债券的利率比国债高，而且风险又比企业债券低，是比较理想的安全、高效的理财工具。机构投资者既可投资于交易所上市债券，也可投资于在银行间市场发行的债券。而个人只能在交易所购买上市国债。专家理财既可投资于固定利率债券，又可以投资于浮动利率债券。

有效的投资组合需要投资者对不同的理财工具具有全面的了解，并要有大量时间和精力。如果投资者能够用于投资活动的时间和精力有限，又缺乏相关的投资专业知识和信息来源，不如把时间花在选择优秀的理财机构方面，从而通过专家理财，达到资本保值、增值，事半功倍的效果！

这样的说法也很有道理，毕竟隔行如隔山。理财投资也是一门大的学问，靠自己似乎太麻烦，也有点困难。专家的建议是很好的参考。

但是也有人提出了不同的看法。他们认为专家也有智愚之分，不同的专家坐于堂上，长篇大论，谁是谁非，谁对谁错，很难分辨。即使有可信之专家，也不能靠其一生。

资本市场，作为一个专业的市场，也必然需要专业评论家，把每一次行情精彩、清晰地讲解给我们，特别是对那些没有专业知识、没有精力了解行情的投资者，专家的评论、解盘，一定胜过自己的一知半解。但是，专家们对我们的这种帮助，只能停留在此，也就是说，通过这种手段只是了解现在的行情态势和学习他们研究行情的合理方法以及科学态度。

然而，要作出下单的决定，你必须具体考虑自己的情况，包括自己的风险承受能力、自己的风格、自己感受到的行情。没有哪个球队是按解说员的解说来踢球的，所以，你在寻找下单依据时就要立即转换角色，由观众、观察者转变为足球队、运动员，这样才有可能赢得比赛。

一些投资者，盲目跟随专家评论，不假思索地直接接受专家意见，屡有失败。在期货市场，投资者作为球员，当然应该根据对手，根据自己的能力、状态制定不同战术。对专家的解说评论，我们只能以观众的态度来用心聆听，具体的下单要像球员对待、负责的每一次比赛一样，自己把握。

另外，似乎有的投资者认为，专家评论也有类似"黑哨"的情况。但只要以观众心态去对待专家意见，用自己的方法去分析就行了。

所以，投资者可以听取专家的意见，但关键还是靠自己。在投资理财过程中要听取专家的意见，自己更要树立正确的理财观。

"羊群效应"，厄运当头

在一群羊前面横放一根木棍，第一只羊跳了过去，第二只、第三只也会跟着跳过去。这时，把那根棍子撤走，后面的羊，走到这里，仍然像前面的羊一样，向上跳一下，这就是所谓的"羊群效应"，也称"从众心理"。从众心理很容易导致盲从，而盲从往往会陷入骗局或遭到失败。

"羊群效应"也很容易出现在我们人类身上。最常见的一个例子就是在进行投资时，很多投资者很难排除外界的干扰，往往人云亦云，别人投资什么，自己就跟风而上；而在结伴消费时，同伴的消费行为也会对自己的消费产生心理和行为上的影响。

"随大流"是人们的习惯，这种习惯永远也发不了财。比如投资基金，若是2005年或2006年上半年，在大多数人不看好的前提下投入的话，2006年底可就1万元变2万元，2万元变4万元了。2006年年底大家都看基金赚钱，都买入，恐怕再有100%的回报是不可能的了。

在不了解投资内情的情况下，不要盲目地跟风，大家都"扎堆"而去的地方不一定就是好地方；投资也不能跟风盲动，一定要找到适合自己的投资方式。

股市是"羊群效应"的多发地。股市的财富效应，让许多人觉得遍地是黄金，关键在于眼光和信息，于是"宁可犯错，也不能错过"成为许多散户共有的心理，他们一是推崇身边的投资高手，二是盲目迷信各种来源的小道消息。

"你说,我是存到银行,还是买股票呀?"刚刚拿到到期的定期储蓄存折,张大妈难掩兴奋的心情,询问邻居小李。看到周围很多人都通过炒股赚了不少钱,张大妈也跃跃欲试。

对股票一窍不通的张大妈选择向小李求助,因为他知道小李没事的时候经常玩股票。小李兴奋地支持张大妈炒股,说自己可以全权代劳。于是,从开户到选股,张大妈全权委托给了小李。然而,看到小李给自己选的股票价格连续5天下跌,张大妈傻了眼。

隔壁的老王也遇到了同样的状况,他说去年小李帮他选的一只股票现在已经退市了。这下可好,老王和张大妈都不停地抱怨小李没眼光。

听到了两人的抱怨,钱教授说:"亏了也不能怪别人。投资决策得自己拿,投资风险也得自己担,不能光听别人的。"

这可给新入市的张大妈上了生动的一课——投资要自主决策、自担风险、自享收益。

"听别人推荐"和"随大流"是新入市者中普遍存在的两类现象。很多新手尚未掌握基本的投资知识就急于开始投资,并对周围一些获得较好收益的投资者、专业证券机构存在"崇拜心理",在进行投资决策时都出现了仅听别人推荐就购买某只股票或追随大多数人购买同一只股票的情况。这也是投资者对自己的判断、决策能力缺乏信任的表现。要想树立自己对投资决策能力的自信,投资者就必须学习并掌握相关投资理财知识。

因此,当你遇到这样的投资高手,切勿因为他们的只言片语就觉得别人总是赚钱比自己多,赚钱比自己快,影响了自己的正常心态。

现在坊间流行的小道消息也同样值得投资者戒备。随着网络的普及,2007年以来入市的多是一些没有实际操作经验的新股民,他们最喜欢从各种网站的股票、基金论坛上捕风捉影,有的人甚至愿意花不菲的价格购买"机密信息"——这样就使很多人陷入了炒股只炒"代码和简称"的误区,一不知道上市公司的主营业务,二不了解公司的财务状况,只是凭借一些似有似无的小道消息就贸然投入自己辛苦积攒的资金,结果损失惨重。对于这种小道消息带来的"羊群效应",投资者还是远而避之为好。

别做贪婪的牺牲品

贪婪是投资理财的大忌。一旦贪念占了上风,就很难把握住自己的投资方向和投资额,很容易成为投资浪潮中的牺牲品。

陈先生是一家私营企业老板。年初，在朋友的怂恿下，先生开始投资股市。陈老板当时对股市还真是一窍不通，属于遇到情况便丈二和尚摸不着头脑那种，也没有怎么认真选股，反正听从朋友之言用150多万元买了15只股票。

就这样到了年中，基本上是买什么赚什么，陈老板的账面上很快就增加了近70万元。然而一贯做事谨小慎微的陈老板，此时却犯了一个错误，眼看着股指冲到了4300多点，陈老板还没有意识到风险即将来临，依然打算追加资金。

随后，股指大跌，这令陈老板如梦初醒，眼前其中几只前期表现良好的ST股犹如高台跳水。好在陈老板醒悟过来后跑得快，最后还保住了几万元的收益。

陈先生差点就成为了贪婪的牺牲品。在利益的面前，贪婪往往会让人迷失了自己，丧失了判断力，最终付出沉重的代价。想成功的理财一定要有自我控制力。

股神巴菲特曾经说过："恐惧和贪婪这两种传染性极强的流行病的突然爆发，在投资世界永远会一再出现，这些流行病的发生时间却难以预料。由于他们引起的市场精神错乱，程度同样难以预料。因此，我们永远无法预测任何一种灾难的降临或离开。我们的目标应该适当。要在别人贪婪时恐惧，而在别人恐惧时贪婪。"

在投资领域有人赚钱，有人赔钱。著名的投资大师巴菲特就是"能赚钱"的典型代表，他能赚钱的原因，在于他的投资理念，能够长期坚持，不因市场诱惑而改变。巴菲特的投资理念是：投资要有耐心等待，只有等"市场先生"犯错误，股票被低估时才买进。当擅长基本面分析的巴菲特发现中国石油具有绝对的安全边际时，他并不理会股价趋势在向下，而是大胆地建仓；中国石油后来跌破1元，股民都很恐慌时，巴菲特仍然心态平和地持有着它。

同样，当中国石油涨到13元时，巴菲特认为偏贵了，他也没有理会股价趋势在向上，而是按照自己的交易原则抛空了中国石油。虽然他自己也承认卖早了，但巴菲特并不后悔自己的决定。他给人的主要启示在于：留一段上涨的空间给别人赚，千万不要太贪婪。

记住，贪婪是投资理财的大忌。财富不是天上掉下来的馅饼，不要把投机错以为是投资，一些靠运气才能赚钱的方法不要轻易去尝试。

在投资的时候，一定要保持理智的头脑，不要觉得某个产品稳赚不赔，就全部投入进去，这无疑会让你背负更多的风险，超出自己的承担能力。

投资不能过于贪心，否则将由"1%的贪婪毁坏了99%的努力"。

切忌胡乱投资

1984年，当外界极少关注、极少了解的奥地利股市暴跌到1961年水平的一半时，罗杰斯亲往奥地利实地考查。经过缜密的调查研究后，他认定机会到来，于是大量购买了奥地利企业的成长性股票。第二年，奥地利股市起死回生，奥地利股市指数在暴涨中上升了145%，罗杰斯所投资的股票也大有所获，因此美名远播，人们敬佩地称他为"奥地利股市之父"。

对于这段投资经历，罗杰斯总结出的经验是："不用去关心整个市场的态势，只要认定那些符合投资标准、值得投资的股票就可以。但是，作出背离大众的选择是需要勇气的，而且我认为最重要的是扎实的研究和分析。"

罗杰斯投资的成功经验给我们启示：投资要专注，切忌胡乱投资。

目前在市场上有各种各样的投资品，名目繁多，令人眼花缭乱。我们强调分散投资，但并不鼓励大家看到什么品种就买什么品种。如果仅仅是为了"分散"而"分散"，完全不从整体上进行恰当的配置，那么最终也会完全不得要领。

有些投资者自以为聪明，把投资标的列出来，数十只不同性质的股票琳琅满目，他的逻辑是只要有一只赚到就够了，但是实际上一个人哪里有能力、时间和精神了解每一只股票当中的学问呢？因为要把全部的涨跌都计算进来才能反映真正的损益。

有个年轻人听投资大师讲到投资要分散风险，就把自己的20万元的资金分别买了10种股票，殊不知这样无形中给自己增加了投资的成本和风险，非但无法达到分散风险的目的，甚至还可能一无所获。

无论是股票投资内部的分散投资，还是家庭不动产与动产的分散配置，抑或是中长期投资工具与短期投资工具有所区别安排，或是激进型投资工具与保守型理财工具互相辅助使用，甚至到夫妻两人职业特性上的规划，归根到底就是一个道理，那就是在投资安排上必须有所综合考量，有所目的性地去配置，才能达到效果。否则，随便胡乱搭配一下，只能适得其反。

沈立峰，现年50岁，广东佛山南海人，现为当地一灯具生产公司老板，年销售额愈千万，年收入达到200多万元。

从20年前的一名灯具制作工人，到现在成为人人羡慕的百万富翁，他是怎么踏上中国改革开放的列车，怎么规划自己的财富道路呢？在他成功致富的背后，又是谁为他保管财富的呢？

沈立峰在谈到自己的时候，说自己没读过什么书，唯有靠自己的一点点技术，

踏踏实实去做自己可以做的。

谈到投资,这个朴实的人说的最重要的一点就是:不做冲动的事情,不做自己不熟悉的行业。

在投资的时候,沈立峰一直很专注。比如他认定做灯具这行,就一直做下去。而且沈立峰一直有这样一个信念:做一行爱一行,只要做得足够长,足够深入,在行业里头总会有出头之日。

始终只做自己熟悉和有把握的事情,成功人士总结出的创富理财智慧值得我们去细细咀嚼。不过,真的要富起来,需要有眼光、洞察力,还需要在深思熟虑中,坚持去执行。

截至目前,中国A股市场共有近2 000只股,股票较之前几年有了显著的提高。不仅上市公司数量频频创出新高,股票最高价也曾经一度飙升定格在300元左右。近2 000家上市公司,恐怕连分析师也不可能更没必要精通每一只股票,遑论资金有限的散户。因此只要缩小范围,学习专注,不论股票还是其他金融商品,哪怕是自己居住地方的小生意、房地产,找出最适合你自己的致富方式,也可以成功!

投资工具虽多,只要按照自己的个性去走,在投资中不断修正步伐,保持居安思危,不论你相信的是什么,只要有自己的一套哲学,并且严格地坚持下去,你就会成功。

投资自己,最值的赚钱方法

"时间视野"是财富学上用时间来理财的观念,你将来的地位与财富,取决于你对未来有何长远规划。

步入知识经济社会后,知识越发凸显出它超常的价值。在知识和信息方面落后于人,很快就会被社会所淘汰。社会的发展越来越快,知识的更新速度也会越来越快。年轻人若想成为社会的弄潮儿,而不是落伍者,就一定要紧跟时代的步伐,随时把握时代发展的脉搏,及时调整自己,了解自己需要哪些知识来武装自己,并且以最快的速度给自己充电。这是当今时代一个年轻人在社会立住脚跟,并取得成功的必不可少的素质。

自我投资非常重要,所以在必要的投资上不能吝啬金钱。这部分的投入给你带来的效益可能远远超过你为它所投入的。

以前人们求职更多的是注重高收入。现在,人们越来越把一些长远因素纳入到考虑的范围,如:公司能不能提供正规的培训,使自己的能力得到进一步的提升?正因为如此,很多单位都会选择把"培训机会"这项内容作为吸引人才的一项制度。随着信息时代知识的扩张，企业的管理人员都意识到，企业内部人力资源必须通过不断地开发，企业员工所具有的知识与技能才能完成再生及再利用，否则这种"易耗型资源"将会随时消耗殆尽。美国Computer World杂志日前的一项以IT从业人员为对象的调查显示：在高工资之外，人们更渴望公司提供培训教程。该杂志表示，管理者必须与IT从业人员进行更有效的交流，提供使专业人员提高技能的机会以及由公司负担的学习进修机会。

美国职业专家指出，职业半衰期越来越短，所有高薪者，若不学习，无需5年就会变成低薪者。人才处于不断折旧中，而学习是防止人才折旧的最好办法。人才市场也随之出现了新的概念。原来的高学历、高职称就是人才，转向"有需要才是人才"。科技发展一日千里，市场经济千变万化，人才的需要也随之不断改变。因此，未来的社会只有两种人：一种是忙得要死的人，因为工作和学习；另一种是找不到工作的人。来自人才市场的信息已表明，现在的人才市场对英语人才的需求已经由原来的纯英语人才转向更青睐法律英语、金融英语等复合型人才；IT行业更是如此，由原来的单一IT人才转向更看重IT+管理、IT+产品研发等复合型人才。

当你开始对自己的学习、培训方面注重投资的时候，你会发现对自己的投资产生了复利效应。从小学开始你就不断地投资自己，学的越多，见识越多，你拥有的知识和经验也就越多。随着时光的流逝，你所具备的能力和阅历是按年收益率N%以上的速度递增，N的多少取决于你的学识和能力，本金就是你的身体，期数就是你的工作寿命。所以，记住，对自己的投资才是最有效的投资！

阅读链接：巴菲特的"三要三不要"理财法

巴菲特和索罗斯都是世界上最著名的投资家，但两人的投资风格各异。索罗斯喜欢激进和冒险，崇尚"要么赚很多钱，要么赔很多钱"；而巴菲特则看中稳健投资，绝不干"没有把握的事情"。中国人受传统文化的影响，一般不喜欢冒险，且大多数人不具备索罗斯那样超乎寻常的承受力和判断力，所以，堪称巴菲特投资理念精华的"三要三不要"理财法更适合中国投资者。

一、要投资那些始终把股东利益放在首位的企业

巴菲特总是青睐那些经营稳健、讲究诚信、分红回报高的企业，以最大限度地避免股价波动，确保投资的保值和增值。而对于总想利用配股、增发等途径榨取投资者血汗的企业一概拒之门外。

二、要投资资源垄断型行业

从巴菲特的投资构成来看，道路、桥梁、煤炭、电力等资源垄断型企业占了相

当份额，这类企业一般是外资入市购并的首选，同时独特的行业优势也能确保效益的平稳。

三、要投资易了解、前景看好的企业

巴菲特与一般人只注重概念、板块、市盈率的投资方式不同，凡是投资的股票必须是自己了如指掌，并且是具有较好前景的企业。不熟悉、前途莫测的企业即使被说得天花乱坠也毫不动心。

四、不要贪婪

1960年的美国牛市冲天，到了1969年整个华尔街进入了投机的疯狂阶段，每个人都希望手中已经涨到了数倍的股票一直涨下去。面对连创新高的股市，巴菲特却在手中股票涨到了20%的时候就非常冷静地悉数抛出。后来，股票出现大幅下跌，贪婪的投资者有的血本无归，有的倾家荡产。

五、不要跟风

2000年，全世界股市出现了所谓的网络概念股，一些亏损、市盈率极高的股票一沾上网络的边便立即身价倍涨。但巴菲特却不为所动，他称自己不懂高科技，没法投资。1年后全球出现了高科技网络股股灾，人们这才明白"不懂高科技"只不过是他不盲目跟风的借口。

六、不要投机

巴菲特的"投资不投机"是出了名的，他购买一种股票绝不在意来年就能赚多少钱，而是在意这只股票是不是有投资价值，更看重未来5~10年能赚多少钱。他常说的一句口头禅是：拥有一只股票，期待它下个早晨就上涨是十分愚蠢的。

把握投资的4个原则

投资就像学自行车，只要掌握了大原则，就能做到熟能生巧，骑车的时候不需要再时时刻刻去想具体该怎么操作，更不用为每一辆车去改变自己的骑车方式。投资的原则，可以总结为以下几项。

一、聚沙成塔

从各种资料看来，一项中等风险的投资工具，长时间统计下来，平均年收益率达到10%只能算是普通的成绩。再算算看，假如我们每天存2元，投资到平均报酬率10%的理财工具中，大约50年后，你就是百万富翁了。再问问自己，每天存2元难吗？多数人都会认为这不是个问题，只要每天早起15分钟，自己做顿早餐，自己煮咖啡，2元就回归自己的口袋了。

说来简单。然而据一项调查显示，年龄在30岁以上，还没有做理财规划的人

中，高达四成以上的人自认"钱不够"而没有进行理财活动。他们的钱都花到哪里去了？

"每个月先将15%的收入拿去投资，剩下的才用来支付长短期开销"，这是许多理财专家的一致建议。为了达到目标，专家建议每月的房屋贷款就应该控制在收入的25%以下。拨拨算盘，如果一对夫妻每月收入1万元，扣掉15%的投资与25%的房贷，剩下来的6 000元要养活一家，衣食住行加上孩子的各种费用。没错，不管手头多么紧，也不要挪用"投资本钱"，例行"精、抠、省"，才会有更美好的明天。

至于那些月入3 000元却想买车，或是明明囊中羞涩却忍不住想跟朋友出国旅游的社会新鲜人，应该重新打打算盘，早日戒除"冲动型"、"发泄型"以及"炫耀型"的消费习气，免得跟财富绝缘。

二、先人一步

很多人将"努力赚钱"作为理财的第一步，不过钱不是"努力赚"就有的，如果要等自觉收入够宽裕了才开始理财，只怕会遥遥无期。不要忘了，理财最惊人的就是它的时间复利效果。以10%的复利计算，1万元变2万元要花7年半，2万元变3万元不到5年，再从3万元到4万元，只要3年时间即可。换句话说，随着时间的积累，要赚回一个资本额将会越来越容易。

两个人开始投资，甲从19岁就开始投资，分8年每年投入2 000元，平均回报率为10%，总共投入16 000元，之后不再投入，只是放着生复利；乙则是27岁才开始投资，每年投入2 000元，65岁之前30多年不间断地投入，到了65岁验收成果，发现乙连本带利约不到90万元，而甲只靠年轻时的投入，竟平白累积了103.5万元！

三、不随波逐流

下定理财的决心以后，应该从哪里着手呢？

以最热门的来说，面对上千种股票，以及其他数百种投资工具，究竟要选择怎样的投资工具？要什么时候、以什么价位切进去？这些都是在股市投资中要重视的问题。

专家建议，新手最好从定期定额投资共同基金开始，因为新手定性不够，如果手上有股票，心情必定跟着指数上下震荡，不如选择绩效较稳定的基金，让专业的基金经理人替你动脑筋。专家特别提醒投资人，基金要3至5年地长期投资才能增加报酬、减少风险，因此选择时不要以一个月或一季的绩效为标准，应该拉长至最近一两年的绩效，尤其要避开那些大起大落或是操盘经理人常常更换的基金。

至于股票，投资专家建议，只要在前景不错的产业中，寻求获利良好、公司经营状况稳定、正派经营的企业，应该都是不错的标的，譬如信息业的前景在可预见的未来都会继续维持，如果没有意外的因素，都会保持不错的收益，值得投资。至于传统产业的龙头股相对稳固，在市盈率适中时买进，投资风险应该不会高。

要谨记，无论是基金还是股票，切忌随着一时的涨跌交易。只要每季关心一下投资标的的盈利状况以及该产业的前景，没有基本面大幅转坏的情况，就值得继续投资。根据调查，国外的百万富翁绝大多数持有股票，但其中很多人1年内根本没有交易记录。因为一旦中途买卖，"时间复利"的威力就会中断。投资是长期的，40年后再论输赢不迟。投资人切勿贪快，不要把自己平均的年报酬率定在15%以上，要给自己留有余地。

四、预留后路

广义来说，理财就是聪明地管理钱财，包括存钱、借钱、消费、投资、保险、节税等。除了投资外，其他项目虽然不能积极增加财富，却可能是构筑人生经济安全港的更重要的支柱。环顾四周，有些人收入很丰厚，却因为灾害、疾病或失业，生活很快地陷入窘境。凡此种种，都足以令人懊丧不已。如果你认为经济稳定对你的人生很重要，别犹豫，今天就花一点时间，好好计划一下自己的财务吧。

理财要有新理念

一、健康即省钱

有道是"健康是福"。身体健康、不上医院不吃药，自然就能省下一大笔钱。如果不懂得爱惜身体而一味节省，什么都不舍得花，无疑步入一种"贪小失大"的误区。何况，如今医药费偏高，一旦身体不适，上一次医院少则几十元，多则几百元。若患上重病，可能会将多年积蓄一扫而光，严重的甚至有破产的危险。应该在健康上多做些投资，唯有健康才是最大的节约。

二、平安就是赚钱

人生在世，平平安安不仅是一种福气，还等于赚了钱。因此，理财当把安全放在重要位置上。从居家到出门，从大人到小孩，从用电到用火，从电器到照明，从骑车到走路……都应该做好安全防范工作。如自行车、热水器、高压锅、电线等若出现老化、破损、陈旧、超期……就应该及时调换，不能为了省钱而将就。安全上不出问题，就等于抱了一个"金娃娃"。

三、心明不破财

现在市场上，骗人的把戏更是层出不穷，且往往打着各种诱人的幌子。要使自己不破财，就应该保持警惕。尤其是对那些类似"双簧"的把戏，更应该去掉"贪便宜"的心理。"天上不会掉馅饼"，明白了这一点，就不会上当受骗。不破财也是最成功的理财。

四、发现等于发财

现在值钱的东西越来越多,诸如钱币、字画、古董、家具、古籍……一旦发现其身价,简直如同挖到了一堆金元宝。因此,在理财过程中还应该善于发现,一旦有所发现就会给你一个惊喜。

尽管不是每个家庭都有可发现之宝,但"明珠"被埋没的家庭恐怕也不会是少数。如上述这类值钱的东西在不少家庭都有一些。即使没有古董,现代的东西,如分币、像章、粮票、小人书……现在也开始值钱了。因此,在理财中,应该随时翻翻家里的"老底",理理角落那些不起眼甚至是积满灰尘的东西,说不定就会有所发现,给你一个极大的惊喜呢!

准备篇
明明白白赚大钱
——把握先机，争取主动

凡事预则立，不预则废。投资也不例外，进行之前要有一个明确的计划。摩根斯坦利资产管理公司的苏珊·赫什曼说："人们犯的最大错误是没有方向，不知道要实现什么目标。"如果没有明确的目标，自己的情绪很可能会随着每天股市的涨幅而起起落落，这是一种煎熬，与理财的初衷相去甚远了，但是如果有理财目标的话，就可以很理性地面对市场的变化。有了理财目标，还要对个人或者是家庭进行资产评估。评估的目的是要对家庭的收入、资产等做到心中有数，以利于选择理财方向和确定投资项目。

李嘉诚指出，投资理财者必须了解理财活动是"马拉松竞赛"，而非"百米冲刺"，比的是耐力而不是爆发力。要想投资理财致富，你必须经过一段相当漫长时间的等待，才可以看出结果。

第四章

筹划课：要有自己的理财目标

聪明的人未雨绸缪，愚蠢的人花光所有。

——格言

既会花钱，又会赚钱的人，是最幸福的人，因为他享受两种快乐。

——塞·约翰生

如何作投资财务计划

在你确定投资之前，首先要作个财务计划，通过制订财务计划，你可以清晰地知道有多少余钱可以用来投资，可以从总资产中分配多少资金用于投资。

制订财务计划对于有心人来说很简单，用以下五个步骤就能制订出一个完整的财务计划。

（1）计算出你的总资产数额。

（2）计算出你的支出数额和所需的应急储备费用。

（3）计算出你的净资产数额，即用总资产数额减去支出数额和应急储备费用就是你的净资产。如下页表所示，你一项一项地填写出资产和负债，然后用资产减去负债，计算出家庭的净资产数额。如果家庭净资产数额是正值，说明财务状况良好；如果家庭净资产数额是负值，说明财务状况很不妙，你得好好反省一下你的理财方式了。

家庭资产损益表

家庭资产	家庭负债
现金：	房屋贷款：
存款（本利总和）：	汽车贷款：
证券投资本金与获利：	信用卡消费贷款：
房地产（自用）：	其他贷款：
房地产（投资）：	欠款：
其他：	其他：
资产总计：	负债总计：
净值（资产-负债）：	

（4）设定你的投资收益目标和投资成本。什么是投资收益目标呢？就是你设定的投资收益率是多少。例如，有的保守投资者追求资产保值，希望投资收益率与通货膨胀率持平即可，有的激进投资者希望投资收益率为30%以上，有的稳健投资者希望投资收益率略高于通货膨胀率即可。什么是投资成本呢？就是你愿意动用净资产的百分之多少的钱用来投资。

（5）根据财务计划启动投资。

以上五个步骤从理论上说很容易，但在现实中做起来很难，因为繁琐的日常生活很容易让你忘记你的日常支出究竟占了收入的多少份额，更大的难度在于制订财务计划不是一朝一夕的事，它需要你每个月定期做，每个月计算出你的净资产，根据净资产随时调整你的投资计划。

投资贵在坚持，制订并履行财务计划也是贵在坚持。

简明易行的理财规划四部

每个人都希望过更好的日子，而不仅仅只是满足由生到老的基本生活需求而已。然而职业上的收入有限，因此，当财富累积到一定的程度后，理财的重点在于资产的保值和增值，也就是有效地运用财富，产生投资收益，让自己和家人过上更好的生活。

收益率可以告诉我们，今天的一元钱，20年后会变成几倍多钱。可是我们的现金流是流动的，我们在挣钱的同时也在花钱。如果手里的现金时多时少，甚至出现断流，肯定感觉不舒服，因此，保证持续稳定的现金流是生活舒适的前提。我们不仅要通过投资赚到钱，更需要通过规划用好和保护好手中的钱。

理财规划可以使现金发挥最大的效用，同时实现财富最大化的保值和增值。

在国外，很多人都请专门的理财规划师为自己作完善的理财规划。目前，国内也有很多理财规划师为个人提供理财规划服务。

如果你不想请理财规划师的话，自己作规划也是可行的，只要你愿意花点精神与心力，了解如何有计划、有步骤、持续地执行与修正。简单地说，理财规划的内容可以分四个步骤进行。

一、设定理财目标

当然，每个人的情况不一样，但一般为了能更清楚地划分，会有长、中、短期目标的不同。只要长期目标很确定，中、短期的安排就会很清楚，而且长期目标本身也要排好优先级，一一实现。

长期目标一般指的是从现在开始，一直到退休或死亡前想达成的财务目标，因此时间都是5年以上。

如有些人会希望孩子受大学教育，因此必须累积足够的资金作为孩子的学费及生活费；有些人希望自己能在30岁前有资金而能另行创业，开创事业的第二春；有些人希望自己退休后能拥有可随心所欲支用的财富，不必向孩子索取生活费就能维持一定的生活水准；有些人希望能留给孩子一些固定或流动资产等。

这种目标可能会随个人或家庭阶段的不同而变化，因此绝对需要分期设定、定期修正。

二、列出现有财务状况

除了拟定未来的目标，还要检查自己现有的财富，两者之间的差距就要在这段时间内利用理财弥补赶上。

三、诊断现有财务状况

将第二步骤搜集、整理好的资料，用理财的观点加以分析，找出自己的优势及弱点。例如，你是否日常生活中不经意的支出太多，既没有有效利用又累积成一笔可观的金额；你的投资是否和阶段性的目标相符；你是否没有将闲钱好好地规划而任通货膨胀将其价值侵蚀；如此种种，都应在这一步骤中弄清楚。

四、为现有财务状况开处方

坐而言不如起而行，坐下来好好将上述三个步骤做完后，接下来可要身体力行了，否则一切只是纸上谈兵，不会让你的财富增加。例如，你是否应该将套牢的股票认赔卖出，得到一笔资金，去作其他更有报酬率的投资，如购买基金、交给专家来帮你投资；还可以用较优惠的费率通过网络购买，节省许多时间与投资成本；或者，最近新添了一位家庭成员，在保险方面可能金额不够，须重新购买或增加保额。

通过以上四个步骤，相信可以对你的财务作好全盘规划。此外，若能时常浏览投资理财网站的理财信息，增进理财功力，再加上身体力行，必定可使你的财富有更有效的累积及应用。

钱能生钱，也能生出富人

在计划经济时代，钱是一个被回避的话题，人们挣的钱不多，相互之间也没有什么差别，根本没有理财的观念。但是，在市场经济时代，情况发生了变化。钱不仅仅是人的价值的一种体现，更主要的，钱是人们生活的前提条件。时下流行的一句话：有什么别有病，没什么别没钱。

大家都听到过很多人一夜间中了500万元彩票、但在几年内就挥霍一空变成穷光蛋的故事，原因就是其没有利用中奖资金创建稳定的现金流。

理财的最高境界莫过于"会理、敢理、巧理"，简言之：投资，让钱去"生"钱！钱能生钱，也能生出富人。

普利策出生于匈牙利，后随家人移居到美国。美国南北战争期间，他曾在联盟军中服役。复员后学习法律，21岁时获得律师开业许可证，开始了他独自创业的生涯。普利策是个有抱负的青年。他觉得当个律师创不了大业，经过深思熟虑，他决定进军报业界。

那时候，普利策仅有半年打工挣的微薄收入，不过正是靠这一点点的钱，他逐步走向成功。"只要给我一个支点，我就能使地球移动。"普利策决心先找一个"支点"，有了"支点"才去实现移动"地球"的壮举。

据此，他千方百计寻找进入报业工作的立足点，以此作为他千里之行的起点。终于，他找到圣路易斯的一家报馆。那老板见这位青年人如此热心于报业工作，且机敏聪慧，便答应留下他当记者，但有个条件，以半薪试用1年后再商定去留。为了自己的理想，他接受了半薪的条件，他告诉自己，金钱多少并不重要，重要的是能够从这个机会中学到知识。

几年后，他对报社工作了如指掌，他决定用自己的一点积蓄买下一间濒临歇业的报馆，开始创办自己的报纸，取名为《圣路易斯邮报快讯报》。普利策自办报纸后，资金严重不足。那时候，美国经济正迅速发展，商业开始兴旺发达，很多企业为了加强竞争，不惜投入巨资宣传广告。普利策盯着这个焦点，让自己的报纸以经济信息为主，加强广告部，承接多种多样的广告。

就这样，他利用客户预交的广告费使自己有资金正常出版发行报纸，报纸发行量越来越大。开办5年,每年赢利15万美元以上。普利策的报纸发行量越多,广告也越多,收入进入良性循环,不久他发了财,成为美国报业的巨头。

普利策能从两手空空到报业巨头,原因在于他不但善于使用自己的资金,同时也善于使用别人的资金为自己服务。这就是聪明商人的绝妙之处,无论何时都是金钱的主人,让钱给自己挣钱。

当你经过努力有了一定的积累之后就要想想怎样让钱生钱,让钱变得更多,让自己变得更加富有,千万不要成为葛朗台,抱着钱不放手!

如果你的金钱能够在你睡觉、娱乐的时候,还在不停歇地为你工作着,那该是多么令人吃惊的事情啊!相反,你如果总是为了钱而去盲目的工作,那你就成了金钱的奴隶。看那些富翁,哪个不是懂得资金分配和利用而富有的?

有的人会问:究竟要赚多少钱才能满足,才能够花啊?这要根据你对自己的要求来定。有人做过一个统计:

假设不买漂亮衣物,不下馆子,不旅游,不买房,不看电影,不听音乐,不玩电脑,不交际,不赡养老人,不结婚,不生孩子,当然也不生病等,一切生活所必需的东西都作为奢侈品摒弃掉,只有一日三餐、一间小屋,几件为保暖和遮羞的换季衣物,每月400元人民币可能就足够了。

从出生到成年这18年中,我们有长辈关照;如果我们幸运地能一直干到60岁,那么这42年是为将来做准备的;60~80岁这20年里,如果以前面说的每月400元的生活水准计算的话,应该有9.6万元的养老准备金,还不算上超过80岁的用钱期。这样一来我们就知道了自己挣多少钱才够用。

在货币价值稳定、没有通货膨胀的前提下,我们仅为生存,每月挣1 000元就够了。其中400元用于现在的支出,400元留作养老,另外200元用于年老时的医疗,因为那时疾病会频繁地光顾你。

如果你对400元的生活水准充满恐惧,如果你现在每月挣2 000元还觉得不够花,那么你将来的生活就要设定在这个基础之上,现在你每月就得挣4 000元、5 000元;如果你打算出国深造、打算投资、打算旅游,那么这个数目就远远不够了。

你追求什么样的生活水准就要有相应的金钱储备,当然,相信每个人都不想过那种每个月400元就足够的生活。谁不想让自己的生活上档次呢?谁不想在吃饱穿好之余,去旅游,去KTV,去看电影,去听音乐会呢?高标准的生活就要求你必须能够有足够的金钱储备,这就要求你有赚钱的本事,有让钱生钱的本事,而不是把钱放在银行或保险柜。

尽早理财，尽早获利

2004年，蒋同毕业于北京的一所知名名校，而后顺利地进入了一家电信公司，负责技术方面的工作，每个月都有不菲的收入，而且享受很好的福利待遇。在电信公司工作了5年多，蒋同拥有了一群铁哥们，平时吃吃喝喝，有空就一块打牌、泡泡酒吧，或者开车出去兜风。

如今蒋同已经28岁了，女朋友、双方父母都催着结婚，买房自然而然就成为头等大事。蒋同翻出自己的存折看看，才不过5万元。从去年开始，电信公司内部因上市而进行大幅改革，员工的工资福利也都不像之前那么多了。蒋同觉得自己基本上就是月光族了，拿什么去买房结婚？

有朋友建议蒋同："比起其他人，你的收入也不算少了，应该尝试着理财，适当节制消费，再把闲钱拿出来投资，总比存活期好。"蒋同说，"要是我有三五十万元，我也弄弄投资，兴许还能把房子问题解决了，就现在这点钱，投资也赚不了几个钱，懒得折腾它了。"

很多人都像蒋同一样，觉得自己不需要理财，理财是有钱人的事情。其实，这是对理财的误解。不管钱多钱少，人人都需要理财，而且理财是越早越好。越早进行理财规划，就能越早地开始收入和支出之间的合理安排，结余的钱财也就能越早地利用到金钱的时间价值，让钱生钱，利用复利去创造更多的财富。

在我们身边，有许多人一辈子勤奋努力，辛辛苦苦地存钱，却又不知所为何来，既不知有效运用资金，亦不敢过于消费享受；或有些人图"以小搏大"，不看自己能力，把理财目标定得很高，在金钱游戏中打滚，失利后不是颓然收手，而是放弃从头开始的信心，落得后半辈子悔恨抑郁再难振作。

要圆一个美满的人生梦，除了要有一个好的人生规划外，也要懂得如何应对各个人生阶段的生活所需，而将财务做适当计划及管理就更显得必要。因此，既然理财是一辈子的事，何不及早认清人生各阶段的责任及需求，制定符合自己的理财规划呢？

许多理财专家都认为，一生的理财规划应趁早进行，以免年轻时任由"钱财放水流"，老来时才嗟叹空悲切。

一、求学成长期

这一时期以求学、完成学业为阶段目标，此时即应多充实有关投资理财方面的知识，若有零用钱的"收入"应妥善运用，此时也应逐渐建立起正确的消费观念，切勿"追赶时尚"，为虚荣所役。

二、初入社会青年期

初入社会的第一份薪水是追求经济独立的基础,可开始实务理财操作,因此时年轻,较有事业冲劲,是储备资金的好时机。从开源节流、资金有效运用上双管齐下,切勿冒进急躁。

三、成家立业期

结婚是人生转型调适期,此时的理财目标因条件及需求不同而各异,若是双薪无小孩的"新婚族",较有投资能力,可试着从事高获利性及低风险的组合投资,或购屋或买车,或自行创业等。而一般有了小孩的家庭就得兼顾子女养育支出,理财也宜采取稳健及寻求高获利性的投资策略。

四、子女成长中年期

此阶段的理财重点在于子女的教育储备金,因家庭成员增加,生活开销亦渐增,若有赡养父母的责任,则医疗费、保险费的负担亦须衡量,此时因工作经验丰富,收入相对增加,理财投资宜采取组合方式,贷款亦可在还款方式上弹性调节。

五、空巢中老年期

这个阶段因子女多半已各自离巢成家,教育费、生活费已然减少,此时的理财目标是包括医疗、保险项目的退休基金。因面临退休阶段,资金亦已累积到一定数目,投资可朝安全性高的保守路线逐渐靠拢,有固定收益的投资者尚可考虑为退休后的第二事业做准备。

六、退休老年期

此时应是财务最为宽裕的时期,但休闲、保健费的负担仍大,享受退休生活的同时,若有"收入第二春",则理财更应采取"守势",以"保本"为目的,不从事高风险的投资,以免影响身体健康及正常生活。退休期有不可规避的"善后"特性,因此财产转移的计划应及早拟定,评估究竟采取赠与还是遗产继承方式应符合需要来定。

上述六个人生阶段的理财目标并非人人可实践,但人生理财计划也绝不能流于"纸上作业",毕竟有目标才有动力。若是毫无计划,只是凭一时之间的决定主宰理财生涯,则可能有"大起大落"的极端结果。财富是靠"积少成多"、"钱滚钱"逐渐累积的,平稳妥当的理财规划应及早拟定,才有助于逐步实现"聚财"的目标,为人生奠定安全、有保障、高品质的基础。

设定理财目标

对于财富,我们不能只是停留在"想想"的层面。想要拥有更多的财富,想要过上更好的生活,对于具体的目标是什么,在什么时间实现这个目标,如何来实现这个目标,要形成一个计划。

第一步:设定目标,先从脚下开始

"现实性"是制定理财目标首先要考虑的要素。无论什么样的目标,都要从自己现在的财务基础和能力出发。理财目标不宜制定得过高,脱离现实的目标只能增加自己的压力,目标也就不能发挥出它应有的作用。比如一个刚刚参加工作的人,月收入不足3 000元,要想在1年内通过理财从而在北京拥有一套住房,这样的目标明显是心有余而力不足。可是对于一位拥有一些家产,年入十几万元的人来说,制定这样的目标就有实现的可能性,就可能成为自己更为努力的动力。

"具体化"则是对目标的第二个要求。每个人都会对自己的未来抱有一些期望,但要想真正实现这些愿望,一个简单的办法就是把自己的目标具体地描述出来。像很多人都有成为"有车族"这个目标,但是如果你把成为有车族这个目标具体的描述为"在两年之内,购置一辆15万元的家庭用车",实现起来目的性就会更强。

第二步:设定目标,兼顾现在和将来

有一位30岁的年轻妈妈抱怨说:"理财好像就是考虑孩子上学的费用,怎么样去买一个大房子,如何过上幸福的养老生活,好像所有的钱都应该为这些目标去储蓄,去投资,时间长了觉得这样的生活有什么意思啊,还不如该花就花,该用就用。"

其实,设定理财目标的初衷在于保证人们在生命的各个阶段都可以过上有品质的生活,有长远的目标固然是对的,但是因此而牺牲了现在的生活就不可取了。这就好比运动员在进行长跑比赛时需要绕着运动场跑很多圈,教练员不仅会告诉运动员,最终需要达到什么样的成绩水平,还会为运动员制定出不同进程中的途中跑成绩目标。理财有时候也很类似于长跑,在长期目标中加入一些短期的理财目标,可以让你的收获更加富于幸福感,也减少了实现长期目标中的枯燥感。

像上述这位年轻的妈妈就可以考虑一些"新年的时候给自己买一个万元名牌皮包"或是"每年和家人一起去旅游度假"这样的短期目标,虽然看上去"牺牲"了一些长期目标,但远远比中途就放弃长期目标要好得多。

第三步:制定目标,找到实现目标的方法

确立自己的目标很重要,但是更重要的是找到实现目标的途径,竭尽全力地付诸实施。因此,如果希望实现自己的理财目标,不妨就从目标的细化和分解开始做起,按期完成定额目标,也许你会发现很多看上去很遥远的目标实现起来也并没有多难。

随着人口老龄化的加剧,养老问题越来越成为人们担心的一项负担。有人计

算，在大城市生活，大约需要积累2 000万元的养老费。所以无论如何，养老已经是一个很现实、很重要的问题。

越来越多的人开始认识到养老金筹备的重要性，要想在退休之后维持现有的生活水平，就必须及早建立起自己的养老账户。可是说归说，真正进行筹划的人并不多。为什么呢？很重要的一个原因是，大部分人觉得养老是一件遥远的事情，而要想保证养老生活的品质需要的"天文数字"也让他们无所适从。

养老费用成了一项沉重的负担，李先生为此很忧虑。按照他现在的收入水平，李先生依然觉得富裕养老离自己是遥不可及的。李先生家庭年收入能够达到20万元，除了要供房，要养车，要负担父母的一些费用，还要为儿子的教育作一些计划。按现在这种收入水平，要想在退休前积累起近200万元的养老费无异于痴人说梦。

可是当理财师为李先生制定出养老金筹备的定期定额投资计划时，李先生感到有了希望。理财师告诉李先生，如果从零开始的话，他每个月大约需要投入3 400元的资金到自己的养老投资计划中去，以8%的年收益率来计算，20年后李先生退休的时候就可以达到200万元的养老储备。每月3 400元的月投入，对李先生来说，显然是可以实现的。李先生没有想到，原来把目标分解之后，做起来并没有想象中那么困难。

所以，如果你像李先生那样，希望实现一个看上去遥不可及的目标，不如去看看实现这些目标有哪些途径可循，也许你会发现做起来并不那么难。

理财要考虑的其他问题

由于每个人想追求的生活和自身所处的情况，像年龄、工作及收入、家庭状况等都有不同，所以不同的人设定的目标会不相同。另外，人生当中，可能会因一些预料之外的状况而不断调整自己的理财目标。

一、风险

由于每个人的个性不同，导致每个人的风险偏好不同。一般而言，影响一个人风险偏好的有以下几个方面的因素：一是个人的自身状况。如果一个人经济的支出比较自由，没有什么负担，可能会采取高风险的投资方法。如果收入低而且不稳定，还有经济上的负担，比如负债，那高风险的投资就不适合你。二是个人投资趋向。如果你接受过经济方面的教育，对股票投资很有研究，心理也能承受投资所带来的风险，可以偏重于通过股票投资进行理财。另外，一个人的性格如何，也左右人的理财行为。

二、通货膨胀

2009年复苏后的中国经济,又面临通胀预期。作为理财投资,通货膨胀仍是财富的最大杀手。

完成理财目标的过程称得上是长期抗战,不幸的是通货膨胀的恶果时间越长越明显,一年之前准备花5万元购买汽车,目前1年的通货膨胀率是3%,那么准备5万元,到购买时可能会因价格调整而买不成,这时候你需要的是5.15万元。

王先生和太太今年均已43岁。王先生是做建材生意的,自2000年就开了一家小门面,生意还过得去;太太是银行职员,工作稳定。两人有一个正在念高中的儿子。

财产方面,两人每年有约15万元的现金流入,家庭房产总值400万元,房贷100万元,另有现金20万元在打新股,还有15万市值的基金和几只股票。家庭还有一辆私家车。

王先生敏锐地感觉到各种物价的上涨趋势,近期更经常关注媒体上对于通货膨胀的讨论。考虑到还有100万元的房贷未还,手上的现金也并不宽裕,而且早已经计划要送孩子出国留学。王先生深感压力深重,特别是一想到通胀将至,心里就有点慌,该如何应对可能出现的通胀呢?

针对王先生的情况,理财师给他提出了建议:首先,王先生不存在负债缺口,未来的一项重要支出计划就是子女教育金。王先生的儿子目前在读高一,如果子女培养的目标设定为出国留学的话,大概还需要准备100万~200万元教育准备金,这样就会出现100万元左右的缺口,根据目前的家庭收支情况,需要6~7年的积累时间。所以,至少需要配置一个10年期100万元的保额保障。其次,计算养老金缺口。如果王先生60岁起开始退休,而且退休以后要保持现有的消费水平的话,儿子的出国留学计划可能会有所影响。所以,从现在开始应该适当注意节约,增加储蓄,以实现未来退休生活的平稳过渡。可以考虑购买一些终身给付型的年金产品,具体金额可以根据自身的缴费能力量力而行。

如果通胀是一场侵蚀我们的财富的战争,那赢得战争的最好、甚至是唯一的办法不是在通胀期间囤货追涨,而是在通胀前做好备战的准备。

市民应该正确看待通胀危机,把防御通胀作为理财的一个重要目标和方向。如果抱着提高生活质量的短期目标,盲目追求高风险产品,急功近利,效果可能会适得其反。

准备工作与理财目标之间,绝对不是平行的直线,我们要随时为中间发生的不确定性因素早做准备。做到未雨绸缪,一些问题就能够轻松得到化解。

阅读链接：规避理财的十大错误

理财无疑是目前全社会最为关注的话题之一。可是刚刚富裕起来的中国人在理财方面的经验和传统实在是少得可怜，而国内理财行业受历史和体制影响尚不能提供科学完善的理财服务，所以几乎所有的中国家庭都存在着这样那样的理财错误，最常见的有以下十类。

错误一，拥有30年的按揭

30年按揭可能是家庭理财中最普遍的形式，但也是一个最大的错误和阴谋。如果你已经有了30年按揭，那么计算一下你的上一笔偿付款是多少，在这个数字的基础上再加10%，就是你下个月给银行的金额，以此类推。如果你坚持这么做，就可以用22年还清这笔30年的按揭，你就可以轻松地节省下数万元的利息支出。

错误二，不严肃的对待信用卡债务

信用卡债务可以摧毁一桩婚姻。如果你因为信用卡而陷入债务之中，就会给你的生活、家庭各方面带来严重的危机。

错误三，试图一夜暴富

面对现实吧，积累实际财富所需要的时间远远超过了数月数年，它需要耐心。

错误四，凭保证金买股票

在你从经纪人公司借钱购买股票的时候，你就放弃了对自己账户的控制。因此绝不能购买你无法支付现金的支票。

错误五，不及早地为孩子设立大学储蓄计划

上大学的费用非常昂贵，而且逐年提高，未雨绸缪非常重要。自己研究大学储蓄计划的几种类型，找到适合你的那种。

错误六，不教会孩子管理钱财的方法

财商越早开发越好。向孩子们解释每月一小笔储蓄如何能发挥巨大的作用，并为他们寻找一些适合孩子浏览的优秀的理财网站。

错误七，忽视签订婚前协议

很多婚姻会以离婚告终，婚前协议会首先解决"什么是你的，什么是我的"的争论，这会免去很多在离婚过程中容易引发的争议。如果你觉得跟亲密爱人无法启齿，建议你在订婚时就及早解决它。

错误八，没有一个超越你目前状况的更高目标

更高的目标才会让人更有动力。建议你在未来12个月内，选择一个更高的目标，花点时间持之以恒地追求下去。

错误九,分不清各自的责任

每一对伴侣都应该拥有"我们的钱"账户,去支付所有的家庭账单。每一个人也应该保留自己的支票和信用卡账户,它给我们一种必要的个人空间感。

错误十,不听取职业理财的建议

理财是一个长达一生的旅行,最好给自己雇一个向导。理财顾问就像职业的教练或向导,会让你的生活变得轻松有质量并发财致富。

第五章

审查表：你现在的资产有多少

> 投资不仅仅是一种行为，更是一种带有哲学意味的东西！
>
> ——约翰·坎贝尔
>
> 始终遵守你自己的投资计划的规则，这将加强良好的自我控制！
>
> ——伯妮斯·科恩

你有多少闲钱可以投资

这个问题很多人都回答不清楚，大部分人知道银行卡里有多少存款，但对于存款里有多少钱可以用来投资却不甚明了。

用来投资的钱必须是你的闲钱，这笔闲钱你暂时或者很长的一段时间都派不上用场。如果你动用了必需的生活费和应急的钱投资，结果自然不够美妙。当你急着用钱时，必然要撤出投资的钱，这样你不但赚不到投资收益，甚至还会赔进手续费。

只要不动用必需的生活费来投资，在生活上就不会出现财务危机，也不会在投资的过程中心生恐惧和焦虑。投资的过程是平和快乐的，享受投资收益的过程是愉快和幸福的。

要想弄清"家底"，建议你先编制一份资产负债表，也就是算算你到底有多少净资产。

在这个资产负债表中，资产项目大概包括现金、活期存款、基金、寿险现金价值、定期存款、股票、房地产、其他；负债则是信用卡未偿余额、短期消费贷款、汽车贷款、房屋贷款；还有就是净值。

当然，在编制资产负债表前，还要编写家庭每月收支损益表和年度收入总结表。

也就是说，计算净资产可以设计三张表，分别是每月收支损益表、年度资产总结表和资产损益表。这三张表不但在计算净资产时能派上用场，在作理财规划时也能派上用场。

可以说，这三张表是理财中很有用的工具，我建议你把它贴在自己的案头，每个月填写，将能帮助你监控现金的流向。

每月收支损益表

每月收入	每月支出
本人收入	房贷或房租
配偶收入	生活开销（衣、食、行、通信）
其他家人收入	娱乐
投资获利	医疗费
	子女教育费
	赡养老人费
	其他支出
合计	合计
每月结余（收入-支出）	

年度资产总结表

年度收入	年度支出
年终奖金或红利	支出
存款总额（本利总和）	支出总计
证券投资获利	
其他投资获利	
其他收入	
收入总计	
每年结余（收入-支出）	

资产负债表

家庭资产	家庭负债
现金	房屋贷款
存款（本利总和）	汽车贷款
证券投资本金与获利	信用卡消费贷款
房地产（自用）	其他贷款
房地产（投资）	欠款

(续表)

其他	其他
资产总计	负债总计
净值（资产−负债）	

例如，一个家庭的净资产为89.68万元，总资产是108万元，那该家庭的偿债比率就是89.68÷108=0.83，说明该家庭即使在经济不景气时，也有能力偿还所有债务。

一般偿债比率数值应该高于0.5为宜。如果太低，说明生活主要靠借债来维持；如果很高，接近1，说明还没有充分利用自己的借款能力。

同理，负债比率应低于0.5。而投资比率（投资资产/净资产）应保持在0.5以上，以保证家庭通过投资增加财富的能力，当然年轻家庭将该指标维持在0.2左右就可以了。

通过以上工作，你就能知道自己的"家底"，知道是否有余钱进行投资，以及如果投资，能投资多长时间。

你的财务是否陷入"亚健康"

在招商银行发布的《2009年中国城市居民财富亚健康报告》中，提出了一个令人耳目一新的概念——"财富亚健康"。

财富亚健康是指财富状态介于健康与疾病之间的一种功能低下的状态。具体地说，是指人们的财富虽然没有出现危机，还没有达到入不敷出或资不抵债的状态，但在理财手段和方法中已经有了危害因子或危险因素的存在。这些危害因子或危险因素，就像是埋伏在财富中的定时炸弹，随时可能因为市场环境等因素而"点燃爆炸"；或像潜伏在财富中的毒瘤，缓慢地侵害着人们的财富价值。如不及时清除，可能导致个人的财富危机。

财富亚健康的典型"症状"有以下几种。

一、家庭保障不足

45.4%的人群保障资金占比低于家庭资产的10%；超过15%的家庭保障充裕，这部分基本为高收入人群，由于风险防范意识强或者出于保证退休后生活水平、做好遗产规划等考虑，因而增加了家庭保障资金的比重。

二、收入来源形式单一，财务自由度过低

有70%接受调查的人群属于收入单一群体。此种亚健康状态是隐性的，该群体在工作稳定时不会有所影响，但是一旦发生特殊状况，收入中断，其个人和家庭都很可能会因为没有资金来源陷入瘫痪状态。

三、盈余状况不佳

33%的人节余比例低于10%，而消费比例高于60%的人有46%之多。调查数据显示，盈余状况不佳的主要为年轻人群（20至30岁），其他年龄层次则较少出现此种状况。

四、资产流动性过低或过高

受访者中资产流动性比率过大的约占38%；过于不足的占37.9%，而反映个人财富总体流动性的比率（流动资产/负债总额）也大体呈现同样分布。

五、净投资资产与净资产比值不合理，投资目标不明确

受访者中该比例处于合适值域的仅占34%，有43%的人群在该比例方面不足10%。该比例在50%左右为理想指标，过低很难达到资产增值目的，而该比例过高则容易带来过大风险。

六、负债比率过高

接近30%的受访者家庭负债比率高于40%，高负债比率无疑会让他们的生活质量严重下降。更可怕的情况是，如果遭遇金融危机有可能使家庭收入减少而影响还债能力，被加收罚息直至被银行冻结或收回抵押房产。

财富亚健康成常态

林静是一个不折不扣的穷忙族。她在国内一家航空公司做空姐，基本工资加上加班费和奖金，每月都接近万元。在这个城市，这样的收入本可以让她过得很滋润。

由于职业需要，林静平时总是很注重打扮，每天都让自己保持一个良好精神面貌。在工作半年之后，她的胃口渐渐地变差，一旦错过了吃饭时间，胃就会隐隐作痛，为了不影响工作，她经常随身携带着药，感到胃不舒服就吃两片。

林静工作很累，有时还会忙着加飞。一般像感冒之类的小病她都不请假，就是为了多攒点儿积蓄。化妆品、服装等方面在她的花销中占有很大比重。看着同事们穿的用的都是国际一流品牌，她自然也不能老土，于是她每月光是购买化妆品就得花掉近一两千元，服饰装扮花掉大约三四千元，加上其他方面的开支，她每个月几乎都要到"弹尽粮绝"的地步。

财富亚健康状态在中国城市居民中普遍存在，甚至已经是大多数都市白领们的真实生活写照。就像故事中的林静一样，他们每天忙忙碌碌，收入却没有成比例增长。

虽然人们的理财意识正逐步增强，理财积极性在渐渐增长，但是整体财富管理水平还处于一个需要提升的状态。换而言之，中国广大人群及其家庭的财富状况呈现了一种亚健康趋势。财富亚健康并不会影响到"患者"的日常生活，但会悄无声

息地、逐渐地损害掉财富和生活质量，长期则会影响个人的生活水准。

多数情况下，财务状况产生问题的主要原因往往是由于理财不当引起的。

负债是造成财富亚健康的一个主要原因。贷款买车、贷款买房、无节制刷信用卡等借贷消费行为，导致个人或家庭负债过大；对一般个人或家庭来讲，负债30%是警戒线。负债超过30%就是财务亚健康，如果超过50%，就可能带来财务危机。

"房奴"族就是财富亚健康的主要群体之一。"房奴"贷款买房，本意是为了改善居住条件。可现实情况却是：在巨大的还款压力之下，造成的失业恐惧、社交恐惧等心理压力，长期下去必然会导致"精神紧张"以及身体亚健康。如果年轻人始终生活在这样的状况之下，将会成为整个社会的问题。

财富亚健康五大人群

一、传统存钱族：钱存银行最安全

"存钱族"是指赚钱就存银行，认为存钱就是安全理财，理财观念消极的人群。这类人群受传统思想禁锢，理财意识淡薄。

存钱族已经具备基本的理财观念——延迟消费，以备不时之需。如果仅仅是简单的重复存钱这一动作，不与存钱的目的相结合，不考虑通胀与通缩，那么存钱就是盲目的。存钱族可以尝试通过多了解其他投资品种以扩展投资渠道，通过丰富投资品种来聚积财富，抵御CPI上涨。当然也可采用不同形式的存钱方法，让存钱更灵活与增值。

二、"疯狂"好高族：投资还是投机

"好高族"是指把理财等同于投资、追求高回报，不顾高风险的人群。这类人群投机心理比较重，容易为追求高回报而盲目投资。

好高族有一定的理财观念，但需要定期做理财体检，引导自己学会投资。随着股市的行情高涨，基金的分红喜人，"羊群效应"开始涌现，人们的投资热情越来越高。越来越多的人不再仅仅局限于把钱存进银行，或者购买国债，这些虽然风险低但是收益较少的投资理财品种，也开始把目光投向了股市、基金、黄金等投资产品。

虽然对投资产品的敏感似乎还相对迟缓，但希望投资的热情高涨。与此不相适应的是缺少对投资产品的详细了解，在不了解的情况下投资违背了我们经常提及的"知己知彼，百战百胜"的原则，其结果只能导致失败。如果有足够的时间可对某一投资领域做深入研究，如果时间有限可借助专业机构的专业人士帮助，以避免投资失败。当然理财方式是因人而异的，理财品种的组合也只是表面形式，问题的关

键是要独立思考，寻找适合自己的理财方式。

三、固执抵触族：我们不理财有什么错

"抵触族"是指本身获取信息渠道狭窄，又不信任银行专业理财师，缺乏理财知识和方法的人群。这类人群因性格原因认识比较固执。

对于抵触族首先要改变其理财观念，合理搭配投资和消费，做好两者平衡，学习一些成功的理财经验和方法，避免盲目投资。抵触族手中有大量现金闲置，由于对投资知识知之甚少，甚至一窍不通，大都把每月大量的结余收入存入银行，从而手中备足了准备金，最终导致过多的资金闲置，这可能是流动性指标过剩或是投资能力差引起的。

建议抵触族无需存有大量的现金储备，最多在家里留存3~6个月的费用就足够了，其余的资金可以合理分配，用于购买保险、基金、股票、信托等金融理财产品，以获得更多的风险发生时的现金使用权，或通过组合投资，产生更多的投资收益。

良好的投资能力会为你最终实现财务自由奠定良好的基础。当然也要根据不同家庭的具体经济状况，制定明确的理财目标，不要以赌博的心态投资，以免从一个极端走向另一个极端。

四、"大手"月光族：我们没钱怎么理财

"月光族"是指每月工资消费殆尽，毫无理财意识的人群。这类人群通常只图一时消费痛快，没有长远打算，财商较低。

消费支出过多是造成"月光"的缘由。"月光族"多为年轻人，造成他们"月光"的主要原因有两种：一是收入低，二是消费高。从调查数据来看，如果他们的消费比例控制在40%~60%，节余达到20%~40%，将攒钱与享受生活兼顾会更好。可以尝试开始记账，审视自己的消费习惯，抑制消费欲望。

对于"月光族"理财，第一步是养成储蓄的良好习惯，建议将每月工资按照一定比例强制进行定期储蓄、定投基金或购买股票，同时适当控制消费。建议将每月的费用分为基本生活开销、必要生活费用和额外生活费用三个项目，养成记账的好习惯，这样有助于理顺家庭的财务开支，减少不必要的开销，做到开源节流，以积累更多的资金用于资产增值。可选择零存整取储蓄，每月固定存额，一般5元起存，存期分1年、3年、5年，存款金额由储户自定，每月存入一次，到期支取本息；中途如有漏存，应在次月补齐，未补存者，到期支取时按实存金额和实际存期，以活期利率计算利息。一种强制存款的方法，每月固定存入相同金额的钱，养成一种"节流"的好习惯，可以严格地控制"月光族"的消费，养成良好的理财习惯。采取日积月累、定期定额的投资方法，用时间和复利的力量来达到获得收益的目的。

五、"可怜"穷忙族：我们没空理财

"穷忙族"是指工作繁忙，有空赚钱，没空理财的人群。这类人群的"可怜"之处在于单一的收入方式。

穷忙族辛苦地整日工作，从不请假。从早上一睁眼到晚上睡觉前都像陀螺一样不停地旋转，所有的时间只为赚钱，忽略了理财与其他。

能足额拿到每月的工资或酬劳，靠正常的固定收入，养家糊口还不成问题，但是要面对那些额外的开支，诸如孩子升学、家人生病、旅游、外出、享受生活等，却只能量入为出，算计再三，甚至难以负担。

从理财体检的角度讲，他们的这种生活主要是由于收入构成过于单一所造成，家庭收入过于单一，说明家庭面临一定的风险，假如这项单一收入中断，家庭会因为没有资金来源来陷入瘫痪状态，应尝试通过各种途径获得兼职收入、租金收入等其他收入分散自己的家庭收入来源，以增强抗风险能力，从而使收入多元化，也可利用各种理财工具积极投资，如办理基金智能定投等，使资产达到稳步增值。

如何使你的财富保持健康

围绕着健康理财，可以从风险管理，子女教育，退休管理，财富管理四个方面来一一认知，着手规划。

一、风险管理

构建健康理财的第一步，就是做好风险管理。何为家庭/个人风险管理？简言之就是对目前家庭/个人的生活状况进行风险评估，找出能对家庭/个人未来生活、财务造成重大影响的隐患，利用风险管理工具进行有效的风险控制，以达到家庭/个人生活和财务的最终安全。

二、子女教育

现在的父母往往期望尽可能给予孩子更好的教育，而非简单包办终身，正所谓"授之以鱼，不如授之以渔"。因此，为孩子准备一笔可观的教育金，也成为我们幸福理财的重要一环。由于教育理财具有特殊的难度，十分有必要通过合理的理财规划加以解决。因此，专家建议教育理财宜早不宜迟，宜宽不宜紧，根据家庭实际经济状况选择合适的理财产品。家长首先要明确孩子教育的目标，未来在哪里读大学，是否出国进修等，之后就应该着手根据这些目标进行准备，确保教育基金，专款专用。

三、退休管理

未来退休生活的品质，很大程度上还取决于之前我们的准备。社保是其中的基

础来源，但是，如果光靠社保体系的退休金，要做好这样的心理准备：退休前后的生活将发生巨大的变化。或者说，仅仅依靠社会保障系统来实现舒适的晚年生活是不够的。按目前的养老金提取比例，自己能够领到的退休金大概相当于眼下1/3左右的月收入。换句话说，很难继续维持现在的生活水平。

在健康理财中自然包括对于退休金的规划。投资物业（在退休前结束还贷），用于出租，获取租金收入；选择稳健的投资工具，定期定投一笔资金，细水长流地积累养老基金……无疑都是准备退休养老金的好方法。

四、财富管理

财富管理建立在风险管理、子女教育金、退休养老金的基础之上，而且与之密不可分。我们首先要明确财富管理的目标。我们都知道货币只有在使用的时候，才能发挥它现实的价值。既然作财富管理，意味着我有一笔闲钱是今天用不到的，但未来某一天，我或我的家人会用到。我们可以根据未来使用的目的、使用的时间，再结合自己的风险承受力，选择不同的投资工具，进行合理的配置。投资伴随着风险，对于个人投资者而言，要获得持续稳定的投资回报，最好遵循"不要把所有的鸡蛋放在一个篮子里"的信条，这在资金量较大的时候格外有效。更为有效的投资策略，可以通过判断当前的市场环境及其未来走向，适时对资产组合进行调整。在每个时期构建最优投资组合，以获取尽量高的投资回报率。

与进行资产配置后等待相比，应时而动的投资策略更为进取。但同时也对投资者的能力作出了更高的要求，这与炒股的波段操作稍有类似。需要投资者深思熟虑、小心谨慎地选择投资组合，以使风险最小化、收益最大化，并根据市场变化、新资产类别的产生以及全球前景来战略性或者战术性地调整组合中的资产。

第六章

基础课：投资须知的金融常识

投资者成功与否，与他是否真正了解这项投资的程度成正比的。

——沃伦·巴菲特

股市是谣言最多的地方，如果每听到什么谣言，就要买进卖出的话，那么钱再多，也不够赔。

——是川银藏

重视理财知识，掌握理财技巧

在理财的道路上，由于各人的理财理念与方法不同，其最终获得的"收成"也是参差不齐。因为在理财的道路上，有着太多的"十字路口"，倘若缺乏指导，随心所欲，势必将事倍功半，得不偿失。

比如，面对眼花缭乱的投资渠道，一些人往往无所适从，最终随波逐流，跟在"大部队"后面"依样画葫芦"。画得好倒也罢了，倘若画不好则将"赔率"颇高，到时任如何抱怨也是自找。殊不知，从一开始在投资渠道的选择上盲目跟风，只顾盯住高回报却忽视高风险，就已犯下了理财大忌。

与上述"失败者"相异，生活中还有些人懂得理财乃是对自己的家庭财产、个人特长、所处环境等进行综合分析，随后再为自己设计一条适合的投资渠道，最终凭此取得良好的财富回报。做任何事都要讲究技巧，理财尤其应该如此。技巧运用得好坏，就直接关系到理财的成败。那些成功者之所以事半功倍，前提是他们重视对理财知识的积累和专家的指导。因为，如果投资者没有一点理财知识，那么即使机会在眼前，也依然不会发现它。

比如，如果不知什么是封闭式基金，什么是折价率，怎能抓住2006年的封闭式基金的难得机遇？而且，这种机会纵使再来10次，倘对基金知识一无所知，也会一再错过。所以，巴菲特说得好："最好的投资，是学习、读书，总结经验、教训，充实自己的头脑，增长自己的学问知识，培养自己的眼光。"可见，成功如巴菲特这样的投资者都重视知识的积累，我们就更需要在这方面狠下工夫。

理财无小事。失败的理财历程也好，成功的理财过程也好，都是一种"人找人"的人生体验。如巴菲特所言"钱找钱胜于人找钱"。只要树立积极的投资理念，懂得合理有效地管理资产，相信我们最终能打开理财大门，体验真正属于自己的财富人生。

什么是泡沫经济

经常听人说楼市泡沫、股市泡沫、经济泡沫，然而对于什么是泡沫，它是怎样产生的，大多数人却一知半解。

泡沫经济是指虚拟资本过度增长与相关交易持续膨胀日益脱离实物资本的增长和实业部门的成长，金融证券、地产价格飞涨，投机交易极为活跃的经济现象。

泡沫经济造成社会经济的虚假繁荣，最后泡沫破灭，导致社会震荡，甚至经济崩溃。

泡沫经济主要是针对虚拟资本过度增长而言的。所谓虚拟资本，是指以有价证券的形式存在，并能给持有者带来一定收入的资本，如企业股票或国家发行的债券等。虚拟资本有相当大的经济泡沫，虚拟资本的过度增长和相关交易持续膨胀，与实际资本脱离越来越远，形成泡沫经济。

泡沫经济寓于金融投机。正常情况下，资金的运动应当反映实体资本和实业部门的运动状况。只要金融存在，金融投机就必然存在。但如果金融投机交易过度膨胀，同实体资本和实业部门的成长脱离越来越远，便会造成社会经济的虚假繁荣，形成泡沫经济。

泡沫经济形成有两个重要原因。

第一，宏观环境宽松，有炒作的资金来源。

泡沫经济都是发生在国家对银根放得比较松、经济发展速度比较快的阶段，社会经济表面上呈现一片繁荣，给泡沫经济提供了炒作的资金来源。商品经济具有周期性增长特点，每当经过一轮经济萧条之后，政府为启动经济增长，常降低利息，放松银根，刺激投资和消费需求。一些手中获有资金的企业和个人首先想到的是把这些资金投到有保值增值潜力的资源上，这就是泡沫经济成长的社会基础。

第二，社会对泡沫经济的形成和发展缺乏约束机制。

从历次泡沫经济的发展过程看，到目前为止，社会对泡沫经济的形成和发展过程缺乏一个有效的约束机制。对泡沫经济的形成和发展进行约束，关键是对促进经济泡沫成长的各种投机活动进行监督和控制，但目前社会还缺乏这种监控的手段。这种投机活动发生在投机当事人之间，是两两交易活动，没有一个中介机构能去监控它。作为投机过程中的最关键的一步——货款支付活动，更没有一个监控机制。虽然货款支付活动一般要通过银行进行，但银行只是收付中介，根据客户指令付款，对付款的内容无力约束，加上银行的分散性，起不了监控投机活动作用。政府是外在的，不可能置身于企业之间的交易活动之中。而且，政府还常常容易被投机交易所形成的经济繁荣假象一时迷惑，觉察不到背后隐藏的投机活动，直到问题积累到相当程度才会发现。

泡沫经济与经济泡沫既有区别，又有一定联系。经济泡沫是市场中普遍存在的一种经济现象。所谓经济泡沫是指经济成长过程中出现的一些非实体经济因素，如金融证券、债券、地价和金融投机交易等，只要控制在适度的范围中，就会对活跃市场经济有利。只有当经济泡沫过多，过度膨胀，严重脱离实体资本和实业发展需要的时候，才会演变成虚假繁荣的泡沫经济。可见，泡沫经济是个贬义词，而经济泡沫则是个中性范畴。所以，不能把经济泡沫与泡沫经济简单地划等号，既要承认经济泡沫存在的客观必然性，又要防止经济泡沫过度膨胀演变成泡沫经济。

了解专业投资术语

一、洗盘

投机者先把股价大幅度杀低，使大批小额股票投资者（散户）产生恐慌而抛售股票，然后再把股价抬高，以便乘机渔利。

洗盘是机构或庄家"坐庄"时经常使用的操盘手法。"洗盘"一词最早流行于20世纪70年代末的中国台湾地区股市，意思是庄家为达到其炒作的最终目标价位，在拉抬股价途中分阶段地清洗筹码。

洗盘的目的有三：

（1）让低价买入股票的中小散户出局，以减轻股票上升时的压力。

（2）让持股者的平均成本上升，以使庄家在最终出货时顺利逃跑。

（3）庄家在洗盘时高抛低吸，降低自己的持仓成本，最大限度地提高自己的盈利。

具体操作方法是，在股价拉升到某一阶段，突然打压股价，使投资者误以为庄家在出货，纷纷卖出股票，而庄家在低位全部吃进，等到卖盘稀少时，再往上拉抬股价，并促使前期出货的投资者在高位重新买回筹码。一般在一只股票的拉升过程中，庄家会多次洗盘。

洗盘和出货主要是从成交量区分的。出货时往往带量，而洗盘一般是缩量的。

二、仓位

仓位是指投资人实有投资资金和实际投资的比例。

比如你有10万元用于投资基金，现用了4万元买基金或股票，你的仓位是40%。

如你全买了基金或股票，你就满仓了。

如你全部赎回基金卖出股票，你就空仓了。

如果目前市场比较危险，随时可能跌，那么就不应该满仓，因为万一市场跌了，你卖出就会亏，同时你也没有钱买入，就很被动。通常，在市场比较危险的时候，就应该保持半仓或者更低的仓位。这样，万一市场大跌，你发现你持有的股票跌到了很低的价位，你可以买进来，等涨的时候，再把你原来的卖掉，就可以赚一个差价。

一般来说，平时仓位都应该保持在半仓状态，就是说，留有后备军，以防不测。只有在市场非常好的时候，可以短时间的满仓。

能根据市场的变化来控制自己的仓位，是炒股非常重要的一个能力，如果不会控制仓位，就像打仗没有后备部队一样，会很被动。

三、每股股利

每股股利是指股利总额与期末普通股股份总数之比，即每一股股票一定期间内所分得的现金股利。股利总额是指用于分配普通股现金股利的总和，这里只考虑普通股的情况。目前在我国上市公司的股利分配实务中，投资者需要关注每股股利是否含税，因为按照个人所得税法的规定，个人所得的股息、红利所得要缴纳20%的个人所得税，一般由发放部门代扣代缴。

四、涨停板，跌停板

为了防止证券市场上价格暴涨暴跌，避免引起过分投机现象，在公开竞价时，证券交易所依法对证券所当天市场价格的涨跌幅度予以适当的限制。即当天的市场价格涨或跌到了一定限度就不得再有涨跌，这种现象的专门术语即为停板。当天市场价格的最高限度称涨停板，涨停板时的市价称为涨停板价。当天市场价格的最低限度称为跌停板，跌停板时的市价称跌停板价。

五、跳空

股价受利多或利空影响后，出现较大幅度上下跳动的现象。当股价受利多影响上涨时，交易所内当天的开盘价或最低价高于前一天收盘价两个申报单位以上。当股价下跌时，当天的开盘价或最高价低于前一天收盘价在两个申报单位以上。或在一天的交易中，上涨或下跌超过一个申报单位。以上这种股价大幅度跳动现象称之为跳空。

六、净值

净值便是你的总资产减去总负债。随着财富增长，计算净值会变得更困难，因为各种投资的价值都在变动。然而，对于资产分配和长期规划来说，了解自己的资产净值是十分必要的，所以你需要每年都算一两次这个数字，在作重要的财务决定时更要算一下。

如果你的净值很低，甚至为负，也无须绝望。你只需有规划地管理你的金钱、积累财富，就能改变这种现状。净值并不等于你在人生这场游戏中的"得分"，而只是到这个阶段为止你积累财富的进展。在多数的发达国家，比如美国，资产净值很低或为负的人群的比例高得惊人，而他们仍然享受着高水准的生活。在亚太地区，人们更倾向于存较多的钱，但他们也需要更多的现金来支付医疗费之类的支出。在发达国家，这些支出可能会由社会福利的"安全网"或易于得到的信贷来支付。

如何正确评价投资回报

在预估和计算投资回报的时候，应该用百分比计算还是用实际金额计算？哪一种方式更能反映资金的使用效果？

不同投资需要的本金数额不同，投资股票的本金要求大于投资邮票，投资房地产的本金要求又远远大于投资股票。在预估报酬的时候，通常有两种计算方式：一种是报酬额，就是以绝对数额表示的金额；一种是回报率，就是用相对值表示的比率：报酬数额/本金数额。用这两种方式评估出来的结果是不同的，有时甚至截然相反。

我们来看个例子。假如有两个投资方案，甲方案投资1万元，一年后预计可获得1 000元，回报率是10%；乙方案投资5万元，1年后预计可获得2 000元，回报率为4%。假定两者的投资风险没有差别，你会选择哪一个方案呢？

从绝对额上看，乙方案优于甲方案2 000>1 000；从相对值来看，甲方案优于乙方案10%>4%。我们的建议是，如果两个方案是相互排斥的，即选择了此就不能选择彼，两者只能取其一的话，就应选乙方案，因为在计算报酬的时候，早已把资金成本考虑了进去；如果两个方案是独立的，即选择了此并不排斥彼的话，就应优先选择甲方案，因为甲方案的回报率高于乙方案。

换句话来说，如果你的资金充裕的话，你可以优先选择回报率高的投资；如果你的资金只够投资一种资产的话，选择绝对额高的投资更能充分发挥资金的增值作用。当然，我们事先已假定风险是一样的，计算报酬时是以净值而不是以总值计算。

了解投资的税务知识

税收是国家凭借政治权力或公共权力对社会产品进行分配的形式。税收是满足社会公共需要的分配形式，税收具有无偿性、强制性、同定性。对于投资者而言，如果有投资行为的发生，就要缴纳相应的税金。所以，学习投资就要了解中国的税收制度和相关的税务知识。

中国的税种现住按大的分类，主要有流转税、所得税、资源税、财产税、行为税和其他税。

（1）流转税：增值税、消费税、营业税、关税、车辆购置税等。

（2）所得税：企业所得税、外商投资企业和外国企业所得税、个人所得税等。

（3）资源税：资源税、城镇土地使用税、土地增值税等。

（4）财产税：房产税、城市房地产税等。

（5）行为税：印花税、车船税、城市维护建设税等。

（6）其他税：农林特产税、耕地占用税、契税等。

作为个人投资者，在进行投资前必然会对不同的投资方式进行比较，选择最佳方式进行投资。在目前，个人可以选择的投资方式主要有两种：证券投资和实业投资。

证券投资涉及的税收知识并不多，如股票投资现在只缴纳印花税，其他税收暂时免征。这里简要讲述一下实业投资的税务知识。一般而言，个人可选择的实业投资方式有：作为个体工商户从事生产经营、从事承包承租业务、成立个人独资企业、组建合伙企业、设立私营企业。在对这些投资方式进行比较时，如果其他因素相同，投资者应承担的税收，尤其是所得税便成为决定是否投资的关键。下面就各种投资方式所应缴纳的所得税进行分析。

一、个体工商户的税负

个体工商户的生产经营所得和个人对企事业单位的承包经营、承租经营所得，适用5%~35%的五级超额累进税率。

例如：某个体工商户年营业收入54万元，营业成本42万元，其他可扣除费用、流转税金2万元，其年应纳税额为（540 000－420 000－20 000）×35%－6 750（个人所得税速算扣除数）＝28 250（元），税后收入为100 000－28 250＝7 1750（元）。

二、个人独资企业的税负

税收政策规定，从2000年1月1日起，对个人独资企业停止征收企业所得税，个人独资企业投资者的投资所得，比照个体工商户的生产、经营所得征收个人所得税。这样个人独资企业投资者所承担的税负依年应纳税所得额及适用税率的不同而有所不同。

例如：年应纳税所得额为6万元，适用税率为35%，应纳个人所得税60 000×35%－6 750（个人所得税速算扣除数）=14 250（元），实际税负为14 250÷60 000×100%=23.75%。

三、私营企业的税负

目前设立私营企业的主要方式是成立有限责任公司，即由两个以上股东共同出资，每个股东以其认缴的出资额对公司承担有限责任，公司以其全部资产对其债务承担责任。作为投资者的个人股东以其出资额占企业实收资本的比例获取相应的股权收入。作为企业法人，企业的利润应缴纳企业所得税。当投资者从企业分得股利时，按股息、红利所得要缴纳20%的个人所得税。这样，投资者取得的股利所得就承担了双重税负。

由于单个投资者享有的权益只占企业全部权益的一部分，其承担的责任也只占企业全部责任的一部分。但是，因其取得的收益是部分收益，企业缴纳的所得税税负个人投资者也按出资比例承担。

例如：个人投资者占私营企业出资额的50%，企业税前所得为12万元，所得税税率为33%，应纳企业所得税120 000×33%=39 600（元），税后所得为120 000-39 600=80 400（元），个人投资者从企业分得股利为80 400×50%=40 200（元）。股息、红利所得按20%的税率缴纳个人所得税，这样投资者缴纳的个人所得税为40 200×20%=8 040（元），税后收入为40 200-8 040=32 160（元），实际税负为（39 600×50%+8 040）÷（120 000×50%）×100%=46.4%。

四、合伙企业的税负

合伙企业是指依照合伙企业法在中国境内设立的、由各合伙人订立合伙协议，共同出资、合伙经营、共享收益、共担风险，并对合伙企业债务承担无限连带责任的营利性组织。在合伙企业中合伙损益南合伙人依照合伙协议约定的比例分配和分担。合伙企业成立后，各投资人获取收益和承担责任的比例就已确定。和个人独资企业一样，从2000年1月1日起，国家对合伙企业停止征收企业所得税，各合伙人的投资所得，比照个体工商户的生产、经营所得征收个人所得税。但是由于合伙企业都有两个及两个以上的合伙人，而每个合伙人仅就其获得的收益缴纳个人所得税。

例如：某合伙企业有5个合伙人，各合伙人的出资比例均为20%。本年度的生产经营所得为30万元，由各合伙人按出资比例均分。这样每个合伙人应纳的个人所得税为300 000×20%×35%-6 750（个人所得税速算扣除数）=14 250（元），税后收入为60 000-14 250=45750（元）。合伙企业每个合伙人的实际税负为23.75%（14 250÷60 000×100%）。

在上述几种投资方式中，通常而言，在收入相同的情况下，个体工商户、个人独资企业、合伙企业的税负是一样的，私营企业的税负最重。但个人独资企业、合伙企业、私营企业等三种形式的企业，是法人单位，在发票的申购、纳税人的认定等方面占有优势，比较容易开展业务，经营的范围比较广，并且可以享受国家的一些税收优惠政策。

在三种企业形式中，私营企业以有限责任公司的形式出现，只承担有限责任，风险相对较小；个人独资企业和合伙企业由于要承担无限责任，风险较大。特别是个人独资企业还存在增值税、一般纳税人认定等相关法规不健全不易操作的现象，加剧了这类企业的风险。而合伙企业由于多方共同兴办企业，在资金的筹集等方面存在优势，承担的风险也相对较少。相对于有限责任公司而言，较低的税负有利于个人独资企业、合伙企业的发展。个人投资者在制订投资计划时，应充分考虑各方面的因素，选择最优投资方案。

第七章

必杀技：钱生钱的投资学原理

> 时间是人的财富，全部财富，正如时间是国家的财富一样，因为任何财富都是时间与行动化合之后的成果。
>
> ——巴尔扎克
>
> 股票永远不会太高，高到让你不能开始买进，也永远不会太低，低到不能开始卖出。
>
> ——安德烈·科斯托兰尼

资金的时间价值原理

对于每个想学习投资或是对投资感兴趣的人来说，他们首先需要接触的概念就是资金的时间价值（time value）原理，此原理的意义就在于告诉人们，今天的1块钱不等于明天的1块钱。比如，若银行的存款利率为10%，将今天的1元钱存入银行，1年以后会是1.10元。可见，经过1年的时间，这1元钱发生了0.10元的增值，也就是说今天的1元钱和年后的1.10元钱等值。

一、资本的时间价值的含义

首先要说明的是，资金的时间价值是资金在周转使用中产生的，而通常情况下，资金的时间价值相当于没有风险和没有通货膨胀的条件下的社会平均利润率。实际上，投资活动总是或多或少地存在风险，通货膨胀也是市场经济中客观存在的经济现象。因此，利率不仅包含时间价值，而且也包含风险价值和通货膨胀的因素。只有在购买国库券等政府债券时才会几乎没有风险，如果通货膨胀率很低的话，可以用政府债券利率来表现时间价值。

时间价值=政府债券利率-通货膨胀率

影响资金时间价值的因素包括：

（1）资金的使用时间。在单位时间的资金增值率一定的条件下，资金使用时间越长，则资金的时间价值就越大；使用时间越短，则资金的时间价值就越小。

（2）资金数量的大小。在其他条件不变的情况下，资金数量越大，资金的时间价值就越大；反之，资金的时间价值则越小。

（3）资金投入和回收的特点。在总投资一定的情况下，前期投入的资金越多，资金的负效益越大；反之，后期投入的资金越多，资金的负效益越小。而在资金回收额一定的情况下，离现在越近的时间回收的资金越多，资金的时间价值就越大；反之，离现在越远的时间回收的资金越多，资金的时间价值就越小。

（4）资金周转的速度。资金周转越快，在一定的时间内等量资金的时间价值越大；反之，资金的时间价值越小。

总之，资金的时间价值是客观存在的，投资经营的一项基本原则就是充分利用资金的时间价值并最大限度地获得其时间价值，这就要加速资金周转，早期回收资金，并不断进行高利润的投资活动；而任何积压资金或闲置资金不用，就是白白地损失资金的时间价值。

二、终值与现值的含义

终值又称将来值，是指现在一定量现金在未来某一时点的价值，俗称本利和。比如存入银行一笔现金100元，年利率为复利10%，经过3年后一次性取出本利和共133.10元，这3年后的本利和133.10即为终值。

现值又称本金，是指未来某一时点上的一定量现金折合为现在的价值。上述3年后的133.10元折合为现在的价值为100元，这100元即为现值。

我们把现值（PV）和终值（FV）之间的关系，用利率K和期数t来表示为：

$$FV=PV(1+K)^t$$

例如，今天的100元（FV），在通胀率为4%（K）情况下，相当于10年（t）后的多少钱呢？答案是148元左右，也就是说10年后的148元才相当于今天的100元。

什么是复利

所谓复利，也称利上加利，是指一笔存款或者投资获得回报之后，再连本带利进行新一轮投资的方法。复利是长期投资获利的最大秘密。据说曾经有人问爱因斯坦："世界上最强大的力量是什么？"他的回答不是原子弹爆炸的威力，而是

"复利"。

关于复利,有一个古老的故事:

从前,有一个非常爱下棋的国王,他棋艺高超,从未碰到过敌手。于是,他下了一道诏书,诏书中说无论是谁,只要击败他,国王就会答应他任何一个要求。

一天,一个小伙子来到皇宫与国王下棋,并最终赢了国王。国王问这个小伙子要什么样的奖赏,小伙子说他只要一个小小的奖赏,就是在棋盘的第一个格子中放上一粒麦子,在第二个格子中再放进前一个格子的一倍,以此重复向后类推,一直将棋盘每一个格子摆满。

国王觉得很容易就可以满足他的要求,于是就同意了。但很快国王就发现,即使将国库里所有的粮食都给他,也不够其要求的1%。因为即使一粒麦子只有一克重,也需要数十万亿吨的麦子才够满足。尽管从表面上看,小伙子的起点十分低,从一粒麦子开始,但是经过很多次的乘积,就迅速变成庞大的数字。

复利看起来很简单,其计算公式是:

$$本利和=本金\times(1+利率)^n \quad (n:期数)$$

由于很多投资者没有了解其价值,或者即使了解但没耐心和毅力长期坚持下去,这是大多数投资者难以获得巨大成功的主要原因之一。如果你想让资金更快地增长,在投资中获得更高的回报,就必须对复利加以足够的重视。

打比方说:1万元的本金,按年收益率10%计算,第一年年末你将得到1.1万元,把这1.1万元继续按10%的收益投放,第二年年末是1.1×1.1=1.21(万元),如此第三年年末是1.21×1.1=1.331(万元),到第八年将达到2.14万元。

同理,如果你的年收益率为20%,那么3年半后,你的钱就翻了翻,1万元变成2万元。如果是20万元,3年半后就是40万元……

听上去如此诱人,事实真是如此吗?

来检查一下这个"神奇"的公式。

首先关于本金。以一个1994年开始工作即开始投资的人——赵星为例。1994年他第一个月的工资是300元,在当时算是中等水平。假定他把这第一个月的工资拿出100元用于一个年收益率为10%的项目投进去,到第十一年即2005年年末,也就是100×(1+10%)×11=285(元)。285元,那是他当月收入的90%还强!而今天这个经过投资收益达10%的投资得到的285元相对于他现在的工资来说仅仅是个零头。

由此看来,想要让你的复利来得神奇,你的本金可不能是个小数目。对于大多数工薪阶层来说,复利公式中的本金即使以万元为单位,都只能在两位数上停住,多不过几十万元。而当你有了几十万元的时候,你就该看看利率了。

关于利率。以上的计算,我们选用了10%这个数字。但凡是存过钱的人都知道，上哪里找10%的银行利率呢？正如经常炒股的人都知道，上哪找没有风险的10%的投资产品呢？

关于期数。这个期数和你的利率相对应。利率按年利率算，期数就以年为单位，如10年、15年。如果利率按月利率计算，那期数的单位就是月了。

再说说72法则。所谓"72法则"就是以1%的复利来计息，经过72年以后，你的本金就会变成原来的1倍。这个公式好用的地方在于他能以一推十。例如：利用5%的年报酬率的投资工具，经过14.4年（72÷5）本金就变成1倍；利用12%的投资工具，则要6年左右（72÷12），才能让1元钱变成2元钱。

综合起来，复利要让它成为我们心中可观的累积，需要三个条件：

(1) 让你足够满意的本金。

(2) 好的投资渠道。

(3) 足够的耐心和精力。

由此可以看出，要让复利真正的为我们的钱财服务，首先要完成本金的积累，或者持续地对本金进行投入；其次要了解有限的投资渠道和在这些渠道里进行恰当地选择；最后要具备精明的选择能力，这是复利能否发挥神奇作用的分水岭。

复利真的可行吗

在复利的模式下，一项投资所坚持的时间越长，带来的回报就越高。在最初的一段时间里，得到的回报也许不理想，但只要将这些利润进行再投资，那么你的资金就会像滚雪球一样，变得越来越大。经过年复1年的积累，你的资金就可以攀登上一个新台阶，这时候你已经在新的层次上进行自己的投资了，你每年的资金回报也已远远超出了最初的投资。

现在人们的收入不同于改革开放初期，如果一个大众家庭从现在开始投资1万元，通过运作每年能赚到15%，那么，连续20年，最后连本带利变成了163 660元了。看到这个数字后，我们也许并不感到满意，但是连续30年，总额就会变成了662 117元了，如果连续40年的话，总额又是多少呢？答案或许会让你目瞪口呆，是2 678 635元。也就是说，一个25岁的年轻人，投资1万元，每年赢利15%，到65岁时，就能获得200多万元的回报。

然而，天有不测风云，市场并非总是一直景气。如果每年都保持15%的收益率这是很难做到的。但这里说的收益率是个平均数，如果你有足够的耐心，再加上合理的投资，这个回报率是有可能做到的。

这种由复利所带来的财富的增长，被人们称为"复利效应"。不但投资理财中有"复利效应",在和经济相关的各个领域其实广泛存在着复利效应。比如,一个国家,只要有稳定的经济增长率,保持下去就能实现经济繁荣,从而增强综合国力,改善人民的生活。从这个角度看,"可持续发展"这个时髦的词,实质上是追求复利的另一种说法。

可以说,复利是一种思维,是一种以耐心和坚持为核心的思维方式。如果我们能充分利用复利思维,不管投资还是人生,都会有不错的回报。

正复利与负复利

复利的力量无处不在。大到社会,小到个人投资,莫不如是。经济学家凯恩斯曾经在一篇题为《我们后代在经济上的可能前景》的文章中曾重点谈到过复利的作用。当时的西方正值20世纪30年代大萧条时期,许多人认为,未来世界繁荣将不会再现,但凯恩斯却指出,萧条不过是两次繁荣周期中间的间歇,支撑西方经济发展的"复利的力量"并没有消失。凯恩斯在当时已经发现,近代社会的崛起是从16世纪的资本积累开始的,而这个崛起导致人类进入"复利时代"。有趣的是,凯恩斯毫无隐晦地告诉我们,"英国对外投资的始端可追溯到1580年德雷克从西班牙盗窃的大批财宝";只不过经过长年的复利累加,"德雷克在1580年带回来的财宝中,每1镑现在已变成了10万镑。"复利的力量就有如此之大!

然而,在为复利的如此神奇的增长而兴奋地同时,也不要忘记"负复利"存在。

相对于正复利,负复利也同样的发挥着强大的作用,甚至比正复利作用更大。在复利发挥同等作用下,下跌1/3需要上涨50%才能复原,下跌50%则需要上涨100%才能复原。

巴菲特规避"负复利"增长的方式,在全世界是做得最好的。研究一下巴菲特1957—2007年共51年的投资业绩,可以看出,仅有2001年的收益率为-6.2%,为负增长,其他所有年份的收益都为正的增长。巴菲特的这一业绩充分说明了复利的魅力,也充分说明规避负复利增长的重要性。

规避"负复利"增长是巴菲特一贯的投资目标。巴菲特在1966年7月12日给合伙人的信中指出:"当大多数人赚钱时,我们也赚,而且赚的程度差不多;当大多数人输钱时,我们也输,但是输得少一些。"在1960年2月20日给合伙人的信中说道:"在熊市中取得优秀的业绩,在牛市中取得平均业绩。"

所以想实现复利增长的梦想,关键之处是要规避"负复利"。

在投资市场中,规避熊市中的"负复利",在熊市中继续获利,需要克服人性的弱点:贪婪与恐惧。熊市初期需要克服人性的贪婪,熊市中后期需要克服人性的恐惧。

华尔街有一句名言："市场是由两种力量驱动的：贪婪和恐惧。"也就是说，贪婪与恐惧是每一个投资者的本性。在投资过程中，投资者的获利心理是永无止境的，投资者对利益的贪婪是永无止境的。同样，投资者面对风险时，希望其少些更少些，最后使得投资者害怕风险到了恐惧的地步。

在股市繁荣的时候，投资者往往都会忘记以往市场崩溃时的惨痛教训。因为，投资市场的繁荣不仅会增强投资者信心和对股市上涨的预期，而且也会提供机会让已经进入了的投资者来哄抬或操纵股市的价格，以便吸引更多的投资者进入；反之，如果被悲观或恐惧的力量所笼罩，那么股市的价格就会发生逆转，而投资者认为股市的价格会进一步下跌，整个股市就会处于恐惧之中，股价跌到最低也没有人敢购买。

投资市场的暴涨暴跌，是由于市场的本性及投资者的人性贪婪作用的结果，而且这种恐惧与贪婪在复利的作用下比在其他环境里更能无限地放大。

所以，投资，就要最大限度地规避贪婪和恐惧。

投资的杠杆原理

杠杆是物理学中的术语之一，利用一根杠杆和一个支点，就能用很小的力量撬起很重的物体。古希腊科学家阿基米德有这样一句流传千古的名言："给我一个支点，我就能撬起地球！"这是对杠杆原理最精彩的描述。杠杆原理也充分应用于投资中，主要是指利用很小的资金获得很大的收益。

从某种程度上来说，杠杆原理的使用可以增加你的购买力，使你掌握自己的潜在资产。它的机制远比你想象的要普通，比如说，当你进行抵押贷款的时候，你实际上是在运用杠杆原理来支付你无法用现金兑付的某样东西，而当你偿付了抵押贷款后，你就可以在资产买卖中获取利润。

你也可以将杠杆原理运用到股票投资的保证金交易中。在这个场合中，可以用自己的钱加上从股票经纪人那里借来的钱来购买股票。如果股票上涨，你可以卖出而获取盈利，然后将借的钱和借款利息归还，剩余的钱就归你了。

因为你只是用了自己很少的钱进行投资，使用杠杆原理可能会比不用在投资回报上赚取更多。举一个例子来说，如果你自己出5 000美元，又借了5 000美元做一笔10 000美元的投资，然后又以15 000美元出手，那么你赢利是以5 000美元赚取了5 000美元，换句话说，你的投资回报率是100%。如果你全部用自己的钱来投资，则只是在10 000美元的投资基础上实现了5 000美元的赢利，或者说是50%的回报率。

虽然在投资中运用杠杆原理会增加你的收益，但也会给你带来巨大的风险。

如果一旦拖欠贷款,即便你以前一直有规律地支付贷款,贷方也会因这次欠款收回你的房屋。因为杠杆性要求你抵押一定价值的物品来把握你的财务合伙人投入资金数量的风险。如果你卖出的资产总额不足以偿还借贷,那么你仍然应该向贷方支付剩余的款项。

如果你以保证金来购买股票,一旦你的股票跌至低于相应的购买价格所预先设定的百分比,你就必须上缴一定数额的保证金,以便你的股票经纪人的那笔钱不会处于危险之中。况且如果你割肉的话,你仍然必须偿付全额的保证金。

运用杠杆性投资的波动越大,带来巨大损失的风险性越高。事实上,你损失的钱会比你的投资还多,而这种情况在没有运用杠杆性投资的时候是不会发生的。

俗话说,凡事有一利就有一弊,甘蔗没有两头甜,杠杆也不例外。我们在使用杠杆之前有一个更重要的核心须要把握住:那就是成功与失败的概率是多大。要是赚钱的概率比较大,就可以用很大的杠杆,因为这样赚钱快。如果失败的概率比较大,那根本不能做,做了就是失败,而且会赔得很惨。

在投资市场上,人们都有以小博大的欲望,希望用很少的钱赚更多的钱。但是,天下没有免费的午餐,使用杠杆必然是以巨大的风险为代价,这就需要投资者不要只看到收益,更要看到风险,谨慎使用这一工具。

投资市场的不可预测性

投资市场的不可预测性是指证券市场是一个复杂的动态系统,由于其内部因素相互作用的复杂性以及影响它的许多外部因素的难处理性,使得其运行规律难以被理解和刻画。然而在具体的投资过程中,好多人最喜欢做的事却是去预测,或者就是让别人去预测。这是投资者对市场缺乏了解的表现。其实,从来没有人能正确预测出无论是大盘还是个股的具体点位或价位,最多也就是根据当时的走势判断一下趋势如何。市场会以它自己的方式来证明大多数的预测都是错误的。

那些著名的投资大师,他们更多的是关注股票本身,以及大的趋势,很少花心思去预测股市的短期变化。例如,有股神之称的沃伦·巴菲特和美国最成功的基金经理彼得·林奇就告诫投资者:永远不要预测股市。因为,没有人能预测股市的短期走势,更不可能预测到具体的点位。即使有一次预测对了,那也是运气,是偶然现象,而不会是常态。

巴菲特说:"我从来没有见过能够预测市场走势的人。""分析市场的运作与试图预测市场是两码事,了解这点很重要。我们已经接近了解市场行为的边缘了,但我们还不具备任何预测市场的能力。复杂适应性系统带给我们的教训是,市场是在不断变化的,它顽固地拒绝被预测。"他坚持认为,预测在投资中根本不会占有一席之地,他的方法就是投资于业绩优秀的公司。他还说道:"事实上,人的贪欲、恐惧和愚蠢是可以预测的,但其后果却是不堪设想。"在他看来,投资者经历的就是两种情况:上涨或下跌。关键是你必须要利用市场,而不是被市场所利用,千万不要让市场误导你采取错误的行动。"

其实,只要我们仔细想想,就知道那些所谓的预测的不可靠性。如果那些活跃的股市和经济预测专家能够连续预测成功的话,他们早就成了大富翁,还用得着到处奔波搞预测吗?

即使那些投资市场上的大型机构,也无法准确预测股市的短期走势。例如,在中国市场上,近年来机构对上证指数最高点位的预测(这些预测无疑代表了目前中国资本市场高端的研究水平,集中了许多重量级研究机构和研究人员的智慧)就屡屡失算。2005年年末各大券商机构对2006年进行预测,认为1500点已是最高目标位的顶部了,当时有个别专家分析股改大势后提出,1300点将成为历史性底部时,不少分析人员还嗤之以鼻。但事实上,2006年却是以2675点最高点位收盘。到了2006年年末,绝大多数机构对2007年上证指数的预测都远远低于4000点,而实际上2007年以来,将近半年以上时间都是在4000点上方运行,到10月份上证指数还一度达到6124点的高位。随后股市大跌,有好多人预测4000点是政策底,绝不会跌破,结果股指最终跌破了2000点。还有,很多人预测2008年奥运会时会有一波大行情,可是最终的结果却是,不但奥运会前夕股市表现很弱。而且,就在奥运会开幕当天,股市开始了向下破位。在奥运会进行的那些天,股市一路向下。预期中的奥运行情没有出现,留下的是黑色梦魇。由此可见,对于具体点位的预测常常是"失算"的时候多于"胜算"。

本杰明·格雷厄姆如是说:如果说我在华尔街60多年的经验中发现过什么的话,那就是没有人能成功地预测股市变化。

虽然,股市的具体点位是无法准确预测的,但大的趋势还是可以判断的。其实,彼得·林奇的"鸡尾酒会"理论是一个寻找股市规律的有效工具。

在鸡尾酒聚会上,不同职业不同阶层的人们彼此相识,聊天。彼得·林奇从参加鸡尾酒会的经历上,总结出了判断股市走势的四个阶段:

第一阶段,当彼得·林奇在介绍自己是基金经理时,人们只与他碰杯致意,就漠不关心地走开了。他们更多的是围绕在牙医周围,询问自己的牙疼病,或者宁愿谈论明星的绯闻,没有一个人会谈论股票。彼得·林奇认为,当人们宁愿谈论牙病也不谈论股票时,股市应该已经探底,不会再有大的下跌空间。

第二阶段,当彼得·林奇在介绍自己是基金经理时,人们会简短地与他聊上几句股票，抱怨一下股市的低迷，接着还是走开了，继续关心自己的牙病和明星的绯闻。彼得·林奇认为，当人们只愿意闲聊两句股票而还是更关心自己的牙齿时，股市即将开始抄底反弹。

第三阶段，当人们在得知彼得·林奇是基金经理时，纷纷围过来询问股票购买：哪只股票能赚钱，股市走势将会如何，而再没有人关心明星绯闻或者牙齿。彼得·林奇认为，当人们都来询问基金经理买哪只股票时，股市应该已经到达阶段性高点。

第四阶段，人们在酒会上大谈特谈股票，并且很多人都主动向彼得·林奇推荐股票，告诉他去买哪只股票，哪只股票会涨。彼得·林奇认为，当人们不再询问该买哪只股票，而是反而主动告诉基金经理买哪只股票好时，股市很可能已经到达顶部了，大盘即将开始下跌震荡。

我们既然无法准确地预测股市，那么最好的办法就是不要预测股市。正如巴菲特所说："对于未来1年后的股市走势、利率以及经济动态，我们不做任何预测。我们过去不会，现在不会，将来也不会预测。"投资者应该关注企业的基本面，而不要去枉自预测市场的变化。

所有企图预测市场的人最终都以惨败告终。所以，不要企图精确预测，特别是企图把握股票的短期波动。因为没有人能真正做到这一点。如果投资者能把金钱和精力投入到有限的股票和企业上来，有针对性地对自己买入股票的公司加以全方位的了解，这样，投资的效果会更好。

投资市场的波动原理

在投资市场上，股票的价格不可能一直上涨，也不可能一直下跌，而是围绕股票的内在价值不断地涨涨跌跌进行波动。英国著名经济学家休谟指出："一切东西的价格取决于商品与货币之间的比例，任何一方的重大变化都能引起同样的结果——价格的起伏。"休谟还进一步说："商品增加，价钱就便宜；货币增加，商品就涨价；反之，商品减少或货币减少也都是有相反的倾向。"其实，股票也是一种商品，也受这种规律的制约。当某一特定的股票入场，交易的股票数量增加，而参与交易的资金不变时，交易的价格就会下跌；反之，当参与交易的资金增加，而交易的股票数量不变时，交易的价格就会上涨。

关于股票波动特性的研究，最著名的当属艾略特的波浪理论。艾略特认为，不管是股票还是商品价格的波动，都与大自然的潮汐、波浪一样，一浪跟着一波，周而复始，具有相当程度的规律性，展现出周期循环的特点，任何波动均有迹可循。

因此，投资者可以根据这些规律性的波动预测价格未来的走势，从而确定自己的买卖策略。

一、波浪理论的四个基本特点

（1）股价指数的上升和下跌将会交替进行。

（2）推动浪和调整浪是价格波动两个最基本形态，而推动浪（即与大市走向一致的波浪）可以再分割成五个小浪，一般用第1浪、第2浪、第3浪、第4浪、第5浪来表示，调整浪也可以划分成三个小浪，通常用a浪、b浪、c浪表示。

（3）在上述八个波浪（五上三落）完毕之后，一个循环即告完成，走势将进入下一个八波浪循环。

（4）时间的长短不会改变波浪的形态，因为市场仍会依照其基本形态发展。波浪可以拉长，也可以缩短，但其基本形态永恒不变。

总之，波浪理论可以用一句话来概括，即"八浪循环"。

二、波浪的具体形态

那么，如何来具体划分上升五浪和下跌三浪呢？通常来说，八个浪各有不同的表现和特性：

第1浪：

（1）几乎半数以上的第1浪，是属于营造底部形态的第一部分，第1浪是循环的开始，由于这段行情的上升出现在空头市场跌势后的反弹和反转，买方力量并不强大，加上空头继续存在卖压，因此，在此类第1浪上升之后出现第2浪调整回落时，其回档的幅度往往很深；

（2）另外半数的第1浪，出现在长期盘整完成之后，在这类第1浪中，其行情上升幅度较大，经验看来，第1浪的涨幅通常是五浪中最短的。

第2浪：

这一浪是下跌浪。由于市场人士误以为熊市尚未结束，其调整下跌的幅度相当大，几乎吃掉第1浪的升幅。当行情在此浪中跌至接近底部（第1浪起点）时，市场出现惜售心理，抛售压力逐渐衰竭，成交量也逐渐缩小，第2浪调整才会宣告结束。在此浪中经常出现图表中的转向形态，如形底、双底等。

第3浪：

第3浪的涨势往往是最大、最有爆发力的上升浪。这段行情持续的时间与幅度，经常是最长的，市场投资者信心恢复，成交量大幅上升，常出现传统图表中的突破讯号，例如跳空高开等。这段行情走势非常激烈，一些图形上的阻力位，非常轻易地被穿破，尤其在突破第1浪的高点时，是最强烈的买进讯号，由于第3浪涨势激烈，经常出现"延长波浪"的现象。

第4浪：

第4浪是行情大幅劲升后的调整浪，通常以较复杂的形态出现，经常出现"倾斜三角形"的走势，但第4浪的底点不会低于第1浪的顶点。

第5浪：

在股市中第5浪的涨势通常小于第3浪，且经常出现失败的情况。在第5浪中，二类、三类股票通常是市场内的主导力量，其涨幅常常大于一类股（绩优蓝筹股、大盘股），即投资人士常说的"鸡犬升天"，此期市场情绪表现相当乐观。

a浪：

在a浪中，市场投资人士大多数认为上升行情尚未逆转，此时仅为一个暂时的回档现象，实际上，a浪的下跌，在第5浪中通常已有警告讯号，如成交量与价格走势背离或技术指标上的背离等，但由于此时市场仍较为乐观，a浪有时出现平势调整或者"之"字形态运行。

b浪：

b浪表现经常是成交量不大，一般而言是多头的逃命线，然而由于是一段上升行情，很容易让投资者误以为是另一波段的涨势，形成"多头陷阱"，许多人士在此期惨遭套牢。

c浪：

这是一段破坏力较强的下跌浪，跌势较为强劲，跌幅大，持续的时间较长久，而且出现全面性下跌。

从以上介绍看来，波浪理论似乎颇为简单和容易运用，实际上，由于每一个上升/下跌的完整过程中均包含有一个八浪循环，大循环中有小循环，小循环中有更小的循环，即大浪中有小浪，小浪中有细浪，因此，使数浪变得相当繁杂和难于把握，再加上其推动浪和调整浪经常出现延伸浪等变化形态和复杂形态，使得对浪的准确划分更加难以界定，这两点构成了波浪理论实际运用的最大难点。

附：波浪理论的缺陷

（1）波浪理论家对现象的看法并不统一。每一个波浪理论家，包括艾略特本人，很多时候都会受一个问题的困扰，就是如何判断一个浪是否已经完成而开始了另外一个浪呢？有时甲看是第1浪，乙看是第2浪。差之毫厘，谬以千里。看错的后果可能十分严重。一套不能确定的理论用在风险奇高的股票市场，运作错误足以使人损失惨重。

（2）甚至怎样才算是一个完整的浪，也无明确定义，在股票市场的升跌次数绝大多数不按五升三跌这个机械模式出现。但波浪理论家却曲解说有些升跌不应该计算入浪里面。这种数浪完全是随意主观。

（3）波浪理论有所谓延伸浪，有时五个浪可以伸展成九个浪。但在什么时候或者在什么准则之下波浪可以延伸呢？艾略特却没有明言，使数浪这回事变成各自启发，自己去想。

（4）波浪理论的浪中有浪，可以无限伸延，亦即是升市时可以无限上升，都是在上升浪之中，一个巨型浪持续一百多年都可以。下跌浪也可以跌到无影无踪，但仍然是下跌浪。只要是升势未完就仍然是上升浪，跌势未完就仍然是下跌浪。这样的理论有什么作用？能否推测浪顶浪底的运行时间甚属可疑，等于纯粹猜测。

总之，波浪理论是一套主观性很强的分析工具，不同的分析者对浪的识别和判断会不同，对浪的划分也很难准确界定，这就对投资者的判断力要求非常高。一般来说，波浪理论不能运用于个股的选择上，只用以分析大盘或平均指数，并由此发现较理想的买卖时机。而且波浪理论运用也非常灵活，投资者不能死搬硬套。

投资的安全边际

价值投资有两个最基本的概念，就是"安全边际"和"成长性"。其中安全边际是比较难把握的。这也很正常，因为如果人们学会了确定安全边际，短期虽然难免损失，但长期来看，应该是不赔钱的。这样好的法宝，当然不容易掌握。

那么，什么是安全边际？为什么要有安全边际这个概念呢？

安全边际顾名思义就是股价安全的界限。这个概念是由证券投资之父杰明·格雷厄姆提出来的。作为价值投资的核心概念，安全边际在整个价值投资领域中处于至高无上的地位。它的定义非常简单而朴素：内在价值与价格的差额。换一种更通俗的说法就是价值与价格相比被低估的程度或幅度。格雷厄姆认为：值得买入的偏离幅度必须使买入是安全的。最佳的买点是即使不上涨，买入后也不会出现亏损。格雷厄姆把具有买入后即使不涨也不会亏损的买入价格与价值的偏差称为安全边际。格雷厄姆给出的是一个原则，这个原则的核心是即使不挣钱也不能赔钱。同时安全边际越大越好，安全边际越大获利空间就会自然提高。

安全边际不保证能避免损失，但能保证获利的机会比损失的机会更多。巴菲特指出："我们的股票投资策略持续有效的前提是，我们可以用具有吸引力的价格买到有吸引力的股票。对投资人来说，买入一家优秀公司的股票时支付过高的价格，将抵消这家绩优企业未来10年所创造的价值。"这就是说，忽视安全边际即使买入优秀企业的股票也会因买价过高而难以赢利。

对于投资者来说，不能忽视安全边际。但什么样的情况下股票就达到安全边际，股价就安全了呢？10倍市盈率是不是就安全呢？或者低于净资产值就安全呢？

未必是。如果事情这么简单,那就人人都赚钱了,股市也就成了提款机。

我们打个比方,鸡蛋8元钱一斤,值不值?就现在来说,不值。这个8元钱是价格,我们还可以去分析一下价值,从养鸡、饲料、税费、运输成本折算一下的话,可能是2元钱一斤,那么这个2元钱就是鸡蛋的价值。什么是安全边际呢?就是把价值再打个折,就能够获得安全边际了。例如,你花了1.8元钱买了一斤鸡蛋,你就拥有了10%的安全边际,你花了1.6元钱买了一斤鸡蛋,那你就拥有了20%的安全边际。

所以,安全边际就是一个相对于价值的折扣,而不是一个固定值。我们只能说,当股价低于内在价值的时候就有了安全边际,至于安全边际是大还是小,就看折扣的大小了。

为什么要有安全边际呢?曾有人打了一个很好的比方,如果一座桥,能够允许载重4吨,我们就只允许载重2吨的车辆通过,显然这个2吨就是安全边际。这样,就给安全留出了余地,就内因而言,如果我们设计或施工中有一些问题,那么这个2吨的规定可能还会保障安全;就外因而言,万一有个地震或地质变化什么的,2吨可能保障不出事儿。

股价的安全边际也是如此,就内因而言,我们可能对一个企业的分析有错误,那么安全边际保障我们错得不太离谱;就外因而言,一个企业可能会出现问题,会在经营中进入歧途,那么在我们察觉到的时候,可能还吃亏不大。因为我们的选择有安全边际,说白了,就是股价够便宜,给我们留出了犯错误和改正错误的空间。当然,安全边际不仅让我们赔得少,还能让我们赚得多。很简单,因为买价低。比如说,一只股票的股价从2元上涨到12元,内在价值是4元,2元就是很大的安全边际。

巴菲特在2元时买入,一般价值投资者在4元时的价值线买入,技术分析家则根据趋势在6元买入,结果是巴菲特赚了5倍,一般价值投资者赚了2倍,技术分析家赚了1倍,这是个还算不错的结果。如果股价从2元上涨到6元,巴菲特赚2倍,一般价值投资者赚50%,技术分析家可能还赔钱。

或许,有人会说,大盘涨起来的时候都没有安全边际了;但问题是,在市场极度低迷的时候,很多有很大安全边际的股票却根本无人问津。话说回来,安全边际能不能保障股价安全?未必。最大的安全边际是成长性。比如说一个生产寻呼机的企业只有5倍市盈率,不高吧?可是现在连寻呼台都找不到了,安全就是笑话。可见,只有在具有成长性的前提下,安全边际才有意义。

关于安全边际的理解其实非常容易,但是怎么判断安全边际或者什么时候才真正到了跌无可跌的时候是非常困难的。还有就是安全边际迟迟不来怎么办等。根据格雷厄姆的原意就是"等待"。在他眼里,人一生的投资过程中,不希望也不需要每天都去做交易,很多时候我们会手持现金.耐心等待。由于市场交易群体的无理性,在不确定的时间段内,比如3~5年的周期里,总会等到一个完美的高安全边际的时刻。换句话说,市场的无效性总会带来价值低估的机会,那么这个时候就是你出手的时候。就如非洲草原的狮子,它在没有猎物的时候更多的是在草丛中慢慢地等待,很有耐心地观察周围情况直到猎物进入伏击范围才迅疾出击。如果你的投资组合里累积了很多次这样的投资成果,从长期看,你一定会取得远远超出市场回报的机会。所以安全边际的核心就在把握风险和收益的关系。

其实,对安全边际的掌握更多时候体现了一种生存的艺术。投资如行军打仗,首先确保不被敌人消灭掉是作战的第一要素,否则一切都将无从谈起。这一点在牛市氛围中,在泡沫化严重的市场里,显得尤为重要。

投资的洼地效应

在社会经济发展的过程中,人们把"水往低处流"这种自然现象引申为一个新的经济概念——"洼地效应"。从经济学理论上讲,"洼地效应"就是利用比较优势,创造理想的经济和社会人文环境,使之对各类生产要素具有更强的吸引力,从而形成独特的竞争优势,吸引外来资源向本地区汇聚、流动,弥补本地资源结构上的缺陷,促进本地区经济和社会的快速发展。简单地说,指一个区域与其他区域相比,环境质量更高,对各类生产要素具有更强的吸引力,从而形成独特的竞争优势。资本的趋利性,决定了资金一定会流向更具竞争优势的领域和更具赚钱效应的"洼地"。

例如房地产。当房地产围合一个湖泊中心发展之时,便形成了自湖心向四周土地递减的级差地租,大致出现"近贵远贱"的圈层分布,这其实就围合出湖心的价值洼地。一旦因某种特殊原因填湖开发,那么,湖心洼地的地价和房价就会突然井喷,创下区域地产的最大价值,甚至引发周边地产的价值飙升,即产生了洼地效应。当然在房地产实际开发中,所谓的洼地不一定就是湖心区,也可能是市政中心、城市广场或历史建筑区等对于区域价值有提升作用的区域。

"洼地效应"是近两年比较流行的词,在经济学的财经分析中我们常会看到。比如,中国市场的巨大投资潜力和发展空间,吸引着越来越多的国际投资者的目光,使外资投入持续增加,这样就可以说中国在全球经济中产生了洼地效应;这个词也可以形容江浙一带对人才的吸引,说江浙民间资本的持续发展产生了洼地效应;而当解释蓝筹股在弱市中的井喷行情时,就会比较其动态市盈率和平均市盈率,说其产生了价值洼地。

日本股神是川银藏如是说：选择未来大有前途，但却尚未被世人察觉的潜力股，并长期持有。对于投资者来说，"洼地效应"的概念好理解，但如何才能在股票市场上找到真正的"洼地"，获得投资的巨大收益呢？

一是，如果发现有做实体产业，每股业绩高达1元以上，而且其产业方向和经营业绩基本能处于长期稳定，在经济危机中不但没遭受重创，还能迅速翻身挺过来的公司股票，则是属于"洼地"的投资目标。

二是，遭受长期冷落，但关乎国计民生的股票。例如属于人民大众最重要的吃饭问题的粮食和农业概念股，是可以而且必须持续发展的永恒产业，如果其业绩和发展预期良好，而且没有被爆炒过，则属于价值洼地，非常具有投资价值。

三是，关注那些属于国家规划扶持发展，真正生产与科研结合，有能力、有规模和有实力做新能源产业的，必然在不远的将来影响到后续人类的生产、生活方式，无论现在起始阶段多么迷茫，或是股价或已被炒得很高，但只要是符合全球人类革新方向的，就还值得长远投资布局，不过可能得有一定耐心。

第八章

提高班：投资须读懂宏观经济

图表能反映出一切股市或公司股民的总体心理状况。

——威廉·江恩

行情总在绝望中诞生，在半信半疑中成长，在憧憬中成熟，在希望中毁灭。

——波得·林奇

大环境决定小投资

成熟的投资者都非常关注宏观经济政策，因为宏观经济发展水平和状况对一国的股市有着重大影响力，而且波及范围广泛，作用机制也相对复杂。

股票市场是经济发展的产物，因而一国股票市场的发展与该国经济发展紧密相关。一方面，投资对象要受到宏观经济形势的影响；另一方面，证券业本身也直接受到宏观经济因素的左右。

首先，一个国家和地区的社会经济能否持续稳定地增长是股价能否稳定上升的重要因素。因为，当一国或地区的经济运行态势良好，大多数企业的经营状况也会较好，股价上升的可能性也较大。

其次，宏观经济周期对股价的影响也很明显。许多研究发现，股价的变动常常领先于实际经济的繁荣或衰退，即经济高涨后期股价会率先下跌，经济尚未全面复苏之际，股价先行上涨。所以，股价被称为经济周期变动的先导性指标。

再次，一国或地区的货币政策和财政政策对股价也会有影响。中央银行放松银根，增加货币供应，资金需要新的投资机会，一旦资金进入股市，将会引起股票需求的增加，立即促使股价上升。同样，积极的财政政策会扩大财政赤字，增加财政支出，刺激经济发展，另外，调节税率等财政政策会影响企业利润和股息，发行国债等也会改变证券市场的证券供应和资金需求，从而间接影响股价。

此外，市场利率、汇率变化和国际收支状况等都会给股票市场带来直接或者间接的影响。因此，在股票投资时，投资者绝对不能忽视宏观经济的基本面。

我们可以通过具体的经济指标来分析大的经济环境对个人投资的影响。

一、GDP的影响

理论上说，GDP是反映一国经济整体实力的宏观指标。当一国经济发展迅速，GDP增长较快时，预示着经济前景看好，人们对未来的预期改善，企业对未来发展充满信心，极想扩大规模，增加投资，对资金的需求膨胀，因而股票市场趋向活跃。在股票市场均衡运行、而且其经济功能不存在严重扭曲的条件下，一般来说，股票价格随GDP同向而动，当GDP增加时，股票价格也随之上升；当GDP减少时，股票价格也随之下跌。因此，GDP对股票价格的影响是正的。

二、利率的影响

众所周知，利率是影响股市走势最为敏感的因素之一。根据古典经济理论，利率是货币的价格，是持有货币的机会成本，它取决于资本市场的资金供求。资金的供给来自储蓄，需求来自投资，而投资和储蓄都是利率的函数。利率下调，可以降低货币的持有成本，促进储蓄向投资转化，从而增加流通中的现金流和企业贴现率，导致股价上升。所以利率提高，股市走低；反之，利率下降，股市走高。

三、货币供给量的影响

货币供给量对股票市场价格的影响，可以通过预期效应、投资组合效应和股票内在价值增长效应来实现。以上三种效应一般来说都是正向的，即货币供给量增加，则股市价格上涨。因此，储蓄的增加在一定程度上意味着货币供给量的减少，而股票价格指数与货币供给量之间又存在正向变动关系，所以，储蓄对股票价格的影响是负的。

四、汇率的影响

汇率又称汇价，是一国货币兑换另一国货币的比率，作为一项重要的经济杠杆，汇率变动对一国股票市场的相互作用体现在多方面，主要有：进出口、物价和投资。汇率直接影响资本在国际间的流动。一个国家的汇率上升，意味着本币贬值，会促进出口、平抑进口，从而增加本国的现金流，提高国内公司的预期收益，会在一定程度上提升股票价格。因此，汇率对股票价格的影响是正的。

五、通货膨胀率的影响

一般来说，通货膨胀不仅直接影响人们当前决策，还会诱发他们对通货膨胀的预期。在通货膨胀时期，一方面由于货币贬值所激发的通货膨胀预期促使居民用货币去交换商品以期保值，这些保值工具中也包括股票，从而扩大了对股票的需求；另一方面，通货膨胀发展到一定阶段后，政府往往会为抑制其发展而采用紧缩的财政和货币政策，促进利率上升。此时，企业为了筹措资金，发行股票是较好的选择，从而使得股票市场的供给相应增加。此时如果股票市场需求的增长大于供给的增长，则股票市场价格就与通货膨胀之间呈现正的相关关系，否则如果股票市场需求的增长小于供给的增长，则股票市场价格就与通货膨胀之间呈现负的相关关系。因此，通货膨胀率对股票价格的影响不能确定。

经济危机带来投资的良机

对于优秀的投资者来说，危机就是机会。每一次危机皆有一批巨无霸型的企业或倒闭或衰败，雷曼兄弟和通用汽车就是现实的案例，但这些百年老店的陨落，恰恰给创业者的崛起带来了机遇。对于这一点，联想控股总裁柳传志在参加第八届中国创业投资年度论坛时表示，中国现在也处于经济危机之中，但长远看来，实际上却给投资人带来了良好的投资机会。柳传志解释道，经济危机下，中国从经济和消费方面，会把拉动内需做为拉动国内GDP的基础，和出口联系紧密的大批企业要倒下去，但也会有很大的一批企业起来，"这对创业的人和投资的人，都有很多更好的机会。"

唐骏也表示相同的观点："这可能是我们这代人所能经历的唯一的一次金融风暴，它可能会带来经济危机，但在危机发生之前它对我们来说是一个机会，是最好的投资时机。我最近也经常在做企业的兼并、收购，因为我看到了机会，未来市场有太多的投资机会。"

其实，许多世界富豪都是抓住了危机所带来的机会，从而成就了自己的事业。人们耳熟能详的财富标杆人物巴菲特、李嘉诚的财富新起点都是在20世纪70年代的危机时代起步的，如同巴菲特所言：买在"市场先生"害怕时，而不是"市场先生"大胆冒进时。2007年无疑是"市场先生"大胆冒进时，人们可以看到巴菲特、李嘉诚选择了撤退；而现在经济危机肆虐，已是"市场先生"害怕时，那么创业者的机遇也正在慢慢临近了。

巴菲特在1973年危机时刻投资华盛顿邮报的典故为人熟知，但是人们并不熟知的是李嘉诚也是在同时期借助危机之机获得了事业的转折，20世纪70年代初正处于冷战高峰期，当时的危机更令人喘不过气来，其时香港地区的英资企业出现了迁册撤资的高潮，不少华商也紧随英资撤退步伐，大户撤离给当时李嘉诚这样的小户带来了逆风向上的机遇，李嘉诚反其道而行之，毅然"小虾米吞下大鲸鱼"，从汇丰银行手中买下了和记黄埔的股权，并且进一步增持股票最终获得了经营权，现在李嘉诚已经被人誉为财富"超人"。但是在20世纪70年代的危机之前，无论是巴菲特还是李嘉诚都仅是千万级的富人而已，远远不为人所知，不仅仅是李嘉诚在20世纪70年代初的收购行动被人视作是小虾米，巴菲特在1973年购买华盛顿邮报股票也被人反复追问巴菲特是谁？可见每一次危机都是诞生创业英雄的良机。

人们可能要问：巴菲特、李嘉诚是创业者，但是普通人可能终生依赖工薪为生，这危机只可能带来困难哪有良机可言？巴菲特2008年10月16日投稿《纽约时报》：提醒投资者长期持有现金的风险，而且宣示加码股票投资。虽然至今全球股市仍处于筑底过程之中，巴菲特现在增持股票就与去年减持股票一样广受非议，但最终"姜还会是老的辣"，房利美和房地美近20年的时间一直都是巴菲特下属哈撒韦公司重点持有的股票，但是在美国次级债危机爆发前的1年巴菲特以看不清基本面为由清仓了，而2007年借国际油价攀高每桶90美元之际巴菲特又清仓了中石油H股，人们必须关注到在2007年之前全球资金流动性泛滥、"市场先生"大胆冒进的两年，巴菲特始终在抛售股票囤积现金，至2008年上半年巴菲特累计囤积超过400亿美元现金。但是当金融风暴发生、"市场先生"害怕时，巴菲特已至少将2/3的现金变成了股票型资产。巴菲特的理由就是："政府为缓解危机而实行的政策势必引发通胀，现金是注定会贬值的，这时投资才是最好的策略。"

对于普通投资者来说，最主要的投资品种就是股票和房产。长线来看，人类的货币史，就是一部通货膨胀史，通货紧缩时间很短，通货膨胀占了绝大部分时间。2008年中国资产价格的调整给普通投资者投资A股指数和购置自住房产带来了极佳良机，使人们真正体会到"现在如果战略上漠视投资机遇，那么未来将会极度扼腕叹息"的含义。当时，首先，中国央行也已开启松动银根的降息周期，与巴菲特描述的美联储降息前景类似，投资者应该懂得在"市场先生"害怕时适时选购资产；其次，虽然A股看似经历了暴跌，但是"救市"行动已是进行时，每次股指暴跌之际都会闪现汇金公司的护盘身影，而中央国资委主任李荣融更表示："从目前情况看，增持是必需的。"不仅隐含政府托市的信息，更透出2009年"大非"重头戏已被锁仓。实体经济撤除中央政府4万亿元刚性投资撬动之外，前有国家发改委透出"稳定股市、楼市、车市"的政策信息，后有全国人大在审议《国务院应对国际金融危机确保国民经济平稳较快发展情况的报告》时有常委指出："要克服当前我国经济面临的困难，保持经济平稳较快发展，必须着眼于保就业重民生，着力于扩大内需，而扩大内需关键是刺激消费，重点是救股市、房市，提振市场信心。"这些都可以成为危机时刻大胆出手投资的理由。果然，上证综指从2008年10月28日的1664点开始反弹上升，到2009年4月22日的时候，冲上了2 579点，涨了54%。那些在股指跌到1664点的最危机时刻积极行动的投资者，最终绝大多数获得了巨大的回报。

由此可见，所谓危机，可以理解为险境降临，也可以理解为危境中的机会。

诞生于日本明治时期的三菱公司，是世界上最伟大的企业之一，在160多年的发展历史中，经历了七次大的经济危机，但至今屹立不倒。每一次危机到来，无数企业鬼哭狼嚎，三菱人却在欢呼，因为："我们的敌人死了！"

利率调整中的投资理财机会

利率又称利息率，是指借贷期满所形成的利息额与所贷出的本金额的比率。利率的高低，决定着一定数量的借贷资本在一定时期内获得利息的多少。利率是经济学中一个重要的经济变量，也是最重要的货币政策工具之一，几乎所有的经济现象均与利率有着或多或少的联系。那么，利率的调整会对投资造成怎样的影响呢？

从宏观角度来看，利率对投资者行为的影响表现在对投资规模、投资结构等方面上。

其一，利率对投资规模产生影响。

这主要是指利率作为投资的机会成本对社会总投资的影响。在投资收益不变的条件下，因利率上升而导致的投资成本增加，必然使那些投资收益较低的投资者退出投资领域，从而使投资需求减少。相反，利率下跌则意味着投资成本下降，从而刺激投资，使社会总投资增加。正是由于利率具有这一作用，经济理论界与货币管理当局都把利率视为衡量经济运行状况的一个重要指标和调节经济运行的重要手段。

其二，利率对投资结构产生影响。

投资结构主要是指用于国民经济各部门、各行业以及社会生产各个方面的投资比例关系。利率作为调节投资活动的杠杆，不但决定投资规模，而且影响投资结构。

通常而言，利率水平对投资结构的作用必须依赖于预期收益率与利率的对比上。资金容易流向预期收益率高的投资活动，而预期收益率低于利率的投资，往往由于缺乏资金而无法进行。从短期来看，利率的变动，会引起投资结构的调整。利率越高，投资会越集中于期限短、收益高的项目。

由上面两点可以看出，利率的变化对投资会造成很大的影响。那么，对于个人投资者来说，如何根据利率的变化来调整自己的投资理财策略呢？

一、加息时的投资理财策略

通常情况下,加息是央行在回收流动性,会对股票市场产生不利的影响。这时投资者在投资股票的时候就要保持一定的警惕,因为市场顶部随时会出现。特别是连续加息后,就要更加注意。

其实,在加息周期下,投资者应该多关注收益可随利率浮动的产品。在这类产品中,首屈一指的就是货币市场基金,这类基金的配置重点可以是央票、同业存款利率等资产,投资这些基金能及时把握利率变化及通胀趋势,获取稳定收益,因此具备防范通胀的作用。

第二类选择是本身并非随利率浮动的产品,但收益能够覆盖可能到来的通胀率。如信托产品,这类产品购入门槛较高,一般在100万元以上,虽然在市场利率上升时不能跟随浮动,但该类产品操作灵活,一般为1~2年期限,部分产品还可以通过转让形式变现。从历史数据来看,信托产品作为中长期投资的价值尤为明显,平均五年的复合收益率可以达到40%,基本覆盖了未来利率调升的空间。

除关注投资产品的种类外,还应对产品的标的市场有所选择。一般来说,一国加息意味着挂钩该国币种的理财产品收益水平将有所提高,因此投资者应考虑潜在的加息可能,灵活操作。在全球各国加息节奏和步调不一致的情况下,投资者应选择率先进入加息周期的货币。

二、降息时的投资理财策略

在降息通道下,很多投资理财产品的收益都会受到影响,比如,新的储蓄存款、新发的国债等。但是,投资者只要能把握好以下几点,就能确保自己的资产不会在降息周期下出现太多的"缩水"。

(1) 要尽早储蓄。通常情况下中央银行降息的规定是:"老存(贷)款老办法,新存(贷)款新办法。"其意思是自宣布正式降息当日起,不论是贷款,还是存款,都要按新的基准利率标准执行;而降息日之前的存贷款,则按原来的利率执行。如果投资者能在降息之前存款,则会保证较高的收益。

(2) 要尽早买银行理财产品。降息后,新发售的人民币理财产品、国债的收益率也会随之下调。因为这些产品在设计时都要参考当时的利率水平确定收益。利率一降,它们的收益也会相应下降。因此,对于偏好低风险产品的投资者,应尽早安排资金购买。

(3) 要购买债券基金。降息对债券市场是一种利好。因为债券的利率是固定的,持有债券的人利息收入当然也是固定的。但是,随着降息,以后发行的债券利率就低于之前发行的债券,所以,以前的债券在市场上的售价就高于后来发行的债券。换句话说,减息导致债券价格上升。所以,在降息时候投资者就要购买债券基金。

利率作为重要的经济杠杆,对宏观经济运行与微观经济活动都有着极其重要的调节作用,从而也会对投资市场产生很大的影响。因此,投资者要根据利率的变化来调整自己的投资理财策略。

汇率变化中的投资理财机会

汇率就是以一国货币表示另一国货币的价格,或者说是两种货币折算时的比例。而汇率变化是指货币对外价值的上下波动,包括货币贬值和货币升值。汇率变化对投资的影响主要通过以下几个方面来体现。

第一个方面:汇率通过物价影响投资。

汇率变化会对物价产生影响。从进口消费品和原材料来看,汇率贬值要引起进口商品国内价格的上涨,使国内生产的消费品和原材料需求上升,这会刺激国内投资;反之,汇率升值,则会起到抑制进口商品物价的作用,使国内投资相对减少。从出口商品看,汇率贬值有利于扩出口,使出口商品在国内市场的供给小于需求,从而抬高国内市场价格,也同样会刺激投资的增加;而汇率升值会使部分商品由出口转为内销,增加了国内市场供给,使商品价格降低,抑制了投资扩大。

第二个方面:汇率通过进出口影响投资。

一般情况下,汇率贬值,能起到促进出口,抑制进口的作用。其影响过程大体是:在一国货币对内购买力不变,而对外汇率贬值时,该国出口商品所得的外汇收入,按新汇率折算要比按原汇率折算获得更多的本国货币,出口商可以从汇率贬值中得到额外利润,出口需求增大,进而刺激投资的增加。对于进口来说,由于进口商品按新汇率所需支付的本国货币,要比按原汇率计算多,从而引起进口商品价格上涨,起到了抑制进口的作用。这样,国内需求必须通过国内投资来满足,这也从另一方面刺激了国内投资的增加。相反,一国汇率升值,则会增加进口,抑制出口,引起国内投资的减少。

不过,汇率变动对投资的影响程度还需考虑到进出口需求弹性,即商品价格变动对商品需求影响的程度。如果进出口需求对汇率和商品价格变动反应灵敏,即需求弹性大,那么,一国汇率贬值和相应降低出口商品价格,可以有效刺激出口数量;而由于进口商品国内价格上涨,可以有效抑制对进口商品的需求,减少进口数量,这样,才会有利于国内投资的增加。如果进出口商品价格弹性较小,则汇率降低对进出口数量以及对投资的影响就较小。

第三个方面:汇率通过资本流动影响投资。

由于国际经济一体化的不断加深,一国的投资活动往往不能从国内储蓄得到满足，而必须依赖于国际资本的投入。汇率变动对长期资本的流动影响较小，因为长期资本流动主要以利润和风险为转移。但短期资本流动常常要受到汇率波动的影响。在汇率贬值条件下，本国投资者和外国投资者就不愿持有以贬值国货币计价的各种金融资产，因而会发生资本外逃的现象。

同时，投资于汇率较高的国家的金融市场可能谋取更多的收益，因此，汇率贬值，会减少金融市场的投资；汇率升值，会增加对金融资产的投资。例如，2006年到2007年中国的大牛市，其中一个重要的推动因素就是人民币升值，吸引大量的热钱流入中国的投资市场。

汇率能否充分发挥这些作用及其作用的大小，因各国的经济体制、市场条件和市场运行机制的不同而异。当然，对外开放程度也起重要作用。通常而言，一国的市场调节机制发育得越充分，与国际市场的联系越密切，汇率的作用就越能有效地发挥。

以上我们从宏观方面分析了汇率变化对投资的重要影响，下面我们具体从人民币升值的角度来论述投资者如何把握投资理财的机会。

从大的趋势来说，人民币升值将会持续一个很长的时间。由此决定了受益于人民币升值的板块将是持续的投资主题。这主要从两个方面来把握。

一、人民币升值带来价值重估机会

人民币升值将对国内的资产形成价值重估，从各国在本币升值过程中的应对来看，受益最为突出的也正是国内的非贸易品部门。

那些拥有人民币资产的行业，如房地产业、园区开发、拥有地产资源的商业企业；金融业，主要包括银行、保险、证券等；资源类的煤炭、有色金属等，都将受益于人民币升值带来的资产重估。

在股市上，由于人民币升值带来的对国内资产的全面重估，自然也包含股票资产在内，因为人民币升值将推高这些以人民币计价的股票资产。另外，资产资源价格的上涨，其中最显而易见的就是土地、房屋价格的不断上涨，使得行业的业绩同时也呈现高速增长态势，进一步强化了这些板块的投资价值。这一点从中国房价的持续上涨走势中就可以看出来。对于投资者而言，这些板块具备升值的驱动、良好的业绩增长前景，应当成为升值主题下重点配置的对象。

二、人民币升值推动产业升级

从另一个角度看，人民币升值可能会对贸易部门产生一定的负面影响，降低其竞争力。而贸易部门中影响比较大的行业主要是技术含量低、价格转嫁能力不强的行业，如纺织服装、轻工制造等行业。

人民币升值在给贸易部门带来压力的同时，可能也是促使产业进行升级，提高竞争力的外在动力。同时，人民币升值也会有利于改变国民经济增长过度依赖外需的局面，形成更为合理的产业结构。对于各个产业而言，通过技术创新，提升产品的国际竞争力是面对升值压力下的最佳出路，这将有助于实现产业的升级。

从这个角度长远地看，人民币升值可能会培育出一批具备国际竞争力的优质企业。目前来看，机械行业中工程机械、机床等细分行业已经或者正在形成这样的企业。

以长期投资的角度来看，投资于这些企业，分享其在国际竞争中所获得的成就，将给投资者带来丰厚的收益，投资者可以重点关注如机械、钢铁、汽车、家电等行业中的龙头企业。

失业率和投资的关系大吗

失业率是指一定时期内失业人口占全部劳动人口的比率。通过该指标可以判断一定时期内全部劳动人口的就业情况。一直以来，失业率被视为一个反映整体经济状况的重要指标，而该数据又是每个月最先发表的经济数据，所以投资者都喜欢利用失业率指标，来对工业生产、个人收入甚至新房屋兴建等其他相关的指标进行预测。在投资的基本分析中，失业率指标被称为所有经济指标的"皇冠上的明珠"，是市场上最为敏感的月度经济指标。一般说来，失业率下降，代表国民经济整体健康发展；而失业率上升，则代表着国民经济发展开始出现衰退。

对于大多数国家来说，失业率在4%左右为正常水平，但如果超过9%，则说明经济处于衰退态势。

失业通常分为三种类型。

一、摩擦失业

摩擦失业指的是在生产过程中难以避免的由于转换职业等原因而造成的短期、局部失业，这种失业是短期或者是过渡性的，一般由劳动力的供给方造成。举个例子，你的一个学金融的同学现在在一家银行上班，但是他对目前的工资福利待遇不太满意，觉得去证券公司待遇也许会更好。于是，他辞掉银行的工作去证券公司找工作，但是也许一开始工作并不是马上能找到，于是这段时间的失业就是摩擦性失业。

二、结构性失业

结构性失业是指劳动力的供给和需求不匹配所造成的失业，其特点是既有失业又有职位的空缺，失业者或者没有合适的技能，或者居住地点不当，因此无法填补现有职位空缺。例如现在中国一些大学生就业难问题便属于结构性失业。细观应届大学毕业生，其中有一部分并不是真的就业难，而是他们在择业时期望值过高，想留在大城市，进大公司，并且薪水要优厚，否则宁愿失业。实际上，中国高学历人才在总量上是需求大于供给的，在许多偏远的、经济落后的贫困地区和一些小城镇，高学历人才非常紧缺。目前中国存在的高学历人才失业大多属于结构性失业。

3.周期性失业

周期性失业是指经济周期中的衰退或萧条出现时，因为需求下降而造成的失业，这种失业是由整个经济的支出和产出下降造成的。在2008年爆发的全球性经济危机中，中国的许多中小企业纷纷破产倒闭、造成大量工人失业，这样的失业就是周期性失业。

了解了失业的三种类型，我们就要分析失业率的重要性，以及对于个人投资理财的重要影响。

失业率是所有宏观经济数据中最重要的指标。这一点从2008年经济危机爆发以来各个国家采取的措施就可以看出来。自从美国次贷危机演化为全球金融危机以来，世界各主要国家纷纷出台了规模庞大的经济刺激计划。虽然经济刺激计划的内容和方式方法有所区别，但有共同的一点，就是将拯救就业作为中心任务。比如在美国奥巴马经济刺激计划中，就将确保创造400万个就业岗位看成经济刺激计划的"底线"，这也是其推动大规模经济刺激的核心目标；欧盟采取了"大手笔"的经济刺激计划以防止实体经济的衰退对就业产生的不利影响；日本经济刺激计划的主要目标则是3年内为140万至200万人创造就业机会。

失业率指标对宏观经济和证券市场的影响也是显而易见的，几乎每一次失业率指标的公布，都会引发证券市场的波动。例如，美国劳工部公布了美国2009年6月份的失业率从5月份的9.4%攀升至9.5%，创下26年以来的最高水平。这份就业报告令市场担心此前对经济复苏前景的预期可能过于乐观，对经济状况尤为敏感的工业和原材料类股因此遭遇沉重打击。同时，国际原油期货合约跌破每桶67美元，能源类股领跌大盘。到纽约股市2009年7月2日收盘时，道琼斯30种工业股票平均价格指数比前一个交易日跌223.32点，收于8280.74点，跌幅为2.63%。标准普尔500种股票指数跌26.91点，收于896.42点，跌幅为2.91%。纳斯达克综合指数跌49.20点，收于1796.52点，跌幅为2.67%。失业率指标作为宏观经济"晴雨表"的地位和作用可见一斑。

因此，对于投资者来说，一定要密切关注失业率这个指标，并根据失业率的变动而调整自己的投资策略。

失业率低，也就是就业率高，居民生活稳定，消费、投资欲望强，有利于股市的上涨。过高的失业率不仅影响个人投资意愿，还会影响社会整体情绪，引发一系列社会问题，股市也会因此震荡走低。

货币供应量对投资的影响

货币供应量（也称货币存量）是指一个经济体中，在某一个时点流通中的货币总量。它主要包括机关团体、企事业单位和城乡居民所拥有的现金和金融机构的存款等各种金融资产。货币供应量的定义有狭义和广义之分。

M0是指流通中的现金，即在银行体系以外流通着的现金。这类货币与消费变动密切相关，最为活跃。

M1即狭义货币，实际上就是指流通中的货币量加上商业银行的活期存款。这类货币具有很强的流动性，随时可以用来进行支付。

M2即广义货币，是指在M1的基础上再加上商业银行的定期存款和储蓄存款，一般说来，由于定期存款和储蓄存款都不能随时支付，所以流动性稍微差一些。

它们三者之间的关系可以用公式表示：

M0=流通中的现金

M1 =M0+非金融性公司的活期存款

M2 = M1+非金融性公司的定期存款+储蓄存款+其他存款。

货币供应量是中央银行重要的货币政策操作目标，它的变化也反映了中央银行货币政策的变化，对企业生产经营、金融市场，尤其是证券市场的运行和居民个人的投资行为产生重大的影响。在日常生活中，M0数值高证明老百姓手头宽裕、富足。M1反映居民和企业资金松紧变化，是经济周期波动的先行指标，流动性仅次于M0。M2流动性偏弱，但反映的是社会总需求的变化和未来通货膨胀的压力状况。通常所说的货币供应量，主要指M2。货币投放的渠道有两类：一是外汇占款投放，二是通过银行信贷投放。这两类的投放增长越快M2的增速越大。

我们一般可以通过M1和M2的增长率变化来揭示宏观经济运行状况。具体来说，货币供应量对股票等投资市场的影响我们可以通过以下两个方面来论述。

一、M1同比增幅与股市涨跌关系

M1同比增幅与股市涨跌有比较明显的周期性规律。我们首先从M1的低点周期性进行考察：M1从1995年年末至2009年5月，有5次单月同比增幅跌到了10%左右，分别是：1996年1月的11.4%、1998年6月的8.7%、2002年1月的9.5%、2005年3月的9.9%和2009年1月的6.68%。巧合的是，五次中无一例外股市出现了大涨行情。5个时点的间隔也较为有趣，跨度分别是29个月、43个月、38个月和46个月。从M1的低点和股市低点之间这样的规律性判断，那么2008年10月的1664点就是熊市的最低点。

高点周期考察：M1自1995年年末至2009年5月，有4次同比增幅超过20%，同时股市都出现了向下的拐点，这4次分别是1997年1月的22.2%、2000年6月的23.7%、2003年6月的20.24%和2007年8月的22.8%。四个时间点的间隔分别是41个月、45个月和41个月，也非常有规律。

从近15年M1同比增长率走势可以看出，M1增速呈现3至4年的周期波动，并且周期的波峰与波谷都较为稳定。

二、M1与M2同比增幅之差与股市涨跌关系

1998年1月以来M1与M2同比增幅之差，可以看成是"流动性泛滥指标"，与股市基本同向变动。

由于M2包括的是M1以及M1以外的定期存款和储蓄存款，因此M1增速若快于M2增速，表明定期存款活期化，大量资金转向交易活跃的M1，从而对股市的资金供给形成较为积极的影响。

（1）M1增幅>M2增幅，即M1-M2为正值时：股市多向好。

当M1增长速度较M2增速为高时，反映出个人或企业倾向把资金投放于股市、楼市，而企业也加大投资金额。这时因入市资金多了，自然有利股市向上。

（2）M1大幅回落：股市多下跌。

然而，当M1增速大幅落后于M2时，投资者需小心：这或是见顶的先兆。配合市况而言，当M1不断地大幅回落，大市则有机会进入熊市。

如2007年8月份后M1增幅反复下挫，沪指于10月16日创下6124点的高位后急速下跌。

（3）M2增幅>M1增幅，即M1-M2为负值时：熊市多见底。

当M2不断上升，且其增幅大幅抛离M1之时，熊市有机会见底，此时若配合M1增速重拾升轨，熊市便正式见底回升。

（4）M1回升：股市多回升。

2006年初，M2的增幅逾19%，而M1的增幅只是逾10%，其后，M1的增速急速上升，反映出资金进入股市，A股也由2006年的千余点水平急涨至2007年年末的6000点。

从21世纪前10年的历史看，每当M1比M2低时，尤其是二者差距超过5个点时，股市就会见底，一轮新的牛市将会拉开序幕；而当M1比M2高5个百分点时，牛市行情会结束，熊市会到来。

消费者物价指数对投资的影响

消费者物价指数（CPI）是对一个固定的消费品价格进行衡量，主要反映消费者支付商品和劳务的价格变化情况，也是一种度量通货膨胀水平的工具，以百分比变化为表达形式。通俗地说，现在我们吃的、喝的、用的一些物品，很多价格都在涨，但是到底涨了多少呢？这就需要一个统一的标尺来衡量，这个标尺就是CPI。

CPI作为一个固定的价格指数，不反映商品质量的改进或者下降，对于新产品也不加考虑，它所考量的只是和居民生活相关的一些商品及劳务价格。

当CPI升幅过大的时候，表明居民生活成本较之以前变高，如果你的收入没有增加那么相对于社会环境来说收入实际是降低了。举一个简单的例子：假如说上一年你得到100元没有花掉，而这一年CPI上升了6%，那么你现在用这100元其实只能买到相当于上一年94元就能买到的商品及劳务服务。

因此CPI的大幅上涨，即最通俗的说法"涨价"，是不受欢迎的。如果CPI升幅过大，则通货膨胀就会成为国民经济中的不稳定因素，央行即会有紧缩货币政策和财政政策的风险，继而导致经济前景不明朗。但是，如果CPI连续下降，则会导致通货紧缩。经济学者普遍认为，当CPI连跌两季，即表示已出现通货紧缩，也就是物价、工资、利率、粮食、能源等价格不能停顿地持续下跌，而且全部处于供过于求的状况。

下面，我们就通过CPI的变化，即通货膨胀和通货紧缩来分析其对个人投资理财的影响。

第一个方面：通货膨胀与投资。

通货膨胀对人们财富的侵蚀非常严重，因此人们就必须采取相应的投资策略，以降低通货膨胀的伤害。

一、通货膨胀时期要尽量避免投资的品种

（1）现金投资。这里所说的现金投资指的是账户储蓄、各种期限的存款。但在通货膨胀时期，货币贬值，现金的实际购买力就将随之下降。人们指望用这些投资的利率来弥补通货膨胀造成的损失是不现实的。

（2）债券。债券是政府或公司向公众借用的贷款，到期后必须要偿还，年收益率高于存款，比股票安全，但回报远远不及通货膨胀造成的损失。通常情况下，在通货膨胀的情况下，央行会上调利率，债券的价格就会下跌。因此，投资者应减少债券投资，或者缩短债券投资期限。

（3）股票。人们常说"通胀无牛市"，所以在通货膨胀的情况下就要尽量减少股票投资。在通货膨胀率高涨的情况下,只有少数股票才会表现出众,股市的整体回报率会表现欠佳,原材料成本的上升和通货膨胀会让公司的实际收益率降低,特别要避免的是受能源制约的相关行业。

二、通货膨胀时期最佳的投资品种

(1) 黄金、黄金期货和黄金股。当经济稳定增长的时候,各类理财产品收益会很好,黄金投资往往默默无闻,一旦遇到艰难时期,黄金就会挺身而出。它是能够与上涨的物价保持同步的最好投资。1970年黄金的价格为每盎司40美元(1盎司等于31克),1977~1981年间的通货膨胀,使金价由100多美元涨到最高的700美元左右,之后渐渐回落到2001年的250美元左右,然后又稳健回升到973美元/盎司。而到2008年3月份的时候,金价突破了1 000美元。以前投资金条很不方便,如今有了黄金期货和一些针对黄金的理财产品,门槛也大大降低,另外投资黄金现货和期货要比投资黄金开采公司的股票更有优势,这些公司受到能源价格上涨、开采运输和环保等方面的制约较大。

(2) 石油、石油股和石油服务公司。这里说的石油股是指受益于石油价格上涨的勘测、开采的上游企业,比如中海油,同样,石油服务类公司的收益也会随着石油生产公司的收益同步上升,这类公司需要投资者深度挖掘。

(3) 替代能源。石油、煤炭等能源的大量消耗,以及其本身不能再生的特性,使得再生能源的开发显得非常迫切。因此,开发替代能源的公司一般都会受到政策和财政上的支持,比如风能、水能、液化天然气等。这类公司的未来成长空间非常大,是投资的理想对象。但这类公司大多是我们不熟悉的,需要通过各方面的调研才行。

第二个方面:通货紧缩与投资。

通常而言,通货紧缩对投资的影响主要通过投资成本和投资收益的变化而发生作用。

一、通货紧缩对投资成本的影响

在通货紧缩条件下,从全社会投资来看,投资倾向会随着通货紧缩加剧而有所减弱。其中,投资实际成本的上升起着更重要作用。名义利率的下降又使新发行的企业债券成本上升,通货紧缩对投资影响可以从投资倾向的变化进行分析。通货紧缩时的实际利率有所提高,社会投资实际成本随之增加,这种实际成本的增加还使投资项目处于劣势,因为相关投资项目未来重置成本趋于下降,这就使当期投资决策不合算。这一点对许多新开工项目所产生的制约较大,迫使其投资倾向下降,从投资方面来看,通货紧缩可以通过降低社会投资倾向从而对经济稳定发展产生较大的影响。

二、通货紧缩对投资收益的影响

通货紧缩可使投资预期收益下降。投资的预期收益主要由商品的未来市场性和价格趋势所决定,通货紧缩使远期市场供过于求的态势有所加剧,导致预期价格下降。在通货紧缩条件下,产品市场供过于求的矛盾比较突出,据此,理性的投资者的预期价格会进一步下降,公司的预期利润有所下降。因而投资者不仅会推迟新的投资项目实施,而且会努力缩减产量以减少投资项目亏损。这样公司税收有所降低,股市价格趋于下降。如此形成恶性循环,促使投资市场更加低迷。

投资的风向标GDP

GDP是国内生产总值(Gross Domestic Product)的简称,是指在一定时期内(一个季度或一年),一个国家或地区的经济中所生产出的全部最终产品和劳务的价值,不但可以反映一个国家的经济表现,更可以反映一国的国力与财富,常被公认为衡量国家经济状况的最佳指标。

GDP的提出是为了衡量一个国家或地区的经济产出,或者说是生产能力。对于一个国家或地区而言,应该存在一个投入和产出的问题。到底一个国家或地区的生产能力有多强,或者说得更简单点就是创造了多少社会财富,这个时候就需要一个统一的度量单位,以便国家与国家,地区与地区之间进行比较。而GDP就是这个统一的度量单位。也就是说,GDP是用来衡量国家或地区社会财富的尺子。

社会财富到底包括哪些呢?一般来说,工厂生产的产品,银行提供的服务,学校创造的价值……凡是人们通过自己的劳动所创造的产品,不管是有形的还是无形的都是社会财富。把这些社会财富都加起来就是国内生产总值,即GDP,简单点表示就是,社会总财富=书籍+碟片+丝瓜……+鞋子+衣服+床垫+美酒+香烟……为了使这些毫不相干的产品相加,经济学中便出现了"价值"这个概念,即冬瓜多少钱,丝瓜多少钱,衣服多少钱……这样用统一的货币表示各种产品的价值,就可以算出社会总财富。我们经常看到或听到的GDP增长百分之多少,就是指社会总财富在前1年的基础上增长的幅度。

这里所指的社会总财富是没有民族和国籍之分的,也就是说一国的领土范围之内,无论肤色,不管国内企业还是外国企业,只要是在这个时间所创造的价值都归入GDP内。例如,戴尔电脑公司在中国的分公司所获得利润就要计入中国的GDP,而不能计入美国的GDP;联想在美国的公司所获得利润就会计入美国的GDP,而不会计入中国的GDP。

当然,关于GDP这个概念,我们还有几个修饰词要把握好。一是时间概念,就是"一定时期（一个季度或一年）内生产的"，这说明GDP是个时间段的概念，不是某个时间点的概念；二是生产的概念，是指所有生产的产品价值，不包括销售的收入，否则就会重复计算。比方说生产了10台电视，就会有10台电视的社会财富的价值表示，并不会因为你没有销售出去，而只记部分的价值表示；三是"最终产品和劳务"，这是指最终为人们所消费和使用的物品，不包括中间产品，这样也是为了避免重复计算；四是"价值"，这是指这些最终产品和劳务都是要通过市场价格来统一计算的，不是某个厂家自己臆断的价值。

GDP概念产生于第二次世界大战之后，逐渐被世界各国所采用。中国1985年建立GDP核算制度，1992年之后逐步建立起一套新的国民经济核算体系，GDP成为核心指标。目前，这一指标已成为各级政府制订经济发展计划和战略目标的重要依据，并成为家喻户晓、世人关注的经济"晴雨表"。

而对于个人的投资理财而言，GDP的变化非常重要。因为宏观经济持续快速增长，也就是说GDP的快速增长是股市上行的主要动力。经济增长一旦放缓，企业盈利能力减弱，股市自然也牛不起来。例如2006年至2007年，我国的GDP增速持续保持在100%以上，股市自然是大牛市；而2008年至2009年，我国的GDP增速大幅放缓，2008年一季度增长10.6%，二季度增长10.1%，三季度增长9.0%，到最后一个季度只有6.8%，而到了2009年的第一季度更是只有6.1%，所以这段时期，股市低迷，是个大熊市。

因此，在个人投资理财的过程中，要对国家GDP的变化保持足够的重视和敏感。如果投资者能顺应国家经济发展的大趋势，顺势而为，则会增加赢利的机会，减少亏损的概率。

阅读链接：GDP与GNP有什么不同

改革开放以来，中国经济获得了前所未有的发展，其中一个最重要的衡量指标，就是GDP的持续增长。在上文中，我们对GDP已经有了一定的了解，现在来谈谈何谓GNP。

GNP就是国民生产总值（Gross National Product）的简称，是指在一定时间里，不管一个国家的生产要素流入哪个国家，只要它们仍然为该国的个人或法人所有，那么用这些要素生产出来的最终产品或劳务价值就称为该国的国民生产总值。例如，诺基亚在中国的分公司所获得利润就要计入芬兰的GNP，而不能计入中国的GNP；联想在美国的公司所获得利润就会计入中国的GNP，而不会计入美国的

GNP。这里强调的是一国的国民，就是有着本国国籍的人，无论他身在何地，所创造的价值都计入本国的GNP。这和GDP强调的地域性有很大区别。

GDP和GNP，无论是外国名还是中国名，都只差一字，所以很容易让人混淆。为了让大家更容易区分它们，我们在这里举个例子。

假如有一家子，妻子在家里种蔬菜，一年的产值是6 000元，丈夫在外地做小生意，一年的产值是13 000元。他们还有一间房屋出租给一个公司搞软件开发，该软件一年的产值是10万元。房屋的租金是10 000元。那么，这个家庭的GNP就是丈夫和妻子的生产总值，再加上房租，就应该是29 000元；这个家庭的GDP就是这个妻子和那个公司的生产总值（房租包括在公司生产总值之内），就是106 000元。

GDP和GNP的关系是：

GDP=GNP+（外资生产总值－本国国民在外国的生产总值）

在上例中，那个家庭的GDP=29 000+（100 000－13 000）=106 000（元）。

从上面公式中，我们可以看到，假如一个国家，外资在这个国家内的生产总值和其在国外的生产总值相等，即括号内的值为0，那么这个国家的GDP就等于GNP。如果这两个值相差不大，那么这个国家的GDP也就约等于GNP。如果一个国家，外资在这个国家内的生产总值远远大于其在国外的生产总值，那么这个国家的GDP就远远大于GNP。如果一个国家，外资在这个国家内的生产总值远远小于其在国外的生产总值，那么这个国家的GDP就远远小于GNP。

GDP和GNP，究竟哪个能比较真实地反映一国国民的生活水平呢？当然是GNP。GNP是本国国民生产的总产值，当然比GDP反映地要真实一些。外资在该国的产值再大，也不是该国的。还拿上例来说，真正能反映那个家庭生活水平的数据，是29 000元，而不是106 000元，那个软件开发公司的产值再高，也和这个家庭无关。GNP才是真正属于自己的价值。

投资的黄金分割律

黄金分割是一种古老的数学方法。黄金分割的创始人是古希腊的毕达哥拉斯，他在当时十分有限的科学条件下大胆断言：一条线段的某一部分与另一部分之比，如果正好等于另一部分同整个线段的比即0.618，那么，这样比例会给人一种美感。后来，这一神奇的比例关系被古希腊著名哲学家、美学家柏拉图誉为"黄金分割律"。

黄金分割线的神奇和魔力，数学界还没有明确定论，但它屡屡在实际中发挥我们意想不到的作用。如摄影中的黄金分割线，股票中的黄金分割线……同样，黄金分割线在个人或家庭的投资理财规划中也有着神奇的效果，妙用黄金分割线也可使资产安全地保值增值。

孙民是广州一家饮食集团下属分公司的财务部长，妻子也在一家财务公司任职，孩子正在读小学，家里还要供养2位老人。孙民每月的家庭总收入在11 000元左右，这个水平在广州市只能算是个小康之家，日常节余也不多。但是，多年来孙民家的资产一直在稳步增长，小日子过得有滋有味。

原来，专业出身的孙民非常关注自己家庭的财务规划，对家庭的每一笔投资都非常慎重。他在日常的工作中还创造性地总结出"黄金分割线"的家庭理财办法，即资产和负债无论怎样变动，投资与净资产的比率（投资资产/净资产）和偿付比率（净资产/总资产）总是约等于0.618。这正是他所谓的理财黄金分割点。多年来，孙民一直在这个理财黄金分割点的指引下不断调整投资与负债的比例，因而，家庭财务状况相当稳健。

2008年时，孙民的父母相继去世，孙民每月的负担减轻了2 500多元，还分得了7万多元遗产。1年后，随着孙民在银行的存款快速增加，黄金分割点有失衡的可能，于是孙民决定做点投资。

一般来说，个人的负债收入比率数值应在0.4以下，高于此数值则在进行借贷融资时会出现一定困难。要保持财务的流动性，负债收入比率维持在0.36最为合适。如果一个人的该项比例值大于1，则意味着他已经资不抵债了。从理论上讲，这个人已经破产了。

一、投资额度要设上限

当时孙民的家庭总资产包括银行存款、一套109平方米的三居室、货币市场基金和少量股票，总价值为105.5万元，其中房产尚有28万元贷款没有还清，净资产（总资产减去负债）为77.5万元，投资资产（储蓄之外的其他金融资产）有39万元，孙民的投资与净资产的比率为39÷77.5=0.503，远低于黄金分割比率0.618，意味着家庭有效资产可能得不到合理的投资，没有达到"钱生钱"的目的。因此加大投资力度是很有必要的。

要让资金最快增长，毫无疑问，第一要件是多投入资金。但是因为存在着亏损的可能性，所以孙民给投入的资金量设定了上限。加大投资额的同时也要考虑家庭的偿付能力，在偿付比率合理的基础上，进行合理的理财投资。这就是孙民家庭财务一直很稳健的原因。而大部分人进行理财投资时，往往忽略了自己的偿付能力。

二、借款可优化财务结构

在经济风险膨胀的今天，如果偿付能力过低，则容易陷入破产的危机。偿付比率衡量的是财务偿债能力的高低，是判断家庭破产可能性的参考指标。孙民的家庭总资产为105.5万元，其中净资产为77.5万元，而他的房产贷款还有近28万元未还。按照偿付比率的计算公式，孙民的偿付比率为77.5÷105.5≈0.735。

从孙民多年的财务经验看，变化范围在0~1之间的偿付比率，一般也是以黄金分割比率0.618为适宜状态。如果偿付比率太低，则表示生活主要依靠借债维持，这样的家庭财务状况，无论债务到期还是经济不景气，都可能陷入资不抵债的局面。而如果偿付比例很高，接近1，则表示自己的信用额度没有充分利用，需要通过借款来进一步优化其财务结构。

0.735是个比较理想的数字，即便在经济不景气的年代，这样的资产状况也有足够的债务偿付能力，但0.735远高于黄金分割比率，可见孙民资产还没有得到最大合理的运用，信用额度也没有充分利用。当然，0.735的偿付比率增加了孙民投资住宅房的信心。

孙民开始寻找符合自己财务的投资住宅房，一方面他要使有效资产得到合理的运用，另一方面又要保证家庭财务的偿付比率维持在黄金分割比上下。

由孙民的事例可以看出，黄金分割线可以作为投资理财的一个度量。

第九章

补充课：
不可忽视的投资风险

> 要知道你打扑克牌时，总有一个人会倒霉。如果你看看四周看不出谁要倒霉了，那就是你自己了。
>
> ——沃伦·巴菲特
>
> 理解会计报表的基本组成是一种自卫的方式：当经理们想要向你解释企业的实际情况时，可以通过会计报表的规定来进行。但不幸的是，当他们想要耍花招时（起码在部分行业）同样也能通过会计报表的规定来进行。如果你不能识别出其中的区别，你就不必在资产选择行业做下去了。
>
> ——沃伦·巴菲特

什么是风险

风险就是一种遭受损失的可能性。风险可以通过识别、分析来应对管理。风险可以从一般引起的原因，发生的可能性（概率），影响的方面，造成的损失（换算为金钱）等几方面进行分析。风险的期望值为可能性与损失的乘积。

风险就是危险发生的意外性和不确定性，包括损失发生与否及损失程度大小的不确定性。风险具有不同的表现形式，如地震、火灾、洪水等自然风险；雇员的恶意行为、不良企图等道德风险；疏忽大意、重大过失等人为风险；供求关系变化、价格上涨等市场风险，此外还有技术风险、政治风险等等。

"风险"这个词来源模糊，充满争议。据考证，这个词来自意大利语的risque，是在早期的航海贸易和保险业中出现的。在古语的用法中，风险被理解为客观的危险，体现为自然现象或者航海遇到礁石、风暴等事件；而这个词的现代意思已经进一步衍生、扩展为"遇到破坏或损失的机会或危险"的含义。经过2个多世纪的发展，风险这个概念与人类的决策和行动反其后果联系更加紧密，并被视为对待影响个人事件和群体事件的特定方式。

从近代保险业产生以来，特别是20世纪60年代以来，风险研究出现了大量的文献，涉及自然科学、社会科学中的诸多学科。塞尔顿·科里姆斯基与多米尼克·古尔丁认为，对风险的研究一度只局限在学术团体和保险业狭小的领域，但现在已经在公共政策需求的推动下发展起来，迅速成为一个多学科的研究领域。这些学科从各自的角度，对风险进行了定义。有代表性的是：统计学、精算学、保险学等学科把风险定义为一件事件造成破坏或伤害的可能性或概率。通用的公式是风险(R)=伤害的程度(H)×发生的可能性(P)。这个定义带有明显的经济学色彩，采用的是成本-收益的逻辑，但有意思的是，人们通常只从伤害的可能性角度来了解"风险"，因此忽视了风险所带有的潜在收益。

从风险角度看理财

目前市场上理财产品种类繁多，对于非专业投资者而言，往往只注意到预期收益率的高低，而忽视了产品中蕴藏的风险因素。但是收益率和风险是不可分开的，一般而言，收益越高，风险越大，两者呈正比例关系，只不过要发现产品中的风险点，需要投资者熟悉相关金融知识，而这往往是大众投资者所欠缺的。

很多金融机构在推介投资产品的时候，也往往将风险因素隐藏起来，总是把收益描绘得很美好。其实理财的一个重要作用就是在既定的收益水平下尽量降低风险，或者在相同风险程度下尽量提高收益率。因此认清理财产品的风险性，按照自身可接受的风险水平进行合理选择是做好理财的关键之一。

第一类：低风险程度的理财产品。

银行存款和国债由于有银行信用和国家信用作保证，具有最低的风险性，同时收益率也较低，投资者保持一定比例的银行存款主要目的是为了保持资金适度的流动性，满足生活日常需要和等待时机购买高收益的理财产品。

第二类：较低风险的理财产品。

主要指各种货币市场基金或偏债型基金，这些产品投资于同业拆借市场和债券市场，而这两类市场本身就具有低风险和低收益率的特征，再加上由基金经理进行的专业化、分散性投资，使其风险进一步降低。

第三类：中等风险的理财产品。

信托类理财产品是由信托公司面向投资者募集资金，提供专家理财、独立管理，并由投资者自担风险的理财产品。投资这类产品的投资者要注意分析募集资金的投向，还款来源是否可靠，担保措施是否充分，信托公司自身的信誉等因素。

外汇结构性存款，作为金融工程的创新产品，通常有几个金融产品的组合，如外汇存款附加期权的组合，这类产品通常是有一个收益率区间，投资者要承担收益率变动的风险。

偏股型基金，是由基金公司募集资金按照既定的投资策略投向股市，以期获得较高收益率的一类产品，由于股市本身的高风险性质，这类产品风险也相对较高，本金也有遭受损失的可能。

第四类：高风险的理财产品。

股票、期权、黄金、艺术品等投资项目，由于市场本身的高风险特征，投资者需要依靠专业的理论知识、丰富的投资经验和敏锐的判断分析能力才能在这类市场上取得成功。

投资者可从两方面分析自身可承受的风险水平。

（1）风险承受能力。投资者可依年龄、就业状况、收入水平及稳定性、家庭负担、置产状况、投资经验与知识估算出自身风险承受能力。

（2）风险承受态度即风险偏好。可以按照自身对本金损失可容忍的损失幅度及其他心理测验估算出来。

总之，投资者在进行理财前应先评估自身的可承受风险水平，并深入了解准备投资的产品，对于不熟悉的产品可向相关领域专业人士进行咨询，避免片面追求理财的高收益率。

风险的种类

就证券投资而言，风险就是投资者的收益和本金遭受损失的可能性。从风险的定义来看，证券投资风险主要有两种：一种是投资者的收益和本金的可能性损失；另一种是投资者的收益和本金的购买力的可能性损失。

在多种情况下，投资者的收益和本金都有可能遭受损失。对于股票持有者来说，发行公司因经营管理不善而出现亏损时，或者没有取得预期的投资效果时，持有该公司股票的投资者，其分派收益就会减少，有时甚至无利润可分，投资者根本得不到任何股息；投资者在购买了某一公司的股票以后，由于某种政治的或经济的因素影响，大多数投资者对该公司的未来前景持悲观态度，此时，因大批量的抛售，该公司的股票价格直线下跌，投资者也不得不在低价位上脱手，由于高价买进、低价卖出，投资者的本金因此遭受损失。对于债券投资者来说，债券发行者在出售债券时已确定了债券的利息，并承诺到期还本付息，但是，并不是所有的债券发行者都能按规定的程序履行债务。一旦债务发行者陷入财务困境，或者经营不善，而不能按规定支付利息和偿还本金，甚至完全丧失清偿能力时，投资者的收益和本金就必然会遭受损失。

投资者的收益和本金的购买力损失，主要来自通货膨胀。在物价大幅度上涨、出现通货膨胀时，尽管投资者的名义收益和本金不变，或者有所上升，但是只要收益的增长幅度小于物价的上升幅度，投资者的收益和本金的购买力就会下降，通货膨胀侵蚀了投资者的实际收益。

从风险产生的根源来看，证券投资风险可以区分为企业风险、货币市场风险、市场价格风险和购买力风险等。

从风险与收益的关系来看，证券投资风险可分为市场风险和非市场风险两种。

市场风险，是指与整个市场波动相联系的风险，它是由影响所有同类证券价格的因素所导致的证券收益的变化。

经济、政治、利率、通货膨胀等都是导致市场风险的原因。市场风险包括购买力风险、市场价格风险和货币市场等。

非市场风险，是指与整个市场波动无关的风险，它是某一企业或某一个行业特有的那部分风险。例如，管理能力、劳工问题、消费者偏好变化等对于证券收益的影响。非市场风险包括企业风险等。

具有较高市场风险的行业，如基础行业、原材料行业等，它们的销售、利润和证券价格与经济活动和证券市场情况相联系。

具有较高非市场风险的行业，是生产非耐用消费品的行业，如公用事业，通讯行业和食品行业等。

由于市场风险与整个市场的波动相联系，因此，无论投资者如何分散投资资金都无法消除和避免这一部分风险；非市场风险与整个市场的波动无关，投资者可以通过投资分散化来消除这部分风险。不仅如此，市场风险与投资收益呈正相关关系。投资者承担较高的市场风险可以获得与之相适应的较高的非市场风险并不能得到的收益补偿。

在西方现代金融资产组合理论中，市场风险和非市场风险的划分方法得到了相当广泛地采用。为了更清楚地识别这两种风险的差异，表格列出了市场风险和非市场风险的定义、特征和包含的风险种类。

市场风险和非市场风险的比较

	市场风险	非市场风险
定义	整个市场波动相联系的风险	与整个市场波动无关的风险
特征	由共同因素引起 影响所有证券的收益 无法通过分散投资来化解 与证券投资收益相关	由特殊因素引起 影响某种证券的收益 可以通过分散投资来化解 与证券投资收益不相关
包含的风险种类	购买力风险 货币市场 市场价格	企业风险等

风险的成因

证券市场中使投资者蒙受损失的风险归纳起来有两大类：一类是外部客观因素所带来的风险；另一类是由投资者本人的主观因素所造成的风险。

外部客观因素所带来的风险有利率风险、物价风险、市场风险和企业风险。

一、利率风险

这是指利率变动，出现货币供给量变化，从而导致证券需求变化、证券价格变动的一种风险。利率下调，人们觉得存银行不合算，就会把钱拿出来买证券，造成买证券者增多、证券价格便会随之上升；相反，利率上调，人们觉得存银行合算，买证券的人随之减少，价格也随之下跌。在西方发达国家，利率变动频繁，因利率下降引起股价上升或因利率上调引起股价下跌的利率风险也就较大；而有些国家，利率较少变动，因利率变化所引起的风险也相应较低，人们承担这种风险的意识和能力也较差。例如1988年8~9月间，我国银行利率上调，对一些原来买债券的人来说，当初购买时就是因为看中债券比银行利率高，这时，债券回报率反比银行利率的回报率下降了，而且还不能"保值"，故有不少债券投资者向银行、发行债券的企业以及新闻媒介呼吁，要求调高债券利率。实际上，这正是缺乏投资常识，不知道买证券还会遇上利率风险的一种反映。

二、物价风险

物价风险也称通货膨胀风险，指的是物价变动影响证券价格变动的一种风险。这里有两种情况：一种是一些重要物品（如电、煤、油等）价格的变动，从而影响大部分产品的成本和收益；另一种是物价指数的变动。一般来说，在物价指数上涨时，货币贬值，人们觉得买债券吃亏，从而引起债券价格下降，1988年抢购风时

100元面值的国库券以七八十元的价格抛出，就是受此影响。但是，股票却是一种保值手段，是拥有企业资产的象征，物价上涨时企业资产也会随之增值，因此，物价上涨也常常引起股价上涨。另一方面，物价上涨，特别是煤、电、油的价格上涨，使企业成本增加，这时投资股票也不免会有风险。不过总的来说，物价上涨，债券价格下跌，股市则会兴旺。

三、市场风险

市场风险是指证券市场本身因各种因素的影响而引起证券价格变动的风险。

证券市场瞬息万变，直接影响供求关系。政治局势动荡、货币供应紧缩、政府干预金融市场，投资大众心理波动以及大投机者兴风作浪等，都可以使证券市场掀起轩然大波。就拿上海股市来说，1991年6月前疲跌不振，持股人眼看自己手中的股票价值不但没有增加，股票反而跌进票面以下，对股市毫无兴趣，泄气之至；拥有资金者面对行情持续处于跌势，也不愿贸然进场，造成进出均少的局面，尽管上市股票不过区区几千万元，仍是供过于求。7月以后，在外地投资者的影响下，加之浦东开发等重大项目带来的兴奋作用，上海股市大振，大众心理起了根本变化，几千万元股票变得大大供不应求。对这样畸冷畸热的股市，可以说绝大多数人都在意料之外，因为其中有许多无法预测的偶然因素。换言之，投资者若在6月投资股市，尽管价格很低，却会碰到许多难以意料的风险，正因为风险大，获利机会也高。6月投资的人，到10月，就见到股价翻了两番。

四、企业风险

企业风险是指上市企业因为行业竞争、市场需求、原材料供给、成本费用的变化，以及管理等因素影响企业业绩所造成的风险。企业风险一般有三种情况。一是营业风险，这里有市场上某种产品饱和滞销的因素，也有政府产业政策的影响，从而使某一行业或产业受到限制。例如为防治污染，有污染性的企业或因此关门，或则迁移，或则必须花极大费用去整治污染，从而造成企业利润大大下降甚至亏损。二是财务风险，指的是企业财务状况不良，包括财务管理不当，规划不善，扩充过失等，从而造成不应有的营业损失和资本损失。一个企业若发生营业性风险尚可调整方向，若遇财务风险，有时在其会计报告中会用不属实的财务数据来欺瞒股东，误导投资人，当财务报告中突然出现大额营业外收入或非常利益所得，公司看起来获利大为增加时，投资者需特别引起注意，这很可能是一种假象，一定要谨慎对待。

投资风险若按风险影响的范围来说，可分为社会公共风险和个别风险，上述利率风险、物价风险、市场风险均属公共风险，企业风险则是一种个别风险。同样，因投资者本人主观因素造成的风险，也属于个别风险之列，包括盲目跟风、不必要

的恐慌、贪得无厌、错误估计形势、错过买卖时机、像赌徒一样迷恋股市等等。其中盲目跟风和贪得无厌更是会将投资者置于死地的两种常见风险。

盲目跟风常常与不必要的恐慌联系在一起，成为大投机者操纵股市的牺牲品。一些大投机者往往利用市场心理，把股市炒热，把股价抬高，使一般投资者以为有利可图，紧追上去，你追我涨一直把股价逼上顶峰；这时投机者又把价位急剧拉下，一般投资者不明就里，在恐惧心理下，又只好盲目跟进，不问情由，竞相抛售，从而使股价跌得更惨。

这种因盲目跟风而助长起来的大起大落常常让投资者跌得晕头转向，投机者则从中大获其利。

贪得无厌则跟赌博心理联系在一起。这种人在股市中获利后，多半会被胜利冲昏头脑，像赌棍一样频频加注，直到输个精光为止。反过来，假如在股市中失利，他们常不惜背水一战，把资金全部投在股票上，孤注一掷。毫无疑问，这种人多半会落得倾家荡产的下场。

风险的度量与回避

从风险的定义来看，证券投资的风险是在证券投资过程中投资者的收益和本金遭受损失的可能性。风险衡量就是要准确地计算投资者的收益和本金遭受损失的可能性大小。

一、风险的度量

一般来讲，有三种方法可以衡量证券投资的风险。

（1）第一种方法是计算证券投资收益低于其期望收益的概率。

假设，某种证券的期望收益为10%，但是，投资该证券取得10%和及以上收益的概率为30%，那么，该证券的投资风险为70%，或者表示为0.70。

这一衡量方法严格从风险的定义出发，计算了投资于某种证券时，投资者的实际收益低于期望收益的概率，即投资者遭受损失的可能性大小。但是，该衡量方法有一个明显的缺陷，那就是：许多种不同的证券都会有相同的投资风险。显然，如果采用这种衡量方法，所有收益率分布对称的证券，其投资风险都等于0.50。然而，实际上，当投资者投资于这些证券时，他们遭受损失的可能性大小会存在着很大的差异。

（2）第二种方法是计算证券投资出现负收益的概率。

这一衡量方法把投资者的损失仅仅看作本金的损失，投资风险就成为出现负收益的可能性。这一衡量方法也是极端模糊的。例如，一种证券投资出现小额亏损的概率为50%，而另一种证券投资出现高额亏损的概率为40%，究竟哪一种投资的风险更大呢？采用该种衡量方法时，前一种投资的风险更高。但是，在实际证券投资过程中，大多数投资者可能会认为后一种投资的风险更高。之所以会出现理论与实际的偏差，基本的原因就在于：该衡量方法只注意了出现亏损的概率，而忽略了出现亏损的数量。

（3）第三种方法是计算证券投资的各种可能收益与其期望收益之间的差离，即证券收益的方法或标准差。这种衡量方法有两个鲜明的特点：其一，该衡量方法不仅把证券收益低于期望收益的概率计算在内，而且把证券收益高于期望收益的概率也计算在内。其二，该衡量方法不仅计算了证券的各种可能收益出现的概率，而且也计算了各种可能收益与期望收益的差额。与第一种和第二种衡量方法相比较，显然，方差或标准差是更适合的风险指标。

二、回避市场风险

市场风险来自各种因素，需要综合运用回避方法。

（1）要掌握趋势。对每种股票价位变动的历史数据进行详细的分析，从中了解其循环变动的规律，了解收益的持续增长能力。例如经济型小汽车制造业，在社会经济比较繁荣时，小汽车的消费者就会大为减少，这时期一般就不能轻易购买它的股票。

（2）搭配周期股。有的企业受其自身的经营限制，1年里总有那么一段时间停工停产，其股价在这段时间里大多会下跌，为了避免因股价下跌而造成的损失，可策略性地购入另一些开工、停工时期刚好相反的股票进行组合，互相弥补股价可能下跌所造成的损失。

（3）选择买卖时机。以股价变化的历史数据为基础，算出标准误差，并以此为选则买卖时机的一般标准，当股价低于标准误差下限时，可以购进股票，当股价高于标准误差上限时，最好把手头的股票卖掉。

（4）注意投资期。企业的经营状况往往呈一定的周期性，经济气候好时，股市交易活跃；经济气候不好时，股市交易必然凋零。要注意不要把股市淡季作为大宗股票投资期。在西方国家，股市的变化对经济气候的反映更敏感，常常是在经济出现衰退前6个月，股价已开始回落。比如1991年2月，美国经济进入新的一个衰退期的前6个月，著名的道·琼斯工业指数已开始下跌，而在经济开始复苏前半年，股价即已开始回弹。根据历史资料分析，还可知道它的经济繁荣期大多持续48个月。因此，有可能正确地判定当时经济状况在兴衰循环中所处的地位，把握好投资期限。

三、防范经营风险

在购买股票前，要认真分析有关投资对象，即某企业或公司的财务报告，研究其现在的经营情况以及在竞争中的地位和以往的盈利情况趋势。如果能将保持收益持续增长、发展计划切实可行的企业当作股票投资对象，而和那些经营状况不良的企业或公司保持一定的投资距离，就能较好地防范经营风险。如果能深入分析有关企业或公司的经营材料，并不为表面繁荣现象所动，而是看出其中的破绽和隐患，并作出冷静的判断，则可完全回避经营风险。

四、避开购买力风险

在通货膨胀期内，应留意市场上价格上涨幅度高的商品，从生产该类商品的企业中挑选出获利水平和能力高的企业来。当通货膨胀率异常高时，应把保值作为首要因素，如果能购买到保值产品的股票（如黄金开采公司、金银器制造公司等股票），则可避开通货膨胀带来的购买力风险。

五、避免利率风险

尽量了解企业营运资金中自有成分的比例，利率升高时，会给借款较多的企业或公司造成较大困难，从而殃及股票价格，而利率的升降对那些借款较少、自有资金较多的企业获利影响不大。因而，利率趋高时，一般要少买或不买借款较多的企业股票，利率波动变化难以捉摸时，应优先购买那些自有资金较多企业的股票，这样就可基本上避免利率风险。

降低风险

一般而言，投资风险来自三个方面：选错投资标的；选错买入时机；选错卖出时机。

一、分散投资标的——建立基金投资组合

降低风险最有效同时也是最广泛地被采用的方法，就是分散投资，即"不将所有的鸡蛋放在同一个篮子里"。这种方法之所以具有降低风险的效果，是由于各投资标的间具有不会齐涨共跌的特性，即使齐涨共跌，其幅度也不会相同。所以，当几种基金品种组成一个投资组合时，其组合的基金投资报酬是个别基金投资的加权平均，因此，几个高报酬的基金组合在一起，仍能维持高报酬。但一部分风险却因个别基金间的涨跌作用而相互抵消。分散投资越来越时髦，似乎也的确是很好的办法。基金不就是分散投资的典范吗？那么是不是买一堆基金就是分散投资了？其实不是。

最理想的分散投资应该是投资在互不相关的投资品种上，比如股市、基金、房地产、黄金甚至古董等等。但对我们普通人来讲这并不是一件容易的事情。那如何在证券市场上用资产组合来进行分散投资呢？

显然，我们还得寻找那些互不相关，或者相关很小的证券品种。从大类上讲，股票和债券是独立的。从小类上看，大盘股和小盘股也似乎相关性不大，价值股和成长股之间相关性小。所以首先是要决定股票和债券的比例，其次在股票中应该尽量覆盖"晨星九方格"的全部。有理论说，总体收益的决定部分就是股票和债券的比例。

显然股票收益高，但波动也大。债券收益低，波动也低。两者一综合，中等收益，中等波动。好好研究一下中国晨星对我国基金的分类，基金无论名字叫什么（比如大盘，小盘，价值或者成长），都被晨星归类于大盘成长类基金。也就是说实际上，这些基金彼此是相关的。去看看他们的重仓股，的确也有很多类似，结果就是一起涨跌。所以试图通过不同种类的股票基金来进行资产配置达到分散投资的目的恐怕当下在国内是很难达到。

再说股票型基金和债券型基金的配置比例，当然是股票型基金配置越高，收益就越大，风险也越大。只是要注意一条，国内很多基金其实都不是纯股票基金，比如广发聚富，股票配比最大也不超过75%。从这种意义上这种基金本身就已经配置好比例了。

其实单单配置了股票型基金和债券型基金的比例还远远不够。有一件非常重要的事情，就是比例的再平衡。比如，你按照自己的投资年限和风险承受能力制定的股票型基金和债券型基金的配置比例是7:3。1年以后，股票型基金涨得快，债券型基金涨的慢，比例变成8:2了，怎么办？这时候要降低股票型基金的比例，增加债券型基金。如果再过1年，遇到熊市，股票大跌，比例变成了6:4，这是需要降低债券型基金的比例，增加股票型基金，使比例回到7:3。这就是再平衡。

再平衡是很蹩脚的事情。从表面上看，你是卖掉一个上涨快的优良资产，买入一个下跌或者跑得慢的不良资产，但实际上这是一个高抛低吸的过程，是一种通过纪律性投资来进行卖高买低的过程。另外，再平衡也是保持你风险等级的一个重要过程。有人用历史数据做过计算，再平衡的综合效益要远远高于不做再平衡的收益。

一般1年到1年半做一次再平衡。原则上在现在的情况下，一只股票基金和一只债券基金的组合就差不多够了。但还是多买几只股票基金吧。原因很简单，也是平衡风险，平衡基金公司和基金经理的风险。

二、分散投资应掌握以下原则

（1）选择负相关较大的投资标的。组合中各投资标的的齐跌共涨的现象越不明显，甚至呈现相反走势，则其分散风险的效果越好。例如，货币基金走势与股票型基金价格走势不具正相关，且通常股票型基金净值下跌时，货币型基金净值并不会受影响，因此，同时投资货币基金与股票型基金就是一对比较好的组合。

（2）投资标的数量不宜太多。尽管随着投资种类的增加，风险会下降，但当投资种类增加到一定程度时，风险下降的幅度会达到极限，而且管理成本也因此而上升。因此，不宜过度地分散投资。美国股神巴菲特，那么多的投资金额，也不过投资了十几种股票。投资大师彼得林奇在《击败华尔街》中指出："投资股票就像生小孩一样，如果没有能力抚养，就别生太多。"还有一点投资人必须了解，那就是：分散投资固然可以减少最坏的可能，但最好的可能也跟着消除了。而最有可能发生的情形，就是不会太好，也不至于太坏，非常接近平均数。因此，也有人主张："将所有的鸡蛋放在同一个篮子里，然后好好地守住它。"若你对某项投资已经得心应手，完全可以采取集中原则。

基金组合有"八忌"：没有明确的投资目标；没有核心组合；非核心投资过多；组合失衡；基金数目太多；费用水平过高；没有设定卖出的标准；同类基金选择不当。

倘若你对大部分的基金投资技巧都不精通，同时对大多数基金都不是很熟悉，建议你还是分散投资的好。只要你投资的基金组合标的长期会上涨，那么，靠其平均报酬便足以致富。

三、分散投资时机

建议两种方式，以达到分散投资时机的目的。

（1）有钱就投资。钱先生很有投资意识，只要他在银行的存款达到1万元，便提出5 000元买基金，而且每次买的基金都不相同。如此一来，不但分散了投资标的，也分散了投资时机。

（2）定期定额投资基金。其方式为，在每个月指定的日期，自动从指定的银行账户扣除一定的金额（如1 000至5 000元），将其投入投资人事先指定的基金。由于基金净值随时都在变化，所以每期买到的基金单位数都会不同。价格高的时候自然会买得较少，而价格低的时候会买得较多。长期投资下来，不但投资报酬率相当可观，而且具有降低价格变动风险的效果。

另外，在时机的选择上，建议：预期市场反转走强或基金基本面优秀时，进行申购；预期市场持续好转或基金基本面改善时，进一步增持；预期市场维持现状或基金基本面维持现状，可继续持有；预期市场持续下跌或基金基本面弱化时，进行减持；预期市场大幅下跌或基金基本面持续弱化时，赎回。

四、长期持有

有位证券分析师说："根据统计，股市有55%的日子是上涨的，有45%的日子是下跌的。糟糕的是，我们不知道哪些天会上涨。"因此，若你不知道明天是涨还是跌，最聪明的办法就是猜明天会涨。因为猜的次数越多，猜对的概率就越高。既然你每天都猜股市会涨，那么最佳的投资策略就是：有钱就买，买了就不要卖。这种办法看起来很笨，却是最好的投资理财方法。

根据有人曾做过的一项实证研究显示，过去投资基金，以持有一个完全分散风险的基金投资组合而言，持有时间越长，发生损失的几率就越小。持有一天下跌的可能性是45%，持有1个月下跌的可能性是40%，持有1年下跌的可能性是34%，持有5年下跌的可能性已降为1%，若持有10年以上，则完全没有发生损失的可能性。

因此，长期持有是降低选错卖出时机之风险的重要手段。

投资与风险伴随

所谓投资中的风险是指在竞争中，由于未来经济活动的不确定性，或各种事先无法预料的因素的影响，造成股价随机性的波动，使实际收益和与预期收益发生背离，从而使投资者有蒙受损失甚至破产的机会与可能性。

投资和风险是孪生子，只要有投资存在，伴随而来的必将是风险。

任何一个准备或已经在证券市场中投资或投资其他实业的投资者，在具体投资前，都应认清风险、正视投资风险从而树立风险意识，并相应做好如下基本准备工作。

一、掌握必要的证券专业知识

证券市场的本身是一门非常广泛而深奥的学问，当然一般普通投资人很难研究透彻，但是若想成为一个稳健而成功的投资人就必需花些心血和时间去研究一些最基本的证券知识，假如连一些基本的投资知识都没有就妄想碰运气赚大钱，即使运气好误打误撞捞上一笔，不久也肯定会再赔进去。

二、认清投资环境，把握投资时机

股市与经济环境、政治环境息息相关，经济衰退、股市萎缩、股价下跌；反之，经济复苏、股市繁荣、股价上涨。政治环境亦复如此。政治安定、社会进步、外交顺畅、人心踏实、股市繁荣、股价上涨；反之，人心慌乱、股市萧条、股价下跌。

在股市中常听到一句格言："选择买卖时机比选择股票种类更重要。"也就是说在投资前应先认清投资的环境，避免逆势买卖，有许多人在未了解股市大势之前即糊里糊涂盲目买卖，结果与股势反道而行。多头市场时做空，空头市场时却做多，这种人焉能不赔光老本？

三、确定合适的投资方式

股票投资采用何种方式，因投资人的性格与空闲时间而定，一般而言，不以赚取差价为主要目的，而是想获得公司红利或参加公司经营者多采用长期投资方式。本身有职业，没有太多时间前往股票市场，而又有相当的积蓄及投资经验的，适合采用中期投资方式。时间较空闲，有丰富经验，反应灵活的人可采用短线交易的方式。经验丰富，整天无事，且自认反应快，喜爱找刺激的人，多半向往当日交易。

就理论而言，短期投资利润最高，次为中期投资，再次为长期投资。但经验证明很少有人能每次都准确的在底部买进，顶部卖出，所以就平均获益能力来计算，中期与长期投资较短期投资利润高，当日交易投机性最浓且具有赌博性质，是赚是赔一半凭经验，一半靠运气，风险大，且伤害身体，一般投资者最好不要轻易尝试。

四、制订周详的资金运作计划

俗语说"巧妇难为无米之炊"，股票交易中的资金就如同我们赖以生存解决温饱的大米一样。大米有限，不可以任意浪费和挥霍，因此巧妇如何将有限的"米"用于"炒"一锅好饭，便成为重要的课题。

同样，在血雨腥风的股票市场里，如何将你的资金作最妥切的运用，在各种情况发生时，都有充裕的空间来调度，不致捉襟见肘，这便是资金运用计划所能为你做的事。

股票投资人一般都将注意力集中在市场价格的涨跌之上，愿意花很多时间去打探各种利多利空消息，研究基本因素对价格的影响，研究技术指标作技术分析，希望能作出最标准的价格预测，但却常常忽略本身资金的调度和计划。

事实上，资金的调度和计划、运用策略等都基于一项最基本的观念——分散风险。资金运用计划正确与否，使用得当与否都可以将风险分散为标准来进行衡量。只要能达到分散风险，使投资人进退自如，那便是好的作法。至于计划的具体做法那便是仁者见仁，智者见智了。因为世界上有1 000人就会有1 000种性情、观念、作法、环境的组合，任何再高超再有效的计划也须经过个人的融会贯通才会立竿见影，不能生搬硬套，这点请投资人千万要记住。

时下市场上存在一种观点，认为分散投资风险就是将所有的资金投资在不同的股票之上。因此就真的有人将100万元资金分成若干份分别投向不同的股票市场、不同股票之上：花20万元买"深发展"，20万元买"长虹"，30万元买"海尔"，20万元买"华联"，最后10万元再买点"金杯"。

这样的操作，不但起不到分散风险的作用，反而更容易将事情搞糟。万一5种投资里有3种行情走反，他马上就会手忙脚乱，无法应付接踵而来的变化。一如同时从天上掉下5个西瓜，接住1个，接不住其他4个，接住2个，接不住其他3个，或者，最常发生的情况是，5个西瓜都跌碎了。这样的操作，陡增风险。

真正的风险分散方案，概括地说就是不要一次性把所有可投资的资金悉数砸进市场。

投资人，尤其是初入市场的投资人，手中握有的股票种类应该尽量单一，绝不能如上例所述选择不同市场、不同种类、不同性质的股票。这样在行情分析预测以及应付不时出现的意外行情时，才不会左支右绌，穷于应付。在具体操作上，可将资金分成三份。第一份作为第一次投入的先锋队，第二份作为筹码，第三份作为补投资金。例如100万元的资金可分为40万元、30万元、30万元这样3份，在作价格行情分析后，选择适当品种投入第一份资金40万元开仓交易；当行情如预测一样走势时，随即投入第二份资金30万元作为筹码，逐渐加码，并随即选定获利点获利离场；当行情走反，朝着不利方向发展时，此时第二份资金30万元配合做摊平。而最后一份资金30万元，可以灵活运用，在行情大好时追杀，在行情大坏时当成反攻部队，弥补损失。

值得注意的是，所有这些动作均必须将较准确的行情判断和资金策略配合使用，保持清醒克制的头脑，行情走对时要下得狠心加码追杀，行情走反时要冷静选择反攻机会。

五、正确选择投资对象

选择适当的投资对象亦为投资前应考虑的重要工作，对象选对了可在短期内获得几倍的暴利，选择错误时天天眼见别的股票节节升高，而自己的却如老牛拖车；跌时别的股票缓缓下跌、时而反弹，而自己的却连连下跌且无反弹。

至于选择何种股票最好，要视当时的经济环境，投资人个性和对股市的了解程度以及经验而定。通常不怕冒风险，股市经验丰富的人多半喜欢买卖涨跌幅度大的热门投机股；而一些正要或刚投入股市的人应该投资获利能力强、涨跌幅度稍缓而流通性仍然很大的优质股。

巴菲特如何规避风险

最初，巴菲特靠亲朋好友凑来的10万美元白手起家，50多年后的今天，巴菲特的身价已达到近500亿美元。巴菲特的传奇故事无异于一个神话。但仔细分析巴菲特的成长历程，发现他并非那种善于制造轰动效应的人，他更像一个脚踏实地的平凡人。

虽然巴菲特是全球最受钦佩的投资家，但是机构投资者在很大程度上不理会他的投资方法，很少有投资咨询公司或养老金信托公司会委托他管理资金。巴菲特所掌控的伯克希尔公司股票，包括基金经理在内的大部分人都不会去买，也从没有分析师推荐他的股票。或许在很多人眼中巴菲特更像是一个老古董，他的投资理念与市场格格不入。总之，巴菲特与其他人总有那么一点点区别与距离，或许正是这一点区别决定了只有一个巴菲特。

巴菲特投资攻略一：尽量避免风险，保住本金

在巴菲特的投资名言中，最著名的无疑是这一条："成功的秘诀有三条：第一，尽量避免风险，保住本金；第二，尽量避免风险，保住本金；第三，坚决牢记第一、第二条。"为了保证资金安全，巴菲特总是在市场最亢奋、投资人最贪婪的时刻保持清醒的头脑而急流勇退。1968年5月，当美国股市一片狂热的时候，巴菲特却认为已再也找不到有投资价值的股票了，他由此卖出了所有的股票并解散了公司。结果在1969年6月，股市大跌，并渐渐演变成了股灾；到1970年5月，每种股票都比上年初下降了50%甚至更多。

巴菲特的稳健投资，绝不干"没有把握的事情"的策略使他逃避过一次次的股灾，也使得机会来临时资本迅速增值。但很多投资者却在不清楚风险、在自己没有足够的风险控制能力下贸然投资，又或者由于过于贪婪的缘故而失去了风险控制意识。在做任何投资之前，我们都应该把风险因素放在第一位，并考虑一旦出现了风险时我们的承受能力有多强，如此才能立于不败之地。

巴菲特的投资攻略二：做一个长期投资者，而不是短期投资者。

巴菲特的成功最主要的因素是因为他是一个长期投资者，而不是短期投资者。巴菲特从不追逐市场的短期利益，不因为一个企业的股票在短期内大涨就会跟进，他会竭力避免被市场高估价值的企业。一旦决定投资，他基本上会长期持有。所以，即使他错过了20世纪90年代的网络热潮，但他也避免了网络泡沫破裂给无数投资者带来的巨额损失。

巴菲特有句名言："投资者必须在设想他一生中的决策卡片仅能打20个孔的前提下行动。每当他作出一个新的投资决策时，他一生中能做的决策就少了一个。"在一个相对短的时期内，巴菲特也许不是最出色的，但没有谁能像巴菲特一样长期比市场平均表现好。在巴菲特的盈利记录中可发现，他的资产总是呈现平稳增长而甚少出现暴涨的情况。1968年巴菲特创下了58.9%年收益率的最高纪录，也是在这1年，巴菲特感到极为不安而解散公司隐退了。

从1959年的40万美元到2004年的429亿美元的这45年中，可以算出巴菲特的年均收益率为26%。从某一单个年度来看，很多投资者对此也许会不以为然，但没有谁可以在这么长的时期内保持这样的收益率。这是因为大部分人都被贪婪、浮躁或恐惧等人性弱点所左右，成了一个投资客或短期投资者，而并非像巴菲特一样是一个真正的长期投资者。

巴菲特投资攻略三：把所以鸡蛋放在同一个篮子里，然后小心地看好

究竟应该把鸡蛋集中放在一个篮子内还是分散放在多个篮子内？这种争论从来就没停止过，也不会停止。这不过是两种不同的投资策略。从成本的角度来看，集中看管一个篮子总比看管多个篮子要容易，成本更低。但问题的关键是能否能够看管住唯一的一个篮子。巴菲特之所以有信心，是因为在作出投资决策前，他总是花上数个月、1年甚至几年的时间去考虑投资的合理性，他会长时间地翻看和跟踪投资对象的财务报表和有关资料。对于一些复杂的难以弄明白的公司他总是避而远之，只有在透彻了解所有细节之后巴菲特才作出投资决定。

由此可见，成功的关键在于投资前必须有详细周密的分析。对比之下，很多投资者喜欢道听途说或只是凭感觉投资，完全没有进行独立深入的分析。投资没有赢利的可靠依据，这样投资难免会招致失败。

股票篇
最大众化的投资工具
——看准再投,时运并存

社会在进步,人类的理财意识也在不断上涨,理财不仅仅是把自己的钱存在银行这一种方式了。现金是不会增值的,存银行只会把钱给国家花。专家认为,你现在的100万元,30年之后,其购买力只相当于60万元人民币的价值。理财已经是每个人面临的问题,不仅仅是依赖银行来为自己实现财富的增值。

在市场经济中,没有股票投资意识是永远富不起来的,股票是实现富翁梦想的一种好渠道,但它更是一种让人心跳加速的投资方式。它的变性强,投机性大,但风险也很大。面对风云变幻的股市,如何把握机会,赢得利润,是每一位投资者最关心的问题。

第十章

入市须知：
你了解什么是股票吗

> 如果说我在华尔街60多年的经验中发现过什么的话，那就是没有人能成功地预测股市变化。
>
> ——本杰明·格雷厄姆
>
> 股市赢家法则是：不买落后股，不买平庸股，全心全力锁定领导股。
>
> ——威廉·欧奈尔

股票的概念

什么是股票？股票是一种由股份有限公司签发的用以证明股东所持股份的凭证，它表明股票的持有者对股份公司的部分资本拥有所有权。由于股票包含有经济利益，且可以上市流通转让，因此也是一种有价证券。

股票的用途有三点：

（1）作为一种出资证明，当一个自然人或法人向股份有限公司参股投资时，便可获得股票作为出资的凭据。

（2）股票的持有者可凭借股票来证明自己的股东身份，参加股份公司的股东大会，对股份公司的经营发表意见。

（3）股票持有人凭借着股票可获得一定的经济利益，参加股份公司的利润分配，也就是通常所说的分红。

在现实的经济活动中，人们获取股票通常有四种途径：

（1）作为股份有限公司的发起人而获得股票，如我国许多上市公司都由国有独资企业转为股份制企业,原企业的部分财产就转为股份公司的股本,相应地原有企业就成为股份公司的发起人股东。

(2) 在股份有限公司向社会募集资金而发行股票时,自然人或法人出资购买的股票,这种股票通常被称为原始股。

(3) 在二级流通市场上通过出资的方式受让他人手中持有的股票,这种股票一般称为二手股票,这种形式也是我国股民获取股票的最普遍形式。

(4) 他人赠与或依法继承而获得的股票。

不论股票的持有人是通过何种途径获得股票,只要他是股票的合法拥有者,持有股票,就表明他是股票发行企业的股东,就享有相应的权利与义务。

股票的内容

在我国,现在所有股票的发行都必须征得中国证券监督管理委员会的审核批准。另外,股票在制作程序、记载的内容和记载方式上都必须规范化并符合有关的法律规定和公司章程的规定。

一般情况下,股票上应具备以下内容:

(1) 发行该股票的股份有限公司的全称,该公司依何处法律在何处注册登记及其注册的日期、注册地址。

(2) 发行的股票总额、股数和每股金额。

(3) 股票的类别。根据股票持有人权利与义务的不同,股票可分为多种类型。目前在我国上海证券交易所及深圳证券交易所流通和转让的股票都是普通股票,一般都不注明类型。但如果是特别股票,在票面上就应当标明其股票种类。

(4) 股票的票面金额及其所代表的股份数。

(5) 股票的发行日期及股票编号。如果是记名股票,则要写明股票持有者(股东)的姓名。

(6) 股票发行公司的董事长或董事签章,主管机关或核定发行登记机构的签章。

(7) 印有供转让股票时所用的表格。

(8) 股票的发行公司认为应当载明的注意事项。

由于现代科学技术的发展,我国沪深股市股票的发行和交易都借助电子计算机及高科技通讯系统进行,上市的股票已实现了无纸化,所以现在的股票仅仅只是计算机系统内的一串符号而已。但在法律上,上市挂牌的股票都必须具备上述这些内容。

股票的性质

股票虽然只是一种凭证,但由于股票的持有人凭着股票可获得一定的经济利益并享有相应的权利,所以股票是一种有价证券,并具有以下一些性质。

一、收益性

股票的收益性主要表现在股票的持有人都可按股份公司的章程从公司领取股息和红利,从而获取购买股票的经济利益。

如我国就规定,一个公司的股票在证券交易所挂牌前3年必须是连续盈利的,这就为上市股票的收益性提供了一定的保障,因为盈利是股票分红的必要前提条件。

二、风险性

任何一项投资都伴随着风险存在,股票投资也不例外。股票的风险主要表现在以下几点:

其一,影响股份公司经营的因素繁多且变化不定。盈利多,股息红利就可多发;经营不佳盈利少,股东的收益就少甚至无利可分;若公司破产,则股票持有者就可能血本无归。

其二,当投资者购买的是二级市场上流通的股票时,股票的价格除受公司的经营业绩影响外,还要受众多其他因素的影响。当股票的价格下跌时,股票持有者会因股票的贬值而蒙受损失。

三、流通性

经国家证券管理部门或证券交易所同意后,股票可以在证券交易所流通或进行柜台交易,股票的持有者就可将股票按照相应的市场价格转让给第三者,将股票所代表着的股东身份及各种权益出让给受让者。

当持有的股票是可流通股时,其持有人可在任何一个交易日到市场上将其兑现,这就是股票的流通性。

四、参与性

根据公司法的规定,股票的持有者就是股份有限公司的股东,他有权出席股东大会、参加公司董事机构的选举及公司的经营决策。

如最近几年中,沪深股市上市公司的多起分红方案和配股议案被股东大会所推翻,从而维护了股东的经济利益。虽然股东参与股东大会的权利不受所持股票多寡的限制,但参与经营决策的权利大小是要取决于其持有的股票份额的。

五、稳定性

股票是一种无期限的法律凭证,它反映的是股东与股份公司之间比较稳定的经济关系。在向股份公司参股投资而取得股票后,任何股东都不能退股,股票的有效存在是与股份有限公司的存续相联系的,即股票是与发行公司共存亡的。对于股票持有者来说,只要其持有股票,其股东身份和股东权益就不能改变。如要改变股东身份,要么将股票转售给第三人,要么等待公司的破产清盘。

股票与储蓄的比较

一、股票与储蓄存款虽然都是建立在信用的基础上,但其性质不同

股票是以资本信用为基础,它体现着股份公司与股东之间围绕着投资而形成的权利和义务关系。而储蓄存款则是一种银行信用,它所建立的是银行与储户之间的借贷性债权债务关系。股票的购买者是股份公司的股东,而存款人实际上是贷款人,将自己暂时闲置的资金借与银行。

二、股票持有人和银行储户的法律地位及权利内容有所不同

股票持有人处于股东的地位,有权参与股份有限公司的生产经营决策。

而储户则仅仅是银行的债权人,其债权的内容限于定期收回本金和获取利息,但不能参与债务人的经营管理,对其经营状况不负任何责任。

三、股票和储蓄存款虽都可使货币增值,但其风险性不同

股票是对股份有限公司的直接投资,可根据股份有限公司的经营状况和盈利水平直接获取所追求的收益——股息和红利。这一收益可以很高,也可能很低或没有,它随股份公司的经营业绩而定,每年都有所不同,处于一种经常性的变动之中。而储蓄存款则仅仅是通过实现货币的储蓄职能来取得收益——存款利息。这一增值部分是事先约定的、是固定的,它不会受银行经营的影响。

四、股票和储蓄存款的存续时间和转让条件不同

股票是无期限的,不管情况如何变化,股东都不能要求股份公司退股而收回股本,但可以进行买卖和转让。而储蓄存款一般是有固定期限的,储蓄存款人到期就可收回本金和利息。即使提前支取,任何形式的储蓄都能收回本金,而股票只能到证券市场去转让,其价格要随行就市,能否收回投资要视交易时的股市行情而定。

五、股票与储蓄的成本不同

在购买股票时,股民需要投入相当的精力去关注股市行情的变化,通过购买相关的报刊、杂志以获取信息资料来帮助研究上市公司的经营情况,从而决定股票的买进卖出。而储蓄存款只需根据利率事先选择好存款期限即可,无需花费过多的精力和物力。

六、股票与储蓄收益的计算根据不同

储户存款所获利息是根据存款的本金来计算的，其收益的多少与投入的资金数量成正比，存的越多，收益越大；而股息红利是根据股民所持股票数量来派发的，与股民投入资金的数量并没有直接的联系。

股票与债券的比较

股票和债券都是有价证券，股票是股份公司公开发行用以证明出资人和股东身份的凭证，而债券是政府或企业为了筹集资金而公开发行的并且承诺在限定的时间内还本付息的证券。

从投资性质来讲，股票和债券有所不同。认购股票是对股份公司的投资，构成公司的自有资金。相应地，投资者成为公司的股东，与公司之间形成股东权与公司生产经营权的关系。公司的经营状况与股东的利益息息相关，因而股东有权从公司经营中获取收益，有权参与公司的经营决策。

而购买债券所投入的资金是发行人所需追加的资金，属于负债的范畴。投资者成为发行者的债权人，与发行人之间产生的是借贷性质的债权债务关系。债券持有人可向发行人行使债权，要求收取利息，但无权参与企业的经营决策。

从收益多寡与风险程度来讲，股票和债券有所不同。持有股票的股东依法获取的收益是股息和红利。由于它是从公司利润中支出，故其数额事先难以确定，完全依赖于股份有限公司的经营状况。经营好的，则可获取大大高于公司债券的收益，而经营不善的，则可能低于公司债券的收益，甚至分文不收。

与持有股票不同，持有公司债券的债权人依法获取的收益是利息，其数额事先固定，并在企业的经营成本中支付，其支付顺序要优先于股票的红利。

由于股票是一种没有期限的永久性投资，股东不能要求退股，也不一定能获取固定的股息和红利，所以在经济收益上股东要承担较大的投资风险。

而债券则是一种风险较小的保守性投资。原因是：认购公司债券是有期限的借贷关系，公司债券持有人到期既可收取固定的利息，又可收回本金。

在收益分配上，公司债券持有人的地位优先于公司股东，特别是在公司经营亏损或破产时，要先偿还公司债权人的本息，然后才能在股东之间分配盈余或剩余财产。

股票和公司债券的流通性有所区别。由于股票是永久性投资，股东不能退股，故只能通过在股票交易市场中买卖转让才能收回投资，加之股票投资的风险性很大，使得股票的流通性较强，相应地其交易价格也就受供求关系的影响而有较大幅度的变化，股东在转让股票时收回的金额与股票市场的波动直接相关。相比之下，

公司债券作为有期限的债权凭证，可以定期收取本金，投资风险较小，其流通范围和流通频率均小于股票，交易价格的变动较为平缓。

股票与投资基金的比较

一、发行主体不同

股票是股份有限公司募集股本时发行的，非股份公司不能发行股票。投资基金是由投资基金公司发行的，它不一定就是股份有限公司，且各国的法律都有规定，投资基金公司是非银行金融机构，但在其发起人中必须有一家金融机构。

二、股票与投资基金的期限不同

股票是股份有限公司的股权凭证，它的存续期是和公司相始终的，股东在中途是不能退股的。而投资基金公司是代理公众投资理财的，不管基金是开放型还是封闭型的，投资基金都有限期的限定，到期时要根据基金的净资产状况，依投资者所持份额按比例偿还投资。

三、股票与投资基金的风险及收益不同

股票是一种由股票购买者直接参与的投资方式，它的收益不但受上市公司经营业绩、市场价格波动的影响，还受股票交易者的综合素质的影响，其风险较高，收益也难以确定。

而投资基金则由专家经营、集体决策，它的投资形式主要是各种有价证券及其他投资方式的组合，收益比较平均和稳定。由于基金的投资相对分散，其风险就较小，它的收益可能要低于某些优质股票，但其平均收益不比股票的平均收益差。

四、投资者的权益有所不同

基金投资者是以委托投资人的面目出现的，不能参与投资基金的经营管理，而股票的持有人是可以参与股份公司的经营管理的。简单地说，即使你只拥有1股的股票，从法律上讲，你也有资格参加上市公司的股东大会。但无论你购买了多少份基金，你都不能参加基金公司的决策会议。

五、流通性不同

基金有两类：一类是封闭型基金，有点类似于股票，大部分都在股市上流通，其价格也随股市行情在波动，它的操作与股票相差不大。另一类是开放型基金，这类基金随时可在基金公司的柜台或者基金公司委托的银行柜台和网上账户买进卖出，其价格与基金的净资产基本等同。所以基金的流动性与公开上市发行的股票的流动性相差无几。

股票与期货的比较

一、收益来源不同

股票投资的收益主要来源于两个方面:其一是上市公司的股息红利,其二就是股票交易的价差。

而期货的利润仅来源于价差,它完全依赖于期货交易者对市场价格走势的预测,对则盈、错则损。股票交易是投资、投机均可,而期货交易是纯粹的投机。

二、收益的大小不同

期货的收益比股票的收益要高,因为期货实行的是保证金交易,其交易额可做到保证金的10~20倍,它可以小搏大,而股票的现货交易实行的是全额保证金制度,其收益率比期货要低得多。

三、风险程度差异较大

期货的风险比股票要大很多倍,如买进股票后价格下跌,股民可耐心等待价格的回升。而期货实行的是每日结算制度,一旦期货合约的价格变化超过一定范围,其保证金就被吃掉,而没有套牢一说。即使以后价格又回到对交易者有利的水平,以前的交易也已被平仓而不算数。

四、时限不同

期货交易在期货合约到期时必须交割或实施反方向的对冲以进行平仓,所以期货有严格的时间限制。而股票在买进后投资者可根据自己的意愿将股票予以存放或依市场行情随时抛出,不受相关时间的限定。

股票的作用——对于上市公司来说

一、股票是筹集资金的有效手段

通过发行股票,股份公司可广泛地吸引社会暂时闲置的资金,在短时间内把社会上分散的资金集中成为巨大的生产资本,组成一个"社会企业"——股份有限公司。而通过二级市场的流通,又能将短期资金通过股票转让的形式衔接为长期资金。

二、通过发行股票来分散投资风险

无论是那一类企业,总会有经营风险存在,一些前景难以预测的企业,当发起人难以或不愿承担所面临的风险时,他们总会想方设法地将风险转嫁或分摊与他人,而通过发行股票来组成股份公司就是分散投资风险的一个好方法。即使投资失败，各个股东所承受的损失也是非常有限。

三、通过发行股票来实现创业资本的增值

当一家业绩优良的企业发行股票时，其发行价都要高出其每股净资产许多，若遇到二级市场的火爆行情，其溢价往往能达到每股净资产的2~3倍或者更多，而股票的溢价发行又使股份公司发起人的创业资本得到增值。

四、通过股票的发行上市起到广告宣传作用

由于有众多的社会公众参与股票投资，股市就成为舆论宣传的一个热点，各种媒介每天都在反复传播股市信息，无形之中就提高了上市公司的知名度，起到了宣传广告作用。

股票的作用——对于股民来说

一、股票是大众投资工具

由于股票具有收益性，股票投资就成为大众投资的一种工具。人们总是希望钱能生钱，而除了银行存款、购买债券及亲自创办经济实体以外，通过购买股票也可取得收益，实现资本的增值。

二、通过购买股票来实现生产要素的组合

通过购买股票，投资者可非常方便地实现参股投资或控股及购买、兼并股份公司的目的，从而实现生产要素的组合，以提高企业的经营效益。

三、通过购买股票进行赌博或投机

由于受众多因素的影响，股票价格具有较强的波动性，因而人们可通过股票来进行投机活动，从买进卖出中赚取股票的价差，这也是股票市场吸引众多投资者的原因之一。

股息和红利的来源

股息是股东定期按一定的比率从上市公司分取的盈利，红利则是在上市公司分派股息之后按持股比例向股东分配的剩余利润。

一般来讲，上市公司在财会年度结算以后，会根据股东的持股数将一部分利润作为股息分配给股东。上市公司的分红派息工作一般都集中在次年的第二和第三季度进行。

在分配股息红利时，首先是优先股股东按规定的股息率行使收益分配，然后是

普通股股东根据余下的利润分取股息，其股息率则不一定是固定的。在分取了股息以后，如果上市公司还有利润可供分配，就可根据情况给普通股股东发放红利。

在上市公司分红派息时，其总额一般都不会高于每股税后利润，除非有前1年度结转下来的利润。如我国就规定上市公司必须按规定的比例从税后利润中提取资本公积金来弥补公司亏损或转化为公司资本，所以上市公司分配股息和红利的总额总是要少于公司的税后利润。

由于上市公司的税后利润既是股息和红利的来源，又是它的最高限额，上市公司的经营状况直接关系这股息和红利的发放。当上市公司有所盈利时，才能进行分红与派息。且盈利越多，用于分配股息和红利的税后利润就越多，股息和红利的数额也就越大。

除了经营业绩以外，上市公司的股息政策也影响股息与红利的派法。在上市公司盈利以后，其税后利润有两大用途，除了派息与分红以外，还要补充资本金以扩大再生产。如果公司的股息政策倾向于公司的长远发展，则就有可能少分红派息或不分红而将利润转为资本公积金；反之，派息分红的数量就会大一些。

股息和红利的分配受国家税收政策的影响。上市公司的股东不论是自然人还是法人都要依法承担纳税义务，如我国就有明确规定，持股人必须交纳股票收益（股息红利）所得税，其比例是根据股票的面额，超过1年期定期储蓄存款利率的部分要交纳20%的所得税。

股息与红利的发放方式

股息红利作为股东的投资收益，是以股份为单位计算的货币金额，如每股多少元。但在上市公司实施具体分派时，其形式可以有四种：这就是现金股利、财产股利、负债股利和股票股利等。

现金股利。是上市公司以货币形式支付给股东的股息红利，也是最普通最常见的股利形式，如每股派息多少元，就是现金股利。

财产股利。是上市公司用现金以外的其他资产向股东分派的股息和红利。它可以是上市公司持有的其他公司的有价证券，也可以是实物。

负债股利。是上市公司通过建立一种负债，用债券或应付票据作为股利分派给股东。这些债券或应付票据既是公司支付的股利，又确定了股东对上市公司享有的独立债权。

股票股利。是上市公司用股票的形式向股东分派的股利，也就是通常所说的送红股。股票红利使股东手中的股票在名义上增加了，但与此同时公司的注册资本扩大了,股票的净资产含量减少了。不过实际上股东手中股票的总资产含量没什么变化。

在实际中,有的上市公司在1年内进行两次决算,一次在营业年度中期,另一次是营业年度终结。相应地向股东分派两次股利,以便及时回报股东,吸引投资者。但年度中期分派股利不同于年终分派股利,它只能在中期以前的利润余额范围内分派,且必须是预期本年度终结时不可能亏损的前提下才能进行。

在沪深股市,股票的分红派息都由证券交易所及登记公司协助进行。在分红时,深市的登记公司将会把分派的红股直接登录到股民的股票账户中,将现金红利通过股民开户的券商划拨到股民的资金账户。

沪市上市公司对红股的处理方式与深市一致,但现金红利需要股民到券商处履行相关的手续,即股民在规定的期限内到柜台中将红利以现金红利权卖出,其红利款项由券商划入资金账户中。如逾期未办理手续,则需委托券商到证券交易所办理相关手续。

除权与除息

上市公司发放股息红利的形式虽然有四种,但沪深股市的上市公司进行利润分配一般只采用股票红利和现金红利两种,即统称所说的送红股和派现金。当上市公司向股东分派股息时,就要对股票进行除息;当上市公司向股东送红股时,就要对股票进行除权。

当一家上市公司宣布上年度有利润可供分配并准备予以实施时,则该只股票就称为含权股,因为持有该只股票就享有分红派息的权利。在这一阶段,上市公司一般要宣布一个时间为"股权登记日",即在该日收市时持有该股票的股东就享有分红的权利。

在以前的股票有纸交易中,为了证明对上市公司享有分红权,股东们要在公司宣布的股权登记日予以登记,且只有在此日被记录在公司股东名册上的股票持有者,才有资格领取上市公司分派的股息红利。实行股票的无纸化交易后,股权登记都通过计算机交易系统自动进行,股民不必到上市公司或登记公司进行专门的登记,只要在登记的收市时还拥有股票,股东就自动享有分红的权利。

进行股权登记后,股票将要除权除息,也就是将股票中含有的分红权利予以解除。除权除息都在股权登记日的收盘后进行。除权之后再购买股票的股东将不再享有分红派息的权利。

在股票的除权除息日,证券交易所都要计算出股票的除权除息价,以作为股民在除权除息日开盘的参考。

因为在开盘前拥有股票是含权的,而收盘后的次日其交易的股票将不再参加利润分配,所以除权除息价实际上是将股权登记日的收盘价予以变换。这样,除息价就是登记日收盘价减去每股股票应分得的现金红利,其公式为:

除息价=登记日的收盘价－每股股票应分得红利

对于除权,股权登记日的收盘价格除去所含有的股权,就是除权报价。其计算公式为:

股权价=股权登记日的收盘价÷(1+每股送股率)

若股票在分红时即有现金红利又有红股,则除权除息价为:

除权价=（股权登记日的收盘价－每股应分的现金红利+配股率×配股价）÷（1+每股送股率+每股配股率）

送红股的优势

对于上市公司的分红,我国股民普遍都偏好送红股。其实对上市公司来说,在给股东分红时采取送红股的方式,与完全不分红、将利润滚存至下一年度等方式并没有什么区别。

当上市公司不给股东分红或将利润滚存至下一年时,这部分利润就以资本公积金的形式记录在资产负债表中;而给股东送红股时,这一部分利润就要作为追加的股本记录在股本金中,成为股东权益的一部分。不管采取哪一种方式来处理上一年度的利润,上市公司的净资产总额并不发生任何变化,未来年度的经营实力也不会有任何形式的改变。

而对于股东来说,采取送红股的形式分配利润将优于不分配利润。其实选与不选都不会改变股东的持股比例,也不增减股票的含金量,因为送红股在将股票拆细的同时也将股票每股的净资产额同比降低了,但送红股却能直接提高股民的经济效益。其根据如下:

(1) 按照我国的现行规定,股票的红利的征税可根据同期储蓄利息实行扣减,即给予一定的优惠,具体税额就是每股红利减去同期同等金额储蓄利息后再征收20%的股票所得税率,这样在每次分红时要征收的税额为:

股票所得税=（每股红利－本年度一年期定期储蓄利息）×20%

(2) 当上市公司在本年度不分配利润或将利润滚存至下一年时,下一年度的红利数额就势必增大,股民就减少了一次享受税收减免的优惠。

(3) 在股票供不应求阶段,送红股增加了股东的股票数量,在市场炒作下有利于股价的上涨，从而有助于提高股民的价差收入。

(4) 送红股以后，股票的数量增加了，同时由于除权降低了股票的价格，就降低了购买这种股票的门槛，在局部可改变股票的供求关系，提高股票的价格。

上市公司的分红是采取派现金还是送红股方式，取决于持多数股票的股东对公司未来经营情况的判断和预测。我国上市公司中约有一半以上的股份为国家股，且其股权代表基本上都是上市公司的经营管理人员。由于切身利益的影响，经营管理人员基本上都赞同企业的发展与扩张，所以我国上市公司的分红中，送红股的现象就非常普遍。

配股的利弊

一、配股不是分红

分红是上市公司对股东投资的回报，特征为：上市公司是付出者，股东是收获者，且股东收获的是上市公司的经营利润，所以分红是建立在上市公司经营盈利基础之上的，没有利润就没有红利可分。

而配股是指上市公司向原股东发行新股、辞行集资金的行为，它并不建立在盈利的基础上，只要股东情愿，即使上市公司的经营发生亏损也可以配股，配股后虽然股东持有的股票增多了，但不属于公司给股民投资的回报，而是追加投资后的一种凭证。

二、配股与投资选择

根据公司法的有关规定，当上市公司要配售新股时，应首先在老股东中进行，以保证老股东对公司的持股比例不变，当老股东不愿参加公司的配股时，才可以将配股权转让给他人。对于老股东来说，上市公司的配股实际上是提供了一种追加投资的选择机会。

老股东是否选择配股以追加对上市公司的投资，可根据上市公司的经营业绩、配股资金的投向及效益的高低来进行判断。但在现实的经济生活中，除了配股外，股民还可通过购买其他公司的股票、投资债权及居民储蓄来实现追加投资，具体视投资收益情况来确定。

当然，当一个上市公司确定配股以后，如配股权证不能流通，其配股就带有强制性，因为配股实施后股票就要除权，价格会下跌，如老股东不参加配股，就要遭受市值下降的损失。其逃避配股的唯一方法就是在配股前将股票抛出。

三、配股与投资风险

在比较成熟的股市上，配股是不受股东欢迎的，因为公司股东往往是企业经营不善或倒闭的前兆。从20世纪前10年我国股市的配股情况来看，一些配股比例较高的公司往往都是业绩平平、不尽如人意的。当然我国上市公司的配股之风盛行也有其他一些原因，如在国民经济宏观调控期间政府对由于贷款实行规模控制，上市公司也难以从金融机构取得贷款。

对股民来说，配股有时预示着更大的投资风险。

首先，根据我国的有关规定，上市公司每年可有30%的配股额度，如果不配就会浪费了指标。许多上市公司纯粹是为了配股而配股，所筹资金并不一定有合适的项目去投资。

其次，按比例、高溢价地配股意味着要用配股资金再造一个和公司现有规模相差无几的企业，即使能找到合适的项目，但项目的建设是否能顺利进行，项目投产后产品是否能有销路、公司的管理水平和技术力量是否能跟得上，都是影响配股资金能否在预定的期限内见成效的关键，上市公司对股民的投资回报就较难达到要求。

再次，由于我国上市公司的的配股具有一定的强制性，配股会将股民更多的资金拖入股市这个风险之地。按照分散资金的原则，鸡蛋是不能都放在一个篮子里的，股民不但不应将资金都投入到某一只股票，还应留出一部分资金投入到风险较小的领域，如购买国库券或进行其他的实业投资。而每年连续不断的配股势必将股民更多的投资拖入股市，使股民承担更大的市场风险。

四、配股与资产流失

配股，一般是全体股东都应按持股比例追加投资，这样将不改变原由股东的相对持有比例。当然，如果某些股东对持有比例不介意的话，也可以放弃配股。但放弃配股的股东可能遭受市价损失。

当流通配股后，由于除权的作用，股价就要下降，对于参与配股的股东来说，由于股票数量的增多，股票的市价总值不发生变化。而若放弃配股，这部分股东将因所持股票总市值的减少而蒙受损失。而对于暂不能上市流通的国家股和法人股来说，市值只是一个名义的价格，其经济利益是否受损要视其配股后每股净资产含量和盈利能力的变化情况而定。

当配股价不等于每股净资产时，股东放弃配股将导致资产的相互转移，也就是说，部分股东的资产将在配股之中流失。当配股低于每股净资产时，配股后每股净资产含量将高于配股价且低于原来的基数，这样，放弃配股的股东的部分净资产将无偿地流向参与配股的一方；而当股价高于每股净资产值时，配股后每股净资产将大于原来的基数而小于配股价，参与配股一方的部分净资产就无偿地流向了放弃配股的一方。而依照中国证监会的规定，上市公司的配股价是不得低于每股净资产额的。这样，在上市公司的配股中，若国家股和法人股放弃配股，个人股东配股后所形成的部分资产将无偿地流向国家股和法人股股东，且配股比例越大、溢价越高，个人股东的资产流失也就越大。

五、配股与市盈率

股民之所以热衷配股，除了配股能增加手中的数量外，还因为通过追加投资，配股能降低市盈率。

$$市盈率 = 每股股价 \div 每股税后利润$$

在上市公司配股时，只有当配股价低于配股时的股票市价，配股才能进行。当配股大于或等于配股时的股票市价，股民可直接在股市上购买同类股票来增加持有的股票数量。

相对配股时的股票市价来说，配股价都是很低的，配股后上市公司的经营业绩若能保持在原有的水平，由于配股后股民手中的股票成本有所下降，平均股价有所下降，股票的市盈率将会随之下降。

如股民甲以每股20元的价格购得G股票1 000股，该股票的每股税后利润为0.2元，其市盈率为100倍。在G股票市场价格为每股15元时，上市公司宣布配股，配股价每股5元，配股比例每股0.5股。

根据配股的除权方式，配股后的除权价为：

$$Y = (市价 + 配股率 \times 配股价) \div (1 + 配股率)$$
$$= (15 + 0.5 \times 5) \div (1 + 0.5)$$
$$= 11.66（元）$$

股民甲以每股5元的价格配500股后，共持有G股票1 500股，持股成本从每股20元降为每股15元，其市盈率从100倍降到75倍。

其实，降低股票的市盈率或股票的平均持有成本，并不一定非要通过配股来实现，如果股民甲能在市场上买到市盈率较低的股票，则其效果与配股是相同的，只不过是持有股票的种类增加了，因为股票不过是上市公司为股民提供了一个购买低市盈率股票的机会而已。在上例中，如果股民甲能买到市盈率只有25倍的股票，再投资2 500元，降低持股市盈率或股票成本，效果将是一样的，只不过所持股票的品种增加了。

在追加投资时只要股民把握住这么一个原则，即后买股票的市盈率比先买的低，就能降低股票的平均市盈率。如果股民仅仅是想降低股票的持有成本或降低持股的市盈率，就不一定非要将自己限制在配股上。如在上例中，股民追加2 500元投资就不一定非要投资到原有股票的配股上，如果市场上有市盈率更低的股票，如每股价格2.5元，市盈率只有10倍的股票，此时股民甲就可购股票1 000股，其持股的平均市盈率就从100倍降到了56.25倍，其效果比参加配股更好。

股息红利与投资回报

获取股息红利，是股东投资于上市公司的基本目的，也是上市公司对股民的主要回报。但股息红利不是上市公司给予股东的全部回报，仅仅只是其中的一部分。从沪深股市1992年度至2008年度分红情况来看，上市公司的分红率平均约为70%，剩下的税后利润（总数的30%）都充实到了资本公积金中，成为企业的发展基金。

分红率=平均每股分红派息额÷平均每股收益

所以有些股市分析中单纯地只将股息红利作为上市公司对股民的全部回报是片面的，只要是上市公司实现的利润，都是对股东投资的回报，资本公资金的增加也就是股东权益的增加，增强了上市公司的经营实力，为未来的经营奠定了基础。

因为股息红利不是收益的全部，所以将分红派息额与平均每股净资产相比较，上市公司资本回报水平一般都比较低。

净资产收益率=每股盈利÷每股净资产
实际分红的净资产收益率=每股红利÷每股净资产

如果上市公司把当年盈利全部用于分红，则上述两个指标是相等的。也有的上市公司会把往年的资本公积金拿出一部分用于当年分红，这时第二个指标就会大于第一个指标。

在论述股票的收益性时，人们都认为股票的收益高于银行储蓄或国债。而在实际中，由于股票的价格与其所含的净资产数量相脱节，股票的投资收益要远远低于储蓄利率或国债利率。若用平均股价来衡量，沪深股市的平均股价收益率只有3%左右，也就相当于一年期的活期储蓄。

股价收益率=每股税后利润÷每股股价=1÷市盈率

如果将上述公式中的每股股价采用投资人买入股票时的实际价格，则可计算投资人的投资回报。它显示了投资人实际投入的资金在参与企业经营后获得的盈利状况。如果将股民在交易中所消耗的交易税、费计算在内，股民的投资回报率还会更低。

业绩增长与投资回报

股民的回报来自上市公司的经营业绩。业绩好，股民的回报就高；若上市公司经营不善，股民的回报就少，甚至没有任何回报。

在谈及上市公司的发展时，营业收入、净利润、净资产收益率是经常被用来论证上市公司经营业绩的。

实际上，营业收入是一家企业的毛收入，没有扣减经营支出即成本，因此不是上市公司的经营业绩，经营收入增长与否，还谈不上是对股民的回报。所以，上市公司营业收入的增加与它对股民的回报没有直接的关系。

净利润是一家公司在1年内的经营成果，是股息红利的最高限额。净利润高，股民能分得的红利就高，所以净利润的增减会影响股东的投资回报。但在将净利润用来考证上市公司对股民的回报时，应该注意股民的投入是否增加了，如果股民的投入增加了，净利润的增长就是理所当然的。

衡量上市公司回报能力的最好指标是净资产收益率，这是每单位净资产的获利能力，因为是一个效益指标，就很容易用与其他领域的投资收益作比较。当股民购买股票的价格与上市公司的每股净资产值相当时，股民的收益回报（不包括价差）就等于净资产收益率。

在上市公司的利润增加时，如果其净资产收益率没有提高，则意味着是由于加大了投入而引起利润扩张，如果在净利润增加的同时净资产收益率也有所提高，就说明公司的经营能力增强了，其对股东的回报也实实在在地提高了。

第十一章

走进股市：怎样参与股票交易

> 投资成功的关键在于，当市场价格大大低于经营企业的价值时，买入优秀企业的股票。
>
> ——巴菲特
>
> 顺应趋势，花全部的时间研究市场的正确趋势，如果保持一致，利润就会滚滚而来。
>
> ——江恩

股市交易术语——交易制度类

一级市场 指股票的初级市场也即发行市场，在这个市场上投资者可以认购公司发行的股票。通过一级市场，发行人筹措到了公司所需资金，而投资人则购买了公司的股票成为公司的股东，实现了储蓄转化为资本的过程。一级市场有以下几个主要特点：

（1）发行市场是一个抽象市场，其买卖活动并非局限在一个固定的场所。

（2）发行是一次性的行为，其价格由发行公司决定，并经过有关部门核准。投资人以同一价格购买股票。

二级市场 指流通市场，是已发行股票进入买卖交易的场所。二级市场的主要功能在于有效地集中和分配资金：

（1）促进短期闲散资金转化为长期建设资金。

（2）调节资金供求，引导资金流向，沟通储蓄与投资的融通渠道。

（3）二级市场的股价变动能反映出整个社会的经济情况，有助于抽调劳动生产率和新兴产业的兴起。

（4）维持股票的合理价格，交易自由、信息灵通、管理缜密，保证买卖双方的利益都受到严密的保护。已发行的股票一经上市，就进入二级市场。投资人根据自己的判断和需要买进和卖出股票，其交易价格由买卖双方来决定，因此投资人在同一天中买入同样的股票价格是不同的。

无形市场 无形市场是相对于有形市场而言的，无形市场不设交易大厅作为交易运行的组织中心，投资者利用证券商与交易所的电脑联网系统，可直接将买卖指令输入交易所的撮合系统进行交易。投资者委托买卖、成交回报、股份资金的交割，均通过证券商与交易所的电脑联网系统实现。

柜台委托 柜台委托指投资者到证券部营业柜台填写书面买卖委托单，委托证券商代理买卖股票的方式。

电话委托 电话委托指投资者通过电话向证券商计算机系统输入委托指令，以完成证券买卖委托和有关信息查询的委托方式。

电脑委托 电脑委托是指投资者通过与证券商自动委托交易系统联结的电脑终端，按照系统发出的指示输入买卖委托指令，以完成证券买卖委托和有关信息查询的一种先进的委托方式。

托管 托管是指在托管券商制度下，投资者在一个或几个券商处以认购、买入、转换等方式委托这些券商管理自己的股份，并且只可以在这些券商处卖出自己的证券；券商为投资者提供证券买卖、分红派息自动到账、证券与资金的查询、转托管等各项业务服务。

转托管 转托管是在托管券商制度下，投资者要将其托管股份从一个券商处转移到另一个券商处托管，就必须办理一定的手续，实现股份委托管理的转移，即所谓的转托管。

指定交易 指定交易指投资者可以指定某一证券营业部为自己买卖证券的唯一的交易营业部。

停牌 股票由于某种消息或进行某种活动引起股价的连续上涨或下跌，由证券交易所暂停其在股票市场上进行交易。待情况澄清或企业恢复正常后，再复牌在交易所挂牌交易。

涨（跌）停板 交易所规定的股价一天中涨（跌）最大幅度为前一日收盘价的百分数，不能超过此限，否则自动停止交易。

涨跌幅限制 涨跌幅限制是指在一个交易日内，除上市首日证券外，证券的交易价格相对上一交易日收市价格的涨跌幅度不得超过10%；超过涨跌限价的委托为无效委托。

大户 就是大额投资人,例如财团、信托公司以及其他拥有庞大资金的集团或个人。

中户 指投资额较大的投资人。

散户 就是买卖股票数量很少的小额投资者。

经纪人 执行客户命令,买卖证券、商品或其他财产,并为此收取佣金者。

非上市股票 不在证券交易所注册挂牌的股票。

委托书 股东委托他人(其他股东)代表自己在股东大会上行使投票权的书面证明。

T1交收 是指交易双方在交易次日完成与交易有关的证券、款项收付,即买方收到证券、卖方收到款项。

特别处理 ST沪深证券交易所在1998年4月22日宣布,根据1998年实施的股票上市规则,将对财务状况或其他状况出现异常的上市公司的股票交易进行特别处理,由于"特别处理"的英文是Special Treatment(缩写是"ST"),因此这些股票就简称为ST股。上述财务状况或其他状况出现异常主要是指两种情况:一是上市公司经审计连续2个会计年度的净利润均为负值,二是上市公司最近一个会计年度经审计的每股净资产低于股票面值。

在上市公司的股票交易被实行特别处理其间,其股票交易应遵循下列要求:

(1)股票报价日涨跌幅限制为5%。

(2)股票名称改为原股票名前加"ST",例如"ST辽物资"。

(3)上市公司的中期报告必须审计。

特别转让服务 PT,是英语Particular Transfer(意为特别转让)的缩写。这是旨在为暂停上市股票提供流通渠道的"特别转让服务"。对于进行这种"特别转让"的股票,沪深交易所在其简称前冠以"PT",称之为"PT股"。特别转让与正常股票交易主要有四点区别:

(1)交易时间不同。特别转让仅限于每周五的开市时间内进行,而非逐日持续交易。

(2)涨跌幅限制不同。特别转让股票申报价不得超过上一次转让价格的5%上下,与ST股票的日涨跌幅相同。

(3)撮合方式不同,特别转让是交易所于收市后一次性对该股票当天所有有效申报按集合竞价方式进行撮合、产生唯一的成交价格,所有符合成交条件的委托盘均按此价格成交。

(4)交易性质不同。特别转让股票不用上市交易,因此,这类股票不计入指数计算，成交数不计入市场统计，其转让信息也不在交易所行情中显示，只由指定报刊专栏在次日公告。

股市交易术语——研判分析类

绩优股 是指那些业绩优良，但增长速度较慢的公司的股票。这类公司有实力抵抗经济衰退，但不能给投资者带来振奋人心的利润。因为这类公司业务较为成熟，不需要花很多钱来扩展业务，所以投资这类公司的主要目的在于拿股息。另外，投资这类股票时，市盈率不要太高，同时要注意股价在历史上经济不景气时波动的记录。

热门股 是指交易量大、流通性强、股价变动幅度较大的股票。

成长股 是指一些公司所发行的股票，它们的销售额和利润额持续增长，而且速度快于整个国家和本行业的增长。这些公司通常有宏图伟略，注重科研，留有大量利润作为再投资以促进其扩张。

龙头股 是指某一时期在股票市场的炒作中对同行业板块的其他股票具有影响和号召力的股票，它的涨跌往往对其他同行业板块股票的涨跌起引导和示范作用。龙头股并不是一成不变的，它的地位往往只能维持一段时间。

黑马股 是指股价在一定时间内，上涨一倍或数倍的股票。

白马股 是指其有关的信息已经公开的股票，由于业绩较为明朗，很少存在埋地雷的风险，内幕交易、黑箱操作的可能性大大降低，同时又兼有业绩优良、高成长、低风险的特点，因而具备较高的投资价值，往往为投资者所看好。白马股具有"长期绩优，回报率高，炒的人多"的特点。

技术分析 是指以供求关系为基础对市场和股票进行的分析研究。技术分析研究价格动向、交易量、交易趋势和形式，并制图表示上述因素，用图预测当前市场行为对未来证券的供求关系和个人持有的证券可能发生的影响。

基本分析 是指根据销售额、资产、收益、产品或服务、市场和管理等因素对企业进行分析。亦指对宏观政治、经济、军事动态的分析，从而预测它们对股市的影响。

基本面基本面包括宏观经济运行态势和上市公司基本情况。宏观经济运行态势反映出上市公司整体经营业绩，也为上市公司进一步的发展确定了基石，因此宏观经济与上市公司及相应的股票价格有密切的关系。上市公司的基本面包括财务状况、盈利状况、市场占有率、经营管理体制、人才构成等各个方面。

政策面 指国家针对证券市场的具体政策，例如股市扩容政策、交易规则、交易成本规定等。

市场面 市场面指市场供求状况、市场品种结构以及投资者结构等因素。市场面的情况也与上市公司的经营业绩好坏有关。

技术面 指反映变化的技术指标、走势形态以及K线组合等。技术分析有三个前提假设，即市场行为包容一切信息；价格变化有一定的趋势或规律；历史会重演。由于认为市场行为包括了所有信息，那么宏观面、政策面等因素都可以忽略，而认为价格变化具有规律且历史会重演，从而使得以历史交易数据判断未来趋势变得简单了。

每股税后利润 又称每股盈利，可用公司税后利润除以公司总股数来计算。

股东权益 公司净资产代表公司本身拥有的财产，也是股东们在公司中的权益，因此，又叫作股东权益。

净资产收益率 是指公司税后利润除以净资产得到的百分比率，用以衡量公司运用自有资本的效率。

市盈率 又称股份收益比率或本益比，是股票市价与其每股收益的比值，计算公式是：

$$市盈率 = 当前每股市场价格 \div 每股税后利润$$

换手率 也称周转率，指在一定时间内市场中股票转手买卖的频率，是反映股票流通性强弱的指标之一，其计算公式为：

$$周转率（换手率）= 某一段时期内的成交量/发行总股数 \times 100\%。$$

成交量 反映成交的数量多少。一般可用成交股数和成交金额两项指标来衡量。目前深沪股市两项指标均能显示出来。

分红 是指上市公司对股东的投资回报。

送红股 是指上市公司将本年的利润留在公司里，发放股票作为红利，从而将利润转化为股本。

转增股本 转增股本是指公司将资本公积转化为股本，转增股本并没有改变股东的权益，但却增加了股本规模，因而客观结果与送红股相似。

题材板块 市场要炒作就必须以各种题材做支撑，这已成了市场的规律。常被利用的炒作题材大致有以下几类：①经营业绩好转、改善；②国家产业政策扶持，政府实行政策倾斜；③将要或正在合资合作、股权转让；④出现控股或收购等重大资产重组；⑤增资配股或高送股分红等。

周转率 股票交易的股数占交易所上市流通的股票股数的百分比。

认股权证 股票发行公司增发新股票时，发给公司原股东的以优惠价格购买一定数量股票的证书。认股权证通常都有时间限制，过时无效。在有效期内持有人可以将其卖出或转让。

除权　是指由于公司股本增加，每股股票所代表的企业实际价值（每股净资产）有所减少，需要在发生该事实之后从股票市场价格中剔除这部分因素，剔除行为称为除权。

除息　股票发行企业在发放股息或红利时，需要事先进行核对股东名册、召开股东会议等多种准备工作，于是规定以某日在册股东名单为准，并公告在此日以后一段时期为停止股东过户期。停止过户期内，股息红利仍发入给登记在册的旧股东，新买进股票的持有者因没有过户就不能享有领取股息红利的权利，这就称为除息。

填权　是指在除权除息后的一段时间里，如果多数人对该股看好，该只股票交易市价高于除权（除息）基准价，即股价比除权除息前有所上涨，这种行情称为填权。

贴权　是指在除权除息后的一段时间里，如果多数人不看好该股，交易市价低于除权（除息）基准价，即股价比除权除息前有所下降，则为贴权。

增资　是指市公司为业务需求经常会办理增资（有偿配股）或资本公积新增资（无偿配股）。

配股　是指公司增发新股时，按股东所有人份数，以特价（低于市价）分配给股东认购。

阻力线　是指股价上涨到达某一价位附近，如有大量的卖出情形，使股价停止上扬，甚至回跌的价。

支撑线　股价下跌到某一价位附近，如有大量买进情形，会使股价停止下跌甚至回升的价位。

跳空　股市受到强烈利多或利空消息的刺激，股价开始大幅跳动，在上涨时，当天的开盘或最低价，高于前一天的收盘价两个申报单位以上，称"跳空而上"；下跌时，当天的天盘或最高价低于前一天的收盘价两个申报单位，而于一天的交易中，上涨或下跌超过一个申报单位，称"跳空而下"。

填空　指将跳空出现时将没有交易的空价位补回来，也就是股价跳空后，过一段时间将回到跳空前价位，以填补跳空价位。

回档　上升趋势中，因股价上涨过速而回跌，以调整价位的现象。

天价　个别股票由多头市场转为空头市场时的最高价。

突破　指股价经过一段盘档时间后，产生的价格波动。

探底　股价持续跌挫至某价位时便止跌回升，如此一次或数次。

头部　股价上涨至某价位时便遇阻力而下滑。

近期趋势　20~30天为近期趋势。

洗盘　做手为达到炒作目的，必须于途中让低价买进且意志不坚的轿客下轿，

以减轻上档压力，同时让持股者的平均价位升高，以利于施行养、套、杀的手段。

对敲转账 转账交易的一种方式。这是证券经纪商赚取投资利润的一种手段。经纪商们经低价买进股票，并收取客户的佣金，再以高价卖给另一客户，这样就赚取了大量利润。

股市交易术语——实盘交易类

手 是国际上通用的计算成交股数的单位。必须是手的整数倍才能办理交易。一般以100股为一手进行交易。即购买股票至少必须购买100股。

挂进 买进股票的意思。

挂出 卖出股票的意思。

开市价 又称开盘价，是指某种证券在证券交易所每个交易日开市后的第一笔买卖成交价格。

收市价 又称收盘价，是指某种证券在证券交易所每个交易日里的最后一笔买卖成交价格。

最高价 指某种证券在每个交易日从开市到收市的交易过程中所产生的最高价格。

最低价 指某种证券在每个交易日从开市到收市的交易过程中所产生的最低价格。

涨跌 以每天的收盘价与前一天的收盘价相比较，来决定股票价格是涨还是跌。一般在交易台上方的公告牌上用"+""-"号表示。

开高盘 是指开盘价比前一天收盘价高出许多。

开低盘 是指开盘价比前一天收盘价低出许多。

开平盘 指当日的开盘价与前一营业日的收盘价相同。

盘档 是指投资者不积极买卖，多采取观望态度，使当天股价的变动幅度很小，这种情况称为盘档。

整理 是指股价经过一段急剧上涨或下跌后，开始小幅度波动，进入稳定变动阶段，这种现象称为整理，整理是下一次大变动的准备阶段。

盘整 股价经过一段快捷上升或下降后，遭遇阻力或支撑而呈小幅涨跌变动，做换手整理。

回档 是指股价上升过程中，因上涨过速而暂时回跌的现象。

反弹 是指在下跌的行情中，股价有时由于下跌速度太快，受到买方支撑出现暂时回升的现象。反弹幅度较下跌幅度小，反弹后恢复下跌趋势。

多头 对股票后市看好，先行买进股票，等股价涨至某个价位，卖出股票赚取差价的人。

空头 是指认为股价已上涨到了最高点，很快便会下跌，或当股票已开始下跌时，认为还会继续下跌，趁高价时卖出的人。它只是代表了一种实际操作方向，并非指特定的人群。

多头市场 也称牛市。就是股票价格普遍上涨的市场。

空头市场 亦称熊市。是指股价呈长期下降趋势的市场，空头市场中，股价的变动情况是大跌小涨。

多头陷阱 即为多头设置的陷阱，通常发生在指数或股价屡创新高，并迅速突破原来的指数区、达到新高点，随后迅速下滑跌破以前的支撑位，结果使在高位买进的投资者严重被套。

空头陷阱 通常出现在指数或股价从高位区以高成交量跌至一个新的低点区，并造成向下突破的假象，使恐慌性抛盘涌出后迅速回升至原先的密集成交区，并向上突破原压力线，使在低点卖出者踏空。

多翻空 原本看好行情的多头，因看法改变而卖出手中的股票，这种行为称为翻空或多翻空。

空翻多 原本作空头者，改变看法，把卖出的股票买回，有时还买进更多的股票，这种行为称为空翻多。

买空 预计股价将上涨，因而买入股票，在实际交割前，再将买入的股票卖掉，实际交割时收取差价或补足差价的一种投机行为。我国股市目前没有买空机制，欧美发达国家股市有这种机制。

卖空 预计股价将下跌，因而卖出股票，在发生实际交割前，将卖出股票如数补进，交割时，只结清差价的投机行为。我国股市目前没有卖空机制，欧美发达国家股市有这种机制。

利空 促使股价下跌，对空头有利的因素和消息。

利多 是刺激股价上涨，对多头有利的因素和消息。

套牢 是指预期股价上涨，不料买进后，股价一路下跌；或是预期股价下跌，卖出股票后，股价却一路上涨，前者称多头套牢，后者是空头套牢。

抢短线 预期股价上涨，先低价买进后再在短期内以高价卖出。预期股价下跌，先高价卖出再伺机在短期内以低价回购。

抬拉 是用非常方法，将股价大幅度抬起。通常大户在抬拉之后便大单抛出以牟取暴利。

打压 是用非常方法，将股价大幅度压低。通常大户在打压之后便大量买进以

牟取暴利。

护盘 指股市低落、人气不足时，机构投资大户大量购进股票，防止股市继续下滑行为。

洗盘 指主力操纵股市，故意压低股价的一种手段，具体做法是，为了拉高股价获利出货，先有意制造卖压，迫使低价买进者卖股票，以减轻拉长压力，通过这种方法可以使股价容易拉高。

骗线 大户利用股民们迷信技术分析数据、图表的心理，故意抬拉、打压股指，致使技术图表形成一定线型，引诱股民大量买进或卖出，从而达到他们大发其财的目的。这种由欺骗性造成的技术图表线型称为骗线。

坐轿子 指预测股价将涨，抢在众人前以低价先行买进，待众多散户跟进、股价节节升高后，卖出获利。

抬轿子 在别人早已买进后才醒悟，也跟着买进，结果是把股价抬高让他人获利，而自己买进的股价已非低价，无利可图。

下轿子 坐轿客逢高获利结算为下轿子。

反弹股票 价格在下跌趋势中因下跌过快而回升的价格调整现象，回升幅度一般小于下跌幅度。

斩仓 又叫割肉，是指在买入股票后，股价下跌，投资者为避免损失扩大而低价（赔本）卖出股票的行为。

平仓 投资者在股票市场上卖股票的行为。

建仓 投资者开始买入看涨的股票。

筹码 投资人手中持有一定数量的股票。

踏空 投资者因看淡后市、卖股票后，该股价却一路上扬，或未能及时买入，因而未能赚得利润。

跳水 指股价迅速下滑且幅度很大，超过前一交易日的最低价很多。

阴跌 指股价进一步退两步，缓慢下滑的情况，如阴雨连绵，长期不止。

跳空与回补 股市受强烈的利多或消息影响，开盘价高于或低于前一交易日的收盘价，股价走势出现缺口，称之为跳空；在股价之后的走势中，将跳空的缺口补回，称之为补空。

大盘上的红色、绿色、白字、黄线各代表的意义 证券行情实时显示系统上所显示的红色、绿色、白色和黄色是软件设计者为了便于分辨和识别而设定的，在不同情况下有不同的含义。

在通常采用的乾隆分析软件中，行情即时显示屏上出现的红色，表示该股票即时成交价格较前一个交易日收盘价格出现上涨，绿色代表下跌，白色则代表持平或停牌。在股价指数走势图中所出现的白线表示的是加权平均股价指数的走势,体现的是每个股票股本大小对综合指数的影响,出现的黄线则表示算术平均股价指数,它将每个股票对综合指数的影响平均看待;当黄线高于白线时,表明小盘股相对大盘股涨得多;反之,表明大盘股相对小盘股涨得多。在个股股价走势图中出现的白线则表示个股实际成交价格的走势,黄线则是指该股票自当天开盘至目前为止的平均成交价格的走势。

N、XD、XR、DR分别表示什么 当投资者观看股票行情时,往往会看到有些股票的名称前面突然冒出了英文字母,这些字母分别表示什么呢?让我们分别作出解释:

(1)当股票名称前出现了N字,表示该股是当日新上市的股票,字母N是英语New(新)的缩写。看到带有N字头的股票时,投资者除了知道它是新股,还应认识到该股票的股价在当日市场上是不受涨跌幅限制的,涨幅可以高于10%,跌幅也可超过10%。这样就较容易控制风险,把握投资机会。

(2)当股票名称前出现XD字样时,表示当日是该股票的除息日,XD是英语Exclud(除去)Dividend(利息)的简写。在除息日的当天,股价的基准价比前一个交易日的收盘价要低,因为从中扣除了利息这一部分的差价。

(3)当股票名称前出现XR的字样时,表明当日是该股票的除权日。XR是英语Exclud(除去)Right(权利)的简写。在除权日当天,股价会比前一交易日的收盘价要低,因为由于股数的扩大,股价被摊低了。

(4)当股票名称前出现DR字样时,表示当天是该股票的除息、除权日。D是Dividend(利息)的缩写,R是Right(权利)的缩写。有些上市公司分配时不仅派息而且送转红股或配股,所以出现同时除息又除权的现象。

你了解开户那些事吗

一般客户是不能直接进入证券交易所进行场内交易的,需要委托证券商或经纪人代为进行。客户的委托买卖是证券交易所交易的基本方式,是指投资者委托证券商或经纪人代理客户(投资者)在场内进行股票买卖交易的活动。

股票的交易程序一般包括开户、委托买卖、成交、清算及交割、过户等几个过程。

所谓开户,就是股票的买卖人在证券公司开立委托买卖的账户。其主要作用在于确定投资者信用,表明该投资者有能力支付买股票的价款或佣金。客户开设账户,是股票投资者委托证券商或经纪人代为买卖股票时,与证券商或经纪人签订委托买卖股票的契约,目的在于确立双方为委托与受托的关系。

委托某证券商代办股票买卖交易，必须先向该证券商办理名册登记手续，以建立一种委托与受托关系。名册登记的主要内容包括：客户的姓名、性别、身份证号码、家庭地址、职业、联系电话并留存印鉴和签名样卡。法人名册主要包括法人证明、法人授权书、法人姓名、证券商名称。在我国上海，这种工作由上海证券交易所办理，投资者出具身份证、银行存折办理股票账户，股票账户类似于股票存折，既是股民的代码卡，又是股民分红派息、买卖股票的有效凭证。

按照我国现行的有关规定，证券商有权拒绝下列人员开户：

（1）未满18周岁的成年人及未经法定代理人允许者。

（2）证券主管机关及证券交易所的职员与雇员。

（3）党政机关干部、现役军人。

（4）证券公司的职员。

（5）被宣布破产且未恢复者。

（6）未经证券主管机关或证券交易所允许者。

（7）法人委托开户未能提出该法人授权开户证明者。

（8）曾因违反证券交易的案件在查未满3年者。

从事证券交易的投资者可以选择开立以下几种账户：

现金账户　开立这种账户的客户，其全部买卖均以现金完成。当通过经纪商购进股票时，必须在清算日或清算日之前交清全部价款，用现金支付。同样，当卖出股票时，也须在清算日或清算日之前，将股票交给证券经纪商，证券经纪商将价款收入帐户。我国目前采用此种账户类型。

保证金账户　保证金帐户又叫普通账户，开立这一账户的客户，在买进股票时，只需要支付部分现款（即保证金）就可以买进全数的股票，全部价款与保证金的差额部分由证券商代垫，按市场利率计息，买进的股票则存在证券商处作抵押品。

联合账户　是指两个或两个以上的个人共同在经纪商那里开立一个账户，如一方死亡，另一方不需等到法院的判决就可以出售股票。这种情况多见于夫妻双方、父子等亲戚关系间，两个以上的没有亲戚关系的人也可开立联合账户，以减少佣金。

信托账户　这是专为未成年人的保护人开立的交易账户。许多国家的法律规定禁止未到法定年龄，就拥有一定数量的股票。为解决继承遗产或亲友赠送等原因产生的矛盾，证券公司设立此账户，由未成年者的保护人代其交易。

授权账户　这是一种特殊的账户。投资者开立此账户意味着他将授权证券公司，可以事先不与其商量，根据市场情况随机处理，代其进行股票的买卖。通常是在投资者完全信任证券公司的情况下，才开立此类账户。但很多国家的法律规定禁止使用这种账户，不少证券公司为避免纠纷，也拒绝开设该类账户。

除了现金账户，其他几种账户我国目前尚未使用。

股票的清算

所谓清算是指将买卖股票的数量和金额分别予以抵消，然后通过证券交易所交割净差额股票或价款的一种程序。清算的意义，在于同时减少通过证券交易所实际交割的股票与价款，节省大量的人力、物力和财力。证券交易所如果没有清算，那么每位证券商都必须向对方逐笔交割股票与价款，手续相当繁琐，占用大量的人力、物力、财力和时间。

证券交易所的清算业务按"净额交收"的原则办理，即每一证券商在一个清算期（每一开市日为一清算期）中，证券交易所清算部首先要核对场内成交单有无错误，为每一个证券商填写清算单。对买卖价款的清算，其应收、应付价款相抵后，只计轧差后的净余额。对买卖股票的清算，其同一股票应收、应付数额相抵后，只计轧差后的净余额。清算工作由证券交易所组织，各证券商统一将证券交易所视为中介人来进行清算，而不是各证券商相互间进行轧抵清算。交易所作为清算的中介人，在价款清算时，向股票卖出者付款，向股票买入者收款；在股票清算交割时，向股票卖出者收进股票，向股票买入者付出股票。

股票的交割

股票清算后，即办理交割手续。所谓交割就是卖方向买方交付股票而买方向卖方支付价款。

证券交易一般有下列交割方式：

当日交割。指买卖双方以成交后的当日就办理完交割事宜。适用于买方急需股票或卖方急需现款的情况。上海证券交易所目前采用此种方式。

次日交割。指成交后的下一个营业日正午前办理完成交割事宜，如逢法定假日，则顺延一天。

第二日交割。即自成交的次日起算，在第二个营业日正午前办理完成交割事宜。如逢休假日，则顺延一天。这种交割方式很少被采用。

例行交割。即自成交日起算，在第五个营业日内办完交割事宜。这是标准的交割方式。一般地，如果买卖双方在成交时未说明交割方式，即一律视为例行交割方式。

例行递延交割。指买卖双方约定在例行交割后选择某日作为交割时间。买方约定在交割时间次日付款，卖方在交割时间次日将股票交给买方。

卖方选择交割。指卖方有权决定交割日期。其期限从成交后5天至60天不等，买卖双方必须订立书面契约。凡按同一价格买入"卖方选择交割"时，期限最长者应具有优先选择权。凡按同一价格卖出"卖方选择交割"时，期限量最短者应具有优先成交权。我国目前未采用此种交割方式。

交割的程序

交割分为两个程序：

一、证券商的交割

证券交易所清算部每日闭市时，依据当日"场内成交单"所记载各证券商买卖各种证券的数量、价格，计算出各证券商应收应付价款的相抵后的净额及各种证券应收、应付相抵后的净额，编制当日"清算交割汇总表"和各证券商的"清算交割表"，分送各证券商清算交割人员。各证券商清算人员接到"清算交割表"核对无误后，须编制本公司当日的"交割清单"，办理交割手续。在办理价款交割时，依下列规定完成交割手续：

（1）应付价款者，将交割款项如数开具划帐凭证至证券交易所在人民银行营业部的帐户，由交易所清算部送去营业部划帐。

（2）应付价款者，由交易所清算部如数开具划账凭证，送营业部办理划拨手续。

二、证券商送客户买卖确认书

证券商的出市代表在交易所成交后，应立即通知其证券商，填写买进（卖出）确认书。

深圳证券交易所规定，买卖一经成交，出市代表应尽快通知其营业处所，以制作买卖报告书，于成立后的第二个营业日通知委托人（或以某种形式公告），并于该日下午办理交割手续。买卖报告书应按交易所规定的统一格式制备。买进者以红色印制，卖出者以蓝色印制。买卖报告书应记载委托人的姓名、股东代号、成交日期、证券种类、股数或面额、单价、佣金、手续费、代缴税款、应收或应付金额、场内成交单号码等事项。

股票的过户

随着交易的完成，当股票从卖方转给（卖给）买方时，就表示着原有股东拥有权利的转让，新的股票持有者则成为公司的新股东，老股东（原有的股东，即卖主）丧失了他们卖出的那部分股票所代表的权利，新股东则获得了他所买进那部分股票所代表的权利。然而，由于原有股东的姓名及持股情况均记录于股东名簿上，因而必须变更股东名簿上相应的内容，这就是通常所说的过户手续。所以说，证券和价款清算与交割后，并不意味着证券交易程序的最后了结。

在股票过户时要注意以下问题：

（1）一切费用应由发行公司负责。

（2）股东如果是用邮寄方式申请过户，则应用挂号邮至过户机构，以平信邮寄，若有遗失，发行公司概不负责。

（3）股东股票遗失，若无法出具充足证明，则发行公司可拒绝补发新股票。

（4）若拣到遗失股票，则无须归还，但如果原持有人在遗失股票背面已签字盖章，则发行公司拒绝办理过户手续，即，除非原持有人同意不再拥有已遗失股票，否则公司就不承认新持有人为新股东，因而新持有人无法享有一切权利。

（5）发行公司一般在宣布股息时公告一个停止过户期，在停止过户期间，发行公司停止办理过户手续。发行公司可将股息发给股东也可直接划到股东银行账号上。旧股东在此期间转让股份，则新股东不能领取股息。所以在成交中，发行公司往往从出让价格中扣除股息作为成交价格，以示公平。

成交的基本原则

一、价格优先原则

价格优先原则是指较高买进申报优先满足于较低买进申报，较低卖出申报优先满足于较高卖出申报；同价位申报，先申报者优先满足。计算机终端申报竞价和板牌竞价时，除上述的优先原则外，市价买卖优先满足于限价买卖。

二、成交时间优先顺序原则

成交时间优先顺序原则是指在口头唱报竞价，按中介经纪人听到的顺序排列；在计算机终端申报竞价时，按计算机主机接受的时间顺序排列；在板牌竞价时，按中介经纪人看到的顺序排列。在无法区分先后时，由中介经纪人组织抽签成交的决定。

三、成交的决定原则

原则是指在口头唱报竞价时，最高买进申报与最低卖出申报的价位相同，即为成交。在计算机终端申报竞价时，除前项规定外，如买（卖）方的申报价格高（低）于卖（买）方的申报价格，采用双方申报价格的平均中间价位；如买卖双方只有市价申报而无限价申报，则采用当日最近一次成交价或当时显示价格的价位。

电脑自动交易竞价作业程序

一、作业程序

（1）电脑交易的买卖申报由终端输入，限当日有效。

（2）买卖申报的输入自市场集会时间开始前半小时进行。前款输入买卖申报的时间，证券交易所认为必要时可变更。

（3）买卖申报应依序逐笔输入证券商代号、委托书编号、委托种类（融资、融券、集中保管、自行保管）、证券代号、单价、数量、买卖类别、输入时间及代理或自营。但证券交易所可视需要而增减。前款输入序号，证券商应依接单顺序，按每部终端机分别编定，不得跳号。

（4）买卖申报传输至交易所电脑主机，经接受后，由参加买卖的证券商印表机列印买卖申报回报单。

（5）买卖申报仅限于限价申报一种。

（6）证券商查询其未成交的买卖申报，应经由终端机进行。

（7）申请撤销买卖申报时，应经由终端机撤消。申请变更买卖申报时，除减少申报数量外，应先撤销原买卖申报，再重新申报。

二、行情揭示

分为公开揭示屏幕与专业揭示屏幕。

公开揭示屏幕置于深圳交易所集中交易市场和各证券商营业厅。在市场集会时间内，公开屏幕应将成交价格随时揭示，买卖申报价格的揭示以当市最近一次成交价格为基准报出最高叫买价与最低叫卖价。专业屏幕通过证券商的作业终端显示，可随时揭示围绕最近一次成交价上下两个升降单位的所有申报。

三、证券商的买卖申报

经交易所电脑主机接受后，由交易所主机自市场集会时间时起自动撮合成交。

四、决定买卖申报的优先顺序原则

（1）价格优先。

（2）时间优先。

（3）客户委托优先。

五、买卖申报的竞价方式

买卖申报的竞价方式，分为集合竞价和连续竞价两种。开盘或收盘采用集合竞价方式两种。收盘时采用集合竞价自收盘前10分钟开始。

六、集合竞价与连续竞价

集合竞价产生首次上市或除权除息后上市开市价。依集合竞价方式产生开盘价格的，其未成交买卖申报，仍然有效，并依原输入时序连续竞价。

开盘价格未能依集合竞价方式产生时，应以连续竞价产生开盘价格。

七、连续竞价

在当市最近一次成交价或当时揭示价连续两个升降单位内，其价格依下列原则决定。

（1）最高买进申报与最低卖出申报价格优先成交。

（2）买（卖）方申报价格高（低）于卖（买）方申报价格时，采用较接近当市最近的一次成交价格或当时揭示价格的价位成交价格。

八、成交回报单

买卖申报一经成交，即经由参加买卖的证券商的印表机列印成交回报单。在炒股软件的委托明细列表中会出现"已经成交"字样。

成交回报单的项目应包括证券商代号、委托书编号、委托种类、证券代号、成交数量、成交价格、成交金额、买卖类别、代理或自营及成交时间。

股票交易的集合竞价制度

上交所、深交所定在交易日上午9:15到9:25之间，大量买或卖某种股票的信息都输入到电脑内，但此时电脑只接受信息，不撮合信息。在正式开市前的一瞬间（9:30）电脑开始工作，十几秒后，电脑撮合定价，按成交量最大的一笔首先确定的价格产生了该股票当日的开盘价，并及时反映到屏幕上，这种方式就叫集合竞价（下午开市没有集合竞价）。

集合竞价的基本过程如下：

如表11-1设股票G在开盘前分别有5笔买入委托和6笔卖出委托，根据价格优先的原则，按买入价格由高至低和卖出价格由低至高的顺序将其分别排列：

表11-1

序号	委托买入价	数量（手）	序号	委托卖出价	数量（手）
1	3.80	2	1	3.52	5
2	3.76	6	2	3.57	1
3	3.65	4	3	3.60	2
4	3.60	7	4	3.65	6
5	3.54	6	5	3.70	6
6	3.75	3			

按不高于申买价和不低于申卖价的原则,首先叫成交第一笔,即3.80元买入委托和3.52元的卖出委托,若要同时符合申买者和申卖者的意愿,其成交价格必须是在3.52元与3.80元之间,但具体价格要视以后的成交情况而定。委托成交后其他的委托排序如表11-2所示。

表11-2

序号	委托买入价	数量（手）	序号	委托卖出价	数量（手）
1			1	3.52	3
2	3.76	6	2	3.57	1
3	3.65	4	3	3.60	2
4	3.60	7	4	3.65	6
5	3.54	6	5	3.70	6
6	3.75	3			

在第一次成交中,由于卖出委托的数量多于买入委托,按交易规则,序号1的买入委托2手全部成交,序号1的卖出委托还余3手。

第二笔成交情况:序号2的买入委托价格为不高于3.76元,数量为6手。在卖出委托中,序号1~3的委托的数量正好为6手,其价格意愿也符合要求,正好成交,其成交价格在3.60元~3.76元的范围内,成交数量为6手。应注意的是,第二笔成交价格的范围是在第一笔成交价格的范围之内,且区间要小一些。第二笔成交后剩下的委托情况如表11-3所示:

表11-3

序号	委托买入价	数量（手）	序号	委托卖出价	数量（手）
3	3.65	4			
4	3.60	7	4	3.65	6
5	3.54	6	5	3.70	6
6	3.75	3			

第三笔成交情况:序号3的买入委托价格要求不超过3.65元,而卖出委托序号4的委托价格符合要求,这样序号3的买入委托与序号4的卖出委托就正好配对成交,其价格为3.65元,因卖出委托数量大于买入委托,故序号4的卖出委托仅只成交了4手。第三笔成交后的委托情况如表11-4所示:

表11-4

序号	委托买入价	数量（手）	序号	委托卖出价	数量（手）
4	3.60	7	4	3.65	6
5	3.54	6	5	3.70	6
6	3.75	3			

完成以上三笔委托后，因最高买入价为3.60元，而最低卖出价为3.65元，买入价与卖出价之间再没有相交部分，所以这一次的集合竞价就已完成，最后一笔的成交价就为集合竞价的平均价格。剩下的其他委托将自动进入开盘后的连续竞价。

在以上过程中，通过一次次配对，成交的价格范围逐渐缩小，而成交的数量逐渐增大，直到最后确定一个具体的成交价格，并使成交量达到最大。在最后一笔配对中，如果买入价和卖出价不相等，其成交价就取两者的平均。

当股票的申买价低而申卖价高而导致没有股票成交时，上海股市就将其开盘价空缺，将连续竞价后产生的第一笔价格作为开盘价。而深圳股市对此却另有规定：若最高申买价高于前一交易日的收盘价，就选取该价格为开盘价；若最低申卖价低于前一交易日的收盘价，就选取该价格为开盘价；若最低申买价不高于前一交易日的收盘价、最高申卖价不低于前一交易日的收盘价，则选取前一交易日的收盘价为今日的开盘价。

B股交易规则

B股的正式名称是人民币特种股票。它是以人民币标明面值，以外币认购和买卖，在境内证券交易所上市交易的外资股。B股公司的注册地和上市地都在境内，只不过投资者在境外或在中国香港、澳门及台湾。2001年，我国开放境内个人居民可以投资B股。

一、交易品种

深圳B股和上海B股。

二、交易时间

每周一至周五上午9:30-11:30，下午1:00-3:00（北京时间）。

三、交易原则

价格优先、时间优先。

四、价格最小变化档位

深圳证券交易所为0.01港元，上海证券交易所为0.001美元。

五、交易单位

委托买卖及清算的价格以一股为准。深市B股买卖数额以一手即100股或其整数倍为单位。沪市B股买卖数额一手为1 000股或其整数倍为单位。

六、交易方式

深市B股交易方式分为集中交易和对敲交易。

七、集中交易

指在交易时间内通过交易所集中市场交易系统达成的交易。

八、对敲交易

B股证券商在开市后至闭市前5分钟将其接受的同一种B股买入委托和卖出委托配对后输入，经交易所的对敲交易系统确认后达成的交易。对敲交易仅限于股份托管在同一证券商处且不同投资者之间的股份协议转让。每笔交易数量须达到5万股以上。

九、T+3日交收

B股的交收期为T+3日，即在达成交易后的第四个交易日完成资金和股份的正式交收，并实现"货银对付"。在此之前，投资者不能提取卖出股票款和进行买入股票的转出托管。

B股交易常见问题

一、我可以在哪些机构进行B股交易

经证监会批准经营B股业务和经外汇局批准经营外汇业务的证券公司和信托投资公司，其总部和每一家分支机构都可以办理B股业务。境内个人投资者可以在同城任何一家经批准经营B股业务的证券公司和信托投资公司及其分支机构进行B股交易。

二、哪些人可以投资B股

投资B股，投资者本身首先应具备由证管部门规定的资格、条件。根据中国证监会有关规定，B股的投资者限于：

（1）外国的自然人、法人和其他组织。

（2）中国台、港、澳地区的自然人、法人和其他组织。

（3）定居海外的中国公民。

（4）境内个人投资者。

（5）中国证监会规定的其他投资人。

三、B股交易的"非居民"指什么

非居民指中国港、澳、台、外国公民及取得外国永久居留权者。

四、"非居民"须携带"身份证件"办理开户，"身份证件"指什么

非居民开户者开户所持的"身份证件"分别为：

（1）外国公民持身份证或护照。

（2）香港、澳门特区居民身份证。

(3) 台湾同胞台胞证。

(4) 取得外国绿卡的中国公民持护照及绿卡，开户时须填写护照号码。

五、非居民如何开立B股账户

具体步骤：

(1) 首先办理汇款，并在汇款单的备注栏注明"新开户"字样和股东姓名。

(2) 开户者自汇款当日起5个工作日后（境内汇款约为3个工作日）凭银行汇出汇单传真件或复印件到开户证券部查询资金是否入账。

(3) 确认资金已入证券公司账号后，即可办理开户手续。

(4) 开户者一般在T+3后领取资金卡及B股账户卡。

六、B股授权委托书应注意什么

B股授权委托书没有固定模式，但须明确表明代理人是否有权代理股票买卖和资金划拨这两种权限或其中一种。股东选择委托代理必须有时间限制，如无明示，则默认为2年，但股东代理人不得再请代理人。

七、什么是B股有效委托书

B股有效委托书是指由委托人所在地的公证机关或中国驻外国大使馆、领事馆出具的证明，确认委托书由股东本人亲笔书写并签字。

八、境内投资者可以在境外B股证券经营机构开户交易吗

不可以。根据规定，境内个人投资者进行B股交易，必须通过交易所、在有资格从事B股交易业务的证券商进行，境内投资者进行B股交易不得在境外B股证券经营机构处办理。

九、境内个人投资者与境外投资者之间可以进行B股协议转让吗

不可以，根据规定，境内个人投资者与非居民之间不得进行B股协议转让。

十、境内法人投资者可以投资B股吗

不可以。根据规定，目前我国的B股只对境内的个人居民开放，境内法人机构尚不能投资B股。

十一、B股可以"银证通"交易吗

不同的开通银证通业务的网点有不同的规定，能否"银证通"交易B股，应视你所开户的网点是否提供了该项服务。

十二、开户资金的数量限制是多少

深圳证券交易所B股资金账户最低金额为7 800港元（即等值1 000美元），上海证券交易所B股资金账户最低金额为1 000美元。没有规定上限。境内居民个人从外汇资金帐户向证券经营机构B股保证金账户划转资金时，没有任何数量限制。

十三、B股也要"验三证"吗

是的。与A股一样,证券部在投资者进行柜台交易、转托管、资金存取或办理其他手续时,一般要求投资者提供证券账户卡、身份证、资金账户卡,即所谓的"验三证"。

十四、B股的"一卡"也可以全国通用吗

可以,对于境内的B股个人投资者,无论是深圳B股帐户卡还是上海B股帐户卡,一张B股帐户卡可以在全国任何一家交易所会员券商处开户。两者所不同的是,深圳B股账户卡可以在多家证券营业部开户并可同时交易,而上海B股账户卡必须办理指定交易,在办理指定交易后只能在指定的一家证券营业部使用,转换证券交易营业部时,只需办理变更指定交易手续即可。

十五、怎样修改B股开户资料或办理B股销户手续

由于个人资料的变更,投资者有时需要修改开户资料,办理修改开户资料的手续,证券营业部一般对投资者提供修改开户资料的业务流程为:

(1) 投资者提供股东身份证、股东代码卡、证券帐户注册资料变更申请表。

(2) 投资者须亲临柜台修改有关资料,如系代理,还需出具代理人的身份证件及经公证证明的授权委托书。

(3) 投资者填写《交易帐户更改密码申请书》和《投资者开户资料变动表》。

(4) 营业员审核无误后,输入股东代码修改。

如果投资者提出销户,一般手续为:

(1) 投资者提供股东身份证、股东代码卡、注销证券账户申请表。

(2) 营业员审核资料、查验密码后送主管签批。

(3) 结清股东的资金和股份,办理销户手续。

(4) 交回投资者身份证和股东代码卡。

十六、什么情况下应该办理B股账户资料变更手续

投资者B股账户的下列资料发生变化的,应当及时到开户代理机构办理账户资料变更手续:

(1) 姓名或名称。

(2) 身份证明文件号码、商业注册登记证或其他证明文件号码。

(3) 住所。

(4) 其他资料。

十七、境外人能否用现钞开户

不能。境外投资者投资B股不能使用现钞,应持现汇存款。现汇存款是指境外汇入外汇或携入的外汇票据转存境内商业银行的存款。

十八、外币信用卡上的资金能否买卖B股

目前,国内将外币信用卡视同现钞管理。投资者如果将外币信用卡上的资金转成现钞存款,即可以买卖B股。

境内外B股投资者在交易上有何差异?

(1) 开户提交的文件材料不同。在申请开立B股证券账户时,境内居民须凭个人有效身份证件、1 000美元以上的银行进账凭证,到具有B股代理开户资格的券商处办理。

而境外(非居民)投资者则仅须凭个人有效证件(外国护照、外国身份证、中国护照+永久居住证明),未取得境外永久居住权的,视同境内居民办理。

(2) 保证金存取方式不同。投资者凭B股证券账户在券商处办理外汇资金账户(即B股保证金账户)时,境内居民将从银行转出的现汇或现钞存款,存入B股保证金帐户内;而境外居民(非居民)则须将从境外汇入的外币现汇或境内商业银行的合法现汇存款,存入B股资金账户内。

保证金支取时,境内居民须先将B股保证金账户中资金划回境内商业银行,再到银行提取,而划回银行的资金视同外币现钞,不得向境外支付;而境外居民(非居民)则可汇出境外支付,或存入其在内地开立的合法外汇账户。

(3) 交易方不同。境内沪市B股投资者需实行指定交易,其指定交易已一并完成,作为买卖证券的唯一交易点,投资者只能在被指定交易的证券营业部进行交易、清算、交收;如需变更指定交易,须先到原已指定交易的证券营业部撤消指定,然后到其他证券营业部重新办理指定交易。

(4) 境外投资者买卖沪市B股"随处可买,随处可卖"。与境内居民不同的是,境外投资者在买卖沪市B股中体现为:随处可买,随处可卖。即同一个证券账户在任何不同证券营业部买入的B股,亦可在任一证券营业部卖出。

股份余额由结算会员每月进行对账。但无论在何营业部买入的B股,此间发放的股票现金红利,仍在其指定的结算会员处,有关查询、挂失、权益领取、冻结、解冻、非交易过户等均须在指定的结算会员处办理。

最后,就B股投资者对象而言,对境外是全方位开放,既可是投资基金等机构投资者,也可是境外非居民个人;而目前向境内开放仅限于居民个人而已,暂未对法人开放。

十九、境内个人投资者如何办理划转资金和开立B股账户手续

(1) 凭本人有效身份证明文件到其外汇存款银行将其现汇存款或外币现钞存款划入拟开户的证券经营机构在同城、同行的B股保证金账户,暂时不允许跨行或异地划转外汇资金。

（2）境内商业银行向境内居民个人出具进账凭证，并向证券经营机构出具对帐单。

（3）凭本人有效身份证明和本人进账凭证到证券经营机构开立B股资金账户，开立B股资金账户的最低金额为等值1 000美元。

（4）凭B股资金账户开户证明在经结算公司委托的证券经营机构或其他机构开立B股股票账户。

第十二章

选股技巧：如何选出赚钱的股票

> 投资人并不需要做对很多事情，重要的是要能不犯重大的过错。
>
> ——巴菲特
>
> 世界经济史是一部基于假象和谎言的连续剧。要获得财富，做法就是认清其假象，投入其中，然后在假象被公众认识之前退出游戏！
>
> ——乔治·索罗斯

选择市场性优异的股票

每个股票都有其特性，即股性。股性好，指该股活跃，在大势升时该股股价升得多，大势跌时股价波动较大，这种股票群众基础好，大家都乐意炒它。而股性不好的股票往往股价呆滞，只会随大势作小幅波动，炒作这种股票往往赚不到什么钱。

每种股票都有其习性，这种习性是长期炒作形成的，是由于大众对其看法趋于一致造成的，一般难以改变。但股性并不是永远不变的，有时通过机构长时间努力，或由于经济环境的改变，可能会改变一些股票的特性。

几乎所有的热门指标股，都有良好的市场性，这些股票的筹码锁定好，易大起大落，投资者高度认同这些股票，一有风吹草动即大胆跟风，从而造成该股股价疯涨。大众认同的程度越高，该股市场的属性越好，市场主力往往介入这些股票，在其中推波助澜。而主力对于长期介入较多的股票市场性很熟悉，也常常选择同一只股票多次介入。这正是形成个股独特股性的重要原因。

股本结构这个因素是个股的重要属性之一，多年来股本小的个股往往较容易成为主力炒作的目标。很多主力介入操作的重要参考因素就是股本的大小。小型股容易控制筹码，轻，薄，短，小的股票具备拉升容易的特点，十分利于操作。

冷门股有时也会成为表现惊人的个股，冷门股从前大多有过突然爆发的经历。也就是说，其股性属于突然拉升型。冷门黑马股大多流通筹码很少，股本小，所以这类股票一旦打底完成发动攻击，其升幅往往是十分可观的。

股票的特性是长期形成的，需要投资者长期了解才能全面熟悉。当投资者了解股票的特性后，遇到一定的情况，可以对预测个股态势十分有利。同样，如果某只股票的个性出现变化，那么就可以很快记住他们的变化。

因此，选择股票应该首先考虑股性，落后大势的弱势股不要去碰，而热门的指标股是首选目标，某些冷门股经过长期的盘整，也有可能突然爆发，可以考虑选择。

选择有潜力的低价股

股票价格低，本身就是一个优势。低价格往往意味着低风险。某只股票的价格之所以低，说明该股票的种种不利因素已被大众所了解，而股票市场的一个特点就是，大家都已经知道的事情往往对市场不再起作用，正如大家已经知道的好消息公布出来也无法再使市场上升。所以，如果某只股票的价格很低，那一定是因为一些众所周知的原因，并且大家都已经接受了这种现状。

然而事情并非一成不变。在一批低价股中，常常就隐藏着几个可能变好的股票，这是最值得炒作的原因。同时，低价的特性使得炒作成本低，容易引起主力的关注，容易控制筹码。由于比例的效应，低价股上涨获利的比率会更大，获利的空间与想象的空间更广阔。再加上群众基础好的原因，常常会使低价股成为大黑马。

当然，并非低价就一定好，有些上市公司积弱多年，毫无翻身的机会，甚至亏损累累，这样的低价股还是少碰为妙。最重要的是找出低价股中的好股票和有利好可能的股票。

新上市的股票要特别关注

现在，新上市的股票越来越多，有些投资者已经变得很麻木，对新股视而不见。这反而给普通或新入场的投资者提供机会。新股中也有好有坏，但总的来说，都有一个共同的优点，那就是上方无套牢盘。一般新股上市，原始股东都是获利的，只要他们愿意抛出，都可以赚钱。同时，新股没有什么复杂的历史，这样也使主力容易掌握筹码的分布情况，容易集中吸货，从而完全控制该股票的筹码。尤其是那种上市后曾跌破发行价的新股，更是难得的炒作对象。在发行价之下，常常有机构大量吸货，因此日后必有不俗的表现。这种股票的筹码高度集中，机构主力爱做多高的价都可以。

市场上，新股被疯炒的例子举不胜举，以致最后到了逢新必炒的地步。这充分证明：当主力机构在市场上再难找到的炒作对象时，新股就成了最好的选择。新股的炒作可以纯粹当做数字游戏来玩，完全可以不理会其业绩的实质。只要主力有勇气接走所有的低位抛盘，以后的股价就只是一个数字而已。

另外，由于股票上市的承销商制度，使得新股上市直接关系到承销商和上市公司的面子，所以即使大市不利，券商也要尽力护盘维持形象。这样的结果往往是手上的股票越来越多，最后不得不做庄炒作一番。

选择强势产业的股票

强势产业的股票往往是领导大市的主角，尤其是行业中的龙头，往往具有指标股的作用。因此，选股必须选择强势产业中的领头股，这样往往能领先大势获利。通常，在某个多头市场的领头股，到大市反转时，便成为抗跌的好股票。

投资者应该了解整个国家的经济形势与产业政策，哪些是夕阳产业，哪些是强势产业，做到心里有数。对国家产业政策扶持的上市公司来讲，经营的阻力要小一些，获利的能力会大一些。另外，从全世界的产业发展趋势来看，也可以看出哪些行业是有前途的，哪些行业是面临困境的。投资者应有买股票就是买未来的观念，所以对前景看好的尖端产业应具备长远的眼光，对高科技，高附加值的产业，尤其要特别注意。

投资者应经常检视各类产业股票的表现情形，这将有助于摆脱目前的弱势产业的股票、换入强势产业的股票。某一行业的股票常常有某种联动性。如果某产业的龙头股表现疲弱，则往往会波及该行业的其他股票。同样，如果某行业的几种指标股呈强劲起势，则会带动其他同类个股。

分析炒作题材

所谓题材，就是炒作股票的借口，用来激发市场人气的工具。有些题材确有实质性内容，而有些则纯粹是空穴来风，甚至是刻意散布的谣言。题材对上市公司本身有多大好处是不能随便确定的，具体情况需要具体分析。但市场的特点是：只要有题材，市场就乐于挖掘和接受，而题材的真实作用反而被忽视了。

一、常用来炒作的题材

（1）经营业绩改善或有望改善。从根本来讲，业绩是股市的根本所在，业绩是硬道理。所谓利好的预期最终都会反映到业绩上来，因此这是最有号召力的题材。而其中，业绩可望改善比业绩已经改善更有吸引力。因为人们更看重上市公司的未来。这类题材每到公布业绩报告期间显得尤为活跃，而公布完后，就暂时告一段落。

（2）拥有庞大的土地资产有望升值。这个题材极具想象力，但最终要看是否有人挖掘并宣传这个题材。

（3）国家产业政策扶持。最关键的是优惠的税收政策和贷款政策。通常出现在能源，交通，化工，通讯，高科技等领域。

（4）合资合作或股权转让。分析合资题材，要全面考虑合资伙伴的经济实力和市场能量，分清有利的真合资和纯粹为造题材而吹捧的假合资，分清合资的前景是好是坏。

（5）增资配股或送股分红。增资配股本身并不是分红行为，并没有给股东什么回报，只是给股东一个增加投资的权力。在牛市中，这种优先投资的权利往往显得非常重要，并具有一定的价值，因为牛市中人们预期股价会上升，可以优先投资必定会带来良好的收益。送股分红是上市公司给股东的真正回报，在这种回报真正兑现之前，往往会出现抢权现象，因为预期牛市会填权。增资配股或送股分红成为一种题材，是因为人们的牛市预期。一旦市势逆转，人们预期熊市到来，送股也好，配股也好，都不能激起人们的购买欲望。

（6）控股或收购。这是国外发达市场中最有吸引力的题材之一。因为它能给人以无限的想象空间。控股指某财团在股票市场上大量吸纳某只股票，以求最终控制该公司。不过在中国股市的二级市场上发生真正意义的抢股收购是不太可能的。这与上市公司的股本结构有关。因此控股或收购还仅仅是一个炒作题材。多数控股行由于庄家炒作失当，手中的股票越来越多，以致达到或超过举牌的界限，而不得不举牌。

二、分析炒作题材

分析题材是真是假其实不难，可以通过分析上市公司的各种公告和报表进行辨别。但最好的方法是拿题材来与盘面比较，看盘面是否支持该题材的存在。对于真正的炒股高手来说，根本用不着整天打听什么消息，一切都在盘面上清楚地反映出来了。

某个题材到底能给盘面造成多大的影响，那不决定于题材的情况，而取决于盘面当时的处境。盘面的反应就是供求关系的变化，盘面的状态就是指目前供求关系的状态。

市场气氛有高有低，人气有旺有衰，同样的题材投入到市场中，反映常常因时而异。这就是市场的微妙之处。只有懂得了题材与市场的这种关系，才能站到了市场之上，置身事外来分析市场的反应。

反过来，通过市场对题材的反应，也可以看出目前市场所处的状态。一个对坏消息毫无反应的市场无疑是个强势市场，而一个对庄家鼓吹的种种利好题材没有什么反应的市场是弱势市场。在牛市中，即使庄家不去鼓吹，投资者也会自己去发掘。所以说题材是借口，市场状态才是关键。

题材的真假无关紧要，重要的是市场的反应、题材的号召力及跟风者多不多。

三、轮炒的策略

轮炒与其说是一种策略，不如说是一种自然现象。所谓轮炒，是指把市场上不同板块分成几个层次，依序分批炒作的现象。轮炒可以是市场主力的安排，也可能是市场自发形成。大盘中股票太多，所有股票一起上涨需要太多的资金，而且股票一起上攻时，投资者的注意力被分散了，不容易形成强烈的攻势。轮炒的本质是把大盘分割成多个部分，然后集中力量来炒作一批。另外，当一批股票走弱时，可以有另一批股票来代替前者支撑局面，用以维护市场人气。

轮炒往往依照先一线绩优股，再二线股中价股，再三线低价股进行。这是因为行情发动之初，人们往往对后市存有疑虑，一般不敢买入那些业绩没有保证的个股，而此时绩优股的价格偏低，投资价值显现，成为第一批投资者的首选。当一线股炒高以后，二线股随之跟上，因为二线股的业绩也不差，既然一线股已经很高了，那么后来者只有选择这些二线股了。接下来，市场趋于活跃，投机的气氛也越来越浓厚，于是三线股作为最投机的品种被用来炒作，这种炒作常常失去理性，成为纯粹的数字游戏。

当一线、二线、三线股轮炒一遍之后，一般市势就告一段落，回落调整以待时机。这是轮炒的普遍规律，当市场上可炒的股票越来越少的时候，市势也就差不多到了尽头了。但也有例外情况，即轮炒二线股的时候，一线股已经开始调整，炒三线股的时候，一线二线股又在调整，当三线股炒作完成后，也许一线股已经调整的相当彻底，这时如果大势长期看好，则有可能重新启动一线股，带动市场新一轮循环（大牛市时可能这样）。所以投资者应该把握市场节奏，当三线股炒作完以后，密切注意一线股的走势，看是否有启动的迹象。一旦如此，则市势可能长期看好，可以开始新一轮炒作。

轮炒策略可以节省主力机构的资金，也符合市场心理的要求，因而市势的发展往往表现出轮涨的特征。投资者应充分利用自己的资金来应付轮炒，从而获得最大的利润。

第十三章

买卖技法：怎样使投资回报最大化

> 股票投资，必须具备正确的判断能力，这样才不至于盲目随从，酿成失败。
>
> ——吉姆·罗杰斯
>
> 某只股票比以前便宜不能成为买进的理由，同样仅仅因为它比以前贵就卖掉也不是理性的方式。
>
> ——波得·林奇

顺势投资法

对于那些小额股票投资者而言，谈不上能够操纵股市，要想在变幻莫测的股市战场上获得收益，只能跟随股价走势，采用顺势投资法。当整个股市大势向上时，以做多头或买进股票持有为宜；而股市不灵或股价趋势向下时，则以卖出手中持股而拥有现金以待时机而动较佳。这种跟着大势走的投资作法，似乎已成为小额投资者公认的"法则"。凡是顺势的投资者，不仅可以达到事半功倍的效果，而且获利的几率也比较高；反之，如果逆势操作，即使财力极其庞大，也可能会得不偿失。

采用顺势投资法必须确保两个前提：一是涨跌趋势必须明确；二是必须能够及早确认趋势。这就需要投资者根据股市的某些征兆进行科学准确的判断。就多头市场而言，其征兆主要有：

（1）不利消息（甚至亏损之类的消息）出现时，股价下跌。
（2）有利消息见报时，股价大涨。

(3) 除息除权股，很快做填息反映。
(4) 行情上升，成交量趋于活跃。
(5) 各种股票轮流跳动，形成向上比价的情形。
(6) 投资者开始重视纯益、股利；开始计算本益比、本利比等等。

当然顺势投资法也并不能确保投资者时时都能赚钱。比如股价走势被确认为涨势，但已到回头边缘，此时若买进，极可能抢到高位，接到最后一棒，股价会立即产生反转，使投资者蒙受损失。又如，股价走势被断定属于落势时，也可能是回升的边缘，若在这个时候卖出，很可能卖到最低价，懊悔莫及。

"拔档子"操作法

所谓"拔档子"，是指投资者先卖出自己所持有的股票，待其价位下降之后，再买入补回的一种以多头降低成本，保存实力的方法。投资者"拔档子"并不是对后市看坏，也不是真正有意获利了结，只是希望趁价位高时，先行卖出，以便自己赚取一段差价。通常"拔档子"卖出与买回之间，短则相隔一天即要回补，长则可能达一两个月之久。

"拔档子"的动机有两种：其一为行情上涨一段后卖出，回降后补进的"挺升行进间拨档"，其二为行情挫落时，趁价位仍高时卖出，等价位跌低时再予回补的"滑降间拨档"。前者系多头推动行情上升之际，见价位已上升不少，或者遇到沉重的压力区，干脆自行卖出，希望股价回落，以化解涨升阻力，待方便时再度冲刺；后者则为套牢多头，或多头自知实力弱于卖方，于是在股价尚未跌低之前，先行卖出，等价位跌落后，再买回。

"拔档子"时机选择恰当，可降低成本，增加利润，若不恰当，则吃力不讨好。通常的做法应是见好就收，以免遇见压低行情，白白让别人捡了便宜货。

保本投资法

保本投资法是一种避免血本耗尽的操作方法。保本投资的"本"和一般生意场上"本"的概念不一样，并不代表投资人用于购买股票的总金额，而是指不容许亏蚀净尽的数额。因为用于购买股票的总金额，人人各不相同，即使购买同等数量的同一种股票，不同的投资者所用的资金也大不一样。通过银行融资买进的投资者所使用的金额，只有一般投资者所用金额的一半（如美国联邦储备银行规定，从事卖空者在进行交易时需支付当时股票市场价格50%的保证金）；以垫款买进（当然是非法的）的投资者所用的金额，更是远低于一般投资者所用的金额。所以"本"并不是指买进股票的总金额。"不容许亏蚀净尽的数额'则是指投资者心中主观认为在最坏的情况下不愿被损失的那一部分，即所谓损失点的基本金额。

保本投资法的基本假设是：任何人的现金都是有限度的。保本的关键不在于买进而在于卖出的决策。为了作出明智的卖出决策，保本投资者必须首先定出自己心目中的"本"，即不容许亏损净尽的那一部分。其次，必须确定获利卖出点，最后必须确定停止损失点。比如若某股票投资者心目中的"本"定为投资总额的1/2。那么他的获利点即为所持股票市价总值达到最初投资额的150%时，此时该股票投资者可以卖出持股的1/3，先保其本。然后，再定所剩下的"本"，比如改订为20%，即剩下的持股再涨20%时，再予卖掉1/6，将这一部分的"本"也保下来了。以此类推，再订出剩下持有股票的本。上述获利卖出点的确定是针对行情上涨时所采用的保本投资法策略。至于行情下跌时，则要确定停止损失点。停止损失点是指当行情下跌到达股票投资者的心目中的"本"时，即予卖出，以保住其最起码的"本"的那一点，如假定某股票投资者确定的"本"是其购买股票金额的80%，那么行情下跌20%时，就是股票投资者采取"停止损失"措施的时候了，即全身而退以免蒙受过多亏损。这就是保本投资法的关键在于卖出决策的道理所在。

这种方法比较适用于经济景气明朗时，股价走势与实质因素显著脱节时，以及行情变化怪异难以估量时，操此法进行投资的人，切忌贪得无厌。

守株待兔法

守株待兔是家喻户晓的成语，将这一成语运用到股票投资中，并非要求投资者将自己的希望吊在一棵"树"上，而是要求投资者为了获利，要求广泛撒网，守住很多树(最好是全部的树)，既买进交易所挂牌且每天均有交易的多数或全部股票。对于普遍的投资者来讲，选择合适的投资对象非常关键，而且不易把握，如果缺乏正确可靠的消息来源和行家的指导，自己无法确定投资对象时，不妨采用此法。

具体的做法是：投资者可以将每天挂牌上市的股票各购进一股或几股。这样一来，任何股票涨跌都有可能获得收益而不至于全亏（当然，由于系统性风险而引起的整个股市行情下跌是一种例外情况）。

操这种方法的人应该自己订立一个原则，如涨跌幅度超过二成则可售出或买进。这样做就不必为股票的选择而大动脑筋，省去甚多麻烦，也降低了投资对象选择中的风险，收益可观。

但是，守株待兔法并不是最高明的办法，只是在选择投资对象没有绝对把握时才采用，采用这种方法需注意以下几点：

（1）不要涉足过分冷门的股票，因为过分冷门的股票可能使部分资金冻结，一般投资人的资金大多有限，经不起长期的冻结。

（2）一旦决定采用这种方法，就应该抱定不赚不卖的信心，不为各种马路消息所左右，既然网已经全部张开，只需等待，肯定会赚。

（3）必须关心经济景气动向，对于政治、军事等宏观的风险因素也要密切注视其变化，以便及早预测整个股市走势，避免将大亏特亏，悔之晚矣。

以静制动法

当股市处在换手、轮做，行情走势表现为"东升西跳"、"此起彼落"时，股票投资者不妨采用以静制动的做法。经常出入证券交易所的人，大都易受情绪的影响，如在股票轮做，行情东升西跳时，采取追涨的做法或跟随主力进出，很可能买到的是就要停顿或回头的股票，结果是疲于奔命，吃力不讨好没什么收益，甚至会有损失。既然在股票轮流跳动阶段，没有绝对把握去购买刚好发动涨势的股票，就不妨以静制动，选择涨幅较小，或者尚未调整价位的股票买进持有，等到其他同类股票的价位涨高了，自然会有主力发现这种未动股票的潜力，到时这种股票价格也会因主力的参与而上涨，投资者便可从中获利。这就是生意场上的所谓"大家都做的，我不做"，"迎风的树，结不牢果实"。

经常采用这种方法进行投资的人，一般不仅要求投资的技艺娴熟，而且要求修养也很深。因此，从事投资虽然旨在获利，但投资人的内在涵养也很重要，这即所谓的"场内工夫场外学"之道理。

摊平操作法

俗话说，智者千虑必有一失。任何精明的投资人，都不可避免的有时会做出错误的决策，如买进的时机不对，或者买进价格高等。因此，有经验的股票投资者必定会摒弃赌徒心理，采取逐步操作，即任何买卖进出都不用尽全部财力，以便下档摊平，或上档加码。

下档摊平的操作方法，是指投资人在买进股票后，由于股价下跌，使得手中持股形成亏本状态，当股价跌落一段时间后，投资人以低价再买进一些以便匀低成本的操作方式。下档摊平的操作方法大体上可以分为三种。

一、逐次平均买进摊平法

即将要投入股票的资金分成三部分，第一次买进全部资产的1/3，第二次再买进1/3，剩余的1/3最后买进，这种方法不论行情上下，都不会冒太大的风险。

二、加倍买进摊平法

加倍买进摊平法有二段式和三段式两种。二段式是将总投资资金分成三份，第一次买进1/3，如果行情下跌，则利用另外的2/3；三段式是将总投资资金分成七份。第一次买进1/7，如行情下跌，则第二次买进2/7；如行情再下跌，则第三次买进3/7，此法类似于"倒金字塔买进法"，适用于中、大户的操作。

三、加倍卖出摊平法

加倍卖出摊平法是将资金分成三份。第一次买进1/3的，如发现市场状况逆转，行情确已下跌，则第二次卖出2/3，即要多卖出一倍的股票。这样可以尽快摊平，增加获利机会。

上档加码就是买进股票之后，股价上升了，再加码买进一些，以使持股数量增多，扩大获利的比率。

加码买进匀低成本法

当行情急剧下跌，在价位上出现亏损时，只要经济的发展仍有希望，投资者可耐心等待，也可以在低档时加码买进以匀低成本。可以在股价跌到相当程度，照原持有股加码买进。如果资金宽裕，可以加倍或数倍买进以匀低成本。

加码买进以匀低成本的先决条件，是经济前景仍被看好，所投资股票的实质条件仍存在，因此可以买进以摊平成本。

金融资产的投资三分法

在西方各国，如美国，最流行的三分法是：1/3的现金存入银行以备急需，1/3的现金购买债券、股票等有价证券作长期投资，剩下的1/3投资于房地产等不动产——一般情况下房地产只会增值而不会贬值，这部分投资可以作为准备金和后备基金，以备其他投资蚀本时用以保本或翻本。

在有价证券的投资上，投资者也往往将1/3用来购买安全性高的债券或优先股，1/3购买有发展前途的成长型股票，1/3购买普通股票，以分散风险并取得差价收益。

目前我国的房地产市场尚未发育成熟，投资者可以把1/3资金用于银行存款或持有现金，1/3购买安全性高的债券，1/3购买股票，只要投资者能按一定的比例适当分配手中的资金，就能以钱养钱，并能最大限度地抓住获利机会。

分散投资组合法

这种投资组合的主要含义是：

（1）购买股票的企业种类要分散，不要集中购买同一行业企业的股票，否则，若碰上行业性不景气，本行业股价受不景气的影响会全部大幅下跌，会使投资者蒙受极大损失。

（2）购买股票的企业单位要分散，不要把全部资金投资于一个企业的股票，即使该企业目前经营业绩良好也要避免这种情况。

（3）投资时间要分散。购买股票前应当先了解各种股票的派息时间，一般公司是在每年3月份召开股东代表大会，四月份派息，也有半年派一次息的。购买股票时可按派息时间岔开选择购买。因为按以往情况分析，派息前股价都会升高，即使投资者购买的某种股票因利率、物价等变动而在这一时间蒙受公共风险，投资者还可以期待到另一时间派息的股票上获利。

（4）投资区域也要分散。由于各地的企业会受当地市场、税赋、法律政策等多方面因素的影响而产生不同的效果，分开投资，便可收东方不亮西方亮之效。

按投资期限制定的比例组合法

按投资期限长短划分制定的比例组合法包括长线投资、中线投资和短线投资。长线投资是指买进股票以后不立即转售，长期持有以便享有优厚的股东收益，持有时间一般在半年以下，其对象一般是财务状况良好而又有发展前景的公司股票。中线投资指的是把自己几个月内暂时不用的钱进行投资，投资对象是估计几个月内可提供良好盈利的股票。短线投资是指那些股价起伏甚大，几天内就可以有大涨跌的股票。一个投资者应该把自己的资金分成较长期内不用等待获利、几个月内不用和随时可动用、搞得好可获其利、搞不好全部损失也在所不惜的三部分，分别用于长线投资、中线投资和短线投资。用于长线投资的那部分一定要沉得住气，要坚持自己的意图，放长线钓大鱼，不达目的绝不罢休，切忌股价稍有上升就轻易抛出，其结果往往是图了眼前小利而损失长远大利。

试探性分开投资法

比如你要买某种股票1 000股,可以先买500股作为试探,等到该股票股价上涨到一定幅度出现回档,且价位至低档不再往下跌时(根据股市常规,股价上涨到一定幅度必然会有回档),再买进500股。这样,如果正处于"牛市"中,股价按刚才分析上涨,两次投资均可获利;如果处于"熊市",股价不涨,反而回落,投资者的损失也比投资1 000股减少一半。

由风险情况制定的组合法

尽管投资风险变化莫测,现代证券理论越来越倾向于对风险进行定量分析,即把风险区分为可计算的风险和不可计算的风险两类。通常运用一种股票价格除以平均股价指数或通过本利比的计算,便可以确定股票的风险等级或风险率,除数越小,本利越低,风险越大。另一方面,报酬率(收益率)也可以运用一定的方法计算出来。最理想的组合形式就是在投资人测定自己希望得到的投资报酬和所能承担的风险之间,选择一个最合适的组合。

计划模式法

初涉证券市场的投资者在进入市场之前往往没有制订一套明确的投资计划,仅凭借自己的主观意识随机应变,这种随机性的"非定式"投资行为通常为稳健的投资者所避讳。因为投资人的行为很容易被"舆论"所左右,盲目跟风,风险颇大。一个明智的投资者在购买股票以前,应该首先认真地调查股市行情,然后根据自己的实力和条件,制订可行的投资计划,只有这样,才能在股市中站稳脚跟,不为谣言所动,依据股市的实际情况,减少风险,获取收益。

与非定式计划相对的,则是"定式投资计划"。这种计划方式在国际上得到广泛运用。它可分为两种:一种是非常值定式计划,另一种是常值变化定式计划。非常值定式计划并不重视股票的"正常价值",不论价值高低,坚持按照预定的计划,持续不断的投资。非常值定式计划包括下面几种投资方式。

一、等级投资计划

等级投资计划的具体做法是:内心确定股价变动的某一幅度为一个买卖单

位,如认定股价上涨或下跌5元或者10元为一个等级,当股价升降达到一个等级时,就买进或者卖出一定数量的股票,这样可以达到平均买入价低于平均卖出价的目的。

二、均价成本投资法

这种方法最为投资者推崇和广泛采纳。采用这种方法必须注意:应选择具有长期投资价值的股票,而且最好是市价波动比较明显的股票。具体操作规则是:在预定的一段时间内,如半年或1年间,以同样数目的资金定期买进股票。当股价上涨时,买进的数量相应减少;股价下跌时,买进的数量相应增多,这样在一般情况下,可以使平均买进价格低于市价水平。

三、固定金额投资计划

固定金额投资计划就是把投资于股票的金额固定在一个水平上,不论股价上升或下降,都要保证持股数量在一个固定金额的水平上,其具体操作的法则是:

(1) 同时投资于股票和债券。

(2) 确定持有股票的数量在一个固定的金额水平上。

(3) 在固定金额基础上计划一个百分比,当股价上涨幅度超过这个百分比时,则抛售部分股票,购买债券;相反,当股价下跌幅度超过百分比时,就卖出债券,买进股票,以保持固定金额的水平。

四、固定比率投资计划

证券市场在不断完善和发展,投资方法也随之不断的改进,固定比率投资计划法就是由固定金额投资法演化而来。固定金额投资法的操作与调整仅仅是为了维持固定的金额,缺乏与市场价格相适应的有机关联,固定比率投资计划法则注意到了股票与债券在市场价格方面所占的比率关系,其核心内容是把持有的股票金额与债券金额确定在一个固定的比率水平上。

五、变动比率投资计划

变动比率投资计划又叫常值变化定式计划,可分为以市值为基础的常值变化计划和以内值为基础的常值变化计划两种,无论是哪一种方法,其一般原则均是:将投资对象分成两组,一组是富有进取性、成长性而颇有风险的股票,另一组则是防守性、安全性的债券。这里所谓的"变化"是指两组之间的投资比率是变动的,根据整个市场行情的变化而变化。这种方法更加灵活多变且不易掌握。其难点在于如何确定与调整比率。一般是根据长时期的股价统计材料,计算其"中央价值",以求得一个"正常价值",来作为调整比率的依据。

基金篇
最安全省心的投资工具
——专家理财，生财有道

　　炒股获利最大，相应的，风险最高；储蓄获利较少，但风险也最小。如果把股票与储蓄的优势集中在一起，这种取长补短之后的结果，就形成了基金的优势。基金的投入小，收益大；基金由专业的基金经理人管理，省心省事，经营稳定，效益可观。

　　在投资市场非常发达的美国，半数以上的家庭投资共同基金，家庭中大部分资产以基金的形式存在。我们也可以借鉴美国普通民众的投资方式，通过基金实现财富积累，完成从穷人到富人的飞跃。

第十四章

投资基金：
适合的就是最好的

> 一个真正的投资者并不会如赌博般随意投放资金，他只会投放于有足够可能性获取利润的工具上。
>
> ——罗伊·纽伯格
>
> 市场趋势不明显时，宁可在场外观望。
>
> ——威廉·江恩如

什么是基金

基金是一种间接的证券投资方式。基金管理公司通过发行基金单位，集中投资者的资金，由基金托管人（即具有资格的银行）托管，由基金管理人管理和运用资金，从事股票、债券等金融工具投资，然后共担投资风险、分享收益。

投资基金在不同国家或地区称谓有所不同，美国称为"共同基金"，英国和中国香港称为"单位信托基金"，日本和中国台湾称为"证券投资信托基金"。

作为一种投资工具，证券投资基金把众多投资人的资金汇集起来，由基金托管人（例如银行）托管，由专业的基金管理公司管理和运用，通过投资于股票和债券等证券，实现收益的目的。

对于个人投资者而言，倘若有1万元打算用于投资，但其数额不足以买入一系列不同类型的股票和债券，或者根本没有时间和精力去挑选股票和债券，那么购买基金是不错的选择。例如，申购某只开放式基金，投资者就成为该基金的持有人，上述1万元扣除申购费后折算成一定份额的基金单位。所有持有人的投资构成该基金的资产，基金管理公司的专业团队运用基金资产购买股票和债券，形成基金的投资组合。投资者所持有的基金份额，就是上述投资组合的缩影。

专家理财是基金投资的重要特色。基金管理公司配备的投资专家，一般都具有深厚的投资分析理论功底和丰富的实践经验，以科学的方法研究股票、债券等金融产品，组合投资，规避风险。

相应的，每年基金管理公司会从基金资产中提取管理费，用于支付公司的运营成本。另一方面，基金托管人也会从基金资产中提取托管费。此外，开放式基金持有人需要直接支付的有申购费、赎回费以及转换费。封闭式基金持有人在进行基金单位买卖时要支付交易佣金。

澄清基金的几个认识误区

一、基金不是股票

有的投资人将基金和股票混为一谈，其实不然。一方面，投资者购买基金只是委托基金管理公司从事股票、债券等投资，而购买股票则直接成为上市公司的股东。另一方面，基金投资于众多股票，能有效分散风险，收益比较稳定；而单一的股票投资往往不能充分分散风险，因此收益波动较大，风险也较大。

二、基金不同于储蓄

由于开放式基金通过银行代销，许多投资人因此认为基金同银行存款没太大区别。其实两者有本质的区别：储蓄存款代表商业银行的信用，本金有保证，利率固定，基本不存在风险；而基金投资于证券市场，要承担投资风险。储蓄存款利息收入固定，而投资基金则有机会分享基础股票市场和债券市场上涨带来的收益。

三、基金不同于债券

债券是约定按期还本付息的债权债务关系凭证。国内债券种类有国债、企业债和金融债，个人投资者不能购买金融债。国债没有信用风险，利息免税；企业债利息较高，但要交纳20%的利息税，且存在一定的信用风险。相比之下，投资于股票的基金收益比较不固定，风险也比较高；而只投资于债券的债券基金可以借助组合投资，提高收益的稳定性，并分散风险。

四、基金是有风险的

投资基金是有风险的。换言之，你起初用于购买基金的1万元，存在亏损的可能性。基金既然投资于证券，就要承担基础股票市场和债券市场的投资风险。当然，在招募说明书中有明确保证本金条款的保本基金除外。此外，当开放式基金出现巨额赎回或者暂停赎回时，持有人将面临变现困难的风险。

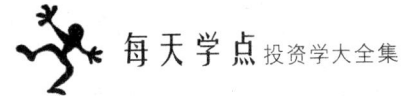

五、基金适合长期投资

有的投资人抱着博取短期价差的心态投资基金,例如频繁买卖开放式基金,结果往往以失望告终。因为一来申购费和赎回费加起来并不低,二来基金净值的波动远远小于股票。基金适合于追求稳定收益和低风险的资金进行长期投资。

基金品种大观

根据不同标准可将投资基金划分为不同的种类:

(1) 根据基金单位是否可增加或赎回,投资基金可分为开放式基金和封闭式基金。开放式基金是指基金设立后,投资者可以随时申购或赎回基金单位,基金规模不固定的投资基金;封闭式基金是指基金规模在发行前已确定,在发行完毕后的规定期限内,基金规模固定不变的投资基金。

(2) 根据投资对象的不同,投资基金可分为股票基金、债券基金、货币市场基金、期货基金、期权基金,指数基金和认股权证基金等。股票基金是指以股票为投资对象的投资基金;债券基金是指以债券为投资对象的投资基金;货币市场基金是投资于货币市场金融产品的基金,专门从事商业票据、银行承兑汇票、可转让大额定期存单以及其他短期类票据的买卖;期货基金是指以各类期货品种为主要投资对象的投资基金;期权基金是指以能分配股利的股票期权为投资对象的投资基金;指数基金是指以某种证券市场的价格指数为投资对象的投资基金;认股权证基金是指以认股权证为投资对象的投资基金。

(3) 根据组织形态的不同,投资基金可分为公司型投资基金和契约型投资基金。公司型投资基金是具有共同投资目标的投资者组成的、以赢利为目的的股份制投资公司,并将资产投资于特定对象的投资基金;契约型投资基金也称信托型投资基金,是指基金发起人依据其与基金管理人、基金托管人订立的基金契约,以发行基金单位而组建的投资基金。

(4) 根据投资货币种类,投资基金可分为美元基金、日元基金和欧元基金等。美元基金是指投资于美元市场的投资基金;日元基金是指投资于日元市场的投资基金;欧元基金是指投资于欧元市场的投资基金。

(5) 根据投资风险与收益的不同,投资基金可分为成长型投资基金、收入型投资基金和平衡型投资基金。成长型投资基金是指把追求资本的长期成长作为其投资目的的投资基金;收入型基金是指以能为投资者带来高水平的当期收入为目的的投资基金;平衡型投资基金是指以支付当期收入和追求资本的长期成长为目的的投资基金。

此外，根据资本来源和运用地域的不同，投资基金可分为国际基金、海外基金、国内基金，国家基金和区域基金等。国际基金是指资本来源于国内，并投资于国外市场的投资基金；海外基金也称离岸基金，是指资本来源于国外，并投资于国外市场的投资基金；国内基金是指资本来源于国内，并投资于国内市场的投资基金；国家基金是指资本来源于国外，并投资于某一特定国家的投资基金；区域基金是指投资于某个特定地区的投资基金。

开放式基金和封闭式基金的区别

开放式基金和封闭式基金的主要区别如下。

一、基金规模的可变性不同

封闭式基金均有明确的存续期限（我国规定不得少于5年），在此期限内已发行的基金单位不能被赎回，虽然特殊情况下此类基金可进行扩募，但扩募应具备严格的法定条件。

因此，在正常情况下，封闭式基金规模是固定不变的。而开放式基金所发行的基金单位是可赎回的，而且投资者在基金的存续期间内也可随意申购基金单位、导致基金的资金总额每日均不断地变化。换言之，开放式基金始终处于"开放"的状态。这是封闭式基金与开放式基金的根本差别。

二、基金单位的买卖方式不同

封闭式基金发起设立时，投资者可以向基金管理公司或销售机构认购；当封闭式基金上市交易时，投资者又可委托券商在证券交易所按市价买卖。而投资者投资于开放式基金时，他们则可以随时向基金管理公司或销售机构申购或赎回。

三、基金单位的买卖价格形成方式不同

封闭式基金因在交易所上市，其买卖价格受市场供求关系影响较大。当市场供小于求时，基金单位买卖价格可能高于每份基金单位资产净值，这时投资者拥有的基金资产就会增加；当市场供大于求时，基金价格则可能低于每份基金单位资产净值。而开放式基金的买卖价格是以基金单位的资产净值为基础计算的，可直接反映基金单位资产净值的高低。

在基金的买卖费用方面，投资者在买卖封闭式基金时与买卖上市股票一样，也要在价格之外付出一定比例的证券交易税和手续费；而开放式基金的投资者需缴纳的相关费用（如首次认购费、赎回费）则包含于基金价格之中。一般而言，买卖封闭式基金的费用要高于开放式基金。

四、基金的投资策略不同

由于封闭式基金不能随时被赎回、其募集得到的资金可全部用于投资，这样基金管理公司便可据以制定长期的投资策略，取得长期经营绩效。而开放式基金必须保留一部分现金，以便投资者随时赎回，由于不能尽数地用于长期投资，开放式基金一般投资于变现能力强的资产。

第十五章

基金组合：我的基金我做主

> 华尔街从没见过一个投资成功的分析师，破产的倒看到不少。
> ——彼得·林奇
>
> 耐心等待确定信号的出现，避免高风险的模糊不清阶段的盲目投资！
> ——伯妮斯·科恩

买基金就选"三好"基金

所谓"三好"，第一是好公司和团队。考察一家公司首先要看基金公司的股东背景、公司实力、公司文化以及市场形象，同时还要进一步考察公司治理结构、内部风险控制、信息披露制度，投资者教育等等。其次要考察管理团队，主要看团队中人员的素质、投资团队实力以及投资绩效。

第二是要看好业绩。市场上表现优秀的基金公司，有着在各种市场环境下都能保持长期而稳定的盈利能力，业绩的好坏是判断一家公司优劣的重要标准。首先要看公司是否有成熟的投资理念，是否契合自己的投资理念，投资流程是否科学和完善；是否有专业化的研究方法、风险管理及控制，公司产品线构筑情况等。其次还要看公司的历史业绩。虽然历史投资业绩并不表明其未来也能简单复制，但至少能反映出公司的整体投资能力和研究水准。此外选择基金时还要关注那些风格、收益率水平比较稳定、持股集中度和换手率较合理的产品。

第三是好服务。正如在商场、酒店等消费时应该享受相应的服务一样，作为代客理财的中介服务机构，基金公司的重要职责之一就是提供优质的理财服务。从交

易操作咨询、公司产品介绍到专家市场观点、理财顾问服务等,服务质量的高低也是投资者在选择基金时不容忽视的指标。

基金投资勿忘风险

基金的高收益给投资者带来丰厚的回报,在基金巨大赚钱效应吸引下,越来越多新投资者开户加盟,许多老股民也纷纷转变成基民,基金投资者队伍迅速壮大,基金数量和规模也出现爆炸式增长。

然而,在看到基金的赚钱效应之后,部分投资者将基金当作无风险的收益方式,通过抵押汽车、房产、借钱、贷款等方式将资金投在基金上。这种过度投机带来的风险是非常巨大的,作为专业投资机构和提供理财服务的基金公司,无论是从投资角度还是从理财角度,都不得不提醒大家:理性是投资的基石,基金投资不能忘记风险。

任何投资都有风险,基金投资也不例外。投资是不断控制和抵抗风险的过程,投资者在投资基金的过程中,通常会面临以下几种风险。

一、市场的下跌和过热

市场下跌无疑会带来风险,而市场过热往往预示着风险的来临。例如,美国股市在1998年经历了科技股泡沫,投资人对网络科技股的追捧使得纳斯达克指数创下5048.62点的纪录,但泡沫崩破后纳指缩水76%,道琼斯指数相对2000年时的巅峰也跌去了30%,标普500则从它的最高峰下滑了43%。中国A股在2001年由于市场热炒上涨到2245点,市场的平均市盈率一度达到60倍以上,之后便一路下滑至998点,下跌幅度达到55.55%;中国A股在2007年再次由于市场热炒上涨到6000多点,之后便一路下滑至1600多点,许多基金在这期间出现亏损。

二、基金公司操作失误的风险

20世纪90年代中期,美国华尔街出现了一个由两位诺贝尔经济学奖得主、前美联储副主席与华尔街最成功的套利交易者共同组建的长期资本基金,在短短4年中,其获得了285%的离奇收益率,缔造了华尔街神话。然而,在其出色交易员的过度操纵之下,长期资本基金在两个月之内又输掉了45亿美元,走向了万劫不复之地。在中国,也常有基金经理变更而导致业绩下滑的现象,还有些基金公司因为对未来经济形势和市场热点的把握失误导致业绩低下。

三、来自于投资人自身的风险

风险除了来自市场和基金公司之外,更多则是来自购买基金人自身。追逐业绩是普通投资者最乐意为之的投资方式,很多投资者四处寻找业绩好的资产种类或基金。但是由于没有一项投资的业绩是保持不变的,投资者往往会在调整发生之前进行购买。随后,这些业绩追逐者在失望中出售其投资,却恰恰发生在业绩就要开始反弹之前。业绩追逐者希望通过对回报的密切关注为自己带来最佳的投资,但盲目追逐导致了其高价买进,低价抛出——正好与其想要的结果相左。

四、投机心态是最大的风险

一些投资者不顾自身的风险承受能力,不仅将自己的房产抵押,甚至不惜借贷利息很高的钱进行基金投资,这是非常危险的投机行为,风险非常大,一旦市场下跌,这些投资者会因为放大了资金杠杆而遭受大额亏损。投资基金是家庭资产配置中的一部分,尤其是股票型基金要做好长期投资的准备,千万不要抱着赌博的心态进行投机。

长投心态战胜市场

有些投资者在投资基金时喜欢如"炒股"一般高抛低吸、波动操作,希望能从中获取更高的收益。其实在实际操作中,这样做往往适得其反。作为普通投资人,对波段的判断是非常困难的,往往都是在追涨杀跌中错失了良好的行情。而且对基金进行波段操作,需要支付赎回费和申购费等交易费用,使交易成本大大增加。

从国际上成熟市场的经验来看,基金投资是一个长期行为,具有10年以上业绩证明的基金更受投资者青睐。衡量基金的优劣不是短短一年、两年的事情。从经济学角度分析,证券市场价格波动体现出了明显的偏向性特征,股票价格总体上具有不断向上增长的长期历史趋势,而非短期市场表现,这就是基金长期投资能够赢利的重要理论依据。

投资大师巴菲特最著名的操作策略就是长期持有,从而带来了斐然的投资业绩。在46年(截至2002年)的投资生涯中,巴菲特只有一年赔了钱,最高收益59.3%,最低-6.2%,年均收益24.3%,相当于资产翻了16 393倍。同期指数年均上涨只有11.2%。投资基金也是一样,坚持投资,始终争取正收益,因为复利的力量将创造惊人的收益。

我国基金发展的历史也同样证明了基金是长期理财的有效工具,而不是短期投机炒作的发财工具:坚持长期投资的基金投资者普遍都获得了巨大收益,在市场中追涨杀跌、盲目入市的投资者则都付出了惨重的代价。其实投资的标准很简单,能有持续稳定正收益的基金就是好基金。以中国股市的发展趋势来看,假以时日,出现一批年均收率在15%~20%的偏股基金是完全可能的。

因此，作为一种中长期的投资理财方式，投资者真正需要关注的，是基金长期的增长趋势和业绩表现的稳定性。而对应这种特点的操作方式就是长期持有。坚持长期投资的理念，才是广大基金投资者所应该持有的健康投资心态。只有真正具有耐心的人，才能在基金投资中获取最大收益。

如何掌握基金投资的方法

直率又精明的子辉是我在北京唯一能联系到的中学同学，她是前几年在北京安了家。子辉在30岁结婚前不仅自己攒钱买了一套十几万的住房，还往股市里扔了好些钱"打水漂"。几年后我们第一次在北京见面的时候，她就开始津津有味地说她每个月都把余钱买各种各样基金的事，并展示了她对基金大好"钱"程的信心。虽然当时我对基金百分之几的收益并不太感冒，但她所表现出来的理财热情和精明的头脑还是让我佩服。

谁能拒绝金钱的诱惑？哪怕是为此付出过惨痛代价。结婚后由于子辉老公家里有好几处房子，她幸运地不用像我们一样当"房奴"。虽然，在一家公司当秘书的她，月收入只有3 000元左右，但也足以开始她的新理财时代了。经历过炒股失败后，子辉明白了，现在股市已经发生了巨大变化，所有股票不可能再齐涨齐跌，就算上证指数涨得再高，有的股票也不一定能解套。也就是选股的难度大大增加了。在这种情况下，她开始接触开放式基金，知道基金是享受专家理财的投资方式，盈利的可能性要比普通小散户大得多，但又比炒股稳妥，对普通工薪族的家庭理财来说最适合不过。

"刚开始她还是有些困惑，在茫茫基海中寻找属于自己的绿洲，确实并非易事。"如何迈出基金投资的第一步，真的需要认真考虑。如果还像过去炒股那样"听风就是雨"，盲目跟从八卦推荐，结果必然会重蹈覆辙。于是，她便开始关注开放式基金的净值变化情况，经过一段时间的观察和学习，她在2003年年初选了一只基金净值始终排在前列的基金，并陆续将积蓄和后续收入申购了这只基金。结果时间过去刚刚半年，基金净值已经由过去的1.02元，涨到了1.23元，让她初次尝到了基金的甜头。

之后，她便继续这种购买基金的方法、先列出那些净值最高、走势稳定的5只基金，然后比较其中的折价程度，最后购买其中折价程度最高的2只基金，买进以后就无论大盘风吹浪打，不再卖出。她几乎每次都在分红后的一周内就又再次将分红投入到基金中，这时候的原则是，用分红投资上一年净值增长最多的冠军基金。看着账户中不断增加的基金单位，子辉觉得这样比投资股票要明智多了，并且她可以提前确切知道分红金额。

另外,为了确保收益稳妥,她对投资各种基金的比例进行了规划,用2/3的家庭积蓄购买收益相对较高的股票型基金和混合型基金,而用另外的1/3积蓄购买风险相对较低的债券基金和货币基金。这样,不仅最大限度地增加了家庭积蓄的收益,而且家庭的生活准备金也有了保障。因为货币基金收益虽然不高却非常稳定,赎回比较灵活,不会耽误日常生活用钱急需。

2003年的基金投资让子辉赚取了百分之十几,但好景不长,2004年的基金火爆发行带来的是大部分股票型基金跌破面值,以平均-4.83%的收益收场;到了2005年,又变成了不疼不痒的2.16%。子辉说,她觉得对待基金投资和对待事业和生活是一样的,成功的关键在于坚持,在于真诚的态度。几年来她不失时机地把一只只基金领进家门,即使中间有波动,但她相信至少仍旧能保持盈利,至少任何一只基金最终都不会让人失望,而她要做的就是等待。

"功夫不负有心人。"谨慎有道的基金理财给了子辉更大的回报。2006年中国股市开始回暖,所有的基金都开始了疯狂的赚钱,所有基金的净值均为正数,开放式基金整体收益率达到30%,很多收益率超过60%,最高的甚至超过100%。而这幸运的100%也落在了子辉的头上。"盘点下来,我在2005年9月买了10万元的基金,在2006年里居然赚了近10万元。"投资基金让子辉有点终成正果的感觉。但她也对我说,其实在这只基金收益超过60%之后,她还是有点发慌了。这也许是炒股留下的后遗症吧,差点就在这时候出手卖掉了。"买基金不仅要选好基金、分批买入,基金作为一种专家理财产品,讲究的还是长期投资收益,要长期持有。"

股市的上扬,带动了人们的心情,也点燃了人们购买基金的热情,基金投资逐渐为广大个人投资者所接受。业内人士认为,投资者应更好地把握好基金投资的方法。

一、区别对待股票投资和基金投资

投资者通常把偏股型基金当作股票来投资,就如有炒基金这一说法。虽然偏股型基金投资的范围也是在股票市场,但是两者的投资还是有本质区别的。股票投资的周期通常比较短,当一个价值型低估的股票上涨至合理价位或者溢价之后便会出现滞涨和下调,而有较长投资周期的成长型股票价格一般是由这个上市公司的经营情况来决定的。基金投资是一个经过设计的股票组合,这样的投资组合能够很好地抵御市场的风险,通过投资有价值低估的股票或者具有成长型的股票来获取利润。基金的专家团队也会在股市变化的行情中,为投资者进行合理的调仓,对股票组合进行改变。可以说投资基金的收益更为长久、更为稳定,所以投资偏股型基金应该尽量减少操作,通过长期慢慢积累的收益达到一个好的回报。股票投资的周期有长有短,但是基金投资的周期是以长期为主的。

二、挑选老基金和新基金

投资者在挑选老基金和新基金时常会左右为难：认购新基金建仓期太长，但是净值低手续费便宜；而申购老基金净值太高手续费也贵。其实这种想法是因为没有正确地认识基金净值的含义，所谓基金的净值是基金的净资产和基金总份额的比值，根据每个交易日证券市场收盘价计算出该基金的总市值，除以基金当日的总份额，得出的便是每单位基金净值。所以老基金不存在净值高就缺乏上涨动力，相反基金如果选股不佳的话，净值再低的基金仍能继续下跌。对老基金和新基金的选择主要着重于对短期行情的判断，因为老基金的股票组合已经建仓完毕，而新基金还需要重新建仓。如果近期的行情上涨的话选择老基金更好，但近期的行情为震荡和下调的话选择新基金能以更低的价格建仓。

三、正确认识基金分红

基金分红是基金公司对长期投资者在不赎回基金的前提下即能获得现金回报的一种方式，所有的基金分红都会在净值上除权，也就是在原先的净值上减去红利的部分。一个基金的价值不会因为分红而提高，相反频繁的分红或者大比例的分红都会影响基金的股票仓位，这样的分红方式会破坏基金的投资组合，会减缓基金增长的速度。在行情放缓的情况下进行适度的分红才是好基金公司的分红方式。而投资者也不要盲目选择将要分红的基金进行申购，因为分红是无法实现套利的。

第十六章

交易流程：
手把手的操作指南

经验显示，市场自己会说话，市场永远是对的，凡是轻视市场能力的人，终究会吃亏的。

——威廉·欧奈尔

架设桥梁时，你坚持载重量为3万磅，但你只准许1万磅的卡车穿梭其间。相同的原则也适用于投资领域。

——沃伦·巴菲特

基金定投

购买基金的投资者常常左右为难：买，怕买高了被套住；不买，又怕很快涨上去。此时该怎样购买基金呢？这里，专家为您推荐一个简便的方法——基金定投。

基金定投就是投资者每月在相应的账户上存入固定的资金，银行每月就将定时为你申购基金，每月最小定投额度为200元，便于中小投资者持续投资。

（1）选择基金定投，最大的好处是使风险得到有效的均摊。例如，目前股市处于2900点，短期涨跌难测。此时一次性购买基金，承受的风险就比较大。

（2）选择基金定投，如果股市上涨，仍能持续赚。如果下跌，每次购买后，平均成本就比一次性购买低。股市涨回来也能很快扭亏为盈。

基金定投目前在成熟市场相当普遍，但国内投资者采用的不多。其实，投资的时间远比投资的时点来得重要，只要投资时间够长，能够掌握股市完整波段的涨幅，就能降低进场时点对投资收益的影响，享受长期投资累积资产的效果。所以，选择业绩稳健的基金进行定投不失为稳健投资者的理财良策。

办理基金定投，只要选择一家有代销认可基金的银行，提出申请，开通"基金定投"后，银行即可每月定时定额为投资者申购基金了，只要投资者每月按时存钱。

在此提醒的是，由于基金公司不同，其设定的定投最低金额可能也会不同。

投资共同基金

个人投资者要想通过自己选取个股来获得整体高回报是有困难的。对于大多数人来说，投资于共同基金的效果可能会更好。

共同基金是一种集合投资工具，它把从很多投资者那里收集起来的钱变成一个投资组合。这个投资组合是由专业的投资管理公司来管理的。

当投资者投资于一个共同基金时，就相当于购买了这个投资组合中的一个份额，而不是投资于这家投资管理公司本身。

共同基金已经有很长的历史了。最早的共同基金出现于19世纪20年代的欧洲。到21世纪，共同基金产业已十分壮大，全世界成百上千万的投资者都持有共同基金的份额。在共同基金最发达的美国，共同基金仅位列银行和保险公司之后，是金融行业中的第三大产业。

多数国家对共同基金有着严格的规定，以保护广大投资者免受欺诈和损失。法律经常规定基金不得从事某些高风险投资，基金的资产则须由托管人——如银行——而不是基金管理公司自己持有。

投资共同基金的主要原因是：

（1）更多样化的投资——一个共同基金可能持有100种或更多的证券，比个人可以购买的种类要多得多。

（2）更有经验的管理——总的来说，职业基金经理人比个人投资者的业绩要好，因为有着严格的程序和规定使他们的行动更有规范，不会意气用事。

比起个人投资者，职业基金经理还能获得更多的研究成果和信息，这就使他们能够控制风险、抓住市场时机。

（3）节省时间——对于一个股票投资狂，股票可能会占去所有的自由时间。而如果其投资在一个好的共同基金上，就可以节省大量时间。

（4）更符合你的财力——有时股票价格太高，个人根本买不起（这并不意味着它一定被高估了）。而在共同基金中，只要花1万元购买基金就可以实现对这些股票的投资。

（5）规模经济——在股市上，共同基金支付的交易成本更低。

基金投资的四个价值点

投资股票,既可以从股票的价差中获利,也可以获取上市公司的分红。但投资基金呢?引起投资者关注的还是基金的分红。

由于基金的业绩与证券市场的关联度极大,基金的业绩也呈现出一定的不稳定性。特别是基金的投资周期较长,短期投资很难得到投资回报。但随着基金产品的不断丰富,投资者对基金产品了解的不断深入,只要在基金投资中做到用心、留心、细心,仍可以像操作股票一样,找到基金投资中的"价值点"。

一、基金转换投资中的"价值点"

投资者在进行基金投资时,应时刻关注基金净值随证券市场变动的关系,并捕捉基金净值变动中的"价值点",进行基金产品的巧转换。如当证券市场处于短期高点时(从技术形态上判断),投资者就可以进行基金转换,将股票型基金份额赎回,转换成货币市场基金,从而实现基金的获利过程。

二、基金申购、赎回费率上的"价值点"

投资者在选择基金产品时,应当就不同的基金产品,针对不同的申购、赎回费率而采取不同的策略,切不能忽略不计。除此之外,在了解各基金产品的费率特点后,应通过基金产品之间的转换起到巧省费率目的。

三、场内交易和场外申购、赎回基金产品中的"价值点"

目前的开放式基金产品大多是不可上市交易型的。投资者投资基金只能依照基金净值进行基金投资,而且在时点的把握上和资金的使用上,都受到场外交易条件的限制。即使进行一定的套利操作,也是一种估计。上市开放型交易基金的推出,克服了这一弊端。投资者完全可以通过上市型交易开放式基金的二级市场价格和基金净值的变动实现套利计划,为那些进行短线操作基金的投资者提供了基金投资的机会。

四、基金资产配置和投资组合中的"价值点"

一只基金运作是不是稳健,投资品种是不是具有成长性,需要通过观察和了解基金的投资组合。通过基金的资产配置状况预测基金未来的净值状况,将为基金的未来投资提供较大的帮助。

买基金需掌握六点评估法则

为了更好地从基金产品中优中选优,投资者需掌握一定的购买基金的评估法则,这对投资者购买基金产品是非常有帮助的。以下六种评估基金产品的法则,投资者不妨加以运用。

一、评估基金的管理人

购买一只好的基金产品,寻找一个好的基金管理人是非常重要的。

二、评估基金的分红能力

作为一种专业理财产品,基金净值的增长是持续性的缓慢增长,相对稳定的、持久的分红政策,将使投资者的投资权益不断得到体现,从而使基金的投资更加稳健,也有利于投资者树立长期投资理念,更便于投资者从基金的长期投资中获利。

三、评估基金经理

基金经理的投资行为,直接决定着基金的运作风格,并影响其运作业绩,并呈现不同的收益特点。因此,研究基金产品的运作规律,研究基金经理的投资风格和特点是非常重要的。

四、评估基金管理人的创新能力

投资者选对了基金管理人,还需要对基金管理人进行科学有效的评估。面对不断细分的基金市场,为取得稳定的客户群,就必须有符合投资者需求的基金产品。而满足投资者个性化需求的正是基金管理人的创新能力。

五、评估基金的交易成本

作为构成基金交易成本的重要组成部分,包括申购、赎回、转换、托管、管理等费用在内的综合费率较低的基金产品,对投资者来讲,将会有更强的吸引力。因此,投资者在选购基金产品时,对基金产品进行必要的费率结构计算和评估将是十分重要的。

六、评估基金的持续服务能力

购买一只好的基金产品,还应当有一个好的渠道商的优质服务。基金营销基金经理的良好服务为投资者提供及时、准确,包括基金净值在内的一切基金产品信息。另外,在基金产品的具体服务指导中投资者将得到有效的咨询服务指导建议。基金渠道商的高附加值的基金产品服务,将消除基金投资中因信息的缺失而带来较多的盲点。

投资基金的经验与教训

2008年5月,老宋去银行取一笔到期的存款,在银行员工的介绍下糊里糊涂地当上了基民。刚开始他什么也不懂,一遇到问题只会在网上发帖子求助,还好总有一些好心的网友帮助他。一年之后,老宋无意中发现自己购买的基金收益超过了20%,大喜过望,一口气又先后追加了几只基金。2011年春节,老宋对自己不满意的个别基金进行了调整,并忍痛赎回了部分基金。在交了大笔的学费之后,老宋发现了学习的重要性,开始恶补关于基金的各种知识。

新手买基金一定要注意如下问题。

一、加强学习,切忌稀里糊涂

花点时间搞明白了再投资也不迟。不买就来不及了的浮躁心理不可取,头脑发热会影响自己作出正确的判断。贸然进入投资市场,有风险哦!

二、善于总结经验教训

(1)在申购基金时还是要慎重,不要轻易作出申购决定。投资有风险,入市需谨慎!那种见到别人赚钱,不买就来不及了的浮躁心理不可取。即使因为自己的犹豫错失良机,也胜过贸然申购被套牢!

选好的基金公司旗下的优质老基金,别怕净值高,因为我们买的是增长率而不是净值。净值低的只是说明同样多的金额拥有的份额多而已。

(2)申购后就先轻易不要动。持有一段时间后,适时选择调仓或者趁优惠时转换或赎回。有些公司同类基金转换是免手续费的,大家可以随时登录公司网站观察动态。

怎样判断基金的赚钱能力

对于很多刚搞清楚"基金"和"鸡精"区别的新基民来说,要在众多的基金产品中选择一款适合自己的,其难度不言而喻。我们告诉投资者:买基金不怕贵的只挑对的。那怎样才能判断一只基金赚钱能力是否强呢?

比较简单的做法是比较基金的历史业绩,即过去的净值增长率。目前各类财经报刊、网站都提供基金排行榜,对同种类型基金的收益率提供了比较。在对收益率进行比较时,我们要关注以下几点。

一、业绩表现的持续性

基金作为一种中长期的投资理财方式，应关注其长期增长的趋势和业绩表现的稳定性。因此投资者在对基金收益率进行比较时，应更多地关注6个月、1年乃至2年以上的指标，基金的短期排名靠前只能证明对当前市场的把握能力，却不能证明其长期盈利能力。从国际成熟市场的统计数据来看，具有10年以上业绩证明的基金更受投资者青睐。

二、风险和收益的合理配比

投资的本质是风险收益的合理配比，净值增长率只是基金绩效的表观体现，要全面评价一只基金的业绩表现，还需考虑投资基金所承担的风险。考察基金投资风险的指标有很多，包括波动幅度、夏普比率、换手率等。

对于普通投资者来说，这些指标可能过于专业。实际上一些第三方的基金评级机构就给我们提供了这些数据，投资者通过这些途径就可以很方便地了解到投资基金所承受的风险，从而更有针对性的指导自己的投资。专业基金评级机构如晨星公司，就会每周提供业绩排行榜，对国内各家基金公司管理的产品进行逐一业绩计算和风险评估。

以景顺长城公司旗下的基金为例，公司目前管理了七只偏股型基金，年收益率都在30%以上。投资者在获得高收益的同时是不是也承受了很高的风险呢？晨星的数据显示，景顺长城旗下股票型基金年净值波动幅度为18%左右，风险偏低；夏普比率的市场平均水平在1.6左右，景顺长城旗下基金普遍处于行业中上水平，内需增长基金更高达3.74。投资者在了解这些数据以后，就会对投资这家公司的基金产品更有信心。

三、全面考虑

投资者在评价一只基金时，还要全面考察该公司管理的其他同类型基金的业绩。"一枝独秀"不能说明问题，"全面开花"才值得信赖。因为只有整体业绩均衡、优异，才能说明基金业绩不是源于某些特定因素，而是因为公司建立了严谨规范的投资管理制度和流程，投资团队整体实力雄厚、配合和谐，这样的业绩才具有可复制性。

第十七章

进阶技巧：业余投资，专业办法

> 凡事总有盛极而衰的时候，大好之后便是大坏。重要的是认清趋势转变不可避免。要点在于找出转折点。
>
> ——乔治·索罗斯
>
> 就算美联储主席格林斯潘偷偷告诉我他未来二年的货币政策，我也不会改变我的任何一个作为。
>
> ——沃伦·巴菲特

像局内人一样买基金

大张被老家打来的电话惊醒，电话那头传来急切的声音：你上次买的那些基金跌了，快点卖啊！这条信息从2007年2月以来的大盘急跌开始，经过大张母亲的圈子消化了一番之后，惊扰了他的清晨美梦。时间倒退回去四周，大张的母亲还在得意地宣扬自己的先见之明：你看，都是在我买了以后，隔壁的王家妈妈才去买的，现在银行里到处都是买基金的人。尽管母亲对基金还没有超过"鸡精"的认识，甚至不知道导致大张父亲在2003年亏本的也是这个叫"基金"的玩意。2006年巨大的财富效应口口相传于民间，远在长江中下游的南部小镇也开始沸腾，大张的母亲始终把基金当作她最熟悉的金融产品——存款，在老人家看来，这是一个没有存期、比银行利息多得多的活期。

金融产品比世界上任何一种商品都奇特，这种"莫衷一是"的特质让大张想起了20世纪90年代初物质匮乏的日子。大张的母亲就是这么挑选电冰箱的，在仓库里堆着不知道牌子的冰箱，外面罩着厚厚的包装纸板，因为不能拆开，只能找经验丰富的师傅判断纸盒来找电机性能稍好的冰箱——最好产自日本。

从这一点看来，基金就像是包装盒里的冰箱，在拆开之前，你永远都不会知道压缩机的产地，但不同之处是，冰箱可以在用了半载之后买一台稳压器以防止冰箱跳闸，但基金的"稳压器"在哪里？

一、包装纸下的基金

2006年的基金是怎么赚到钱的？这个问题被回答了无数次：专家的智慧、2005年年底的方向把握、对宏观经济的洞悉等等。局内人避开了这些"花哨"的修饰词，他们的回答简单而有力——甚至有些瞠目：仓位。

"很简单，在2006年的市场，谁敢满仓谁就赢了，"这位局内人继续说："从数据上看更明显，40%仓位的不如60%仓位的基金，60%仓位的基金做得不如80%仓位的。你能说保持60%不好吗？从专业角度，这部分基金可能更谨慎一些，万一大盘不是单边上涨，可能仓位高的基金就要冒很大的风险。但结果就是结果！2006年市场只有上涨，投资者只认表现最好的，个中风险控制的细节等等，没有人关心。"

那些以月、以季度、以半年甚至以1年为周期的基金考评制度，多多少少有些残酷。考核基金经理的不仅仅是基金公司，还有投资者。在基金公司面临生存压力时，投资者的评价周期会大大影响基金公司的决策。毕竟在面临生存还是死亡这个问题时，少有什么纯粹的理想主义者。所以，如果一个基金经理投资了茅台，而恰恰这个基金公司的考核体系是3个月或半年，那么，在过去的1年半的时间里，很荣幸的，这个基金经理有两次休长假去三亚晒太阳的机会。

"其实一个基金经理保护自己的最好方式就是和同类基金保持一致。如果大家的股票仓位很高，你最好也把仓位顶高；如果大家都买某只股票，你最好也去配置一点儿。这样做，当你犯错误时，大家都在犯错；当你的基金净值下跌时，其他的基金也在跌，所以，没有风险。而和别的基金保持差异，作为基金经理是需要勇气去承担责任的。"一位基金经理坦诚得令人敬佩。

二、投资者的未来

杰里米·西格尔在他热销的新书扉页就表明了态度：投资者的未来是光明的。

显然，这并没有得到摩根斯坦利亚太区前首席经济学家谢国忠的认同，他像上颌牙根的龋齿一样，总是在投资者异常兴奋得大嚼时跳出来刺激神经。他说："开放式基金虽然在中国受到老百姓的欢迎，不过它在国际上的实践并不成功。开放式基金收益率与股票市场的整体走势密切相关，从它的历史经验和国际表现来看，其收益率通常还不如股市的整体收益率。"

局内人对谢氏的看法表示理解，虽然有失偏颇，但公募基金的局限性确实在一定程度上束缚了基金经理对"价值投资"的追求和热情。

三、看不懂的局外人，看不清的风险

对于同一家基金，大张的母亲看到的可能是：这家基金公司曾经在儿子工作的北京二环路上做过广告——巨幅的那种——当然有实力！而且参加过一次基金经理讲座，虽然当时大屏幕上密密麻麻的数据挺不好懂，不过那个基金经理把脸刮得很干净，透着俊朗，绝对的专业人士。这种印象在银行客户经理的介绍中又加深了一层：这是一家老基金公司，有丰富的经验和齐全的产品线，特别是某几只债券型基金，做得相当不错。

但局内人说：我绝对不会碰这家公司的任何产品！里面乌七八糟的，可能有老鼠仓、捧角儿等不规范的行为。

把时间回调几年，在基金行业刚刚发展时，类似的传闻不绝于耳，局外的投资人只能依靠偶尔的媒体曝光来观测自己的权益是不是受到侵害。

我们已经听惯了"长期投资"的思路，几乎每一个基金公司都会宣誓似的表达"价值"与"长期"的取向。但总会有一些奉行"价值投资"理念的基金阳奉阴违。

有关资料显示，在2004年底基金持仓最多的10只股票中，中国联通、上海汽车、招商银行、宝钢股份等名列前茅。在多家基金的眼中，这些股票是具有"价值"的蓝筹股，多家基金声称将"长期持有"。但短短3个月的时间，2005年的第一季度，这些股票的身价已经由基金经理眼中的"金矿"变成了一堆"石头"：股票成为基金减仓量最大的股票，合计减持量达到6.57亿股，减持幅度超过44%。

种种迹象让人怀疑，某些基金投资究竟是"价值投资"，还是类似以前券商的"庄家做股"？

四、花花轿子人抬人

局内人透露，有一些一直能维持高净值的基金，其中也大有奥妙。一些基金公司为了树立自己所谓的业绩"标杆"，会通过旗下几只基金一起为某只基金"抬轿子"。

另一些急功近利的行为可以在"分红"上看出端倪。

基金分红能为投资人带来即得收益，也使投资人能够将收益进行适当再分配，确保较为稳健的收益性。但是，国内一些基金公司为了卖出更多的新基金份额，宣称自己基金的分红次数如何多、收益如何高。分析市场不难发现，这些"分红"大部分具有"虚胖"嫌疑，或是分红少次数多，或是在发行新基金时对公司旗下的老基金进行分红。这些收益无非是基金持有者本来就该得到的利润，却被冠以各种名号。

在某基金公司总经理看来，基金分红不仅误导投资人以分红次数多少来衡量基金好坏，也使得基金公司为了保持分红需要的现金，在投资中不敢进行较为充足而

长期的投资，为保持较高的流动性而牺牲长期的收益，同时也使得投资人不能获取更长时间的复利收益，即所谓"利滚利"。举例而言，以10万元资金投资年收益为18%的基金，如果连续投资4年，10万元就变成20万元；20万元继续投资，4年后变成40万，以此类推，10万元资金不到20年就窜到150多万元。与此相对，如果将18%的收益每年都分红，20年后，10万元只能变成46万元。这个差异表明，频繁分红的受害者是基金持有人。

基金不是拿来炒的

不少投资者习惯将基金当作股票来"炒"，在净值下跌的时候申购，在净值上涨的时候赎回。对此，某基金经理表示：基金是一种很好的理财工具，而不应该像"炒股票"那样"炒基金"。

截至2006年6月8日，长城基金首只平衡型基金——长城久恒基金累计净值1.515元，实现分红9次，每份基金单位共分配0.29元，分红收益率高达29%，分红后基金净值依然保持在1.225元。

该基金经理表示，坚持高分红既是为了方便广大基金持有人，为持有人节省赎回和申购的交易成本，得到实实在在的回报，同时也可以使基金持仓不断更新，保持活力和后劲，"更为重要的是，要向基金持有人传递这样一种理念，基金是一种很好的理财工具，而不应该像'炒股票'那样'炒基金'。"

国内理财市场经过多年发展，已经有涵盖多个层次的多种理财方式供投资者选择，包括银行存款、货币市场基金、国债、平衡型基金、股票型基金，以及自己投资股票等。以上几种理财方式中，收益率和风险都是递增的，其中自己投资股票的收益率可能是最高的，但同时面临的风险却是最大的，而且需要投资者自己动手，投入不少的时间和精力。而基金属于专家理财，利用基金经理的专业优势，投资者即可在控制风险的前提下，无需劳力费神获得较高的收益水平。美国证券市场的统计资料显示，过去20年中，共同基金的平均年收益率达到了12%。

而现在出现了一个较为奇怪的现象，一些投资者将基金当作股票来"炒"，在净值下跌的时候申购，在净值上涨的时候赎回。但部分投资者由于没有踏准节拍，不仅没有分享到基金的收益，甚至还可能亏了不少。一些经理人表示，投资者的这种心态可以理解。此前，基金净值跟随大市齐涨齐跌的情况十分普遍，很多投资者都沉不住气了。

这种情况的症结之一是股权分置问题，由此带来的系统性风险导致了基金净值与大市齐涨齐跌。而股权分置问题得到解决以后，系统性矛盾就能得到解决，非流通股股东和流通股股东的利益趋于一致，上市公司的质量得到提升，基金经理将有更多发掘优质上市公司的机会。始于2000年7月的熊市已经于2005年6月结束，中国的经济将在2025年以前保持稳定快速增长，中国股市已经具备了长期投资的土壤。

建议投资者买基金应该抱有买商铺一样的态度。投资者买了商铺以后，只要具有稳定的租金收入，即使商铺的价格涨了，投资者也不会轻易将其转让；作为一种理想的理财工具，基金也一样可以给持有人带来持续的现金流，投资者又何必频繁的申购赎回呢？当然，这对基金公司提出了更高的要求，一方面不能让净值波动过大，另一方面要有持续稳定的分红，只有这样，才能借此扭转部分持有人对基金的看法，真正将基金作为一种优秀的理财工具来看待，而非拿来当股票那样"炒基金"。

另外，投资者应该合理配置自己的金融资产。假如某投资者有10万元金融资产，那他可以将1万元存在银行，1万元购买国债，1万元购买货币市场基金，1万元用于投资股票，剩下6万元用于购买平衡型或者股票型基金。但不能将所有的6万元都投资于一只基金，而应该多买一些基金，这样心态就会平和一些，不会因为某只基金净值的短期波动而坐立不安，导致频繁的申购赎回，浪费时间、精力和手续费，而收益率还未必有保证。

理性看待基金排名

经过几年的发展，中国基金公司数目已近百，各类基金好几百只；在基金持续营销中也出现了拆分、大比例分红、复制基金等创新模式，如此众多的产品和创新方式摆放在投资者面前，难免令没有经验的投资者眼花缭乱，不知从何入手。国内投资者在专业知识缺乏的情况下，最容易犯下的错误是按照短期业绩排名选择基金。

由于基金行业的竞争，每家投资基金每周要公布资产净值，基金评级机构对基金以净值增长率为核心进行评级排名，这种排名往往忽视或未考虑风险因素。短期排名给各基金管理人很大的压力，基金经理不得不关注自己重仓股的短期涨跌，其投资必然受市场氛围的影响，也必然要动摇长期投资的理念，从而为了短期业绩的考核而采用短视的投资策略。

20世纪90年代美国科技股泡沫时期，投资大盘高科技股票基金成为时尚，无论是排名还是评级，这类基金都名列前茅，使基金排名和评级在一定程度上落入某种"陷阱"。许多投资者属于追赶潮流派，而当市场反转时，众多根据排名和评级进行投资的人不约而同地陷入穷途末路。

中国的基金排名由于大多数基金成立时间不足3年,因此在排名时往往被粗略分成股票型、混合型、债券型等寥寥几类,以半年、1年作为计算区间,排名榜的变化非常剧烈,根本不足以反映基金经理的投资风格与投资能力,也让投资者难以选择。因此,我们建议投资者在挑选基金产品时不要一味地追逐短期业绩排名,而要将基金作为长期投资的工具,选择长期业绩表现优异的基金以理性的心态进行投资。

如何计算基金的总回报

基金到底赚了多少钱?相信这是每个投资人首先想知道的。我们把基金在一定时期内的收益定义为总回报,作为衡量基金以往表现的最基本方法。总回报的来源有两部分:一是收入回报,即基金在一定时期内收到的分红和利息收入,例如股息、债券利息和银行存款利息等;二是资本回报,反映基金所持有的股票与债券价格涨跌的幅度。

首先要了解基金的资产净值,这是计算总回报的基础。总回报表现为该时期单位基金资产净值的增长率。

基金资产净值是在某一时点上,基金资产的总市值扣除负债后的余额,代表了基金持有人的权益。单位基金资产净值,即每一基金单位代表的基金资产的净值。

单位基金资产净值=(总资产-总负债)÷基金单位总数

其中,总资产指基金拥有的所有资产,包括股票、债券、银行存款和其他有价证券等;总负债指基金运作及融资时所形成的负债,包括应付给他人的各项费用、应付资金利息等;基金单位总数是指当时发行在外的基金单位的总量。

按照公允价格计算基金资产的过程就是基金的估值,这是计算单位基金资产净值的关键。由于基金所拥有的股票、债券等资产的市场价格是变动的,所以必须于每个交易日对单位基金资产净值重新计算。封闭式基金净值每周至少公告一次,开放式基金每个交易日都要公告净值。

估值方法十分重要。例如,基金所拥有的上市流通证券,如某只股票,是按其估值日在证券交易所挂牌的市价(平均价或收盘价)估值。按平均价估值,基金资产净值的变动受股票价格波动的影响要小一些。

对于开放式基金而言,单位净值是其计价基础,即申购或赎回的价格取决于当日的基金单位净值(一般是次日公布),并加上或扣除相应的交易费用。封闭式基金由于发行规模有限,投资人对基金的需求与供给并不平衡,导致其交易价格高于或低于单位净值,称为溢价交易或折价交易。目前境内封闭式基金普遍处于折价交易状态，折价率约为20%。

例如，某只开放式基金上年末的单位净值为1元，本年末的单位净值为1.05元，则该基金在本年度的总回报为5%，计算方法为（1.05-1）÷1=5%。这一计算并没有考虑基金的分红情况和其他费用（申购费、赎回费、管理费、托管费等）。由于费用因素比较复杂，本文仅对考虑基金分红的总回报作进一步分析。

基金通常会把已经实现的收益向投资人进行分配。分红的基础为"基金净收益"，即基金的收入回报和通过卖出证券实现的资本回报，减去依法可以在基金收益中扣除的费用后的余额。按照目前有关规定，分红有两个约束条件：一是基金投资要有已实现的净收益；二是分红比例在一年中不得低于已实现净收益的90%。

对于分红方式，投资人有两种选择：一是分配现金；二是再投资，即将分得的收益再投资于基金，并折算成相应数量的基金单位。

分红后，单位基金资产净值会下降。假设分红前单位净值1.06元，单位分红金额0.05元，则分红后单位净值降至1.01元。

考虑了分红因素后，我们再来计算总回报。

总回报＝（Ne÷Nb）×（1+D1÷N1）×（1+D2÷N2）×…×（1+Dn÷Nn）−1

其中：Ne和Nb分别为期末和期初单位资产净值；D1、D2、Dn分别为第1次、第2次、第n次单位分红金额；N1、N2、Nn分别为第1次、第2次、第n次分红后单位净值。

以前文所举的例子，如果该基金在本年度进行了两次分红，第一次分红前的单位净值为1.06元，每基金单位分红0.05元，分红后单位净值1.01元；第二次分红前的单位净值为1.08元，每基金单位分红0.06元，分红后单位净值1.02元。

总回报＝（1.05÷1）×（1+0.05÷1.01）×（1+0.06÷1.02）−1=16.68%

房产篇
别让通货膨胀偷走财富
——巧买巧卖，点"土"成金

房地产作为一种古老的投资工具，长久以来一直受到人们的偏爱。而住房作为房地产的重要组成部分，因其特殊的性质———消费和投资双重性，使得无数投资者将资金注入其中，有的因此成为巨商富贾，也有的因此而折戟沉沙。但有了钱之后，置地购房，仍然是人们普遍接受的一种投资方式。

与投资价格瞬息万变的资本市场相比，房产投资不仅具有保值功能，而且也能充分发挥资金的杠杆效应，规避通货膨胀的风险，成为一项省时、省心、风险也相对较小的投资。

第十八章

房产投资：买房，还是租房

> 从历史经验看，一旦商品市场进入牛市周期，最短可以持续15年，最长则达23年。
>
> ——吉姆·罗杰斯
>
> 一个钟情于计算，沉迷于资产负债表而不能自拔的投资者，多半不能成功。
>
> ——波得·林奇

为何房产投资吸引人

没有人能逃避衣、食、住、行，随着物质基础的提升，人们对衣服、吃饭、住房、交通工具的要求都会不断提升，所以这四个产业是永远会存在，是真正的"实业"。

随着我国人口的高速增长，大城市的人口越来越集中。中国的城镇化进程正是热火朝天的时候，城镇的有限土地资源就显得更值钱了。房产能够抵消通货膨胀带来的负面影响：在通货膨胀发生时，房产也会随着其他有形资产的建设成本不断上升，房产价格的上涨也比其他一般商品价格上涨的幅度大。因而，投资房产成为人们的首选。

如今，在身价百亿的超级富翁中，90%是大片地产的拥有者。无论是在美洲、欧洲，还是在日本、中国香港，这些富翁是拥有大量财富、土地的家族。无论是社会动荡还是政府更替，甚至战争，他们的财富拥有量似乎都不变。

拿名列港澳十大首富榜首的李嘉诚来说，他既是长江实业及和记黄埔有限公司主席，也是名副其实的地产大王，他从地产业发迹，最终成为压倒群雄的"地产界巨子"。

有"中国电影大王"之称的邵逸夫爵士，财产遍及美国、加拿大及东南亚。他这样谈及自己的致富之道："我的财产主要来自购入的地皮升值，我买戏院时，总会买下附近的地皮，戏院带旺附近区域后，买入的地皮便会大幅升值。"

靠黄金珠宝业起家的郑裕彤，成为超级巨富，仍是离不开地产。他对投资珠宝和地产津津乐道："凡与民生有密切关系的生意都有可为，女人喜爱珠宝，举世皆然；人要住屋，年轻人成家后喜欢自辟小天地，对楼宇便有大量需求，做这些生意不会错到哪里。"

在现阶段的国情下，房产投资让许多人着迷的最突出的原因之一，就是可以用别人的钱来赚钱。我们大部分的人，在购买房屋时，都会向银行贷款，越是有钱人，越是如此。同时，由于房产投资的安全性和可靠性，银行也乐意贷款给房产投资者。

没有人可以长期成功地预测投资市场，但投资市场往往能够集中反映大部分投资者的投资方向。房产市场也不例外。

投资房地产的优势

一、房地产价格具有不断增值的趋势

中国未来房地产市场的主导趋势将会是供不应求，究其原因，主要有以下几点：生活水平的提高；城市经济的发展；人口的集聚。

房地产投资之所以受人青睐，重要原因之一是赢利率高，无论什么人投资于房地产，都有可能获得巨大的利润。

二、房地产赢利率高

房地产赢利率高，是因为土地普遍具有稀缺性，土地对人类而言是极为宝贵的资源，土地供求矛盾的日渐尖锐，使得土地的潜在升势变强。虽然我国房地产业几度风雨、几经冷热，房地产价格的总趋势仍是不断上涨的。严重的投资失误在一般情况下是不会出现的，所以投资房地产应该会收益颇丰。即使你买下房地产后，房价下跌了，但由于房地产价格的总趋势是上升的，只要你有足够的忍耐心，相信总有一天会获得丰厚的利益。

三、房地产有耐久的使用性

耐久的使用性倍增投资房地产的保险性，只要不出现毁灭性自然灾害和意外事故，房地产作为不动产不会一夜之间化为乌有。企业破产了，房地产仍在，可以用来抵债；另一种情况，当不幸遇到外商诈骗逃走时，房屋土地不能带走，这就是一笔财富：老百姓买下了房产，即使经济持续不景气，房地产仍有其利用价值，房屋可以住、可以租、可以卖，总之，不会一文不值，其投资不会血本无归。

四、分散风险

房地产的收益率与空置率、经济周期有密切的关系，但空置率和经济周期波动在不同国家和地区是不同步的，或说它们之间的联系度也是比较低的。如：北美、亚洲和欧洲三大经济区在过去25年里的GDP增长率相关性仅为0.26，选择全球化房地产投资战略就像将"鸡蛋放在不同的篮子里"。在国内，全国各地的房地产价格不可能完全一致，各地房价之间毫无比较参考可言。即便在同一城市，不同地段的房价也相差甚远，黄金地段的房地产可能爆出天价，而地理位置相对较差的房地产可能无人问津。需求大则房屋售价就高，这给那些独具慧眼的有心人提供了高赢利的机会。由此也可以避免由区域经济不景气而对房地产的影响，从而使风险分散，获得稳定的收益。

五、投资种类丰富、市场广阔

这种特点，有利于资产优化组合。新兴市场的国家和地区与成熟发达的国家和地区，都被国际房地产市场所包括，不动产的种类繁多，包括仓储、工业、厂房、住宅、办公楼、商业门市等，投资产品也极其丰富，既可以用直接投资兴建、收购方式拥有不动产，也可以用房地产信托投资基金方式获得所有权，丰富的投资产品和广阔的市场，为获取国际资本优化资产组合，提供了最大利润上的便利。

投资房地产的弊端

一、投资额大

"有钱炒房地产，没钱炒股票。"这句话从侧面反映了房地产投资额大这一特点。买邮品、买股票投资数额可多可少，弹性较大，房地产则不同，最便宜的房产也要十几万元，几十万元、上百万元的房地产非常普遍。由于房屋价值大和生产周期长，致使要投资房地产，就必须具备足够大的投资资金。

二、变现能力差

所谓的变现能力，是指通过出售房地产，把房地产转化为现金这一过程的难易程度。一般房地产须持有一个合理的时间后，可寻找适当时机和最佳售价在房地产市场出手，把投资的房地产转换成现金。但由于房地产价值量大，要经多次交易才能脱手，因此变现能力差，想迅速在短期内变为现金几乎不可能。为了能迅速售出房地产，就要使其售价远远低于公开市场价格，这可能导致投资者的巨额损失。所以在投资房地产之前，要对房地产变现能力差这一特点做充分的了解。

三、投资风险大

风险，即遭受损失的可能性或者不确定性，这一点是针对未来而言的。任何投资都有风险，按照经济学理论，风险的大小和获利水平的高低一般来说成正比，赢利率高则风险大。业内人士公认，房地产投资资金数额大、占用时间长、变现能力差。从这个角度讲，房地产投资风险仅次于股票投资风险。放眼世界各地，房地产市场都很活跃，而且波动又较大。所以，发达国家及我国每年都有相当数量的房地产企业破产。房地产投资风险多种多样，十分复杂，对中小投资者来讲，主要包括：利率风险、变现风险、经营风险、购买力风险、意外事故和自然灾害风险。如若投资者在近期内也想跻身到房地产投资者的群队中，一定要记住不能只盯着收益，而忽略了各种投资风险。

四、运作难度大

投资者在投资房地产之后，不管是租赁还是买卖，都要花费大量时间和精力来管理。因为房地产投资与其他投资不同：

（1）房地产投资出于物价、税收、维修、环卫、工商、消防、行业管理等的需求，要和很多部门打交道，甚至还要处理一些意外事故。

（2）房地产业涉及方面广，与多种行业密切相关，如市政、金融业、建材业、自来水供应业、建筑业、邮电业、园林等。这些行业与房地产业共同发展、互相依存，所以作为投资者必须要密切关注这些行业的动态。

（3）房地产业涉及多种专业知识，是知识密集型的行业。投资房地产涉及社会、法律、气象、地质、市场和管理学、建筑学、心理学、经济学等方面的知识。

如何投资房地产

房地产的投资价值，往往取决于物业的租赁产出效率如何。不同的时间、不同的地段、不同的供求环境、不同的房地产项目以及不同的投资理念，各种房地产将体现出不同的投资价值。

一位投资者这样形容房地产投资：住宅实现租赁的周期一般是"年"，写字楼实现租赁的周期往往是"月"，而酒店则是"天"，简单讲，如果把三者比喻成商品的话，住宅租赁是大批发，写字楼租赁是小批发，酒店租赁则是零售。

一、住宅投资选择长线为佳

从投资角度看，一个大城市的近郊，随着城市化进程的推进，近郊的住宅由于基础价格比较低，升值空间相对大一些，更具投资价值。而随着后期人们不断入住，周边配套设施逐渐增多，商业投资机会和价值也会慢慢体现出来。

近期政府所推出的宏观调控政策都是针对短期的投资行为，比如提高首付比例和利率、征收房地产税等等，这对于正常行为的长期投资影响不大。不过投资者在投资住宅前需要考虑到更多的因素。在投资门槛逐渐提高以及平抑房价的大方向下，房价上涨的速度会减慢。住宅投资前景可以选择长线为佳。

二、写字楼投资选择区域最重要

写字楼的增值主要取决于市中心区及商贸区繁荣的商务气氛以及稀缺性。写字楼投资应该从区域的环境政策、人才、技术、商贸等方面的综合因素去考虑，同时还应该关注区域基础设施配套情况以及周围现有的行业业态。

写字楼租金价格呈现出两极分化的特点，即越破旧、地段越不好的写字楼租金越低；反之，越高档的、地理位置越好的写字楼租金就越高。

三、酒店式公寓投资关键看配套

酒店式公寓作为市场新宠，进入市场已有几年时间。作为近年来一种新兴的房地产投资品种，投资者把它作为新兴物业，开发商把它作为新的利润增长点。

酒店式服务公寓兼具传统酒店和公寓的长处。它们大多位于成熟的商务中心，属于客商和公司人员流动地带，周围的服务配套设施完善。其服务也更家庭化，一般会聘请专业的酒店物业管理公司或酒店式公寓管理公司入驻管理，提供普通公寓所没有的有偿商务服务。

由于酒店式公寓吸收了传统酒店与传统公寓的长处，并且月租和各种服务费加一起比传统酒店少得多。因此，备受商务人士青睐。

住房投资的六种模式

随着住房制度的改革和福利分房的取消，住房消费已成为城镇居民消费的首要选择。在住房消费的广阔市场中，住房投资应运而生。如何选择适合自己经济状况的住房投资很重要，一般来说，目前有以下几种住房投资模式。

一、直接购房模式

住房实物投资属于直接投资，即投资者用现款或分期付款的方式直接向房主或房地产开发商购买住房，并适当装修、装饰后，或出售、或出租以获取投资回报。这是一种传统的投资方式，也是住房投资者目前最常用的一种方式。

二、合建分成

合建分成就是寻找旧房，拆旧建新，共售分成。这种操作手法要求投资者对房地产整套业务相当精通。目前不少房地产开发公司都采用这种方式开发房地产，只是规模不同,另外在合建方式上也存在多样性。

三、以旧翻新

即把旧楼买来或租来,然后投入一笔钱进行装修,以提高该楼的附加值,再将装修一新的楼宇出售或转租,从中赚取利润。采用这种方式投资商品房时应注意:尽可能选地段好、易租售的旧楼,如在学校、单位附近的单身公寓就极受欢迎。

四、以租养租

以租养租就是长期租赁低价楼宇,然后不断投升租金标准的方式分期转租,从中赚取租金差价。以租养租这种操作手法又叫当"二房东"。有些投资人,将租来的房产转租获利相当丰厚。如果投资者刚开始做房地产生意,资金严重不足,这种投资方式比较合适。

五、以房换房

以房换房就是以洞察先机为前提,看准一处极具升值潜力的房产,在别人尚未意识到之前,以优厚条件采取以房换房的方式获取房产,待时机成熟再予以转售或出租从中牟利。

六、以租代购模式

所谓以租代购是指开发商将空置待售的商品房出租并与租户签订购租合同。若租户在合同约定的期限内购买该房,开发商即以出租时所定的房价将该房出售给租住户,所付租金可充抵部分购房款,待租住户交足余额后,即可获得该房的完全产权。这种方式发源于广州、上海等经济发达地区,虽然是房地产商出售商品房的一种变通方式,但对消费者来说,也不失为一种当家理财的好方法。

房产三大风险

在投资房产中,风险是时时刻刻存在的,常见的投资风险有以下几种。

一、房产投资的门槛比较高,同时需要连续投资

比如贷款20年买房,每个月都要还款,一旦还款中断,你的投资就失败了。这与股市、资金投资这种一次性的投资行为是有很大差别的。

二、利率的变化及房价涨跌的风险

现在大多数的投资和买房行为都是需要银行贷款,因此银行利率至关重要。未来10~20年,银行利率的变化会比较大。如果利率变化超过了你投资收入的增长,投资就不算成功。另外,如果你买的房子价格下跌,而且跌幅超过投资价值,那么投资也是失败的。

三、变现的风险

很多金融产品变现是很容易的，但房产的变现中间环节特别多而且时间周期很长。如果房市低迷，房子就很难售出，而且变现风险在中小城市更大。

除此之外，还有房屋折旧等风险。总之，任何一种市场都不会是只热不冷的，更不会投入后只稳赚而不亏损。在做房产投资之前要有一定资金，一个好的心态，同时做好应对各种风险的功课，当面对风险时就会多一点坦然，多一点从容。

哪些情况适合租房

在一些发达国家，长时间租房住的人也非常多。在他们看来，病了有医疗保险，老了就住到养老院去，能享受的就尽情享受，何必为了一套房子累死累活？

时下，不少人对租房的认识存在一定的误区，总认为租房花了钱到头来房子还是人家的，自己仍是"一无所有"。事实上，结婚前耗费数十万元、上百万元买了房，不过是将未来几十年租房的钱，集中在短期内支出而已。打个比方说，一套总价100万元的商品房，不考虑利息成本，就按70年计算，再加上物业管理费，平均分摊到每年的花费在1.8万元左右，每月就是1 500元。

倘若拿这笔钱租房，尽管从表面上看，租上10年，付出18万元，房子还不是自己的，似乎很不划算。但假如在租房的10年中，出现比目前房价水平下跌20%的情况，目前100万元的房子就便宜了20万元，这租的10年就等于白住了。再说，这100万元在10年内还可以找个银行理财品种，以年收益5%计算，10年可获利50万元，足够付租金。更重要的是，10年以后造的房子肯定比现在的好。

租房，不仅是一种生活态度，也是一种理财之道。住在别人的房子里，用手头的钱做自己想做的事。"生活，不应该被房子困住。"

吴小姐在媒体工作，男朋友是高校教师。她刚参加工作1年，两个人月收入加起来约5 000元，年终奖共约15 000元。他们在江苏昆山租了一套小住宅，月租750元，加上生活费，每月需支出2 000元左右。此外，近3年妹妹读大学，每月平均约需寄给她2 000元。

他们现有存款40 000元，希望能尽快购置一套房子自住，要咨询的是，现在是否具备买房的财力？要买的话，应采取哪种贷款方式？买什么样的房子比较合适？

一位资深理财师认为，吴小姐刚工作不久，和男朋友关系较稳固，收入尚可，但根据她的具体情况，现在买房不是太合适。主要原因是：目前她的现金流太少，如买总房价40万元的住房，首付款至少需8万元，手头4万元存款不够支付按揭首付款及装修款；采用等额还贷方式，20年期32万元贷款，月还款额约为2 000元，压力过大；投资渠道少，资金收益率低，剩余资金躺在银行里，没有发挥到最大效用。

理财建议是：未来3年还是继续租房为好，将剩余资金根据风险偏好进行合理投资，可投资股票型基金、货币市场基金、信托产品，以期获得较高收益；3年后，累计积蓄可达13万元左右（1 000×12+15 000）×3+40 000+部分升值收益（=13万左右）；考虑到吴小姐年收入有相当上升空间，届时可根据情况购买市中心的中小户型住宅(包括二手房)，面积在60~80平方米左右，男朋友是高校教师，可申请公积金住房按揭贷款，贷款利率相对较低。

这是新婚1年的一个小家庭。张先生30岁，是医院的医生，张太太28岁是同单位的护士。夫妻两人收入稳定，分别是5 500元和3 500元。每月家庭支出也比较稳定，大约在4 000元左右。由于小家庭建立不久，所以只有3万元的活期储蓄。夫妻两人现在居住在张先生父母早期准备的旧房里，市价40万元。张先生家庭年收入10.8万元，年支出4.8万元，每年可结余6万元。由于支出比例合理，张先生家庭有较高的储蓄率，为55.6%。但家庭资产有限，且缺少合理的投资渠道。夫妻俩想换一套附近的商品房，考虑在100万元左右。但张先生预计房价会下跌，考虑是否先租房，等房价下跌后再买房。张先生夫妇没有投资理财经验，也没有购买过保险。于是想咨询有经验的理财师，帮助他们的小家庭做一个长期的合理规划。

根据张先生的家庭特点，理财师给出了以下的建议：

首先，张先生应给全家留出必要的家庭准备金，一般是月支出的3~6倍，建议保留1.5万元的活期存款，其余的另做他用。

其次，从国家的政策调控来看，张先生对于房价的顾虑是有一定道理的。如果现在张先生立即卖出旧房，购置新房，考虑到10万元左右的装修费用，则新房首付30万元，其余70万元可以使用公积金和商业组合贷款，其中公积金采取足额贷款，以20年为例，则每月需还款4 000余元，对于张先生这样的新婚家庭而言是一笔沉重的负担。而且，还影响到日后的子女规划。因此，建议张先生先卖出旧房，采用租房的形式，等房价有所下跌后再购置新居。

对于张先生卖房所得款项40万元中的33万元可用于购买收益相对稳定的债券型基金，根据现在的市场情况，预计年收益率为10%。这样，两年后可用于支付购置新房的首付款，大约是40万元。由于房价下跌为90万元左右，因此张先生只需选择50万元的公积金和商业组合贷款，其中公积金采取足额贷款，同样以20年为例，每月只需还款3 000元左右。

第十九章

如何选房："挑房就跟挑男人一样"

> 我只管等，直到有钱躺在墙角，我所要做的全部就是走过去把它捡起来。
>
> ——罗杰斯
>
> 如果我们有坚定的长期投资期望，那么短期的价格波动对我们来说就毫无意义，除非它们能够让我们有机会以更便宜的价格增加股份。
>
> ——沃伦·巴菲特

选房要会"望、闻、问、切"

选房是一个非常个性化的过程，但也存在某些共性。归纳起来，就是要做到"望、闻、问、切"，不断地察看房子的里里外外，千万不能急于求成，妄下判断。

一、望

多了解市场行情。首先，最起码要了解房价走势以及热点区域。例如自己所在的城市近期房价涨跌势如何，哪些区域涨跌快些，哪些区域慢些，哪些楼盘卖得火。其次，对一些大的开发商和项目要有所了解。一般而言，品牌开发商的项目品质会比较有保证。再次，至少要学会看楼书、沙盘，看户型图、样板间，这样才能用更专业、实用的眼光去看房。

二、闻

有空多跑售楼处。跑售楼处有一个好处，就是可以知道这个项目大致要多长时间竣工，现在进展到什么阶段，以及周边的交通配套等情况。一周跑上两三家，一个月就是8~12家，这样货比三家，最后所做的决定就会更准确，至少不会太离谱。

通过多种媒体掌握信息。平时多看报纸、多上网、多接触电视及户外媒体的楼宇广告。即使没时间跑售楼处，从媒体上了解项目信息也是个好办法。在资讯高度发达的今天，房地产已是媒体资讯和广告的重要支柱，通过媒体一方面可以掌握楼市宏观的发展形势，较准确地判断其下一步的走势；另一方面多数楼盘都会通过媒体做广告，投资者可以从各类媒体中了解大量的楼盘信息。

三、问

善于在售楼处提问题。当投资者选定中意的楼盘，来到售楼处，面对热情似火的销售员时，务必要保持冷静的头脑。在售楼处应尽可能多地提出疑问，包括楼盘的销售方式、具体价格、入住时间、入住条件、车位、交通、配套、公摊、户型、物业，等等，不能错过每一个细微的问题。

四、切

到实地进行考察。百闻不如一见，了解的信息再多也不如到实地走走。考察的内容包括内外两方面。内，就是居住区以内的交通、配套、户型等，并具体到房子的防水、墙角、室内装潢和做工、采光、墙体、茶座、厨房卫生间等细节的问题。外，就是居住区以外的交通、教育、医疗、商业、娱乐等配套，甚至包括居住区到上班地点的距离。这些都要自己亲临现场才能知晓，而不能听开发商的一面之词。

作为地产投资者，不论投资能力的大小，都要精挑细选，慎而又慎。如同任何投资一样，盲目跟风是大忌。

哪些房子更有升值潜力

未来有没有升值潜力是房地产投资者首先考虑的问题。而影响房子未来升值的一个重要因素就是其所处的地段位置。即指房产的具体空间区位，既包括房地产本身的所在位置，也包括周围环境即相邻地区的自然环境、生态环境和经济社会文化环境等。地段位置是决定城市地价的最重要因素，从而决定了房地产价格和升值空间。

对于个人房地产投资者来说，在选择地段位置的时候，应着重考虑地段位置的未来变化趋势，而不应该是目前地段位置是否优越。在寻找最具有升值潜力的地段时，首先要认真鉴别某地段是否具有升值潜力和投资价值，避开眼前的几个陷阱去选择未来。

不要选择寸土寸金的地段。能在寸土寸金地段置业当然不是件坏事，但是寸土寸金地段未必具有投资价值。过高的地价，会使房地产等相关成本过高，升值的空间相对来说并不大。

不要选择城市的中心地段。就我国近二十几年城镇建设变化趋势来说，城区内最具有升值潜力的地段已不全是城市中心区域。因为，城市的中心地段往往是老城区，房屋多是十几年前、几十年前所建，其面积、结构、样式以及辅助设施等都显得陈旧、过时，原有功能退化。城市的中等收入以上的居民，多数都已迁往他处，因此，城市中心地段的房价相比较反而呈下降趋势。

不要听风就是雨。城市的规划、拆迁、改造、新建等活动，会牵动很多人、很多集团的利益。市政当局每决定对一处进行变动时，都会有很多利益集团直接或间接参与博弈，从最初设想到政策正式出台，期间变数很大。因此，作为个人房产投资者，千万要谨慎行事，待正式的文件出台后，再做决定。不要听风就是雨，被小道消息及社会传言所蒙蔽，认为机不可失而慌忙投资，结果正中了别人的圈套。

那么，哪些地段位置的房产具有较大的升值潜力呢？通常情况下，以下四类地段的房产未来升值空间比较大：

名校周边的房产。我国绝大多数城市都实行就近入学的政策，因此，在独生子女占据家庭中心地位的今天，孩子的前途高过家庭一切，辖区内如果有市属或区属重点，甚至是准重点的幼儿园、小学、中学等，自然都会成为一个重要卖点，吸引相关家庭入住。地段位置如果正好在重点小学和重点中学的生源辖区内，房产的升值潜力将会更大。

地铁沿途的房产。城市越大，交通问题越令政府头疼，越让市民不满。因此，便利的交通条件不能不说是个较好的卖点。对市民来说，城市地铁具有安全、舒适、快捷、节俭、方便以及客流量大等优点，所以，地铁线路（包括规划中的和正在建设中的）显然会对沿途房地产价格上扬起到拉动作用。

已逐渐形成的成片小区。房地产的升值是个动态过程，周边建设发展状况及趋势，对房地产价值的升高起决定性的推动作用。最初，某个房地产公司，在郊区或老城区开发一处房地产，虽然地价相对便宜，因为人气不旺、配套设施暂时跟不上、使用价值不高，故而短时间内很难升值。对个人投资者来说，比较合宜的投资时间是市政当局已经完成规划，具备了基本的交通条件（路通、有公交车路过），供水、供电等设施已经完成，多家公司正积极地投资开发，工商企业已经开始落户，小区规模正逐渐形成之时。这时候开始进行投资购房，随着小区内和周边生活配套设施的增多，如商场、饭店、宾馆、医院、邮局以及教育文化等机构的入住，住宅和商铺的价格将会逐月增高。

银行营业网点的储蓄存款快速增加的地段。对个人房地产投资者来说，地段位置是否优越、是否具有升值潜力，地段内的银行营业机构的个人储蓄存款增长幅度的大小也是一个重要标志。相比之下，某一地段的储蓄所存款能够连续几年以较大的幅度稳步增长，说明该地段一是高收入家庭相对集中，二是单位（机关、学校及工商业机构）和住宅布局较为合理。物以类聚，人以群分，像这样的地段，自然会吸引更多的中高收入家庭入住，从而抬高地价。

正确判断房地产的未来价值是房产投资成败的关键。要抓住这个关键，就必须挑选未来具有发展潜力的地段位置，并果断出手。

哪些房地产是投资"雷区"

房价的快速上涨，吸引着更多的人投身于房地产市场。但是，投资者在看到巨大收益的同时，也要看到巨大的风险。房产是一种不动产，所以投资于房产中的资金流动性和变现性较差。由于房产投资周期较长，占有资金较多，因此投资于房产，还需承担因经济周期性变动带来的购买力下降的风险。

另外，房地产业是涉及有关专业知识最多的行业，一不小心，便有可能踩中地雷。因而，千万不可只看到诱人的蛋糕，一时冲动，误踩"地雷"。

"雷区"一：宏观政策变化的不确定性。

房地产市场历来容易受到各种市场政策导向的影响，从而造成很大的周期性波动。政策的不确定性也给房地产投资带来极大变数。

例如，国家提高首付款比例的政策，就会对房产投资造成很大影响。假设一个精明的房产投资者手里有100万元想投资，按照原来首付20%的原则，他可以买到10套50万元的房子，其他的钱由银行贷款解决，赚取的是10套房子的利润。在利润上升的同时，他的投资风险也被巧妙分散到10套房子那里，这样"鸡蛋被放在不同的篮子里"，投资成功的可能性显然大大增强。何时而言，他可能只买到8套的房子，收益降低，杠杆效应减少，投资风险会相应增加。

避开"雷区"的策略：积极关注政策面的变化，适当收缩战线，集中资金于3~5套有较大潜力的房产，这样虽说收益减少，但也有效地降低了风险。

"雷区"二：城市规划的风险。

一个城市的整体规划对房产投资有直接影响，尤其在目前大搞城市建设以带动内需的情况下，稍有不慎便有可能踩到"地雷"，遭受巨大损失。

例如，刘女士通过房产中介看中一处二手房，不管是价格还是地理位置都比较满意。房产中介说户主出国急需用钱想赶快转让，于是刘女士便以43万元买下。没想到3个月后，就有拆迁公司上门说此房属城市改造拆迁范围，要在2个月之后拆掉。刘女士后悔万分，最终只拿到37万元拆迁款，自己白白损失6万元。

避开"雷区"的策略：注意媒体上有关城市建设方面的信息，登录当地政府城市规划部门的网站，了解城市规划动态，小心决策。

"雷区"三：地产开发商的圈套。

在个人房产投资的过程中，许多纠纷的产生都是由于地产开发商设置了圈套，最终让购房者吃闷亏。例如，不法房产商会在合同里玩花样，最常见的是将"订金"变成"定金"，有时还会在合同里故意空出一些条款不填，利用购房者不熟悉法律的弱势，使房产投资者吃亏上当。

避开"雷区"的策略：投资者在购买房产时要尽量找那些诚实守信，有良好品牌形象的房产商。

对于购买过程中的陷阱，房产投资者不妨借借"外脑"。在购买过程中多咨询些房产法律专业人士，必要时聘请专业法律人士陪同购买，识别出合同和交易过程中的"地雷"，避免中了地产商的圈套。

"雷区"四：远期支付能力的风险。

对于按揭购房的投资者来说，必须要对自身远期的支付能力作出准确的判断。如果判断失误，出现意外情况，则房子就有被银行收走的风险。

工作两年的王先生看中了一家商铺打算投资。同类店面的租金每月能达到3 000元，照此计算，除去每月的银行按揭贷款，3年就能收回投资。没有积蓄的他利用银行贷款买下了这间商铺，首付款也是向朋友借的。可是，没过1个月，商铺前面的马路由于修地铁而开始施工，客流量大幅降低，店面租金也随之暴跌。据说这个工程将持续1年以上时间。

王先生不但无法按期归还银行贷款，更无法归还朋友的借款，店铺还有可能被银行收走。万般无奈之下，王先生只好将店铺转让他人。这一来一去，损失了3万多元。

王先生之所以投资失败，就在于他对未来估计过分乐观，没有考虑到相应的风险，而自己没有积蓄，抗风险能力极差。

避开"雷区"的策略：个人房产投资者必须慎重决策，把预期收入的估计建立在较切合实际的基础上，并留有资金余地，从而使自己的买房和房贷按揭额决策建立在有能力的偿付基础上，以便可以从容还贷，规避房贷风险。

选择楼盘有技巧

自住购房时，考虑最多的是价格合适、居住合适等问题，而投资购房时，就像投资股票一样，考虑最多的是房产的升值问题，包括房屋价格和租金的上升。一般来说，投资股票，如果没有实力坐庄，就难以把握自己的命运，任人摆布的时候居多，但是，投资房地产，即使只是一个中小投资者，也不影响获利。当然，投资者得掌握并运用好房产升值的八大希望因子。

一、交通状况

影响房产价格最显著的因素是地段，决定地段好坏的最活跃因素是交通状况。一条马路或城市地铁的修建，可以立即使不好的地段变好，好的地段变得更好，相应的房产价格自然也就直线上升。投资者要仔细研究城市规划方案，关注城市的基本建设进展情况，以便寻找具有升值潜力的房产。应用这一因子的关键是掌握好投资时机。投资过早，资金可能被"套牢"；投资过晚，可能丧失上升空间。

二、周边环境

包括生态环境、人文环境、经济环境。任何环境条件的改善都会使房产升值。应用这一因子的关键也是要研究城市规划方案，恰当掌握好投资时机。

三、物业管理

以投资为目的购买房产，更应注意物业管理的水平，这直接决定了租金的高低。另外，有些物业管理也有代业主出租的业务，因此买房时要注意，一个得力的销售部门也许会给以后的出租带来很多方便。应用好这一因子的关键是在购房时，应将物业管理公司的资质、信誉和服务水平加以重点考虑。

四、社区背景

每一个社区都有自己的背景，特别是文化背景。在这样一个知识经济时代，文化层次越高的社区，房产越具有增值的潜力。

五、配套设施

"足不出户"（户：指小区）就能够解决所有的生活问题，是中国特色小区模式的最高境界。很多小区是逐步发展起来的，其配套设施也是逐步完成的。配套设施完善的过程，也就是房屋价格逐渐上升的过程。应用这一因子的关键是要看开发商的实力，如果小区开发工程中途停止，配套设施的完善也就泡汤了。

六、房屋品质

随着科学技术的发展，住宅现代化被逐步提到了日程上来。网络家居、环保住宅等已经成为现实。实际上，房屋的品质是在不断变好的。单从这个意义上说，建成的房子会随着时间的推移而不断贬值。这就要求投资者在买房时，要特别注意房屋的品质，对影响房屋品质比较敏感的因素，如布局、层高、建筑质量等，要重点考虑其抗"落伍"性。

七、期房合约

投资期房具有很大的风险，投资者要慎而又慎。但一般来说，风险大，收益也

大。如果能够合理、合法地应用好期房合约的话，应该是可以获得丰厚回报的。

需要注意两点：一是要请专业人士帮助起草期房合约；二是要挑选有实力和信誉的开发商。这样可以保证能够按期拿到合乎标准的房子，万一出现开发商违约的情况时，也能够保证资金的安全，获得开发商付给的违约金。

八、经济周期

这是最难把握的一个因子。中国经济还有很大的向上发展空间，房地产市场发展也很平稳，房产投资前景看好。

投资房产，精品才抗跌

大家都希望自己买的房屋不易跌价。可是，哪些房子才抗跌呢？哪些房子才是城市的黄金不动产呢？这是很多人都会问的问题。众多房地产开发公司及中介代理公司得出的结论是：大家都认为价格合理、户型独特、产品稀缺、地段良好的房产，才是保值且抗跌的房产。总之一句话，精品才抗跌。

任太太是位专职家庭主妇，丈夫是阔绰的建筑承包商。就在中国内地楼市还在狂涨的时候，她却已经把投资目标转到境外的房产。通过房产中介，她投资了澳门地区一处90多万元的房产，现在这处房产已经升值到130多万元，任太太对这个结果相当满意。

她之所以想到"逆势"在澳门买房，无非是感觉在中国内地买房贵，市场的赢利空间不大，而澳门是个国际性大都市，前景看好。果然，此后中国内地多变的房产新政让任太太这样的投资客倍感庆幸。现在，她想再投资一套价值百万余元的高档物业，并且还打算去考察一下香港地区的房地产市场，然后制定投资计划。

最近，任太太正忙着去澳大利亚的事情，当然，绝不是去旅游观光，而是去考察房地产市场。她认为去澳大利亚投资房产有很多优势，而且澳大利亚是全球房价最稳定的国家之一，投资安全系数很大。

任太太认为，各个投资领域都有可能涨涨跌跌，但是只有投资精品才有抗跌性，如果投资中只图便宜买"处理货"，可能市场稍微有点小感冒，它们就会夭折。她的经验是，一般情况下，中心地段和成熟社区的楼盘都具有很强的抗跌性。

抗跌楼盘一般社区比较大，入住率高，交通便利，周边银行、商业、教育等配套设施非常完善。建在都市核心区的精品豪宅也具有非常强悍的抗跌能力——位于最显赫的中心位置，拥有顶尖的城市配套资源和便捷的交通，设施豪华，行政中心、交通中心、市民活动中心、城市地理中心也坐落于此，地理价值，无可匹敌，由此造就了强悍的抗跌能力。

第二十章

防范陷阱："梦幻的家园"要不得

> 放手让亏损持续扩大，这几乎是所有投资人可能犯下的最大亏损。
> ——威廉·欧奈尔

> 我并不觉得自己聪明，但我确实在非常、非常、非常勤奋地工作。如果你能非常努力地工作，也很热爱自己的工作，就有成功的可能。
> ——吉姆·罗杰斯

投资商品房的注意要点

一、签订合同前要调查开发商背景

并非大开发商就一定有诚信，但目前看来，出问题较多的一般是资金少、开发经验少的小公司。而那些大公司计划在房地产业长期经营下去，就必须有较好的信誉保障。所以决定买房前要先问问周围的人，探探开发商的口碑。

二、签订合同时要查"五证"

要查看项目的"五证"，包括国有土地使用证、建设用地规划许可证、建设工程规划许可证、建筑工程开工证和商品房预售许可证。如果是现房销售，应当看到"大产权证"。五证俱全才可销售。

三、30日内合同应去备案

根据《城市房地产开发经营管理条例》以及《城市商品房预售管理办法》的规定，自购房合同签订之日起30日之内，将合同送到国土房管局登记备案。由于购房人先交首付款，然后再将合同备案，所以购房人必须承担的风险就在这30天里。当合同备案了，法律上也就承认了购房人拥有房产的合法性。

四、60天内开发商办理权属登记备案

根据建设部《商品房销售管理办法》，要求房地产开发企业应当在商品房交付使用之日起60日内，将需要由其提供的办理房屋权属登记的资料报送房屋所在地房地产行政主管部门。否则，开发商违约，购房人拿产权证的时间会拖后。

五、入住90天应办理房产证

按照《城市房地产开发经营管理条例》以及《城市商品房预售管理办法》的规定，预售合同购房人应当自商品房交付使用之日起90日内办理房产证；现房购房人自销售合同签订之日起90日内办理房产证。

如果双方没有约定办理房产证的期限，由于开发商的原因，购房人在上述期限届满未能取得房产证的，开发商应承担违约责任。然而现有的购房合同往往将办理房产证的期限约定到1~3年，因此购房人应尽量要求开发商承诺在1年内办理好房产证。

只要房产证到手了，购房人就不用担心了，但如果该项目土地还未解押、房产被抵押、规划设计不合规定等因素都会导致房产证办不下来。当然，《商品房销售管理办法》中有规定，如果所买卖房屋已经设定了抵押，开发商应如实告知购房人，否则将导致合同无效，并承担违约责任，购房人可要求双倍赔偿。

六、提示：最好不要一次性付款

很多拆迁居民一下子有了数十万元的拆迁款，买新房时总打算一次性付清，还有的老百姓手头宽裕了，希望提前还贷。

有关业内律师忠告购房人，打算一次性付款的，应特别注意"30天"和"60天"这两个时间段。实际上银行在放贷之前要对开发商做全面审查，这能够给贷款的房产增加保险系数。

当然风险一般存在于期房阶段，到了现房阶段特别是房产证拿到手了，风险就会降低。当然，如果开发商诈骗，一房两卖，背着购房人作抵押，那购房人还是防不胜防。所以考察开发商背景与信誉尤为重要。

售楼广告可信吗

一、关于房屋质量的问题

有些购房者认为，商品房竣工后会经过政府主管部门组织的竣工验收，验收合格的才会交付使用，因此商品房不会出现质量问题。而且根据有关法律规定，开发商在交付商品房时，应同时向购房者交付《住宅质量保证书》和《住宅使用说明

书》，这两书已对商品房质量的细节作了规定，是购房合同的重要组成部分，因此也就没有必要在合同中约定商品房的质量问题。但事实并非如此。商品房竣工验收，是以抽查的方式进行的，因而不能保证每一套商品房的质量都合格。而且竣工验收的质量标准和购房者所希望的质量要求也可能有差距。至于《住宅质量保证书》和《住宅使用说明书》关于房屋质量的规定，都是由开发商拟订的，侧重保护开发商的利益，因此有必要在购房合同中约定房屋的质量问题。

二、关于售楼广告的问题

开发商为宣传、推销其商品房，一般都会散发售楼书，发布商品房销售广告，作出不少许诺。从法律角度来说，售楼书、广告等都是开发商向不特定的对象发放的用于介绍其商品房的文字、图片材料，主要是为了美化商品房形象、优势，远不具备商品房买卖合同的基本条款。此类广告在法律上一般视其为要约邀请，不能直接成为合同的内容。因此，购房者一定要对广告上宣传的内容进行核实。为了避免不必要的麻烦，购房者最好在签订合同时，要求开发商将广告承诺的内容写入双方协议中，使其成为合同内容的一部分，以便在广告名不副实时告开发商违约。

三、关于样板房的问题

在商品房销售的时候，开发商通常都要设置样板房或样板间。购房者入住后，发现房屋和样板房有差距、要求退房时，开发商却认为样板房不是"样本房"或"样品房"，设置样板房的目的是为了推销商品房。由于在购房合同中并没有约定商品房与样板房不一致时，购房者有权退房，因此购房者无权要求退房。事实并非如此。《商品房销售治理办法》第31条明确规定，开发商设置样板房的，应当说明实际交付的商品房质量、设备及装修与样板房是否一致，未作说明的，实际交付的商品房应当与样板房一致。开发商未作说明，致使购房者因重大误解而订立商品房买卖合同的，购房者可以根据《合同法》关于重大误解的规定，请求人民法院或者仲裁机构变更或撤销购房合同（变更还是撤销购房合同由购房者进行选择）。购房合同是房产交易的有力保证。如果投资者能不怕麻烦，认真对待，把各种细节写进购房合同中，就会有力地保护自己的利益，避免掉进开发商的陷阱。

房产合同注意事项

一、风险防范

房屋买卖合同一经签订就会产生法律效力，合同双方当事人必须严格按合同的规定办事，否则就要承担违约责任。因而购房者在签订合同时注意如何防止欺诈就显得尤为重要。具体防范办法，应遵循两个坚持：

(1) 坚持使用新合同范本。因为新合同范本的设定较为公平，可以更好地保护购房者的利益。

(2) 坚持签订补充协议。把房屋设计变更、配套设施以及装修材料、面积误差、分摊的部位、产权办理期限、违约责任等事项尽可能全面、具体地写进去，以免日后发生纠纷时无据可依。

二、房产合同应注意的要点

(1) 关于所购房屋的位置条款。在签订现房买卖合同时，必须将所购楼房的楼号、房号以及房屋在整幢楼中的示意图、单元的平面图标示等应在合同中写明或作为附件。

(2) 有关房屋面积方面的条款。购房者在签订购买合同时，要写明建筑面积、建筑面积中含公用面积的组成部分及具体平方米数、使用面积平方米数、建筑面积与使用面积的比例。

(3) 关于价格、收费、付款额等方面的条款。在一般合同中，价格条款应是明确具体的，每平方米多少钱，总房款多少钱都应列明；开发商要求购房人付出的各种款项的含税量，购房者都可以要求开发商出示有关规定和证明文件；对于一些不合理的、缺少依据的收费，如开发商聘请律师的费用、委托中介费、银行手续费等，购房者有权拒付。

(4) 有关房屋的质量条款。购房者在签订合同时一定要详细地把质量要求写进合同。如卧室、厨房、卫生间的装修标准、等级；建材配备清单、等级；屋内设备清单；水、电、气、管线通畅；门、窗、家具的瑕疵；房屋抗震等级等。上下内外的质量要求都应涉及。同时合同中还可以规定房屋的保质期、附属设备保质期等。

三、房屋买卖合同要点

(1) 所购房屋的建筑面积、套内建筑面积、土地分摊面积、套内房屋的层高、房屋分隔及朝向、房屋所在的整幢楼房的有关情况、整个小区的布局和配套设施、车位数量以及车位租售情况。

(2) 所购房屋实测面积的测绘单位和测绘方法。

(3) 所购房屋的工程进度和资金的落实情况。

(4) 购房人有权知道预付楼款是否确实被用于所购房屋的建设。

(5) 房产公司对房屋的建筑设计变更，应事先征得购房人的认可或确认，否则购房者有权退房。

(6) 购房人有权知道所购房屋质量验收具体由谁负责，并在此前提下明确验收人的责任和验收不当所承担的法律后果等。

(7) 设定房屋及各部位维修的最低保修年限及责任人。

（8）房产公司应当告知购房人，房屋交付的标志是权利交付而不仅仅是实物交付。购房人有权知道房产公司办理房产证的进程和期限，并据此设定双方的权利和义务以及房产公司不能按时办妥房屋产权证应当承担的相应法律责任。

（9）房屋买卖合同签订后，应立即到房管局对该合同进行登记备案。一经登记备案，也就代表了房管局的档案记录中会留下购买人的购买记录，购房者对该房产权利的依据就是已登记备案的合同，这样就可以排除第三人对该房屋行使同样的权利。

房奴如何理财还贷

买房贷款占到收入四成以上的"房奴"们，在职场上也开始渐渐丧失了冒险精神。为了确保有稳定的收入可以还贷，他们害怕降薪、跳槽、失业，让职业发展陷入困顿。

买房不应成为个人职业发展的阻碍和负担，所以积蓄不多打算贷款买房者尤其要注重将职业生涯规划和买房投资理财规划两者相结合。

"我的新房除了一张床和桌子，还有做饭需要的锅碗瓢盆以外，什么电器都没买。"胡小姐说起近1年时间的"房奴"生活，显得十分无奈。

2004年，刚毕业两年的胡小姐来到东莞，在一家公司从事平面设计工作，月薪2 500元。不久后，她拿出工作两年多的所有积蓄，首付近3万元买下了一套小户型的精装房，房贷期10年月供1 400多元。"当时想着工资省着点花，总比租房强，找机会再换份收入高点的工作。"

然而，胡小姐没多久就发现，跳槽远不是她想的那么简单，在东莞有一定工作经验的平面设计师，收入一般在2 000~2 500元之间，部分大型企业或知名广告公司可以达到3 000元以上，但对资历各方面要求较高。以胡小姐目前的情况，要在短期内找到一份收入有大幅提升的工作显然比较困难。

胡小姐一直抱着"骑驴找马"的心态，对当前的工作不但没有了兴趣，甚至充满了厌烦的情绪。这种消极疲怠的状态被老板掌握，随后老板将她调到公司的另一部门任职，虽然工资没有太大的变动，但是工作变得更加繁琐和忙碌。

即便如此，胡小姐也不敢再像以前那样随自己的性子，更不敢辞了工作再慢慢找合适的工作，因为每个月的房屋贷款还有水电费、物管费，就像金刚箍一样牢牢套住了她。

事实上，如今有着和胡小姐类似经历的人不在少数，本该属于年轻人的洒脱岁月，几乎因为房屋贷款而变得负重难行。他们不但拼命加班工作，而且在公司总是谨小慎微，降薪、失业成为他们最大的恐惧；他们甚至不敢轻易跳槽，因为一旦出现职业空档期，压力就更加沉重。

按照通行的说法，"房奴"是贷款买房月供超过正常支付能力，从而导致生活质量下降，沦为房屋"奴隶"的一类人。有数据表明，近60%的人通过贷款买房，大部分人贷款后就感觉成了"房奴"，压力很大。

很少有人会把买房和个人职业规划结合起来，往往在没有认清自己所处的职业阶段时，为了追求一种安全感，以买房来确立人生方向的这类人群，最容易成为"房奴"一族。这一群体在不断妥协中以求稳定，经常会错过一些晋升、跳槽的良机，房贷压力在一定程度上限制了其职业发展，在不知不觉中，这些人也由"房奴"变成了"工作奴"。

职业发展方向尚不清晰、随时可能跳槽、甚至不知道自己下一步将在哪里的人，匆忙买房的风险会比较大。

银行方面的专家提醒背负房贷重担的置业者：贷款利率比存款高得多，而且贷款利息是硬性支出，因此"负翁"们其实更需要理财。如果能合理安排支出，"房奴"也能翻身做"主人"，减轻压力。

一招：选准银行。

跟其他金融产品相比，房屋抵押贷款风险小，利润高，目前已成为各大银行的"兵家必争之地"。

各家银行之间，为争夺房贷客户，常常推出一系列优惠措施，缓和矛盾。值得一提的是，目前市场上的房贷产品个体差异较大，置业者可根据自身需求来选择银行及其房贷产品，以减轻还贷压力。

二招：进行理财规划。

许多人认为每月的工资扣除房贷和日常生活开销之后所剩无几，除了存进银行没有别的选择，事实上，如果对剩余的资金进行合理的理财规划，房贷的压力是可以在一定程度上减轻的。

对于每月固定收入的工薪阶层，投资一些风险低、回报相对存款利息要高的理财产品也可以减轻不少房贷的压力。如人民币理财产品、货币市场基金、债券基金和保本基金等，投资这些理财产品本金较安全，虽然给出的收益率都是预期收益率，没有绝对的保证，但实际上收益率波动范围并不大，而且要比银行存款利息高。

三招：出租转移压力。

购房本是件令人愉快的事，但如果因此让你的生活质量下降、居住空间浪费、职业发展受限，不妨选择将房屋出租转移压力。倘若自住房的资金明显高过普通住宅的租金，可以考虑将房子出租，以暂时的牺牲为未来的生活换得更为广大的空间。

另外，考虑到小家庭以后还需要"添丁进口"，不妨将不堪重负的大房子出售，再购买一个适合自己的小户型居住，提升家庭的生活品质也未尝不是一个实用的办法。

四招：买房要和职业发展规划相结合。

究竟在什么样的职业发展阶段买房才合适呢？如何处理买房和职业发展两者之间的关系呢？

根据职业生涯理论，25岁之前是职业探索期，不稳定因素居多；25~30岁是职业建立期，在工作中不断调整自己的职业定位；30岁以后，职业发展基本形成，具有一定的事业和经济基础。对于一些职业发展方向尚不清晰、随时可能跳槽，甚至不知道自己下一步在哪里的人，若匆忙作出买房决定，风险将会比较大。

一种情况，建议如果尚未买房的青年，不妨先制定一项详细的个人职业发展规划，在此基础上确定一个事业发展方向清晰、综合状态较为平稳的时期再买房，如果在未来几年有跳槽计划，也可以根据职业规划提前进行资金储备，由此规避将来因失业或跳槽带来无力还贷的风险。

另一种情况，针对已经买了房，而且开始因不堪房贷压力出现"工作奴症状"的人群。这些人此时应该对此做一个评估，以事业发展作为立足点，考虑清楚买房究竟是为了什么。房子只能作为事业发展的一个副产品，而不该成为束缚职业发展的绊脚石，如果房子让生活质量下降、职业发展受制，不妨选择将房屋出租等方法转移压力。

买期房怎样付款合算

一、灵活运用支付一些定金的方法

将在图纸上看中的某一套、甚至几套期房，用一个初步协议向开发商进行预订，在此时期尚不能签订正式的购房合同，故开发商只是要求预订者交付每套1~3万元不等的定金，这些定金若在签订正式购房合同前放弃预订则将全额退回。虽说定金一般都是不计付利息的，但由于离正式开盘的时间一般不会太长，如果能够就以这极少的一点利息损失换取订到一套环境、套型、朝向等都极其理想的期房应是非常幸运又合算的，因为只有理想称心的房子才能为今后大半辈子的居住、增值带来莫大的欣慰和实惠。

二、选择一次性付款方式的方法

在选准开发商的前提下应选择一次性付款方式，在付款期的最后几天内付款，并尽量留5%~10%的待付尾款。

一次性付款具有以下优势:

(1) 因一次性付款的期限一般为1个月,在这个期限内早点晚点付款都是一样的,则可以不妨迟点取出存款或借款,在付款期的最后几日内才动用资金。

(2) 对于一次性付款,大多数的开发商还允许购房人留5%~8%的待付尾款,可待期房竣工交付钥匙时才全部付清,购房者不妨进行些公关活动力争取多留些待付尾款。

现以购1年期的期房98平方米为例,假定其价格为每平方米2 500元,总房价约为24.5万元。若一次性付款,开发商给予优惠每平方米60元,则可节省5 880元,购房者可以将这笔钱购国债或存款获得利息。而如果采取分期付款,签合同得先期付30%,以后再分几次全部付清,即使不计后几次付款的具体时间和数额,就按剩余的70%购房款全部存入银行1年期储蓄也只能得到存款利息3687元。综合比较后,两者之间的利差将在2 000元以上,若每平方米的优惠再高些则利差将更为可观。故此不难看出:一次性付款的确比较划算。

三、科学运用存单、国债质押贷款融资付款的方法

购房款当然要首先动用存款、国债等自有资金进行支付,但问题是不少居民持有的定期存款和国债中有很多是在早几年高利率时期存入的,即使近几年存(购)入的定期存款与国债,如此时存期已经过了大半,若提前支取均会造成较大的利息损失。考虑到所购期房距交付使用还有较长的一段时间,这时候你不妨用存单(含凭证式国债)向银行申请抵押贷款来进行短期融资,银行将向你提供该存单面额90%以上的抵押贷款,待存单到期后所得利息在扣除抵押贷款利息后,将足以超过提前支取所得的活期利息。

四、申请个人住房公积金和银行住房按揭贷款融资付款的方法

若动用自有资金付款仍有一定的资金缺口,购房者可以向银行申请个人住房贷款,但要注意把握以下两个要点:

(1) 要根据贷款可能性来科学选择房贷品种。从贷款利率上看,个人住房公积金贷款的利率最优惠,银行个人住房按揭贷款利率次之。故只要是及时足额缴纳公积金的职工,均应首先申请自己所可以得到的最大额度、最长期限的公积金贷款。无缘申请个人住房公积金贷款的人,可以用所购期房作抵押、或有足够代偿能力的单位与自然人作担保,向银行申请一定额度与期限的银行个人住房按揭贷款。

(2) 要根据今后是否提前还贷来科学选择月还款方式。目前银行主要提供等额本息还款法和等本不等息还款法两种方式。

以向银行借10万元10年期的个人住房按揭贷款为例,前一种方式共需还借款本息130 704元,月还款额均为1 089.20元。后一种方式共需归还借款本息127 950元,

第1个月还款额为1 298.30元,其中本金833.30元、利息465元,此后每月归还的本金额不变,而利息则逐月递减39元。如果购房者今后不打算提前还款的,应选择后一种月还款方式,将可以减少贷款总利息支出2 754余元。

全装修房贷款如何办理

作为政府大力倡导的住宅消费新形态,全装修房已经受到越来越多的开发商和购房者的青睐。那么,面对种类繁多的全装修房、五花八门的全装修房合同,消费者应该怎样购房并办理住房装修组合按揭呢?

全装修房楼盘主要有两种合同签订方式:开发商将装修条款写入预售合同附件或开发商分别签订预售合同和装修合同。

如果所购住房是将装修条款写入预售合同,则该套房屋的单价已经包含装修,房屋的装修及设备标准会在预售合同附件中详细的列明。客户可以直接向银行申请住房按揭贷款,贷款额按全装修房总房价计算。这样,房屋装修部分的贷款也可以享受住房贷款5.04%的优惠利率和长达30年的借款期限,而目前住房装修贷款期限最长不超过5年,贷款利率为5.58%。购房者不仅可以节省利息支出,每月的还款压力也可以减轻。当然,由于房屋总价是包含装修费用的,因此购房者必须要为装修的费用支付1.5%的契税。

如果所购全装修房采用预售合同和装修合同分开签订,购房者只能分两次按揭,向银行分别办理住房按揭贷款和住房装修贷款,手续相对要麻烦一些。由于两种贷款的利率和贷款期限区别较大,购房者的负担可能较重。

例如,购买一套面积200平方米、房价200万元的全装修房(其中装修为50万元),贷款期限20年,采用等额本息还款法,每月还款为13 000元。当然,购买全装修房则必须为装修部分费用多支付1.5%的契税7 500元。税息累计3 127 500元,但月还款压力较轻。

如果购买150万元的住房再申请50万元的住房装修贷款,则150万元按揭20年每月还款9 900元,50万元装修贷款5年每月还款9 500元,每月共需还款19 400元。还款压力明显增大,但总的利息支付略少,累计2 946 000元。

第二十一章

如何买卖：关于二手房的那些事

市场趋势不明显时，宁可在场外观望。

——威廉·汪恩

投资股市绝不是为了赚一次钱，而是要持续赚钱。如果想靠一"博"而发财，你大可离开股市，去赌场好了。

——波得·林奇

买房前作预算了吗

一套房子，少则几十万，多则上百万，对于普通的工薪阶层而言是一项相当大的投资，有些购房者初次置业时，常会造成预算一再超支，甚至形成"买得起住不起"的紧张局面。

投资者在明确购房目的后，需要制订一个详细的购房预算，从而正确估算自己的实际购买能力——先考虑支付得起的房子，再考虑喜欢的房子。

购房预算可以帮助购房者准确把握自身的实力和购房方向，选择适宜的房价、房屋面积、户型等。

中国有句古话："凡事预则立，不预则废。"具体而言，合理的购房预算要"预估"以下四个方面。

一、要预估可支配的投入

（1）银行存款。

（2）可变现资产，如可以套现的股票、基金等理财产品，可以上市出售的旧房等。

（3）短期借款。

（4）已缴存的公积金。公积金虽然在购房前不能提取，但在取得购房合同或购房协议、购房发票后就可以申请。缴存比例高、时间长的公积金将是一笔不小的可支配投入。

大多数购房者都会使用贷款，可支配的资金至少要满足最低首付款金额，使用公积金贷款和商业贷款的首付比例是有差异的。

二、要预估各种购房费用

买房的时候，计算的通常都是房子多少钱一平方米和房子总价是多少，以为支付了要交的房款，房子就能属于自己了。事实上，除了买房款，购房者还要支付林林总总的费用，虽然大多数费用的数目都不大，但很多时候购房者会被这些收费名目搞得头昏脑涨，眼睁睁地看着兜里的钞票哗啦啦地往外流。所以，对房价之外还要准备多少钱，购房者要有一个全面正确的认识。

由于各地政策不同、房屋性质不同，缴纳的费用有很大的区别，一般来说，包括：

（1）契税。普通住宅按成交价的1.5%缴纳，高档住宅按成交价的3%缴纳。有地税局免税证明的可免交。

（2）合同印花税。按成交价的0.05%缴纳；证照印花税5元/证。（国务院发布并于1988年10月1日实施《中华人民共和国印花税暂行条例》）

（3）测量费。按所购房屋的建筑面积收取，标准为0.30元/平方米。（在房地局测绘队的收费通知中要求按此标准交费）

（4）产权登记费。80元/套。（房地局交易大厅的公告通知中有此项费用的标准）

（5）住宅公共维修基金。总房款的2%。（《关于归集住宅共用部位共用设施设备维修基金的通知》京房地物字[1999]1088号）

（6）物业管理费（北方城市还包括供暖费）。

（7）如果需要贷款，还要交律师费、贷款保证金、抵押登记费、保险费、评估费和公证费。律师费0.25%~0.3%，抵押登记费0.3元/平方米，公证费是200元/份，贷款保证金、保险及评估费的比例不一，一般都是依据行业惯例及供求情况来确定数额，没有明确的文件规定。

三、要预估购房后的家庭收支状况

家庭收入主要以每月固定的来源为主，目前每年可提取一次的公积金也可算作一个潜在的收入来源；月供会是很大的一块家庭支出，月供的多少由购房者选择商业贷款还是住房公积金贷款，或是月还款的方式决定。

从2009年开始北京公积金实现了1个月一支取，对北京的购房者来说将是一个非常好的消息，每月的还贷压力得到了缓解。因此，有公积金的购房者一定要关注当地公积金政策的变化。

据专家测算,购房还贷支出只占家庭总收入的30%以下才是安全的。如果收入预期增长前景比较看好,这个比例可以适当提高。

四、要预估购房总价

预估完可支配的投入、林林总总的购房费用以及购房后的家庭收支状况后,对自己能买什么价位的房子基本上做到心中有数,但究竟什么样的房价才比较合理呢?

多数购房者谈到买房,首先考虑的就是单价高低,而忽视总价。

据业内人士测算,购房总价控制在家庭年收入的6倍以下比较合适。在这个价位下,若首付20%、贷款20年,购房后每月偿还贷款的支出将在"不超过家庭月收入50%"的范围,其余50%的收入还能够较好地维持丰富多彩的生活支出。可见,结合财务情况,合理预估购房总价,才可能让购房者不把自己的后半生置于房贷的压力下。

购房可不是件容易的事儿。面对售楼人员滔滔不绝的讲解以及成堆的专业术语,您是否会感到迷惑不解?因此,在去售楼处实地看房前,掌握一些基础的房地产知识、术语,才不会让那些售楼人员觉得您是毫无购房经验的菜鸟。购买房产,对于任何一个家庭来说都是相当大的投资,因此购房前有必要拟订一个购房预算。

如何挑选房产交易中介

根据统计资料显示,全国二手房交易中经过中介成交的已经占到80%。然而如果在交易过程中,遇到资质差或者根本没有资质的中介公司,后果不堪设想。所以下面先教大家如何辨别中介公司的等级和真伪。

一看中介公司是否有明确的公司名称、长期经营的地址。这可以通过看中介公司的招牌、询问周同邻人该公司成立情况及经营情况来确定,以防皮包公司诈骗。

二看中介公司营业执照以确定该公司的营业资质。看是否可以进行二手房中介业务,办理经营二手房中介的中介公司的营业执照需要众多的条件,包括相关的有中介资质从业人员等条件。

三看中介公司营业执照确定它的注册资金。中介公司注册资金不能低于买卖一套房子的价格。客户通过中介来交易房屋最主要的原因就是不希望直接交接房款,希望在整个交易过程中能有一个第三方来维护双方的利益,所以一定要找到一家有风险承受能力的公司即该公司的注册资金大于该房屋的总价或该中介公司为品牌公司,拥有良好的信誉,一旦发生纠纷,能得到妥善解决。

四看中介公司是否拥有有合法的房地产经纪人资质的从业人员,是否有房地产经纪人资格的业务员提供中介服务。拥有资质的从业人员在从事二手房交易过程中如有任何违法或对客户不利的情况发生，有关部门将通过相关政府行政措施对其进行相应惩戒。

五看中介公司与购房者签订的居间合同是否经过备案。由于二手房交易中有很多专业术语和一些行规惯例，对于合同的使用要求就是格式合同应在使用区的工商局进行备案，而凡是在工商局备案的格式合同在备案时工商局已经就相关的条款进行审核了，就有关消费者的权益进行了相关的调控，基本能保障消费者的权益。

六看中介公司是否有专业的从业人员负责签约并办理相关的后续服务。大公司和小公司之间的区别也比较明显，小中介公司一般由业务员全程处理所有事项，大的品牌公司一般分工较细，会将房产交易的前端和后续分开，由房产业务员从事前端的房产开发、带看、收意向金、斡旋、交房等工作，另外再设立专门部门从事签订房地产买卖合同、办理过户、贷款、领证等手续。这样既有利于资源优化又可以确保交易的真实性，防止为利走险，能尽最大可能保障交易安全。

如何确定房屋的"身价"

房地产估价师需要有丰富的经验和较高的专业水平。目前经国家考核认定的房地产估价师很少为个人服务。对于普通的购房者来说，如果仅仅希望做个大略的评估，不妨分两步走。

第一步，确定评估的基准。

在开始评估前，购房者不妨多收集几个近期发生的、地段类似、建筑结构相近的交易，以此对市场行情有个大致的了解。当然，查询大型中介的房屋广告报价，对了解行情也有帮助。不过，能够作为评估基准的数据，必须是现实的成交价格。

第二步，考虑以下三方面的因素对价格的影响。

（1）房屋因素。房屋竣工后即进入折旧期，按照理论折旧率，混合一等结构房屋折旧期限为50年，每年的折旧率为2%；另外旧房的套型落后、功能陈旧，这同新建商品房无法相比，"三小"套型小厅、小厨、小卫扣减10%。此外，楼层对价格也产生影响，若1层和5层为基准价，2层和6层为-3%，7层为-5%，3层和4层为+3%，若是楼顶则为-5%；而朝向如无朝南窗则为-5%。

（2）环境因素。环境因素既有自然的也有社会的，既有大环境，也有小环境。在同一地段，旧房的小区环境会逊色于新住宅区，比如小区平面布局、设施、绿化以及房屋的外观造型等，旧房都要大打折扣的。再如社会环境，在同一土地级别地区，有的适合经商，有的则适宜居住。还有该地区的居民结构、文化氛围。配套建设等都会对房屋价格产生较大的影响。无物业管理和非独立封闭小区分别扣减5%，省、市重点中小学区的为+15%。

（3）心理因素。如果不在价格上有大的诱惑力或其他考虑，人们一般不愿意买旧房，如果旧房的价格同新房相差不大，买旧房就会有难以逾越的心理障碍，心理因素为-8%。

现在我们举一个实例来验证一下。

房屋坐落：某小区一小套住宅，建筑面积51平方米。

土地级别：二级地区。

房屋结构：混合一等；

套型："三小"套型-10%；

建筑年代：1988年，折旧期12年-（12×2%）=-24%；

楼层：共七层，此房位于二楼-3%；

朝向：南北；

物业管理：非小区、无物业管理-10%；

学区：重点中小学+15%；

心理因素：-8%；

当地商品房价格为：4 500元/平方米；

4500（原价）-［(4 500×24%（折旧费）+4 500×10%（物业管理因素）+4 500×3%（楼层因素）+4 500×10%（户型因素）+4 500×8%（心理因素）］+［45 00×15%（名校因素）］=2 780（元/平方米）。整个公式的原理是原价减去不利因素然后加上有利因素得出结果。因此，此房的实际成交价格为14万元整，每平方米为2 745元。

买二手房的细节问题

（1）订金。在二手房交易中，因为订金的问题经常发生买卖双方冲突。订金是对买方的约束，如果卖方收取了订金而违约，就要双倍返还订金。

收订金后，如果买方没有按时履行约定，卖方将房转卖他人应该手握对方退房申请，最好让买方写书面退房申请，否则将要双倍返回订金。

购房合同对双方当事人都具有法律约束力，任何一方不得擅自变更或解除合同。如果买房人违约在先，卖房人可不退订金。买房人没有以书面方式明确表态不履约，则房主在未解除合同也不退订金的情形下将房子卖给他人的行为就违反了合同。

对于房主而言，若买房人提出退房或解除合同，应要求买房人提出书面解约的申请或声明,以保全对方违约在先的证据,然后才可以将房子卖给第三方。

(2) 付款方式。房款如何支付,必须在合同中详细写清楚。买卖房子属于大宗交易,所以交易如何付款、如何收款一定要详细说明,最好能找到合适的银行托管,以防止生变。

双方签订买卖合同时,应对付款流程、方式和时间作出明确、具体的约定。买房人如果将购房款交给中介公司再转交卖方,应先审查中介公司的资质状况。特别是不能将购房款交给中介公司的个别职员,防止他们卷款潜逃。

目前有的中介公司已经与国内银行共同开发了二手房交易资金托管业务,由银行作为担保人。买房人先在银行开设一个经管账户,并将房屋首付款或者全部价款存入该账户。当买房人确定已经安全办理了房屋过户手续后,就可通知银行将该笔存入的房款转给卖房人。这样可以保证资金安全。

(3) 房龄。一样的房子,建造年代不同,房子的价格肯定不同。

如今,人们普遍重视房屋的位置、实用性和价格,房屋折旧率则被忽略了。这并非是购房者不重视,而是市场将其隐藏了起来,误导购房者忽略了这个问题。专业人士认为,忽视房屋折旧率对购买者而言显然是不公平的,大家都知道房屋都有一定的使用年限,况且土地使用权也是有年限的,通常情况下最长只有70年。

(4) 产权。买二手房一定要过户,手里没房产证隐患多。房产证是证明房主对房屋享有所有权的唯一凭证,没有办理房产证对买房人来说有得不到房屋的极大风险,因此引发的纠纷也较多,所以买房必须要及时办理房屋过户手续。

如果买卖双方同意,最好到公证处去办个提存公证,即买方将购房款存放到公证处,在条件符合约定的情况下,由公证处将该笔款项支付给卖方。也可到律师事务所办理提存见证,由具有专业资质的律师事务所来充当"公证人"的角色。申请了公证或见证后,如产权证办不出来,那么卖方是收不到钱的。

除了要看房屋是否有房产证外,还要查清房屋的以下几点情况:

要点一:房屋产权是否明晰。有些房屋有好多个共有人,如有继承人共有的、家庭共有的、还有夫妻共有的。对此,买房人应当和全部共有人签订房屋买卖合同,否则无效。

要点二:交易房屋是否被租赁。买二手房时,应注意该房屋是否已被出租。我国法律有"买卖不破租赁"的原则。也就是说,如果购买房屋时该房屋已被租赁,则该租赁合同对于新的房主而言继续有效。

要点三:土地情况是否清晰。买二手房时买房人应注意土地使用性质,看是划拨还是出让。划拨土地一般是无偿使用,政府可无偿收回。同时,应注意土地使用年限。

要点四：福利房屋交易是否受限制。房改房、经济适用房本身是福利性质的政策性住房，转让时有一定限制，买房人购买时要避免买卖合同与国家法律冲突。例如，经济适用房的交易是有一定限制的，购买5年以上才可进入市场并按市场价进行转让，5年以内则只能以原价转让，而且购买方还必须符合购买经济适用房的条件。

在实际看房时，最好要实地调查，明确房屋的具体情况，签订合同一定要写清房屋的具体情况，如地址、面积、楼层等。对于房屋实际面积与产权证上注明的面积不符的（如测绘的误差、某些赠送面积等），应在合同中约定：是以产权证上注明的为准，还是双方重新测绘面积为准，这些都必须予以明确。

（5）公证。买卖双方大部分是不熟悉的双方进行交易，不可能对房子的各种状态了解透彻，这样可以让房屋中介就一些问题的磋商之后做一些公证。这样，花费不大，但是具有法律效力，一旦出现纠纷，可以按照公证内容做裁决。

买卖合同公证：主要针对房屋买卖当中一方当事人为境外人的情况。在房屋买卖过程当中，如一方为境外人则买卖合同必须经过公证后方生效，否则无法送交易中心交易，所以境外人办理相关房屋买卖必须办理买卖合同公证手续。

委托公证：主要指房东或客户方无法亲自办理相关房产过户手续，只能委托其他人或中介公司办理相关手续，由于交易中心无法确认手写委托书的真实性，交易中心一般会要求无法亲自到场的当事人出具公证后的委托书，方为其办理相关的过户手续。

贷款合同公证：境外人购房如需贷款，则其贷款合同必须经过公证处公证生效。

赠与公证：在二手房交易中还有一种方式即赠与，原房主自愿将房屋赠与给他人，并要求将房屋产权人名字进行更改。

复印件与原件相符公证：以前政策允许转让期房时，由于可以不经开发商同意进行交易，而客户不经开发商同意进行交易，开发商也不愿提供相关的预售合同，但交易中心交易必须提供足够的预售合同方能交易，因此必须拿着房东手中的预售合同办理复印件与原件相符的公证，拿出6本以上的合同前往交易中心办理转让手续。

（6）证件。二手房交易办证所涉及的资料与证件：《房屋转让合同》原件；收款凭证；买卖双方个人身份证、户口簿及私章；转让前房屋所有权证、契证、土地使用权证；《具结书》。这些证件都是必需的，一个也不能少，否则二手房买卖就存在一定的瑕疵，留下后患。

转手房屋有技巧

投资者买房的目的就是为了赚钱，这就需要把握好卖出变现的时机。由于房产的流动性比较弱，投资者往往要花很长一段时间才能把房产卖出变现，这就必须掌握一定的房产转手技巧。

一般房产转手有两种方式：通过中介出售和自己办理出售。两种方式各有利弊，房主应该根据自己的具体情况选择。在实际操作中，绝大部分的房屋都是通过中介交易的，自己办理出售的情况不多。因此下面我们主要讲述通过中介出售房产的方式。

通过中介出售房屋的优点在于省时省力，不用自己费心；缺点就是要付出一定的中介费。在通过中介出售房产的过程中，需要房主注意以下事项。

一、了解通过中介出售房屋的流程

房主携带相关证件到经纪公司办理房屋委托出售挂牌手续；

经纪公司带潜在客户看房；

客户付意向金并提出购房条件，通过经纪公司与房主谈判；

双方谈妥，与经纪公司三方签署居间合同，房主签字收取定金并约定买卖合同签署日期；

买卖双方在经纪公司组织下签署买卖合同；

房主预约银行还清贷款并到交易中心注销抵押；

客户向银行申请贷款；

银行审批通过准予放贷；

买卖双方在经纪公司陪同下到房产交易中心进行产权交易过户；

经纪公司领取新产证并将抵押权证交付银行；

银行将客户贷款放至房主指定账户；

房主交房并协助客户办理其他过户手续。

以上是通过按揭贷款所购房产的出售流程。如果房产不是按揭，没有抵押，最终通过现金交易，则去掉以上流程中关于银行的步骤。

二、"面试"房产中介

投资者至少要选择两个以上的房产中介作为候选对象，这样就可以有挑选和比较的选择余地。选定后应和其进行一次详谈，通过了解该中介的历史交易记录等信息来进一步评估。

在找中介详谈的时候，投资者应该把自己想问的问题列一份表，比如：

你们做代理多久了？

你对我们房产所在的区了解多少？

在过去的1年中，你在我们区卖掉了多少房屋？

你怎么能把我们的房屋卖到期望的价格？

你对我们的房屋会用什么市场计划？

你们会每周提供进度报告吗？

需要重点注意的是中介公司的稳定性、专业性和操作的透明性。由于房屋买卖交易过程中，涉及大量钱款，而且交易时间长，交易手续复杂，所以在卖房中房主一定要注意这种交易的安全问题。

三、如何把房产卖个好价钱

对于房主来说，将房子以较高的价格出售是其主要的目标。想要做到这点，有几个方面的问题需要注意。

（1）选择出售的时机。当打算要出售一套房子时应充分了解目前市场的走势，如果是市场逐渐回暖、甚至开始过热时出售就会比市场低迷、买卖双方对峙时出售更有机会获得好的价格。

（2）要突出房子优点，把房子卖给需要的购房者。这个问题其实涉及与委托的中介沟通的问题。在委托中介公司代为寻找潜在购买者时一定要非常清晰地描述房屋的特点，有条件的话一定要让经纪人亲自来看一下房子，了解房屋的实际情况。这样帮助卖房的经纪人就会很清楚这套房子适合于哪种类型的客户。

（3）还要想方设法弥补房子的缺点。如果某个房间很小，可以设置一面镜子增加视觉的空间感，所有这一切努力只有一个目的，就是将房子卖出一个好价钱。

如何让二手房卖个好价钱

时下在中介公司挂牌的二手房比比皆是，为了让住了10多年的老房子卖出或租出个好价钱，卖主可能要花点心思，把老房子再打扮一下。

用于出售或出租的旧房再装潢思路，自然不同于自住房，这需要来点换位思考，从购买方的角度考虑：这房子够这个价吗？

当卖主考虑出卖住宅时，有针对性地整修一新，确实能卖个好价钱。一般而言家庭再装潢有两种方式：一是将资金投入某些舒适的奢侈品，例如梦寐以求的采暖地板；另一种是遵循实用主义的装潢原则，例如添一个节能热水器或修复漏雨的墙面。这两种思路的装潢对提高住宅的市价效果迥然不同。无关紧要的奢侈品投资一般无法收回。举个简单的例子，哪个房屋买家肯为浴室里新装的豪华电话埋单呢？

以下几个重新装修项目是最有可能获得回报的。

一、重新油漆

打算卖房子的话，粉刷一新的房屋在市场上更受欢迎。没有人想买看上去陈旧脏破的房子，而粉刷和油漆能弥补这一缺点。据统计，重新粉刷的成本能在卖价中收回74%左右，一套干净、整洁、鲜亮的房屋——这就是重新油漆的卖点所在。

二、厨房的再装修

对大多数买家而言，厨房是住所的"心脏"。因此卖房前整修厨房可起到事半功倍之良效。需要做或吊顶或油漆甚至重新铺地砖等基础工作。把油漆剥落并看上去脏乎乎的橱柜给换掉，花费不多，但会使厨房增色不少。需要注意的是如重新装修还是尽量采用传统的设计，这不易过时，并尽量使用国产名牌。这样既经得起岁月考验，又可以得到买主的认同。据统计，重新整修厨房的花销80%~87%能在房屋的卖价中得到补偿。

三、创造新空间

依常理，增加房间空间的功能比简单地粉刷房间更有价值，开销也不大。例如，将房间里原有的三层阁改造成卧室的套间。通常改造费用的69%可得到补偿。

四、增加一个盥洗室

在家里增添一个设施齐整的盥洗室——包括吊顶、洗脸盆、浴缸和淋浴设施等。出售住宅时81%的开销会得到补偿。

五、安装宽敞的新窗户

据统计，用新型的标准尺寸的塑钢窗户替代老式的铁窗会使二手房卖出意想不到的好价钱。但是新装的窗户讲究的是标准尺寸而不是花哨的形状和样式。

六、基础设施的维修和改进

基础设施的完善是房屋物有所值的保证。假设屋子里的厨房装修一新，非常漂亮，但水龙头是漏的，怎么可能卖出好价钱呢？因此，如果决定出售房屋的话，一定要先解决房子结构和配套系统的问题，虽然这些问题可能比较棘手或处理起来比较麻烦，但也必须先处理完毕。然后再动脑筋使其焕然一新，卖出个好价钱。

家庭重新装潢费用的收回取决于两个因素：一是住宅所处地段的整体房价水平。当房产市场火暴时，所付出的重新装修费用能够轻而易举挣回来了。二是重新装潢与卖出之间的时间差。装修一新而没有及时出手的住宅，装修费用的回收将大打折扣。因为装修风格会随时间的推移很快就会过时。

堵住家庭装修的耗钱漏洞

开工前对自己装修的规格和价位有一个基本的估计是首要的，这样能按照预算进行日后的采购，避免出现超支。计划一旦敲定，就不宜中途随意改变，因为这样既浪费人工，又浪费材料，也就是无谓浪费金钱。

一、选准装修公司

找"街头装修游击队"装修，比找正规装饰公司省20%~30%左右的装修费。但这些装修费往往是通过偷工减料、偷税漏税等手段"节省"下来的。最为严重的是，这些施工队有时还会"卷款潜逃"，甚至在户主入住后偷盗、抢劫。所以最好在正规家装市场对各个入驻公司进行比较、挑选。如果难以决断的话，可以多听听别人的经验之谈，挑选口碑较好的公司。

二、审核报价要心细

对于设计师的设计务必要求具体详尽，将全家人的设想与计划投资额告知设计师，然后将选好的设计效果图及平立面节点图全部索取到手并加以核对，与三维效果图不同或和设想不一致的图纸要修改补齐；预算要逐一仔细审查，注意缺项漏项，材料是否清晰，做法是否全面得当。而且对一些报价时的"不透明"手法一定要小心。

经常遇到的问题就是笼统报价，即报总价一居室几万，二居室十几万，一点依据都没有。或者报价说明过于简单和含糊不清，比如在"墙面处理"报价项中，只说明每平方米多少钱，但选用材料、工艺的价格都不说清楚。

三、合理设计也省钱

很多人抱怨装修是个无底洞，钱不知不觉越花越多，其实省钱是从最初的设计开始的。我们就设计中的几个重点提供一些建议。

（1）客厅：客厅是门面，在预算中，也是花费比较高的部分。要省钱，最好的方法就是减少木工，而运用灯光营造气氛。灯光是所有装修工程中，最便宜也是最有效果的。另外地面只用大面积地毯，壁面则用画装饰，就能充分显现出客厅的气势，虽然花钱不多，效果也不错。

（2）卧室：卧室是仅次于客厅的装修重点，要以最经济的手法，来创造出主卧最佳的气氛。例如将卧房的主墙与灯光结合，再辅以桌灯的照明，虽然没有主灯，却更能营造出柔和的气氛。间接灯光加上主墙壁纸，相当于买主灯的价格，却更有气氛。

（3）浴室：浴室是装修最花钱的空间之一，瓷砖及卫浴设备可以尽量以国产的产品为主。淋浴拉门直接架在浴缸上或者直接用拉门和瓷砖组装一个淋浴房。既能干湿分离，施工又简单。

工程中采购的成功与否将直接关系装修实际效果与效果图之间的差距有多少，是"装修迷魂阵"中最容易耗钱的环节。

四、选购木材最重要

大部分消费者对于木材的名称、性能都一知半解，因此在进入市场前往往会先打听什么材质的产品好，然后就冲着这些材质去。殊不知一些商贩借机混淆木材的名称，比如把山榉木称为"黄檀"，桦木称为"樱桃木"，木荚豆称为"花梨木"等。要谨防出现以假乱真的现象。

五、小心劣质材料以次充好

如一种用含铝量低的铝合金当成含铝量高的铝合金；另一种是替代材料，如拿表层含有ABS（工程塑料）产品充当不锈钢等。对付这一障眼法，最好请懂行的朋友一同前往购买，如果没有这方面的朋友，那么去正规的家装市场购买会相对安全一些，同时必须要求销售人员在收款凭据上特别注明建材产品的名称、等级、品牌，并索取质量责任单。

六、购材时精打细算

控制材料的种类。用材品种越少，风格也就越容易协调，而且如果从供货商那里选购大量的同一种材料，往往能获得价格上的优惠，支出肯定要少于选择少量的不同种类的材料。同时可以减少装修过程中因更换不同工种的施工人员而耗费的时间和人工费。

七、用贵重的材料做点睛之笔

在选用贵重的材料时可以巧用心思，因为支出的多少与品位的高低并不成正比。譬如大理石，在浴室里可将它用在重要的地方，而在次要的地方则可以选择瓷砖以降低成本。

八、使用仿真材料

使用仿真材料一点都不会使生活质量打折扣，比如人造大理石、实木贴面等等，有时更实用，在价格上当然也便宜得多，像天然大理石每平方米至少二三千元，而人造的只有二三百元。

其他篇
条条大道通罗马
——你在休息，钱在工作

俗话说，只有不会赚钱的人，而没有赚不到的钱。对财富的渴望几乎是每一位平凡人的梦想，但财富的获得在很多人看来，是那样的遥不可及。其实，财富从来不问出身，人人都可以成为富有的人。

在我们身边，有很多成功的富人，他们并不一定是比普通人"会做"，更重要的是他们比较"敢做"，也有毅力能坚持下来。在很多情况下，强者之所以成为强者，就是因为他们没有轻易被"螃蟹"吓到，而做了"第一位吃螃蟹的人"。从现在开始，投资吧！让你在休息的时候，钱还在为你工作。

第二十二章

储蓄：
懒人理财，永不落伍

> 如果我们不能在自己有信心的范围内找到需要的，我们不会扩大范围。我们只会等待。
>
> ——沃伦·巴菲特

> 储蓄是所有理财计划的基础，也是一个人自立的基础。它来源于计划和节俭，是一个人自立能力、理财能力的基本体现。连储蓄都做不到的人，说明他缺乏自我控制的能力，不可能指望他在财富管理方面获得成功。
>
> ——格言

认识储蓄

储蓄存款是城乡居民将暂时不用或结余的货币收入存入银行或其他金融机构的一种存款活动。

很多人都会说自己十分了解"储蓄"。我们小时候会把零花钱、压岁钱放到存钱罐，工作以后我们会把工资放到银行。但是，储蓄并不意味着是理财，懂赚钱、懂花钱、懂理财，这样的人才算得上"高财商"。善用储蓄，就是将储蓄作为一种投资手段，让你的手头更加宽裕，生活质量更高。

尽管现在有多种多样的投资工具，但我国的现状是居民偏爱储蓄。原因如下：一是没有建立完善的社会保障体制，个人缺少安全感，人们总是觉得真金白银放在银行里实在些；二是传统观念与生活习惯，大多数居民没有家庭理财的观念。不少家庭都认为工资或做生意的收入就是家庭收入的来源，多的钱就应该存银行。还有的认为多的钱可以投资，但大都认为投资就是买房或做生意。

随着经济环境的变化，勤俭储蓄的传统单一理财方式已无法满足一般人需求，理财工具的范畴扩展迅速。配合人生规划、理财的功能已不限于保障安全无虑的生活，而是追求更高的物质和精神满足，是一种对自己人生、事业的规划，是一种生活态度。所以对于储蓄，也应该具有一个合理的计划和方法，才能确保自己的财富不会缩水。

储蓄存款的形式众多，主要分为以下几种。

一、活期储蓄

活期储蓄存款是一种没有存取日期约束，随时可取、随时可存，也没有存取金额限制的一种储蓄。按其存取方式又可分为活期存折储蓄、活期支票储蓄、定活两便和牡丹灵通卡等。

（1）活期存折储蓄存款。1元起存，由储蓄机构发给存折，凭存折存取，开户后可以随时存取的一种储蓄方式。

（2）活期支票储蓄存款。以个人信用为保证，通过活期支票可以在储蓄机构开到的支票账户中支取款项的一种活期储蓄，一般5 000元起存，也是一种传统的活期储蓄方式。

（3）牡丹灵通卡。牡丹灵通卡是以在中国工商银行开户的活期存折为基本账户，具有存取款、转账和购物消费功能的银行卡。不可以透支。每一个活期存折只允许开一个牡丹灵通卡，客户申请牡丹灵通卡不需要担保。其功能包括存取款、卡与卡转账、余额查询、修改密码、POS机消费等。牡丹灵通卡可以对卡自身挂失、冻结、解挂、解冻，不影响基本账户的使用。

（4）定活两便储蓄存款。定活两便是一种事先不约定存期，一次性存入，一次性支取的储蓄存款。由储蓄机构发给存单（折），一般50元起存，存单（折）分记名、不记名两种，存折须记名，记名式可挂失，不记名式不挂失。计息方法统一按《储蓄管理条例》规定执行。

定活两便储蓄存款是银行最基本、常用的存款方式。客户可随时存取款，自由、灵活调动资金，是客户进行各项理财活动的基础。该种储蓄具有活期储蓄存款可随时支取的灵活性，又能享受到接近定期存款利率的优惠。

（5）通知储蓄存款。通知储蓄存款是一种存款人在存入款项时不约定存期，预先确定品种（现行分1天通知储蓄存款、7天通知储蓄存款两个品种），支取时需提前通知银行，约定支取日期及金额的储蓄存款方式。一般5万元起存，最低支取金额5万元，一次存入，可分一次或多次支取的储蓄存款。

二、定期储蓄

定期储蓄存款是约定存期,一次或分次存入,一次或多次取出本金或利息的一种储蓄存款。定期储蓄存款存期越长利率越高。

我国各大银行的定期储蓄主要包括:整存整取定期储蓄存款、零存整取定期储蓄存款、存本取息定期储蓄存款、定活两便储蓄存款、通知存款、教育储蓄存款、通信存款。

三、教育储蓄

教育储蓄是指个人按国家有关规定在指定银行开户、存入规定数额资金、用于教育目的的专项储蓄,是一种专门为学生支付非义务教育所需教育金的专项储蓄。教育储蓄采用实名制,开户时,储户要持本人(学生)户口簿或身份证,到银行以储户本人(学生)的姓名开立存款账户。到期支取时,储户需凭存折及有关证明一次支取本息。

其他储蓄种类还包括有奖储蓄、保值储蓄、邮政储蓄、代发工资储蓄和住房储蓄等。

把握储蓄理财中注意事项

在储蓄过程中,由于存款人的一些不当行为,有时会影响到自己的收益。为了防患于未然,要先理清以下事项。

一、明确存款的用途

一般情况下,居民存款的目的无非是攒钱应付日常生活、购房、购物、子女上学、生老病死等预期开支。存款之前应首先确定存款的用途,以便"对症下药",准确地选择存款期限和种类。

二、选择储蓄的种类

日常生活的费用,需随存随取,可选择活期储蓄。对长期不动的存款,根据用途合理确定存期是理财的关键。因为,存期如果选择过长,万一有急需,办理提前支取会造成利息损失;如果过短,则利率低,难以达到保值、增值目的。对于一时难以确定用款日期的存款,可以选择通知存款,该储种存入时不需约定存期,支取时提前1天或7天通知银行,称为1天和7天通知存款,其利率远高于活期存款。

三、把握好储蓄的时机

利率相对较高的时候是存款的好时机;利率低的时候,则应多选择凭证式国债或中、短期存款的投资方式。对于记性不好,或去银行不方便的客户,还可以选择银行的预约转存业务,这样就不用记着什么时候该去银行,存款会按照约定自动转存。

四、如何选择储蓄机构

如今银行多如米铺，选择到哪家银行存款非常重要。一是从安全可靠的角度去选择，去那些具备信誉高、经营状况好等基本条件的银行存款，存款的安全才会有保障；二是从服务态度和硬件服务设施的角度去选择；三是从储蓄所功能的角度选择，如今许多储蓄所在向"金融超市"的方向发展，除办理正常业务外，还可以办理交纳话费、水费、煤气费及购买火车票、飞机票等业务，选择这样的储蓄所会为家庭生活带来便利。

夫妻双方对理财的认识和掌握的知识不同，会精打细算、擅长理财的一方，应作为和银行打交道的"内当家"；同时，如今许多银行开设了个人理财服务项目，你还可以把钱交给银行的理财中心，让银行代理理财。

你知道这些储蓄窍门吗

对于普通家庭来说，储蓄依然是工薪家庭投资理财的主要方式，在参加储蓄时，若能科学安排，合理配置，可获取较高的利息收入。

一、阶梯存款法

王女士的儿子快要上大学了，她打算近几年内准备出一笔学费。王女士是一家公司的财务主管，每个月都会有不菲的奖金收入，为此她选择了阶梯储蓄法。目前她家里有10万元的闲置资金，她将1万元留作家庭备用支出，剩下的9万元分成3份，用3万元开设一个1年到期的存单，用3万元开设一个2年到期的存单，再用剩下的3万元开设一个3年到期的存单。1年后，将到期的3万元再存3年期，2年期到期的也转存到3年期，以此类推。这样，每年都会有一张存单到期，且利息比起一般的存款要高。

如果希望得到更高利息，可以采取阶梯存款法。阶梯存款法可以总结如下：假如你持有3万元资金，可分别用1万元开设1年期至3年期的定期储蓄存单各1份。1年后，可用到期的1万元，再开设1张3年期的存单，以此类推。3年后持有的存单则全部为3年期的资金，只是到期的年限不同，依次相差1年。此种储蓄方式可使年度储蓄到期额保持等量平衡，既能应对储蓄利率的调整，又可获取3年期存款的较高利息，能给投资者带来稳定的收入，适用于工薪家庭为子女积累教育基金与未来婚嫁金等。

二、12存单法

同在广告公司上班，拿着同样的薪水，小赵和小李对储蓄态度大不相同。小赵每次发完工资，就不管不问；而小李很有理财经验："我上班3年了，从第一个月就坚持'12存单法'存钱，每月存2 000元，1年存24 000元，目前取得了3 000多元的利息收益，而如果把工资放在工资卡里不管，3年利息也就1 000元。"

很多"上班族"只管从工资卡中取钱，剩余的钱就让它在工资卡中躺着，基本不加以处理，这无形中就会造成一笔很大的损失。但如果能利用好12存单法，就可以在不影响资金使用的情况下，将资金收益最大化。

12存单法又称"月月储蓄法"，即每月存入一定的钱款，所有存单年限相同，但到期日期就差1个月。这种方法是阶梯储蓄法的延伸和拓展，不仅能很好地储蓄资金，又能很好地发挥储蓄的灵活性，即使急需用钱，也不会有太大的损失。

当然如果你有更好的耐性的话，还可以尝试"24存单法"、"36存单法"，原理与"12存单法"完全相同，不过每张存单的周期变成了2（3）年。当然这样做的好处是，你能得到每张存单2（3）年定期的存款利率，可以获得较多的利息，但也可能在没完成一个存款周期时出现资金周转困难，这需要根据自己的资金状况调整。

三、利滚利储蓄法

利滚利储蓄法是零存整取与存本取息两种方法的完美结合。具体操作方法是，如果你有一笔5万元的存款，可以考虑把这5万元用存本取息的方法存入，在1个月后取出存本取息中的利息，把这1个月的利息再开一个零存整取的账户，以后每月把存本取息账户中的利息取出并存入零存整取的账户。这样做的好处是能获得两次利息，即存本取息的利息在零存整取中又获得利息。

这种存钱方法有一个缺点，就是要经常去银行排队。不过，看在能够取得高额利息的份上，多跑几次也是值得的。

4. 巧用通知存款

通知存款是一种不约定存期、支取时需提前通知银行、约定支取日期和金额方能支取的存款。

个人通知存款不论实际存期多长，按存款人提前通知的期限长短划分为1天通知存款和7天通知存款两个品种。1天通知存款必须提前1天通知约定支取存款，7天通知存款则必须提前7天通知约定支取存款。

比如，对于炒股来说，有时候担心行情不好，需要把股市中的钱暂时取出来，但这部分钱取出来存银行活期，利率又太低，这时可以选择办理一个7天通知存款。股市行情不好的时候，就可以转到银行的通知存款账户上，这样得到的利息比活期储蓄高得多。

银行通知存款不需要事先约定存期，但支取时需要提前通知银行。1天通知存款的利率是0.81%，7天通知存款的利率为1.35%，两者都大大高于活期储蓄的利率0.36%。以7天通知存款的利率计算，会高出活期储蓄7天的利息近4倍。

五、四分存储法

如果持有1万元，可分存4张定期存单，以适应急需时不同的数额。即可以将1万元分为1 000元、2 000元、3 000元、4 000元4张1年期定期存单。此种存法，假如1年内需要动用2 000元，就只需支取2 000元的存单，避免了需要小数额动用"大存单"的弊端，以减少不必要的利息损失。

储蓄存款利息的计算方法

一、储蓄存款利息计算的基本公式

利息是储户在银行存储一定时期和一定数额的存款后，银行按国家规定的利率支付给储户超过本金的那部分资金。利息计算的基本公式：

$$利息 = 本金 \times 存期 \times 利率$$

二、计息基本规定

（1）存款的计息起点为元，元以下角分不计利息。

（2）利息金额算至厘位，计至分位，分位以下四舍五入。分段计算利息时，各段利息应先保留到厘位（厘位以下不再保留），各段相加得出的利息总额计至分位，再将分位以下的厘位四舍五入。利息金额算至分位，分以下尾数四舍五入。

（3）除活期储蓄在年度结息时并入本金外，各种储蓄存款不论存期多长，一律不计复息。

（4）逾期支取的定期储蓄存款超过原定存期的部分，除约定自动转存外，按支取日挂牌公告的活期储蓄存款利率计付利息。

（5）定期储蓄存款在存期内如遇利率调整，仍按存单开户日挂牌公告的相应的定期储蓄存款利率计算利息。

（6）活期储蓄存款在存入期间遇有利率调整，按结息日挂牌公告的活期储蓄存款利率计算利息。

（7）存期的计算：在本金、利率确定的前提下，要计算利息需要知道确切的存期。计算存期遵循一个"算头不算尾"的规定。

从存款当日起息，算至取款的前1天为止。即存入日应计息，取款日不计息。每月按30天计算；不论大月、小月、平月、闰月，每月均按30天计算存期。到期日如遇节假日，储蓄所不营业的，可以在节假日前1日支取，按到期计息，手续按提前支取处理。

但在现实生活中，储户的实际存期很多不是整年整月的，一般都带有零头天数，这里介绍一种简便易行的方法，可以迅速准确地算出存期，即采用以支取日的年、月、日分别减去存入日的年、月、日，其差数为实存天数。例如：支取日：2008年6月20日－存入日：2005年3月11日=3年零3个月9天。按储蓄计息对于存期天数的规定，换算天数为：3×360（天）+3×30（天）+9。

如果发生日不够减时，可以支取"月"减去"1"化为30天加在支取日上，再各自相减，其余类推。这种方法既适合用于存款时间都是当年的，也适用于存取时间跨年度的，很有实用价值。

三、零存整取储蓄存款的利息计算方法

零存整取定期储蓄计息方法一般为"月积数计息"法。

其公式为：

$$利息=月存金额×累计月积数×月利率。$$

其中：

$$累计月积数=（存入次数+1）÷2×存入次数。$$

据此推算1年期的累计月积数为（12+1）÷2×12=78，以此类推，3年期、5年期的累计月积数分别为666和1830。

四、整存零取储蓄存款的利息计算方法

整存零取和零存整取储蓄相反，储蓄余额由大到小反方向排列，利息的计算方法和零存整取相同，其计息公式为：

$$每次支取本金=本金÷约定支取次数$$

$$利息=[（末次余额+首次存额）×存入次数]/2×月利率$$

五、存本取息储蓄存款的利息计算方法

存本取息定期储蓄每次支取利息金额，按所存本金、存期和规定利率先算出应付利息总数后，再根据储户约定支取利息的次数，计算出平均每次支付利息的金额。逾期支取、提前支取利息计算与整存整取相同，若提前支取，应扣除已分次付给储户的利息，不足时应从本金中扣回。计息公式：

$$每次支取利息数=（本金×存期×利率）÷支取利息次数$$

六、定活两便储蓄存款的利息计算方法

定活两便储蓄存款存期在3个月以内的按活期计算；存期在3个月以上的，按同档次整存整取定期存款利率的六折计算；存期在1年以上（含1年），无论存期多长，整个存期一律按支取日定期整存整取1年期存款利率打六折计息。其公式：

$$利息=本金×存期×利率×60\%$$

七、个人通知存款的利息计算方法

个人通知存款是一次存入，一次或分次支取。1天通知存款需提前1天通知，按支取日1天通知存款的利率计息，7天通知存款需提前7天通知，按支取日7天通知存款的利率计息，不按规定提前通知而要求支取存款的，则按活期利率计息，利随本清。基本计算公式：

$$应付利息=本金 \times 存期 \times 相应利率$$

避免和减少存款本金损失的技巧

存款本金的损失，主要是在通货膨胀严重的情况下，如存款利率低于通货膨胀率，就会出现负利率，存款的实际收益≤0，此时若无保值贴补，存款的本金就会发生损失。储户可根据自己的实际情况、分别采用不同措施，以减轻损失。

一、没有特殊情况，不要轻易取出定期存款

如无特殊需要或有把握的高收益投资机会，不要轻易将已存入银行一段时间（尤其是存期过半）的定期存款随意取出。因为，即使在物价上涨较快、银行存款利率低于物价上涨率而出现负利率时，银行存款还是按票面利率计算利息的。如果不存银行，又不买国债或进行别的投资，而将现金放在家里，那么连名义利息（银行支付的存款利息）都没有，损失将会更大。

二、遇到比定期存款收益更高的投资机会时，可以权衡出手

若存入定期存款一段时间后，遇到比定期存款收益更高的投资机会，如国债或其他债券的发行等，此时，储户可将继续持有定期存款与取出存款改作其他投资两者之间的实际收益作一番计算比较，从中选取总体收益较高的投资方式。

例如，1995年3年期凭证式国债发行时，因该国债的利率为14%，高于当时5年期银行存款的利率，于是，有部分投资者便取出原已存入银行的3年或5年的定期存款，去购买1995年3年期的国债。对于那些存期不足半年的储户来说，这样做的结果是收益大于损失。但对于那些定期存单即将到期的储户来说，用提前支取的存款来购买国债，损失将大于收益。因为尽管3年期和5年期的定期存款的利率低于3年期国债，但到1996年7月份为止，保值贴补率仍保持在5%以上，定期存款的利率与保值贴补率两者相加，其收益率仍远远高于1996年3年期国债14%的收益率。因此，对于那些手中的定期存单即将到期（或存期已满1年）的储户来说，不经过仔细计算，就盲目地提前取出定期存款，改作其他投资，实际结果往往得不偿失。

三、对于已到期的定期存款理性选择更合适的投资方式

对于已到期的定期存款，应根据利率水平及利率走势、存款的利息收益率与其

他投资方式收益率的比较，以及储蓄存款与其他投资方式在安全、便利、灵活性等各方面情况进行综合比较，结合每个人的实际情况（如工作性质、灵活掌握投资时间的程度，对风险的承受能力等）进行重新选择。

四、利率高时，选择定期存储仍是不错的选择

在利率水平较高，或当期利率水平可能高于未来利率水平，即利率水平可能下调的情况下，那些不具备灵活投资时间（如每天早出晚归的上班族）的人来说，继续转存定期储蓄是较为理想的。因为，在利率水平较高、或利率可能下调的情况下，存入较长期限的定期存款意味着可获得较高的利息收入，因为利息收入是按存入日的利率计算的，在利率调低前存入的定期存款，在整个存期内都是按原存入日的利率水平计付利息的，所以可获得较高的利息收入。

在利率水平较高，或利率有可能调低的情况下，金融市场上有价证券（如股票、国债、企业债券）往往处于价格较低、收益率相对较高的水平，如果利率下调，将会进一步推动股票、债券价格的上升。因此，在利率可能下调的条件下，那些具有一定投资经验，并能灵活掌握投资时间的投资者，亦可将已到期的存款取出，有选择地购买一些债券和股票，待利率下调，债券和股票价格上升后再抛出，可获得更高的投资收益。当然，利率下调并不意味着所有有价证券都会同步同幅的上升，有些证券会升幅较大，有些升幅较小，甚至可能不升。投资者应认真分析选择。

五、对某些群体，定期存储是明智的选择

在市场利率水平较低、或利率有可能调高的情况下，对于已到期的存款，或可选择其他收益率较高（如国债）的方式进行投资，或可选择期限较短的储蓄品种继续转存，（不同期限转存，如3年定期存款期满后改存半年定期存款，需要到储蓄机构办理手续），以等待更好的投资机会，或等存款利率上调后，再将到期的短期定期存款，改存期限较长的储蓄品种。

对于那些收入不高，对利率的变化及走势不了解或信息迟缓、对风险的承受能力又很低的部分离退休老人来说，选择较长期限的定期储蓄存款，是较为理想和明智的。因为，3年或5年的定期储蓄存款不仅安全性好，且存取方便，绝大部分储蓄机构还为到期的定期存款提供自动转期服务，储户不会因到期忘记提取或转存而影响利息收入。

总之，只要储户根据利率的水平及变动趋势的分析判断，并结合本人的实际情况，较好地选择投资方式与储蓄品种，就能够在一定程度上规避利率波动的风险，争取获取较高的收益。

储蓄理财需提防六大"破财"

在理财产品泛滥的今天,很多人还是倾向于把手中的闲钱存起来,但是在储蓄的过程中,由于方法不当,不仅有时会使自己的利息受损,甚至还会令自己的存款"消失"。为了防患于未然,有关理财专家提示,储蓄理财,应注意六大"破财"行为。

一、"破财"行为一:种类期限不注意

在银行参加储蓄存款,不同的储种有不同的特点,不同的存期会获得不同的利息,活期储蓄存款适用于生活待用款项,灵活方便,适应性强;定期储蓄存款适用于生活节余,存期越长,利率越高,计划性较强;零存整取储蓄存款适用于余款存储,积累性较强。

因而如果在选择储蓄理财时不注意合理选择储种,就会使利息受损,很多人认为,现在储蓄存款利率虽有增长,但毕竟还很低,得不到多少个利息,其实这种认识是很片面的,虽说现在储蓄存款利率不算太高,但如果有10 000元,在半年以后用,定期储蓄存款半年的到期息要明显高于活期储蓄存款半年的利息。

因此,在选择存款种类、期限时不能根据自己的意志确定,而应根据自己的消费水平,以及用款情况确定,能够存定期储蓄存款3个月的绝不存活期储蓄存款,能够存定期储蓄存款半年的绝不存3个月的,还值得提醒的是现在银行储蓄存款利率变动比较频繁,每个人在选择定期储蓄存款时应尽量选择相对短期的。

二、"破财"行为二:密码选择"特殊"数

现在,为存款加注密码已成为普通人防范储蓄存款被他人冒领的一种手段,很多人在为存款加密码时却不能很好地选择密码,有的喜欢选用自己记忆最深的生日作为密码,但这样不会有很高的保密性,生日通过身份证、户口簿、履历表等就可以被他人知晓;有的储户喜欢选择一些吉祥数字,如:666、888、999等,但这些数字也不能让密码具有较强的保密性,所以,在选择密码时一定要注重科学性:在选择密码时最好选择与自己有着密切相连,但不容易被他人知晓的数字,爱好写作的可把自己某篇大作的发表日期作为密码,集邮爱好者可以把某种具有重大意义的纪念邮票发行日期作为密码,但是要切记自己家中的电话号码或身份证号码、工作证号码等不要作为预留的密码等。总之选择密码定要慎重。

三、"破财"行为三:大额现金一张单

通过调查发现,很多人喜欢把到期日相差时间很近的几张定期储蓄存单等到一起到期后,拿到银行进行转存,让自己拥有一张"大"存单,或是拿着大笔的现

金，到银行存款时只开一张存单，虽说这样一来便于保管，但从人们储蓄理财的角度来看，却是不妥，有时也会让自己无形中损失"利息"。

根据规定，定期储蓄不管存多长时间提前支取全部按当日挂牌公告的活期储蓄存款利率计算利息，如此就会形成定期储蓄存单未到期，一旦有小量现金使用也得动用"大"存单情况，那就会有很大的损失，虽说目前银行部门可以办理部分提前支取，其余不动的存款还可以按原利率计算利息，但也只允许办理一次。正确的方法是假如有10 000元进行定期存储，可分开四张存单，分别按金额大小排开，如：4 000元、3 000元、2 000元、1 000元各一张，只有这样一旦遇到有钱急用，利息损失才会减小到最低。

四、"破财"行为四：不该取时提前取

有很多人在需要有钱急用时，由于手头没钱备用，又不好意思向别人开口，往往喜欢一概而论的把刚存了不久或已经存了很长一段时间的定期储蓄存款作提前支取，使定期储蓄存款全部按活期储蓄利率计算了利息，会造成不必要的"利息"损失。现在银行部门都开展了定期存单小额抵押贷款业务，储户在定期储蓄存款提前支取时就需要多想想，多算算，根据尺度，拿手中的定期存单与贷款比较，看究竟是该支取，还是该用该存单抵押进行贷款，尽量把定期储蓄存款提前支取的利息损失降到最低点。

五、"破财"行为五：逾期已久不支取

《储蓄管理条例》规定，定期储蓄存款到期不支取，逾期部分全部按当日挂牌公告的活期储蓄利率计算利息。但是现在有很多人却不注意定期储蓄存单的到期日，往往存单到期很久后才会去银行办理取款手续，殊不知这样一来已经损失了利息。因此提醒储户，每个存单要常翻翻，常看看，一旦发现定期存单到期就要赶快到银行进行支取，当心损失了利息。

六、"破财"行为六：存单存折随便放

存单（折）是储户在银行存款时，由银行开具的、交储户自己保管，用于支取存款、明确双方债权债务关系的唯一合法凭证。但现在很多人在存单（折）保管上，不注意方式，在银行储蓄后，不是把存单专门保管，而是有的放到抽屉里，有的夹在书本里，这样一来，时间长了就不免会忘记"丢失"存单。

正确的保管方式是在保管存单（折）时，最好把存单放在一个比较隐蔽的、不易被鼠虫所咬且干燥的地方，同时，不要将存单，特别是活期、定活两便存单存放在被小孩子或他人很容易拿到的地方，同时活期存折须把所存机构地址、户名、账号、存款日期、金额、密码等记在记事簿上，定期存单除登记这些信息外，还需把存款期限登记起来，万一发生意外，可以根据资料进行查找和办理挂失。存款人还应注意，存单一定要与身份证、户口簿等能证明自己身份的证件和印鉴、密码登记

簿分开保管,以避免存单与这些证件、印鉴、密码登记簿被他人一起盗走后,冒领存款。

外币储蓄怎样划算

外币存款是指以外国货币表示的各种银行存款,主要有外币的活期存款、储蓄存款和定期存款等形式。外币储蓄是外汇价值的主要表现形式。银行通过运用外汇存款可以带来丰厚的利润。外币存款支取时可以支取现钞,也可以兑换成人民币支取。

由于近几年来外币存款利率经过多次上调,尤其是美元、英镑等的存款利率较大幅度上调后进一步拉大了与国内人民币存款利率的差距,因此,一些敏感的居民纷纷涌进各银行外币业务柜台转(换)存外币,从而掀起了一股外币存款高潮。

居民在存储外币时应采取怎样的策略呢?

一、存储品种上

考虑货币汇率稳定、存款利率又高的外币,这样可使所选的外币既能获得较高的利息收入,又能在到期需要兑换成人民币或其他外币时避免汇兑收益的损失,以取得"双重效益"。

二、选择银行上

应首选利率浮动高和提供存兑"一条龙"服务的银行。这样的银行已经开通了为客户提供外币兑换、外汇买卖、找零业务、通知存款、自动续存等"一条龙"服务通道,这样,只要你持有任何一种外币,都可以通过其"一条龙"金融服务,为你办妥省心又称心的外币储蓄存款。

三、账户选择上

外汇储蓄按其性质可分为现汇账户和现钞账户。进行外汇储蓄的投资者,可考虑现汇账户,既可方便换成外钞,也可自由进出国门,省去相当一部分手续费。

四、存期选择上

外币储蓄利率一般都会受到国际金融市场的影响,其稳定性非常差,利率变动也比较频繁。所以,外币储户在参加外币储蓄时,就需要根据自己的经验,判断存款时国内外金融形势以及利率水平的高低,选择外币存储的期限长短。

目前,个人外币储蓄存款起存期分为活期、1个月、3个月、6个月、1年、2年六个档次。一般来说,利率水平处于高点时应选择两年期的长期外汇储蓄,利率水平相对稳定时可选择1年期的中期储蓄,而利率水平异常波动或变化趋势不明显时,宜选择3个月或者半年期的短期储蓄以观望。

专家认为，外币存期选择应"短平快"。一般不要超过1年，以3~6个月的存期较合适，一旦利率上调时或之后不久，就可以到期转存、续存；存取方式应"追涨杀跌"。这是因为在一般情况下，当某外币存款利率拾级上升，将会经历一段相对稳定的时间；而当其震荡下降时，也将会有一段逐级盘下的下降过程。所以，当存入外币不久遇利率上升时，储户应立即办理转存。虽说已存时间利息按活期计算有损失，但以后获得的利息收入足可大大地高于损失。

当已存外币快到期而遇利率上升时，这时便可放心地稍等期满支取后再续存，既拿到原到期利息，又赶上了高利率起存机会；另外，存期内遇利率下调，并超过了预先设定的心理止损价位，而且其汇率也出现了震荡趋降的走势时，便不能心疼因提前支取所造成的利息损失，而应果断提前支取"杀跌"，并将其兑换成其他硬货币存储，以避免造成更大的利息损失。

五、币种兑换上

应少兑少换。一是由于目前人民币在资本账户还不能自由兑换，当换存人民币的收益小于直接存外币时，不要轻易兑换，因为一旦将外币换成人民币，再换回外币是比较困难的，即所谓的"外币换本币容易，本币换外币很难"。建议还是将有限的外汇存入银行为好；二是银行对外币与本币之间、外币与外币之间的兑换要收取一定的兑换费用，并且银行在兑换时是按"现钞买入价"收进，而不是按"外汇卖出价"兑换，前价要低于后价许多，储户将因此有一定的损失。有时候汇兑的损失甚至会超过利息的差额收入，所以应尽量减少兑换次数，一定要仔细算账，三思而行。

六、在保值上

慎用外币保值。将人民币通过黑市兑换成外币存入银行以保值的做法，实是一种得不偿失的行为，尤其是许多外币并没有人民币的利率、汇率那般坚挺，不如存人民币合算；而且黑市上的外汇价格不但高，还有很严重的假币风险。一些人并不了解国家的外汇政策，用高出外汇牌价很多的价格购买外汇，往往付出了高昂的代价。这种私下交易过程一旦出现纠纷，是得不到国家法律保护的。

利息税扣税方式

许多储户对各种储蓄的存款利息及银行代扣税不甚明了。现将银行对各类储蓄存款代扣代缴利息税的几种方式综合介绍如下。

一、"活期储蓄存款和银行卡储蓄"扣税方式

储蓄机构在对个人活期储蓄存款、信用卡和储蓄卡存款进行结息并同时予以代

扣代缴个人利息所得税时，可不开具注明代扣税款的利息结算清单，但在活期存款的储户存取存款时，储蓄机构在其存折上注明已扣税款的数额；而对于银行卡、储蓄卡结息时，在其对账单上注明已扣税款的数额。

二、"整存整取定取储蓄、定活两便储蓄、零存整取储蓄、通知存款"扣税方式

按照每次储户取得的利息所得额由储蓄机构代扣代缴储户应缴纳的个人利息所得税税款，并在交给储户的利息结付清单上注明，该利息清单即视同完税证明。

三、"存本取息定期储蓄存款"扣税方式

因存本取息定期储蓄存款是一种一次存入本金，存期内分次支取利息，到期归还本金的定期存款，考虑到储户如提前支取本金，其实际分期已取得的利息所得可能大于按储蓄机构有关规定计算应取得的利息所得，故规定该储种在其存款到期清户时、或储户提前支取本金时，统一由银行一次性代扣代缴个人利息所得税，不再在其存期内分次支取利息时分次扣缴。

四、"通存通兑储蓄存款"扣税方式

个人储户取得异地（或同城）通存通兑储蓄存款利息所得，由原开户行在结付其利息所得时代扣代缴个人利息所得税；代理行在兑付税后利息时，应向储户开具注明已扣税款的利息清单。

五、"自动转存储蓄存款"扣税方式

储蓄机构在办理自动转存业务时，在每次转存结付利息时代扣代缴储户应缴纳的个人利息所得税税款；对由于计算机程序修改、调试的原因，储蓄机构在2000年6月1日前办理的自动转存业务，在每次转存结付利息时代扣代缴尚有困难的，则在其个人储户存款到期清户时，统一代扣代缴其应缴纳的个人利息所得税税款。

六、"异地托收储蓄"扣税方式

异地托收不续存的，对个人储户取得的储蓄存款利息所得，由原开户行在结付其利息所得时代扣代缴个人利息所得税；但定期存款未到期异地托收续存时，由委托行在结付其利息所得时代扣代缴个人利息所得税。

七、"外币储蓄存款"扣税方式

目前银行向个人开办的外币储蓄存款种类只有定期存款和活期存款两种，包括外币现钞和外币现汇储蓄；对储户取得的外币存款利息所得，采取由储蓄机构直接代扣该储户的外币存款利息税款；并按照该银行向税务机关解缴利息税税款的上1月最后1日中国人民银行公布的人民币基准汇价，将外币利息税税款折算成人民币，以人民币缴入中央金库。

巧用信用卡

很多人觉得信用卡在自己的日常生活中很有用。一卡在手，就不用为买东西而身揣大量现金出门了。如果要在餐馆请一群客人吃饭，也用不着事先算计要取出多少钱用。买机票时，只需打一个电话，报上信用卡号，就省得自己跑到售票处去了。当去国外旅行时，不再需要操心该换多少外汇，因为多数付款都可以通过信用卡完成。此外，很多网站都允许使用信用卡在线订购各种产品和服务。

简单一句话：信用卡为你省了许多时间，减少了许多麻烦。此外，信用卡还可能为你带来其他一些好处，比如旅行时的优待服务和买东西时的折扣。

人们经常说：爱信用卡，是因为它使用方便，并提供增值服务；恨信用卡，是因为它的不可控性常常带来恶性负债，使自己每月都要支付高额的利息。如果你在日常使用信用卡时，只是把信用卡单纯的当成刷卡和投资消费工具的话，那么，真的就是太"委屈"它们了。信用卡的使用，重在一个"巧"字。巧用信用卡，将其变成个人理财的工具之一，不仅可以享受诸多的便捷，还可以帮忙省钱以及享受银行为持卡人提供的增值服务。巧用信用卡，学会用明天的钱改善今天的生活。

巧用信用卡，不妨尝试从以下几个方面开始。

一、多刷卡可以免年费

信用卡每年所收取的150元或300元的年费常常令办卡人觉得是一笔过高的额外开销。然而，在目前国内的信用卡市场，各大银行都推出1年中刷卡若干次，即可免年费的优惠政策。这样，在国内，信用卡的拥有和使用实际上基本是免费的。

二、学会计算和使用免息期

使用信用卡一般都可以享受50~60天的免息期（各银行有所不同），这也正是信用卡最吸引人的地方。免息期是指贷款日（也就是银行记账日）至到期还款日之间的时间。因为持卡人刷卡消费的时间有先后顺序，因此享受的免息期也是有长有短的，而50~60天的免息期，则是指最长免息时间。举个简单的例子，比如一张信用卡的银行记账日是每月的20日，到期还款日是每月的15日。那么，如果你在本月20日刷卡消费，到下月15日还款，就是享有了25天的免息期；但如果你是本月21日刷卡消费，那么可以在再下一个月的15日还款，也就是享受了55天的免息期。而在这55天的时间里，你就在享受着无息贷款。

三、尽情享受信用卡的增值服务

目前国内的信用卡还处于推广期，各大银行纷纷出奇招来招揽信用卡用户。对于银行的各类促销手段，持卡人可以善加利用，尽情享受。银行的信用卡促销活动是没有单独通知的，都是随每月的对账单一起寄到持卡人手中。收到对账单的信件后，不要急于丢掉，花几分钟的时间仔细阅读相关内容。也可以登录自己所持有的信用卡的银行网站，更全面地了解自己所持的信用卡可以在哪些商户享受特殊优惠。

总体说来，目前的信用卡促销手段包括积分换礼、协约商家享受特殊折扣、刷卡抽奖、连续刷卡送大礼、商家联名卡特殊优惠等等。应该说，使用信用卡比用现金更经济、更优惠，持卡消费1元绝对比用现金消费1元得到的价值多。

四、信用卡是商旅好帮手

经常出差或是喜欢出去旅游的人，会对信用卡更为钟爱。习惯用信用卡通过各大旅行网来订机票，手续简便而且可以享受免息的优惠。更多的，也避免了携带大量现金出行的麻烦。此外，信用卡在异地刷卡使用是免手续费的。

五、用信用卡理财

我们熟悉用信用卡来消费，但并不知道信用卡其实也可以用来投资理财。近年基金大热，却也有很多人苦于缺少资金不知从何入手。信用卡持卡人其实也可以通过信用卡定期定额购买基金，享受到先投资后付款及红利积点的优惠。在基金扣款日刷卡买基金，在结账日缴款，不仅可以赚取利息，还可以以0付出赚得报酬。但是，必须说明的是，这种借钱投资的风险性也是非常大的，而且不适合用来做长线投资。

六、用卡行为一定要有所自律

拖欠信用卡费用的利息是很高的，所以对自己的用卡行为有所自律非常重要。

有的人试图从这种无息贷款期中多捞些好处，他们的主意是：办几张不同银行的卡，然后在一张卡的会计月度开始时付清上一张卡的欠费，这样一直滚动下去，就等于能无限期地占用一笔无息贷款了。这主意听起来不错，但实际操作起来会很难，并且偏离了使用信用卡的本来宗旨——获得付款便利。对多数人来说这无异于浪费时间——而且如果为了申请多张信用卡而做虚假声明，也是有违法律的。

如果你收入可观，可能不会太在意如何在使用信用卡时节省费用，但了解一下还是有用的。要想避免因过度刷卡而债务缠身，以下是几点重要的注意事项：

尽管你可以用信用卡取现，但手续费一般相当高（可高达取款金额的3%）。如果你需要用现金，还是以普通的方式从银行取款吧。

理想的状况是，你每次都能在收到月度账单后尽快地付清贷款。

如果你偶尔不能付清货款，要记住你会被课以高额利息。

每月账单上标的最低付款额一定要付掉，不然的话，你会被课以很高的拖欠付款费，这笔费用会直接从你的信贷额度中扣除。

如果你在信贷额度已经用光的情况下继续刷卡购物，就不再拥有宽限期，而是必须把利息结清。

七、保证信用卡的安全

信用卡犯罪正不断增多，所以你必须像保管现金一样小心地保管你的信用卡。你一定要检查每月的账单，把账单上面的消费项目和你手中的消费小票加以核对，以确保被划走的金额确实是你自己消费的。

多数发卡公司都提供信用卡失窃或损失保险，但有时需要你额外付些费用。发现可疑的付款或卡片丢失时要立刻挂失，这样发卡公司会冻结你的卡，然后再发给你替换的新卡。

以下是保证你的信用卡安全的基本做法：

努力记住密码，不要把它写下来；

收到信用卡后尽快签上字；

把信用卡号和紧急求助电话的号码记在一个安全的地方，这样卡一旦被盗就可以立刻挂失；

永远不要告诉任何人你的密码，就连发卡公司和公安机关的人也不要告诉；

不要让别人拿到你的卡；

保留所有的销售小票和ATM机提款收据；

出现损失时立刻报告——多数诈骗都是在卡主报告之前的那段时间完成的；

如果需要扔掉对账单或收据，记得把它们撕碎或烧掉，以免别人看到上面的具体信息；

如果你知道发卡公司会通过邮局给你寄卡来，却一直没有收到，就要和发卡公司联系。

第二十三章

债券：风险较小，回报稳定

> 顺应趋势，花全部的时间研究市场的正确趋势，如果保持一致，利润就会滚滚而来！
>
> ——江恩
>
> 如果你没有做好承受痛苦的准备，那就离开吧，别指望会成为常胜将军。要想成功，必须冷酷！
>
> ——索罗斯

什么是债券

债券是一种有价证券，是社会各类经济主体如政府，企业等为筹措资金而向债券购买者出具的、承诺按一定利率定期支付利息并到期偿还本金的债权债务凭证，是一种重要的信用工具。其基本要素有票面价值、价格、偿还期限和利率。

债券的票面价值包括两点：

（1）币种，即以何种货币作为债券价值的计量标准，若在境内发行，其币种自然就是本国货币，若到国际市场上筹资，则一般以债券发行地国家的货币或国际通用货币如美元，英镑等币种为其计量标准。

（2）票额的数量，根据发行时的具体情况而定。票面金额的不同，对于债券的发行成本、发行数额和持有者的分布都有影响。票面额较小，就方便收入低的小额投资者购买，市场就广阔一些，但票券印刷及发行工作量大，有可能增加发行费用；票面金额过大，就会超过小额投资者的能力范围，销售面就窄，购买者就仅能局限于少数大投资者，一旦这些投资者积极性不高不予认购，就可能导致发行失败。另外票面价值对于发行者来说具有较为重要的意义，因为发行者是以此来计算所支付的利息和偿还本金的，直接决定发行者筹资成本的高低。

债券的价格是债券在交易中买卖双方以货币的形式对其价值达成的共识，它取决于债券的利率及兑付时间以及其他一些因素，是处于经常性的变化之中。在发行时，债券的价格都不一定和其面值相等，它要视金融市场其他投资品种的收益和供求情况而定，有时可高出票面价格溢价发行，而有时又需低于票面价格折价发行。而当进入二级流通市场之后，债券的市场价格就要随行就市了。

债券的偿还期限是从债券发行日起至偿清本息之日的时间间隔。债券的偿还期限各有不同，一般分为三类：一是偿还期限在1年以内的，为短期；二是偿还期限在1年以上、10年以内的，为中期；三是期限在10年以上的，为长期。债券的偿还期限主要由债券的发行者根据所需资金的使用情况来确定。

债券的利率是债券每年应付利息与债券票面价值的比率。一种债券利率为10%，即表示每认购100元债券，每年便可得到10%的利息。债券的利率主要受银行利率、发行者的资信情况、偿还期限、利息计算方式和资本市场资金的供求情况的影响。

债券的种类

债券的种类繁多，且随着人们对融资和证券投资的需要又不断创造出新的债券形式，在现今的金融市场上，债券的种类可按发行主体、发行区域、发行方式、期限长短、利息支付形式、有无担保和是否记名等分为九大类。

一、按发行主体分类

根据发行主体的不同，债券可分为政府债券、金融债券和公司债券三大类。

第一类是由政府发行的债券称为政府债券，它的利息享受免税待遇，其中由中央政府发行的债券也称公债或国库券，其发行债券的目的是为了弥补财政赤字或投资于大型建设项目；而由各级地方政府机构如市、县、镇等发行的债券就称为地方政府债券，其发行目的主要是为地方建设筹集资金，因此都是一些期限较长的债券；在政府债券中还有一类称为政府保证债券的，主要是为一些市政项目及公共设施的建设筹集资金而由一些与政府有直接关系的企业、公司或金融机构发行的债券，这些债券的发行均由政府担保，但不享受中央和地方政府债券的利息免税待遇。

第二类是由银行或其他金融机构发行的债券，称之为金融债券。

金融债券发行的目的一般是为了筹集长期资金，其利率也一般要高于同期银行存款利率，而且持券者需要资金时可以随时转让。

第三类是公司债券，它是由非金融性质的企业发行的债券，其发行目的是为了筹集长期建设资金。一般都有特定用途。按有关规定，企业要发行债券必须先参加信用评级，级别达到一定标准才可发行。因为企业的资信水平比不上金融机构和政府，所以公司债券的风险相对较大，因而其利率一般也较高。

二、按发行的区域分类

按发行的区域划分，债券可分为国内债券和国际债券。国内债券，就是由本国的发行主体以本国货币为单位在国内金融市场上发行的债券；国际债券则是本国的发行主体到别国或国际金融组织等以外国货币为单位在国际金融市场上发行的债券。如最近几年我国的一些公司在日本或新加坡发行的债券都可称为国际债券。由于国际债券属于国家的对外负债，所以本国的企业如到国外发债事先需征得政府主管部门的同意。

三、按期限长短分类

根据偿还期限的长短，债券可分为短期、中期和长期债券。一般的划分标准是期限在1年以下为短期债券，期限在10年以上的为长期债券，而期限在1年到10年之间的为中期债券。

四、按利息的支付方式分类

根据利息的不同支付方式，债券一般分为附息债券、贴现债券和普通债券。附息债券是指在券面上附有各期息票的中长期债券，息票的持有者可按其标明的时间期限到指定的地点按标明的利息额领取利息。息票通常以6个月为一期，由于它在到期时可获取利息收入，息票也是一种有价证券，因此也可以流通、转让。贴现债券是在发行时按规定的折扣率将债券以低于面值的价格出售，在到期时持有者仍按面额领回本息，其票面价格与发行价之差即为利息；除此之外的就是普通债券，它按不低于面值的价格发行，持券者可按规定分期分批领取利息或到期后一次领回本息。

五、按发行方式分类

按照是否公开发行，债券可分为公募债券和私募债券。公募债券是指按法定手续，经证券主管机构批准在市场上公开发行的债券，其发行对象是不限定的。由于发行对象是广大的投资者，因而要求发行主体必须遵守信息公开制度，向投资者提供多种财务报表和资料，以保护投资者利益，防止欺诈行为的发生。私募债券是发行者向与其有特定关系的少数投资者为募集对象而发行的债券。该债券的发行范围很小，其投资者大多数为银行或保险公司等金融机构，它不采用公开呈报制度，债券的转让也受到一定程度的限制，流动性较差，但其利率水平一般较公募债券要高。

六、按有无抵押担保分类

债券根据其有无抵押担保，可以分为信用债券和担保债券。信用债券亦称无担保债券，是仅凭债券发行者的信用而发行的、没有抵押品作担保的债券。一般政府债券及金融债券都为信用债券。少数信用良好的公司也可发行信用债券，但在发行时须签订信托契约，对发行者的有关行为进行约束限制，由受托的信托投资公司监督执行，以保障投资者的利益。

担保债券指以抵押财产为担保而发行的债券。具体包括：以土地、房屋、机器、设备等不动产为抵押担保品而发行的抵押公司债券、以公司的有价证券（股票和其他证券）为担保品而发行的抵押信托债券和由第三者担保偿付本息的承保债券。当债券的发行人在债券到期而不能履行还本付息义务时，债券持有者有权变卖抵押品来清偿抵付或要求担保人承担还本付息的义务。

七、按是否记名分类

根据在券面上是否记名的不同情况，可以将债券分为记名债券和无记名债券。记名债券是指在券面上注明债权人姓名，同时在发行公司的账簿上作同样登记的债券。转让记名债券时，除要交付票券外，还要在债券上背书和在公司账簿上更换债权人姓名。而无记名债券是指券面未注明债权人姓名，也不在公司账簿上登记其姓名的债券。现在市面上流通的一般都是无记名债券。

八、按发行时间分类

根据债券发行时间的先后，可以分为新发债券和既发债券。新发债券指的是新发行的债券，这种债券都规定有招募日期。既发债券指的是已经发行并交付给投资者的债券。新发债券一经交付便成为既发债券。在证券交易部门既发债券随时都可以购买，其购买价格就是当时的行市价格，且购买者还需支付手续费。

九、按是否可转换来区分

债券又可分为可转换债券与不可转换债券。可转换债券是能按一定条件转换为其他金融工具的债券，而不可转换债券就是不能转化为其他金融工具的债券。可转换债券一般都是指的可转换公司债券，这种债券的持有者可按一定的条件根据自己的意愿将持有的债券转换成股票。

债券的性质和特征

债券是债务人为筹集资金而向债权人承诺按期交付利息和偿还本金的有价证券。它只是一种虚拟资本，其本质是一种债权债务证书。它有以下四个基本特征。

一、偿还性

在历史上只有无期公债或永久性公债不规定到期时间，这种公债的持有者不能要求清偿，只能按期取得利息。而其他的一切债券都对债券的偿还期限有严格的规定，且债务人必须如期向持有人支付利息。

二、流动性

流动性是指债券能迅速和方便地变现为货币的能力。目前，几乎所有的证券营业部或银行部门都开设有债券买卖业务，且收取的各种费用都相应较低。如果债券的发行者即债务人资信程度较高，则债券的流动性就比较强。

三、安全性

安全性是指债券在市场上能抵御价格下降的性能，一般是指其不跌破发行价的能力。债券在发行时都承诺到期偿还本息，所以其安全性一般都较高。有些债券虽然流动性不高，但其安全性较好，因为它们经过较长的一段时间后就可以收取现金或不受损失地出售。虽然如此，债券也有可能遭受不履行债务的风险及市场的风险。前一种风险是指债券的发行人不能充分和按时支付利息或偿付本金的风险，这种风险主要决定于发行者的资信程度。一般来说，政府的资信程度最高，其次为金融公司和企业。市场风险是指债券的市场价格随资本市场的利率上涨而下跌，因为债券的价格是与市场利率呈反方向变动的。当利率下跌时，债券的市场价格便上涨；而当利率上升时，债券的市场价格就下跌。而债券距离到期日越远，其价格受利率变动的影响就越大。

四、收益性

债券的收益性是指获取债券利息的能力。因债券的风险比银行存款要大，所以债券的利率也比银行高，如果债券到期能按时偿付，购买债券就可以获得固定的、一般是高于同期银行存款利率的利息收入。

债券的偿还

债券是一种债权凭证，除永久性债券外，其他所有的债券到期必须偿还本金。按照偿还方式的不同，债券的偿还可分为期满偿还、期中偿还、延期偿还三种。按偿还时的金额比例又可分为全额偿还和部分偿还，而部分偿还还可按偿还时间分为定时偿还和随时任意偿还。而在期中偿还时还可以采用抽签偿还和买入注销偿还两种方式。

一、期满偿还

期满偿还就是按发行所规定的还本时间在债券到期时一次全部偿还债券本金。我国目前所发行的国库券、企业债券都是采用的这种偿还方式。

债券在期满时偿还本金是由债券的内在属性所决定的,是买方和卖方在一般情况下不言自明的约定,如果债券的发行人在发行债券时考虑到不一定能在债券到期时一次偿还本金,就必须在发行时事先予以说明,且订好特殊的还本条款。

二、期中偿还

期中偿还就是在债券到期之前部分或全部偿还本金的偿还方式。在采取期中偿还时,部分偿还就是经过一段时间后将发行额按一定比例偿还给投资者。一般是每半年或一年偿还一批,其目的是减轻债券发行人一次偿还的负担。部分偿还按时间划分又可分为定时偿还和随时偿还。定时偿还是在债券到期前分次在规定的日期按一定的比例偿还本金。定时偿还的偿还日期、方式、比例都是在债券发行时就已确定并在债券的发行条件中加以注明。随时偿还是一种由发行者任意决定偿还时间和金额的偿还方式。这种偿还方式完全凭发行者的意愿,有时会损害投资者的利益,在实际中并不常用。

全额偿还就是在债券到期之前一次偿还本金的偿还方式。采取这种偿还方式:一是发债者在发债后由于种种原因出现资金过剩,提前一次偿还债券就可避免不必要的利息负担。二是发债后由于市场利率下调,发债时的利率和现在相比过高,在这种情况下提前偿还旧债,重新发行利率较低的新债可以降低筹资成本。全额偿还往往对投资人不利,因为高利率的旧债偿还后,市场上往往没有高利率的债券,难以寻找新的投资机会。

三、延期偿还

债券的延期偿还是在债券发行时就设置了延期偿还条款,赋予债券的投资者在债券到期后继续按原定利率持有债券直至一个指定日期或几个指定日期中一个日期的权利。这一条款对债券的发行人和购买者都有利,它在筹资人需要继续发债和投资人愿意继续购买债券时省去发行新债的麻烦,债券的持有人也可据此灵活地调整资产组合。

如何进行债券交易

债券的交易分为场内、场外两大类,这两类交易的流程各有各的做法。

一、证券交易所的基本做法

(1) 报价。债券投资人在决定买入或卖出某种债券后,使用书面、口头或电话等方式向各自委托的经纪商发出报价指令,委托经纪商买入或卖出该债券。卖方的报价条件一般为:要卖何种债券,面值是多少,利率是多少,何年到期,卖价在几种档次上可以各卖出多少,在什么档次就停止卖出。买方的报价条件一般为:要买入何种债券，多少钱以下买多少，多少钱以上就不买。

（2）经纪商接到指令后，立即通知投资人所开户的证券交易所。

（3）交易所立即通知在交易大厅内的工作人员大声喊出或用打手势报价给场内其他的经纪商，并用电子屏幕显示。

（4）众经纪商开始公开竞价，本着价格优先、量大优先和时间优先的原则开始交易。也就是先考虑价格因素，买入价格相对高的报价，卖方就先卖给他；卖出价格相对低的报价，买方就会先和他成交；在价格没有差别的情况下，先报价的先成交；在价格、时间上都没有差别的情况下，交易量大的经纪商先得到交易的机会。

（5）债券买卖双方的经纪商口头达成交易后，在成交单上签字并经交易所登记确认。

（6）经纪商将成交情况通知给投资人，投资人就要按时将款项或债券交付他的经纪商，再到开户交易所交割过户。

投资人从发出报价指令到收到成交的电话通知的整个过程很短，不过就几分钟的时间，接到成交电话通知的第二天，投资人还会接到书面通知。

二、场外交易的操作流程

场外交易以自营买卖为主，也有少量的代理买卖。由于证券交易商可以在自营买卖中与普通投资者直接交易，所以，在自营买卖中，投资者与投资者、投资者与证券商之间的交易可以不通过交易所和经纪商，就如我们日常生活中的协商议价一样，这个过程对我们来说是再熟悉不过了。

但是，也有些投资人场内、场外市场都不进，所有的交易都是委托别人做的，场内市场委托的是证券经纪商，场外市场可以委托任何他信任的人。接下来，受委托的人到场外市场上去交易的流程与自营买卖的流程是一样的，只不过多了一个随时要听从投资人的指令、向投资人汇报行情的过程而已。

怎样计算债券收益

债券收益率是债券收益与其投入本金的比率，通常用年率表示。债券收益不同于债券利息。由于人们在债券持有期内，可以在市场进行买卖，因此，债券收益除利息收入外，还包括买卖盈亏差价。

投资债券，投资者最关心的就是债券收益有多少。为了精确衡量债券收益，一般使用债券收益率这个指标。决定债券收益率的主要因素，有债券的票面利率、期限、面额和购买价格。最基本的债券收益率计算公式为：

债券收益率=（到期本息和-发行价格）÷（发行价格×偿还期限）×100%

由于持有人可能在债券偿还期内转让债券，因此，债券收益率还可以分为债券出售者的收益率、债券购买者的收益率和债券持有期间的收益率。各自的计算公式为：

出售者收益率=（卖出价格-发行价格+持有期间的利息）÷（发行价格×持有年限）×100%

购买者收益率=（到期本息和-买入价格）÷（买入价格×剩余期限）×100%

持有期间收益率=（卖出价格-买入价格+持有期间的利息）÷（买入价格×持有年限）×100%

这样讲可能会很生硬，下面举一个简单的案例来进行进一步的分析：

例如，林先生于2001年1月1日以102元的价格购买了一张面值为100元、利率为10%、每年1月1日支付利息的1997年发行5年期国债，并打算持有到2002年1月1日到期，则：

购买者收益率=（100+100×10%-102）÷（102×1）×100%=7.8%

出售者收益率=（102-100+100×10%×4）÷（100×4）×100%=10.5%

又再如，林先生又于1996年1月1日以120元的价格购买面值为100元、利率为10%、每年1月1日支付利息的1995年发行的10年期国库券，并持有到2001年1月1日以140元的价格卖出，则：

持有期间收益率=（140-120+100×10%×5）÷（120×5）×100%=11.7%

以上计算公式并没有把获得利息以后，进行再投资的因素量化考虑在内。把所获利息的再投资收益计入债券收益，据此计算出的收益率即为复利收益率。

债券投资时机的选择

债券一旦上市流通，其价格就要受多重因素的影响，反复波动。对于投资者来说，就面临着投资时机的选择问题。

机会选择得当，就能提高投资收益率；反之，投资效果就会差一些。债券投资时机的选择原则有以下几种：

（1）在投资群体集中到来之前投资在社会和经济活动中，存在着一种从众行为，即某一个体的活动总是要趋同大多数人的行为，从而得到大多数人的认可。这反映在投资活动中就是资金往往总是比较集中地进入债市或流入某一品种。而一旦大量的资金进入市场，债券的价格就已经抬高了。所以精明的投资者要抢先一步，在投资群体集中到来之前投资。

（2）追涨杀跌债券价格的运动都存在着惯性，即不论是涨或跌都将有一段持续时间，所以投资者可以顺势投资，即当整个债券市场行情即将启动时可买进债券，而当市场开始盘整将选择向下突破时，可卖出债券。追涨杀跌的关键是要能及早确认趋势，如果走势很明显已到回头边缘再作决策，就会适得其反。

（3）在银行利率调高后或调低前投资债券作为标准的利息商品，其市场价格极易受银行利率的影响。当银行利率上升时，大量资金就会纷纷流向储蓄存款，债券价格就会下降；反之亦然。因此投资者为了获得较高的投资效益就应该密切注意投资环境中货币政策的变化，努力分析和发现利率变动信号，争取在银行即将调低利率前及时购入或在银行利率调高一段时间后买入债券，这样就能够获得更大的收益。

（4）在消费市场价格上涨后投资物价因素影响着债券价格。当物价上涨时，人们发现货币购买力下降便会抛售债券，转而购买房地产、金银首饰等保值物品，从而引起债券价格的下跌。当物价上涨的趋势转缓后，债券价格的下跌也会停止。此时如果投资者能够有确切的信息或对市场前景有科学的预测，就可在人们纷纷折价抛售债券时投资购入，并耐心等待价格的回升，则投资收益将会非常可观的。

（5）在新券上市时把握机会，债券市场的价格体系一般较为稳定的，往往在某一债券新发行或上市后才出现一次波动，因为为了吸引投资者，新发行或新上市的债券的年收益率总比已上市的债券要略高一些，这样债券市场价格就要做一次调整。一般是新上市的债券价格逐渐上升，收益逐渐下降，而已上市的债券价格维持不动或下跌，收益率上升，债券市场价格达到新的平衡，而此时的市场价格比调整前的市场价格要高。因此，在债券新发行或新上市时购买，然后等待一段时期，在价格上升时再卖出，投资者将会有所收益。

债券投资的风险因素

2005年4月1日，王先生通过石家庄桥东区国债服务部购买了10 000元某种金融债券，债券承诺的年利率是12%，3年期限。可到2008年4月1日到期时，得到的却是一场空欢喜。由于该债券的兑付资金没有到位，本金和利息都没有拿到手。王先生和其他投资者不停地往桥东国债服务部跑，希望能拿回属于自己的钱，直到2008年7月，桥东国债服务部通知他可以拿回本金，但是，每位投资者在拿到本金时都要签一份借款合同。

合同上写明："'由于金融债券'到期兑付资金迟迟未到，考虑到乙方（投资者）的实际困难，经双方协商，同意乙方向甲方（石家庄市桥东区国债服务部）借本金款……兑付资金到位后，扣除借本金部分。"从这份"借款合同"上看，实际是王先生等投资者们拿回的本金是由桥东国债服务部垫付的。

不但没有拿到应得到的利息，连本金都成了"借"的……王先生的债券投资梦成了泡沫："相关情况，我该去找哪个部门咨询？我投资的债券还能不能收回本息？"

投资者都知道，债券投资是一个较稳健及安全的投资工具，债券可以分散投资风险，因此成了稳健型投资人的投资选择之一。但任何投资都是有风险的，债券风险不仅存在于价格变化之中，也可能存在于信用之中。因此正确评估债券投资风险，明确未来可能遭受的损失，是投资者在投资决策之前必须做的工作。

一、信用风险

信用风险，是指发行债券的借款人不能按时支付债券利息或偿还本金，而给债券投资者带来损失的风险。在所有债券之中，财政部发行的国债，由于有政府作担保，往往被市场认为是金边债券，所以没有信用风险。但除中央政府以外的地方政府和公司发行的债券则或多或少地有信用风险。因此，信用评级机构要对债券进行评价，以反映其违约风险。一般来说，如果市场认为一种债券的信用风险相对较高，那么就会要求债券的收益率要较高，从而弥补投资者可能承受的损失。

二、利率风险

利率是影响债券价格的重要因素之一，当利率提高时，债券的价格就降低，此时便存在风险。债券剩余期限越长，利率风险越大。

三、变现能力风险

变现能力风险，是指投资者在短期内无法以合理的价格卖掉债券的风险。如果投资者遇到一个更好的投资机会，想出售现有债券，但短期内找不到愿意出合理价格的买主，投资者就要把债券价格降到很低或者很长时间才能找到买主，那么，他不是遭受降低损失，就是丧失新的投资机会。

四、公司的经营风险

在持券期内，若发债企业由于经营管理不善和债务状况等原因造成企业的声誉和资信程度下降也会影响二级市场债券的价格，从而给投资者造成损失。

五、通货膨胀风险

通货膨胀风险，是指由于通货膨胀而使货币购买力下降的风险。通货膨胀期间，投资者实际利率应该是票面利率扣除通货膨胀率。若债券利率为10%，通货膨胀率为8%，则实际的收益率只有2%，购买力风险是债券投资中最常出现的一种风险。

债券投资风险的防范

债券投资的最大特点就是收益稳定、安全系数较高、又具有较强的流动性。稳健的投资者们往往放弃股票投资的高收益,摒弃银行储蓄的低利息,所图之处就在于此。因此,继收益性之后,安全性便成为债券投资者普遍关注的最重要问题。

债券作为债权债务关系的凭证,它与债权人和债务人同时相关。作为债务人的企业或公司与作为债权人的债券投资者就债权与债务关系是否稳定来说,债券起着相同的作用,任何一方都无法独立防范风险。企业或公司作为债券的发行者所采用的确保债券安全、维持企业或公司信誉的措施堪称预防措施,是防范风险的第一道防线。而对于投资者来说,正确选择债券、掌握好买卖时机将是风险防范的主要步骤。

一、预防措施对债券的发行做出种种有利于投资者的规定是重要的一步

在发达国家如日本,法律规定公司债券发行额都有一定的限额,不能超过资本金与准备金的总和或纯资产额的两倍。

金融债的限额一般规定为发行额不能超过其资本金和准备金的5倍。债券发行一般是由认购公司承担发行,安全系数高的债券当然容易被认购,这对企业或公司本身也是一种约束。

同时企业或公司都有义务公开本公司财务、经营、管理等方面的状况,这种制度对企业或公司无疑起到监督和促进作用,对投资者是一种保护。

二、选择多品种分散投资

这是降低债券投资风险的最简单办法。不同企业发行的不同债券,其风险性与收益性也各有差异,如果将全部资金都投在某一种债券上,万一该企业出现问题,投资就会遭受损失。因此有选择性地或随机购买不同企业的各种不同名称的债券,可以使风险与收益多次排列组合,能够最大限度地减少风险或分散风险。这种防范措施对中小户特别是散户投资者尤为重要。因为这类投资者没有可靠的信息来源,摸不准市场的脉搏,很难选择最佳投资对象,此时购买多种债券,犹如撒开大网,这样,任何债券的涨跌都有可能获益,除非发生导致整个债券市场下跌的系统性风险,一般情况下不会全亏。

采用这种投资策略必须注意一些问题:

一是不要购买过分冷门、流动性太差且难于出手的债券,以防资金的套牢。

二是不去盲目跟风,抱定不赚不卖的信心,最终才有好收益。

三是特别值得注意的是必须严密注视非经济性特殊因素的变化,如政治形势、军事动态、人们心理状态等,以防整个债券行市下跌,造成全线亏损。

此外,还要保持债券期限多样化。债券的期限本身就孕育着风险,期限越长,风险越大,而收益也相对较高;反之,债券期限短,风险小,收益也少。如果把全部投资都投在期限长的债券上,一旦发生风险,就会猝不及防,其损失难以避免。因此,在购买债券时,有必要多选择一些期限不同的债券,以防不测。

三、注意做顺势投资

对于小额投资者来说，谈不上操纵市场，只能跟随市场价格走势做买卖交易，即当价格上涨、人们纷纷购买时买入；当价格下跌、人们纷纷抛出时抛出，这样可以获得大多数人所能够获得的平均市场收益。这种防范措施虽然简单，也能收到一定效益。

四、以不变应万变

这也是防范风险的措施之一。在债券市场价格走势不明显、此起彼落时，在投资者买入卖出纷乱、价格走势不明显时，投资者无法做顺势投资选择，最好的做法便是以静制动。以不变应万变。因为在无法判断的情况下，做顺势投资，很容易盲目跟风，很可能买到停顿或回头的债券，结果疲于奔命，一无所获。此时以静制动，选择一些涨幅较小、尚未调整价位的债券买进并耐心持有，等待其价格上扬，是比较明智的做法。当然这要求投资者必须具备很深的修养和良好的投资知识与技巧。

五、必须注意不健康的投资心理

要防范风险还必须注意一些不健康的投资心理，如盲目跟风往往容易上当，贪多往往容易错过有利的买卖时机；赌博心理、孤注一掷的结果往往会导致血本无归；嫌贵贪低、过分贪图便宜，容易持有一堆蚀本货，最终不得不抛弃而一无所获。

债券基金肯定不会赔钱吗

债券基金不一定稳赚。债券基金主要投资于国债、企业债和可转债。目前在交易所上市的国债、企业债、可转债的市场价格除受债券本身的债券票面利息、债券偿还期限的影响，还受利率、市场供需、投机因素的影响，在债券市场价格波动较大的时候，一旦出现投资的债券市场价格低于买入价时，债券基金的净值出现下跌，短期内投资债券基金就可能会出现赔钱。但在较长的时间段内，由于债券的票面利息是固定的，债券每年能取得稳定的债券付息，在债券付息积累到一定程度完全可以抵消债券二级市场价格波动的损失时，投资债券就不会赔钱。

一般来说，债券基金的证券组合主要以各类债券（甚至包括国际债券）为对象，但也不排除有一定数量（如20%以下）的非债券证券。债券型基金的资金主要投资于可流通的国债、地方债券和公司债券，所以债券型基金显现出低风险，低收益的特征。而由于股票基金主要投资上市股票，而股票的波动性远远大于债券，所以相对债券基金，股票基金表现出较大的风险性和收益性。而且债券投资管理不如股票投资管理复杂，因此债券基金的管理费也相对较低。

投资债券基金可获得稳定的债券利息收入。从长期来看，收益水平高于银行存款，同时，保持较低风险，比较适合谨慎但又希望有较高收益的投资者的需要，如退休人士。而且开放式基金可以随时通过基金管理公司、代销银行或券商的网点买卖，变现比较方便。

投资债券讲策略

目前我国的债券市场由银行间债券市场、交易所债券市场和银行柜台债券市场三个部分组成，这三个市场相互独立，各有侧重点。在债券二级市场上，个人投资者进行债券交易的渠道主要有以下几种。

一、国债

国债是财政部为筹措资金而发行的债券，是目前债券市场上流动性最佳、风险最低的债券。从债券形式看，我国发行的国债又可分为无记名（实物）国债、凭证式国债和记账式国债三种。无记名（实物）国债是一种实物债券，以实物券的形式记录债权，面值不等，不记名，不挂失，可上市流通；凭证式国债是一种国家储蓄债，通过银行发行，可挂失，以"凭证式国债收款凭证"记录债权，不能上市流通；记账式国债以记账形式记录债权，通过采用无纸化形式发行和交易，可以记名、挂失。2000年5月，最后一期无记名国债到期兑付，标志着该类国债在中国国债市场上全面退出，此后国债发行全部采取凭证式和记账式。目前，记账式国债在银行间债券市场、交易所债券市场和商业银行柜台市场均可流通。

二、企业债券

其特点和国债极其类似，最大的不同就是企业债券的利息收入需要缴纳20%的利息税。不过扣除该方面的因素，其收益率仍然要高于类似的国债，是小资金投资者理想的选择。

三、可转换债券

可转债公司债券是一种特殊的企业债券，之所以说其特殊，是因为发行公司事先规定债权人可以选择有利时机，在一个特定时期（转股期）内，按照特定的价格（当期转股价）转换为发债企业的等值股票（普通股票），是一种被赋予了股票转换权的公司债券，所以可转债既有普通债券的一些基本特征（如票面利率、到期还本付息等），又具有一定的股票特征，是一种混合型的债券形式。我国上市公司发行可转债由于审批严格，债券信用等级均超过AA级，不输于上市的企业债，加上可转债具有"下跌风险有界，上涨幅度无界"的特性，因而较受机构投资者和专业投资者的青睐。

在进行债券投资时，一些投资的策略可以让投资者们获取良好的收益。

（1）可以利用时间差提高资金利用率。一般债券发行都有一个发行期，如半个月的时间。如在此段时期内都可买进时，则最好在最后一天购买；同样，在到期兑付时也有一个兑付期，则最好在兑付的第一天就去兑现，这样，可减少资金占用的时间，相对提高债券投资的收益率。

（2）可以选择高收益的债券。债券的收益是介于储蓄和股票、基金之间的一种投资工具，相对安全性比较高。所以，在债券投资的选择上，不妨大胆地选购一些收益较高的债券，如企业债券、可转让债券等。特别是风险承受能力比较高的家庭，不要只盯着国债。

（3）利用市场差和地域差赚取差价。通过上海证券交易所和深圳证券交易所进行交易的同品种国债，它们之间是有价差的。利用两个市场之间的市场差，有可能赚取差价。同时，可利用各地区之间的地域差，进行贩买贩卖，也可能赚取差价。

（4）可采用卖旧换新技巧。在新国债发行时，提前卖出旧国债，再连本带利买入新国债，所得收益可能比旧国债到期兑付的收益高。这种方式有个条件：必须比较卖出前后的利率高低，估算是否合算。

（5）注意国债投资讲究组合。个人投资国债，应根据每个家庭和每个人的具体情况，以及资金的长、短期限来计划安排。

如有短期的闲置资金，可购买记账式国债或无记名国债。因为记账式国债和无记名国债均为可上市流通的券种，其交易价格随行就市，在持有期间可随时通过交易场所变现。

如有3年以上或更长时间的闲置资金，可购买中、长期国债。一般来说，国债的期限越长利率就越高。

对收益的稳定性要求较高的投资者，在资金允许的条件下进行组合投资能保证收益的稳定性。例如将资金分作3等份，分别投资于期限为1年、2年、3年三种不同类别的债券，这样每年都有1/3到期，收益相当稳定。或者为了保证流动性而投资于短期国债，或为确保债券收益持有长期债券，而不买入中期债券。

三个关键词帮你选择债券

投资者在看债券类的分析文章，或者媒体提供的债券收益指标时，经常会发现几个专有名词：久期、到期收益率和收益率曲线。这些名词对于投资者选择债券来说都意味着什么呢？

一、久期

久期在数值上和债券的剩余期限近似，但又有别于债券的剩余期限。在债券投资里,久期被用来衡量债券或者债券组合的利率风险,它对投资者有效把握投资节奏有很大的帮助。

一般来说,久期和债券的到期收益率成反比,和债券的剩余年限及票面利率成正比。但对于一个普通的附息债券,如果债券的票面利率和其当前的收益率相当的话,该债券的久期就等于其剩余年限。有一个特殊的情况是,当一个债券是贴现发行的无票面利率债券,那么该债券的剩余年限就是其久期。另外,债券的久期越大,利率的变化对该债券价格的影响也越大,因此风险也越大。在降息时,久期大的债券上升幅度较大;在升息时,久期大的债券下跌的幅度也较大。因此,投资者在预期未来升息时,可选择久期小的债券。

目前来看,在债券分析中久期已经超越了时间的概念,投资者更多地把它用来衡量债券价格变动对利率变化的敏感度,并且经过一定的修正,以使其能精确地量化利率变动给债券价格造成的影响。修正久期越大,债券价格对收益率的变动就越敏感,收益率上升所引起的债券价格下降幅度就越大,而收益率下降所引起的债券价格上升幅度也越大。可见,同等要素条件下,修正久期小的债券比修正久期大的债券抗利率上升风险能力强,但抗利率下降风险能力较弱。

二、到期收益率

国债价格虽然没有股票那样波动剧烈,但它品种多、期限利率各不相同,常常让投资者眼花缭乱、无从下手。其实,新手投资国债仅仅靠一个到期收益率即可作出基本的判断。其公式为:

$$到期收益率=[固定利率+(到期价-买进价)\div 持有时间]\div 买进价$$

一旦掌握了国债的收益率计算方法,就可以随时计算出不同国债的到期或持有期内收益率。准确计算你所关注国债的收益率,才能与当前的银行利率作比较,作出投资决策。

三、收益率曲线

债券收益率曲线反映的是某一时点上,不同期限债券的到期收益率水平。利用收益率曲线可以为投资者的债券投资带来很大帮助。

债券收益率曲线通常表现为四种情况:

(1)正向收益率曲线,它意味着在某一时点上,债券的投资期限越长,收益率越高,也就是说社会经济正处于增长期阶段(这是收益率曲线最为常见的形态)。

(2)反向收益率曲线,它表明在某一时点上,债券的投资期限越长,收益率越低,也就意味着社会经济进入衰退期。

(3)水平收益率曲线,表明收益率的高低与投资期限的长短无关,也就意味着社会经济出现极不正常情况。

（4）波动收益率曲线，这表明债券收益率随投资期限不同，呈现出波浪变动，也就意味着社会经济未来有可能出现波动。

在一般情况下，债券收益率曲线通常是有一定角度的正向曲线，即长期利率的位置要高于短期利率。这是因为，由于期限短的债券流动性要好于期限长的债券，作为流动性较差的一种补偿，期限长的债券收益率也就要高于期限短的收益率。当然，当资金紧俏导致供需不平衡时，也可能出现短高长低的反向收益率曲线。

投资者还可以根据收益率曲线不同的预期变化趋势，采取相应的投资策略的管理方法。如果预期收益率曲线基本维持不变，而且目前收益率曲线是向上倾斜的，则可以买入期限较长的债券；如果预期收益率曲线变陡，则可以买入短期债券，卖出长期债券；如果预期收益率曲线变得较为平坦时，则可以买入长期债券，卖出短期债券。如果预期正确，上述投资策略可以为投资者降低风险，提高收益。

债券信用是怎样评级的

债券信用评级是指对债务发行人的特定债务或相关负债在有效期限内能及时偿付的能力和意愿的鉴定。其基本形式是人们专门设计的信用评级符号。证券市场参与者只需看到这些专用符号便可得知其真实含义，而无须另加复杂的解释或说明。

国际最著名最具权威性的信用评级机构当属美国标准普尔公司和穆迪投资评级公司。这两家公司不仅对美国境内上万家公司和地方政府发行的各类债券、商业票据、银行汇票及优先股股票施行评级，还对美国境外资本市场发行的长期债券、外国债券、欧洲债券及各类短期融资券予以评级。所评出的信用等级历来被认为是权威、公正、客观的象征，在国际评级机构中享有盛誉。

所评债券分为长期和短期两种，一般以1年为区分两者的界限。对于某家公司所发债券的等级评定，通常可采用两种形式：

一是公司直接告知评级机构想要得到的级别，由评级机构对债券的发行量、期限等提出建议和意见，告诉公司采取诸如某些结构调整、成立子公司、把优良资产和部门单列出来等措施，即所谓的资产重组、购并，不良资产剥离，以保证达到所需的等级。

二是评级公司按照正常的程序，通过对发债公司的基本情况、产业结构、财务状况和偿债能力分析的了解，按实地调查分析结果实事求是告知公司能够达到的级别。人们知道，债券信用级别与发行价格是直接相关的，级别越高，利率越低。风险意识重于赢利意识的人们一般不会为投资报酬较高而风险很大的低级别债券费神；反之，如某债券中途招致降级，发行人每年就将多支出一大笔利息，甚至还会影响投资者的信心。

信用评级过程一般包括：收集足够的信息来对发行人和所申报的债券进行评估，在充分的数据和科学的分析基础上评定出适当的等级，然后，监督已定级的债券在一段时期内的信用质量，及时根据发行人的财务状况变化的反馈作出相应的信用级别调整，并将此信息告知发行人和投资者。

标准普尔公司把债券的评级定为四等十二级：AAA、AA、A、BBB、BB、B、CCC、CC、C、DDD、DD、D。为了能更精确地反映出每个级别内部的细微差别，在每个级别上还可视情况不同加上"+"或"-"符号，以示区别。这样，又可组成几十个小的级别。

AAA是信用最高级别，表示无风险，信誉最高，偿债能力极强，不受经济形势任何影响；AA是表示高级，最少风险，有很强的偿债能力；A是表示中上级，较少风险，支付能力较强，在经济环境变动时，易受不利因素影响；BBB表示中级，有风险，有足够的还本付息能力，但缺乏可靠的保证，其安全性容易受不确定因素影响，这也是在正常情况下投资者所能接受的最低信用度等级，或者说，前四种级别一般被认为属投资级别，其债券质量相对较高。后八种级别则属投机级别，其投机程度以此递增，这类债券面临大量不确定因素。特别是C级，一般被认为是濒临绝境的边缘，也是投机级别中资信度最低的，至于D等信用度级别，则表示该类债券是属违约性质，根本无还本付息希望，如被评为D级，那发行人离倒闭关门就不远了。因此，是三个D还是两个D意义已不大。

以上等级标准及评判尺度各国可能略有不同，有的类别稍有差异，但按其风险大小，以ABCD形式依此排列的做法还是相通的。对股票的评级也大同小异。我国债券评级标准是参照国际惯例作法和我国评级实际情况，主要侧重于债券到期还本付息能力与投资者购买债券的投资风险程度而制定的，其级别设置没有D级，属三等九级。

国债基础知识

国债是国家发行的，到期还本，半年或一年付息一次，国债的利率比同期存款利率高，投资国债不用交纳利息税。

2000年5月后，在我国发行的国债有两种：一是凭证式国债，利率比同期存款利率高，类似储蓄又优于储蓄，有"储蓄式国债"之称；另一种是记账式国债，又称无纸化国债，目前主要是通过证券交易所交易，可以像股票一样买卖。与凭证式国债相比，记账式国债收益率和变现能力优势都较为明显：记账式国债的利率比凭证式国债高；由于记账式国债可以上市流通，不仅可以获得固定的利息，同时还可以通过低买高卖获得差价收入。

国债交易是净价交易，即不含利息，实际成交价格是净价和应计利息相加，我们通过交易所行情系统所看到的显示价格就是净价。

假设一只期限为3年、年利率为3.65%的记账式国债，发行时，某投资者以100元买入，持有100天之后，该品种交易价格涨到了103元，该投资者卖出此债券的价格为103元，但实际的成交价格不仅包括103元，还包括100天的利息收入1元（年利率÷365×实际持有天数），合计为104元。同样投资该债券的投资者买入价为103元，但由于需要把前100天的利息付给前一位持有者，因此实际成交价位应为104元。

目前记账式国债票面利率有两种形式：浮动利率债券和固定利率债券。固定利率债券指在发行时规定利率在整个偿还期内不变的债券；而浮动利率债券会随着银行利率的变化而变化。目前交易所唯一的两只浮动利率债券就是2000年发行的4期和10期国债，其年利率分别为当年银行1年期利率分别加上0.62%和0.38%。

第二十四章

保险：
转移风险，双利投资

> 如果我办得到，我一定把保险写在家家户户的门上，以及每一位公务员的手册上。因为我深信，透过保险，每一个家庭只要付出微不足道的代价，就可免除遭受永劫不复的代价。
>
> ——前英国首相丘吉尔
>
> 别人都说我很富有，拥有很多的财富，其实真正属于我个人的财富是给自己和亲人买了充足的人寿保险。
>
> ——李嘉诚

保险，人生的防护墙

俗话说："天有不测风云，人有旦夕祸福。"在人类生活中有可能发生自然灾害和意外事故，也有可能不发生的或然风险。保险就是转移风险、补偿损失的最佳手段。

保险是指投保人根据合同约定，向保险人支付保险费，保险人对于合同约定的可能发生的事故因其发生而造成的财产损失承担赔偿保险金责任，或者当被保险人死亡、伤残和达到合同约定的年龄、期限时承担给付保险金责任的商业保险行为。

保险可以起到以下作用。

一、转移风险

既然风险无法避免，就可以通过买保险把自己的风险转移出去。保险公司就是接受风险的机构。接受风险转移是因为可保风险还是有规律可循的，保险公司通过研究风险的偶然性去寻找其必然性，掌握风险发生、发展的规律，为众多有危险顾虑的人提供保险保障。

二、均摊损失

转移风险并非灾害事故真正离开了投保人，而是保险人借助众人的财力，给遭灾受损的投保人补偿经济损失，为其排忧解难。保险人以收取保险费用和支付赔款的形式，将少数人的巨额损失分散给众多的被保险人，从而使个人难以承受的损失，变成多数人可以承担的损失，这实际上是把损失均摊给有相同风险的投保人。所以，保险只有均摊损失的功能，而没有减少损失的功能。

三、实施补偿

分摊损失是实施补偿的前提和手段，实施补偿是分摊损失的目的。保险补偿发生在保险事故出现、投保人遭受损失之后。投保人不遭灾受损，保险人不予补偿，保险实施补偿要以双方当事人签订的合同为依据，其补偿的范围主要有以下几个方面：

投保人因灾害事故所遭受的财产损失；

投保人因灾害事故使自己身体遭受的伤亡或保险期满应结付的保险金；

投保人因灾害事故依法对他人应付的经济赔偿；

投保人因另一方当事人不履行合同所蒙受的经济损失；

灾害事故发生后，投保人因施救保险标的所发生的一切费用。

四、抵押贷款和投资收益

《保险法》中明确规定："现金价值不丧失条款。"客户虽然与保险公司签订合同，但客户有权中止这个合同，并得到退保金额。保险合同中也规定客户资金紧缺时可申请退保金的90%作为贷款。如果你急需资金，又一时筹措不到，便可以将保险单抵押在保险公司，从保险公司取得相应数额的贷款。

同时，一些人寿保险产品不仅具有保险功能，还具有一定的投资价值。如果在保险期间没有发生保险事故，那么在到达给付期时，你所得到的保险金不仅会超过你过去所交的保险费，而且还有本金以外的其他收益。由此可以看出，保险既是一种保障，又兼有投资收益。

买保险与银行储蓄哪个划算

有些人靠储蓄增加安全感，但不知何时才是尽头。于是，全国的储蓄存款每年以1万亿元的速度增加，成为世界上储蓄率最高的几个国家之一。但是政府已经发愁：消费率太低。经济增长主要依赖投资拉动，这种现象引发种种弊端。何时才能出现主要依赖消费拉动的经济增长模式？

钱包鼓起之后，除了储蓄之外，我们还要留出部分资金购买保险。通过保险，我们可以把未来生活中许多不可预知的风险转嫁给保险公司，给家庭带来更持久的安全感。在发达国家，个人工资的1/3是用来买保险的，把生病、养老等统统交给保险公司去打理，剩余的工资、储蓄、投资或是消费，完全没有后顾之忧，让自己自由享受生活的乐趣。这不就是我们理财的目的吗？

近10年来，保险已被越来越多的人所认识和接受，然而，许多人由于缺乏相关的保险与银行储蓄方面的知识，而误将人寿保险作为"第二储蓄"进行投资，这其实是十分不理智、不可取的，甚至会适得其反。那么，买保险与银行储蓄，究竟谁划算呢，这需要从多个方面来进行比较和选择。

一、从预防风险上看

保险和银行储蓄都可以为将来的风险作准备，但它们之间有很大的区别：用银行储蓄来应付未来的风险，是一种自助的行为，没有把风险转移出去；而用保险则能把风险转移给保险公司，实际上是一种互助合作的行为。

二、从存取方式上看

在银行储蓄是存取自由的；而保险则带有强制储蓄的意味，其能够帮助你较迅速地积攒一笔资金，但是只有在保险期满或保险事故发生时才能拿到。

三、从约期收益上看

在银行储蓄中，金额包括本金和利息，是确定的；而在保险中，能得到的钱大多却是不确定的，主要取决于保险事故是否发生，而且金额可能远远高于你所缴纳的保险费（少数的一些险种除外，如定期养老险等，你能得到的钱也是确定的）。

四、从所有权上看

你在银行存的钱还是你的，只是暂时让银行使用；而你买保险花的钱就不再是你的了，归保险公司所有，保险公司按保险合同的规定履行其义务。

总之，最重要的是要搞清楚，保险的主要作用是保障，而银行储蓄的主要作用是资金的安全及一定的受益。买保险与银行储蓄，究竟哪个更划算，只能根据自己的经济状况、身体条件、风险防范等方面的实际出发，由自己考虑和进行抉择。

认识保险类别

一、财产保险与人身保险

根据保险标的的不同，保险可分为财产保险和人身保险两大类。

财产保险是指以财产及其相关利益为保险标的的保险，包括财产损失保险、责任保险、信用保险、保证保险、农业保险等。它是以有形或无形财产及其相关利益为保险标的的一类补偿性保险。

人身保险是以人的寿命和身体为保险标的的保险。当人们遭受不幸事故或因疾病、年老以致丧失工作能力、伤残、死亡或年老退休时，根据保险合同的约定，保险人对被保险人或受益人给付保险金或年金，以解决其因病、残、老、死所造成的经济困难。

按照保险责任的不同，人身保险可以分为人寿保险、人身意外伤害保险和健康保险。

（1）人寿保险。人寿即人的寿命，人寿保险是以被保险人的生命为保险标的，以被保险人生存或死亡为保险事故的人身保险。在实际中，人们习惯把人寿保险分为定期寿险、终身寿险、两全保险和年金保险。人寿保险是人身保险中最重要的部分。

（2）人身意外伤害保险。人身意外伤害保险简称意外伤害保险。意外伤害是指在人们没有预见到或违背被保险人意愿的情况下，突然发生的外来致害物对被保险人身体明显、剧烈地侵害的客观事实。意外伤害保险是以被保险人因遭受意外伤害事故造成的死亡或伤残为保险事故的人身保险。在全部人身保险业务中，意外伤害保险所占比重不大，但由于保费相对低廉，只需支付少量保费就可获得高保障，投保简便，无需体检，所以承保人次较多，如旅行意外伤害保险、航空意外伤害保险等。

（3）健康保险。健康保险是以被保险人的身体为保险标的，保证被保险人在疾病或意外事故所致伤害时的费用或损失获得补偿的一种人身保险，包括重大疾病保险、住院医疗保险、手术保险、意外伤害医疗保险、收入损失保险等。

二、商业保险与社会保险

商业保险是指按商业原则经营，以营利为目的的保险形式，由专门的保险企业经营。所谓商业原则，就是保险公司的经济补偿以投保人交付保险费为前提，具有有偿性、公开性和自愿性，并力图在损失补偿后有一定的盈余。

社会保险是指在既定的社会政策的指导下，由国家通过立法手段对公民强制征收保险费，形成保险基金，用以对其中因年老、疾病、生育、伤残、死亡和失业而导致丧失劳动能力或失去工作机会的成员提供基本生活保障的一种社会保障制度。社会保险不以营利为目的，运行中若出现赤字，国家财政将会给予支持。社会保险的主要项目包括养老社会保险、医疗社会保险、失业保险、工伤保险、生育保险、重大疾病和补充医疗保险等。

商业保险和社会保险相比较，社会保险具有强制性，商业保险具有自愿性；社会保险的经办者以财政支持作为后盾，商业保险的经办者要进行独立核算、自主经营、自负盈亏；商业保险保障范围比社会保险更为广泛。

三、个人保险与团体保险

按保险保障的对象分,可以把人身保险分为个人保险和团体保险。

个人保险是为满足个人和家庭需要,以个人作为承保单位的保险。团体保险一般用于人身保险,是用一份总的保险合同,向一个团体中的众多成员提供人身保险保障的保险。在团体保险中,投保人是"团体组织",如机关、社会团体、企事业单位等独立核算的单位组织,被保险人是团体中的在职人员。已退休、退职的人员不属于团体的被保险人。另外,对于临时工、合同工等非投保单位正式职工,保险人可接受单位对其提出的特约投保。

团体保险包括团体人寿保险、团体年金保险、团体人身意外伤害保险、团体健康保险等,在国外发展很快。特别是由雇主、工会或其他团体为雇员和成员购买的团体年金保险和团体信用人寿保险发展尤为迅速。团体信用人寿保险是团体人寿保险的一种,是指债权人以债务人的生命为保险标的的保险。团体年金保险已成为雇员退休福利计划的重要内容。近几年,美国有些雇员福利计划中还加入了团体财务和责任保险项目,比如团体的私用汽车保险和雇主保险等。我国保险公司也开展了团体寿险、人身意外伤害险、企业补充养老保险和医疗保险等团体保险业务,但险种还不完善。随着经济体制改革的不断深入,商业保险的作用将不断加强,团体保险应有更大的发展空间。

四、原保险与再保险

发生在保险人和投保人之间的保险行为,称之为原保险。再保险也称分保,是保险人在原保险合同的基础上,通过签订分保合同,将其所承保的部分风险和责任向其他保险人进行保险的行为。简单地说,再保险即"保险人的保险"。

我们把分出自己直接承保业务的保险人称为原保险人,接受再保险业务的保险人称为再保险人。再保险是以原保险为基础,以原保险人所承担的风险责任为保险标的的补偿性保险。无论原保险是给付性还是补偿性,再保险人对原保险人的赔付都只具有补偿性。再保险人与原保险合同中的投保人无任何直接法律关系。原保户无权直接向再保险人提出索赔要求,再保险人也无权向原保户提出保费要求。另外,原保险人不得以再保险人未支付赔偿为理由,拖延或拒付对保户的赔款;再保险人也不能以原保险人未履行义务为由拒绝承担赔偿责任。

再保险是在保险人系统中分摊风险的一种安排。被保险人和原保险人都将因此在财务上变得更加安全。利用再保险分摊风险的典型例子就是承保卫星发射保险。该风险不能满足可保风险所要求的一般条件。保险人接受特约承保后,将面临极大的风险,一旦卫星发射失败,资本较小的公司极可能因此而破产。最明智的做法是将该风险的一部分转移给其他保险人,由几个保险人共同承担。

五、车险

车险即机动车辆保险，也称汽车保险，是指对机动车辆由于自然灾害或意外事故所造成的人身伤亡或财产损失负赔偿责任的一种商业保险。

机动车辆是指汽车、电车、电瓶车、摩托车、拖拉机、各种专用机械车、特种车。

机动车辆保险为不定值保险，分为基本险和附加险，其中附加险不能独立保险。基本险包括交强险，第三者责任险（三责险）和车辆损失险（车损险）；附加险包括全车盗抢险（盗抢险）、车上责任险、无过失责任险、车载货物掉落责任险、玻璃单独破碎险、车辆停驶损失险、自燃损失险、新增设备损失险、不计免赔特约险。我们通常所说的交强险（即机动车交通事故责任强制保险）也属于广义的第三者责任险，交强险是强制性险种，机动车必须购买才能够上路行驶、年检、上户，且在发生第三者损失需要理赔时，必须先赔付交强险再赔付其他险种。

人生各个阶段的保险规划

人生每个阶段都会面临着不同的风险。在人生的各个阶段，都应该为自己购买一份保障。生活重心不同，每个阶段的保险规划也应有所不同。

第一阶段，成年之前的保险规划：0~18周岁。

这是由父母替孩子买保险的阶段。在0至8岁这个幼儿时期，容易得一些流行性疾病，所以建议要多买医疗险。

而到了8~18岁少年时期，比较适合选择时间间隔短的分红产品，可以一定程度上替代教育金给付。当然，还可以考虑缴费和支取都非常灵活的万能寿险。同时，这个年纪的意外险、医疗险也是不可或缺的。

第二阶段，单身贵族时期的保险规划：22~28周岁。

年轻人刚步入社会，一般都有一定收入，但可能不高也不太稳定。在消费方面往往无计划，大手大脚的而不易有积蓄，经常会出现需要用钱时无大量现钱可用的情况。同样也因为年轻，人们承受失业等问题的能力强，抵御疾病的能力也比较强。

初入社会的人为规划好钱财，从储蓄方面考虑可以购买如5年、10年的储蓄投资型保险，在获得保险保障的同时，可变相获得一份"储蓄投资"。也可购买消费型的意外险，因为价钱便宜，而且可以获得较高的保障。

健康方面，主要考虑中短期的住院医疗险和重大疾病险等。之所以建议买中短期保险是因为人还年轻，来日方长，而且保费便宜，成本低，保障高。储蓄型的重疾险是越年轻越便宜，而且身体健康情况保险公司容易受理，如情况允许也可以考虑。

第三阶段，走进婚姻后的保险规划：28~35周岁。

结婚是人生的一个重大转折，保险需求也要大大提升，此时需要从整个家庭的风险角度选择保险产品，包括万一身故或失去工作能力时，如何保障亲属的生活，同时也应考虑未来的养老金以及子女教育经费、医疗资金、房屋贷款等。这一时期的保险设计，一般以家庭的主要经济支柱为主。夫妻双方都可以选择保障性比较高的终身寿险，并附加一定的医疗险和意外险。在经济条件允许的前提下，还可以选择投资分红类产品。

第四阶段，为人父母时候的保险规划：35~60周岁。

为人父母之后，小孩并开始不断成长、受教育，而自己也不断变老，上有老，下有小，面临的各种问题也最多。这时就应该把家庭成员当作一个整体来统一考虑，不同的成员有不同的保险需求。

一方面，应该购买意外疾病险，其中家里的经济支柱是重点投保对象，也就是说给赚钱最多的人买最好最多的保险。首先，为其买意外疾病险，万一遭遇不幸，赔偿金将给家庭设置了一个保险屏障；其次，可以为其购买人寿保险，如果不幸去世，所投保的寿险也会全额给付养老金。再次，可为其他家人选择重大疾病和医疗保险，以保证万一患病时不致对家庭经济造成冲击。医疗险有普通医疗保险、大病保险和住院保险，可按照每人的实际情况选择其中的一项乃至多项。

另一方面，若是为了筹备子女的教育经费，则可以选择教育金等储蓄性的商品。子女还小时，可以购买一些有关儿童保险的复合险种，这些险种能够覆盖孩子的教育、医疗、创业、成家、养老等，能有效保障孩子的方方面面。

第五阶段，退休养老时期的保险规划：60周岁以后。

随着现代人平均寿命的延长，退休后的生活保障问题也就显得越来越重要。按一般人60岁退休计算，退休后约有15~20年的经济衰退期。因此，应该在青、中年的时候为自己积累一笔足以支付老年生活的基金。对于那些即将迈入退休期的中年夫妇，由于孩子已经基本独立，家庭负担减轻，尤其不要忘记为退休后的老年生活费用和医疗费用做准备。买养老保险与健康医疗险应该是一个不错的选择。

哪些人最需要买保险

一、中年人

主要是指40岁以上的工薪人员，他们往往是上有老、下有小，还要考虑自身退休后的生活保障，因此必须考虑给自己设定足够的"保险系数"，使自己有足够的能力承担家庭责任，也为晚年的生活提前做好准备。

二、身体欠佳者

目前，我国正在进行医疗制度的改革，在原有的职工负担一部分医疗费、住院费的基础上，要适当加大职工负担的比例。这对于身体不好的职工来说，与公费医疗时相比，有很大差别，因而他们迫切需要购买保险。

三、高薪阶层

由于这部分人本身收入可观，又有一定数量上的个人资产，加之自然和不可抗力的破坏因素的存在，他们也急于寻找一种稳妥的保障方式，使自己的人身和财产更安全。保险能为他们提供人身及财产的全面保障计划。

四、岗位竞争激烈的职工

主要指"三资"企业的高级雇员和政府部门的公务员，他们比一般人更有危机感，更需要购买保险，以寻求一种安全感。

五、少数单身职工家庭

单身职工家庭经济状况一般都不富裕，无法承受太大的风险，因而，他们也迫切需要购买保险。

自我诊断家庭保单

随着人们生活水平的提高和保险意识的增强，人寿保险进入了千家万户。然而，家中保单结构是否合理呢？

一般可根据家庭成员的构成、年龄、职业和收入、健康状况为基础，结合现有保单，找出家庭保单的薄弱环节（超买、不足和适度），将家庭有限资金合理分流，以整合成较为合理的保障结构。

一、以家庭为线

如三口之家，孩子首选学生健康险，由住院医疗、意外伤害、医疗三个险种组成，每年缴费60元上下。孩子成长过程所遇到的疾病住院、外伤门诊费用都能获得赔偿。经济宽裕的家庭，还可加投教育储蓄、投资型寿险为未来孩子生活"锦上添花"；青年、中年人应考虑养老、大病保险为主，同时也不要遗漏高保障的意外伤害险。

二、以职业为线

城镇市民大多享受基本医疗保险，他们应选择医疗津贴、大病医疗保险，以弥补患病时的损失。这类险种具有缴费低、保障高的特点。如果是没有基本医疗保险（如个体工商户、自由职业者等）的人群，风险保障显得更为重要，患病及意外事故不仅增加支出，还会导致收入急剧减少。因此，保障型寿险（住院医疗、大病医疗和意外伤害保险）首选，养老保险次之，以防范意料不到的疾病、灾害打击。当然，收入颇丰的家庭，可将部分资金购买投资型寿险，以期得到高额回报。

三、以收入为线

家庭购买寿险毕竟要有一定的经济能力，寿险除保障功能外，还有投资理财、储蓄功能。一般工薪家庭可将全年收入的10%部分，用来购买寿险；家庭经济支柱更需在买保险时"经济倾斜"。

要引起注意的是，保障型寿险适合任何人群，投资、储蓄型寿险则需量力而行，家庭保单应避免畸形现象，如巨额养老保险却无医疗、意外保险。合理组合家庭保单，防范家庭成员的风险，保障家庭资产安全、稳健地运作，是人们选择寿险的最大愿望。

分红保险的分红奥秘

具有分红功能的保险产品在国际市场上已经成为主流，进入中国市场后也受到了保户的欢迎，但是由于近年来分红水平的不理想，分红保险一度陷入低潮。让我们从红利的来源着手，对分红保险及其分红做一个全面的认识。

一、红利的来源

我国第一批分红保险产品是2000年3月由友邦保险上海分公司率先推出的。此后，各种分红保险产品如雨后春笋般涌现，虽然名称不同、保障内容各有侧重，但讲到红利，总是来源于三个方面：死差益、利差益和费差益。

死差益是指实际的风险发生率低于产品设计时预期的风险发生率，即实际死亡人数比预期死亡人数少时产生的盈余；利差益是指实际的投资收益高于产品设计时预期的投资收益时产生的盈余；费差益是指实际的营运管理费用低于产品设计时预期的营运管理费用时产生的盈余。

保险公司在厘定保险产品的费率时要考虑三个因素：预期死亡率、预期投资回报率和预期营运管理费用。费率一经厘定，不能随意改动，但寿险保单的保障期限往往长达几十年，在这样漫长的时间内，实际发生的情况可能同预期的情况有所差别。一旦实际情况好于预期情况，就会出现死差益、利差益和费差益，综合起来就是分红保险账户的盈余。保险公司根据每张分红保单对该账户盈余的贡献，按一定的比例分配给投保人，这就是红利。一言蔽之，红利来源于保险公司实际经营情况好于预期情况时所产生的盈余。

二、分红保险五大误区

在了解了红利的来源后，我们就可以对目前常见的几个误区做一次剖析。

误区一：红利最高可达多少、最低会有多少。

既然红利来源于保险公司实际经营情况好于预期情况时所产生的盈余，那么只有当实际情况发生后才能确定红利，事先任何关于红利的估计数字都是假设。但在销售过程中，某些代理人会把红利说成是有保底的，而且最高可达多少，这是在误导投保人。红利会随着实际情况而变化，有时甚至为零。对此，投保人要有正确的了解和充分的心理准备。

此外，根据保监会规定，参加过专门的分红保险培训且通过考核的代理人，方能销售分红保险。有的保险公司更在此基础上，精选出道德优良、业务能力过硬的代理人，授权其推销分红保险。投保人可通过打电话到保险公司查询，找到放心的代理人。

误区二：投资收益率越高，分红就越多。

红利不仅来源于利差益，还来源于死差益和费差益。良好的投资收益确实可以带来较好的利差益，但如果出现较大的死差损和费差损，综合起来可能会抵消掉利差益。死差和费差是由保险公司的核保能力和费用控制能力决定的。有的保险公司在核保时把关很严，不但要体检，还对高保额的保单进行财务核保，在车辆、办公用品等方面也严格控制。越是这样的保险公司，越有可能为客户提供长期理想、稳定的红利分配。

对于投资收益率，投保人也要擦亮眼睛。有的年投资收益率是根据一个季度或更短时间的投资收益率推算出来的，并不能反映该公司全年或更长时间的投资收益能力。

总之，分红保险考验的是保险公司的综合素质，假如把红利与投资收益率或投资市场的表现直接挂钩，片面强调投资乃至夸大投资收益率，则是断章取义，只会令投保人徒增烦恼。

误区三：拿分红保险和储蓄相比。

目前在银行柜台销售的保险产品绝大多数是分红保险，由于某些不规范的操作，投保人很容易把分红保险的红利和银行储蓄的利息作比较。实际上，如果撇开"死差"和"费差"不谈，红利也只是"利差"。它和"利息"是完全不同的两个概念，是不可以直接比较的。再有就是储蓄利息是事先锁定的，而红利则无法事先确定，要看保险公司实际经营的情况。而且，分红保险属于保险的范畴，提供寿险保障是它最大的特色。

误区四：红利分得越多，该分红保险产品越好。

不同的分红保险产品所分得的红利多少，是不能简单加以比较的。红利多，并不一定代表该产品的"收益"就一定高。因为分红保险的利益是由保证利益和不保证利益两部分组成的，有的产品在设计时侧重保证利益，红利就有可能分得少；有的产品虽然红利可能较多，但保证利益不高。因此，片面地关注红利的多少是没有实际意义的。即使两个人投保同一家保险公司的同一个分红保险产品，也有可能其他原因，如分到的红利不同，这是因为他们投保的时间有先后、缴费的方式不同或有人发生过保单贷款等，造成他们对分红保险账户盈余的贡献不同。

误区五：红利分得多，表明该保险公司好。

随着市场竞争的激烈，有时个别保险公司会采取"特殊"的分红办法，将以后保单年度的红利"提前分配"。仅仅根据一两年的分红情况就对一家保险公司的经营能力进行判断，就是资深的保险专家也很难做到，更何况普通投保人。

做好长期投资准备买保险

在澄清了以上种种误区之后，投保人不禁要问：那么，分红保险的价值到底体现在哪里？应该怎样选择分红保险呢？

分红保险是一种兼顾寿险保障和投资回报的保险产品。它的特征在于：在保证保险利益的基础上，使投保人有机会分享到分红基金的大部分经营成果，其最大的风险也不过是没有红利可分。因此，分红保险受到了同时注重保障和投资的投保人的青睐。但分红保险毕竟还是寿险，寿险保障才是它的主要利益，这一点可能被很多人忽略了，故而才会造成片面注重投资回报的现象。

可分以下几步：

第一步是找一家可以长期信赖的保险公司，而只有财务稳健的保险公司，才能做到让客户终身信赖。

那么，怎么判断保险公司的财务是否稳健？国外的经验是借鉴权威评级机构如标准普尔、穆迪等给予该保险公司的财务评级，因为这些独立的评级机构拥有严格的审核制度和一批经验丰富的专家，能够对金融机构做出全面、客观和公正的评判。如友邦保险获得了标准普尔的AAA最高财务实力评级。

第二步是量体裁衣、量力而行，根据自己的实力和需求选择一个适合自己的分红保险。

从目前国内的分红保险来看，0~50周岁的人士都可以投保，缴费方式有一次性缴清、年缴、半年缴和季缴等。投保人可将保障期较长、保障功能较强的分红保险作为自己的主要选择，毕竟分红保险的主要利益还是保障。此外，还可以根据自己的喜好和需求，选择现金红利、增值红利、养老金红利或儿童教育金红利的分红保险。

第三步是做好长期投资的准备。

由于分红保险是一个长期的险种，它在考验保险公司经营管理能力的同时，也要求投保人具备理性的投资心态，千万不能盯着短期的红利，毕竟高回报的背后是高风险。成熟的投保人往往会选一家有丰富经验的和被历史证明过的保险公司，这样面临的风险会比较小，也是对自己的资金做到了认真负责。

学会买保险

购买保险的可以参考以下原则。

一、量入为出

2007年，由于生意做得很红火，周女士便在当地一家保险公司买了一份保期10年的保险，年缴保费6 600元，缴了两年共计13 200元。可到了2009年，由于家里有事，自己经营的生意也开始走下坡路，周女士对这每年6 600元的保费感到有些力不从心，于是向保险公司提出了退保，可按保险公司根据有关规定只给退还了1 000多元钱。遭受了这么大的损失，周女士后悔不已："当初保险时如果能理性些，量入为出，也许不会到今天的地步。"

据了解，时下，随着人们对保险认同度的增加，像周女士一样因支付能力发生变化而无法按期续保的投保者也越来越多。对此，有关理财专家提醒，由于当前保险品种纷繁复杂，想要买保险的人必须掌握"量入为出"的原则，以避免遭受损失。

投保的时候应该因人而异。有的20多岁的年轻人，刚刚走向社会，就给自己买入好几份保险，一旦工作出现不稳定，就很难继续缴纳高额的保险费，到时如果退保就会造成损失，不退保又实在难以维持，处于两难的尴尬境地。而老年人一般工作相对稳定，经济收入趋于平衡，能够维持在一定的水平，但由于身体或其他方面的原因，可能导致平时开支出现剧增，如果投保了缴费比较高的保险，则到时可能缴不起保险费，这在现实中已不乏其例。作为一个理智的消费者，应该根据自身的年龄、职业、收入等实际情况，力所能及地适当购买人身保险，既要使经济能长时期负担，又能得到应有的保障。

投保人应理性选择保险险种，在投保过程中要考虑三方面因素：一是适应性。自己或家人买保险要根据需要保障的范围来考虑；二是经济支付能力。买保险是一种长期性的投资，每年需要缴存一定的保费，每年的保费开支必须取决于自己的收入能力，一般不要超过年收入的10%~20%；三是选择性。个人或家人都不可能投保保险公司开办的所有险种，只能根据家庭的经济能力和适应性选择一些险种。

二、适应性强

投保前，应当注意研究保险条款，因为任何保险都不是无所不保的，条款中明确规定了哪些是属于保险责任范围，哪些不属于保险责任范围，而哪些是作为责任免除的，从中可以明确这种保险能为你提供什么样的保障，然后根据各种保险条款所提供的保险责任选定保险品种，以满足你的保险需求。研究保险条款不仅要了解保险责任和险外责任，还应当了解保险费负担和保险金额情况。保费是多少钱，保险金额是多少，保障范围有多大，可以享受哪些权利，承担哪些义务，如万一在海外遇到麻烦是否可以通过保险公司得到某种救助，应履行哪些手续等。总之，要经过认真阅读保险条款，在明确各种权利义务的基础上再来挑选适合自己需要的保险品种。

三、购买应有合理的顺序

总的来说，人寿保险可以分为以下五种类型：保障型、医疗型、养老型、教育型和投资型，而购买保险的顺序也应该是先有意外保障，再有医疗补贴，然后考虑补充养老；有小孩读书的话还要在这同时考虑小孩的教育基金，如果还有闲置资金，则可以根据自己的投资喜好，购买一些适合自己的投资类险种。

四、合理搭配险种

投保人身保险可以在保险项目上搞个组合，如购买一个至二个主险附加意外伤害、重大疾病保险，使人得到全面保障。但是在全面考虑所有需要投保的项目时，还需要进行综合安排，避免重复投保，使用于投保的资金得到最有效的运用。在购买险种的比重方面，也要做科学安排。据专家统计，中国人用来投资保险的资金，一般占其年收入的10%~15%之间。如果有社会保险的人，则建议用年收入的10%左右来投资保险，而且应在先有意外保障、医疗保障的基础上，再做养老和投资的计划。

五、利用免赔额

免赔额，顾名思义是免赔的额度，是指由保险人和被保险人事先约定，被保险人自行承担损失的一定比例、金额，损失额在规定数额之内，保险人不负责赔偿。

如果有些损失消费者可以承担，就不必购买保险，可以通过自留来解决。当这个可能的损失是自己所不能承担的时候，可以将自己能够承受的部分以免赔的方式进行自留。免赔要求被保险人在保险人作出赔偿之前承担部分损失，其目的在于降低保险人的成本，从而使得低保费成为可能。对被保险人来说，由自己来承担一些小额的、经常性的损失而不购买保险是更经济的，自留能力越强，免赔额就可以越高，因为买保险的主要目的是为了预防那些重大的、自己无法承受的损失。免赔额过低，固然可以使各种小的损失都能够得到赔偿，但在遇到重大损失时，却会得不

到足够的赔偿，这是得不偿失的。

买保险时要注意抠细节

买保险已不是什么新鲜事了，越来越多的人意识到应该给自己的未来加一份保障。不过，总有保户反映，投保容易理赔难，而保险公司也委曲，自己是按保险合同办事，为什么会出现这样的局面？当然，不排除个别业务员为完成业绩任务作出不负责任的承诺，但如果投保人对保险基本知识没有太多盲点，在投保时细致一点，这种情况或许可以避免。

一般情况下，任何一家保险公司任何一款险种的保险条款中，都会规定"投保范围"。例如投保人与被保险人的实际年龄有误，或者投保人与被保险人没有《保险法》规定的保险利益，保险公司完全可以拒赔。

在"保险责任"中，需要注意的是，会有一个观察期的规定，一般为180天，目的是防止恶意诈保的事件的发生。在观察期内，被保险人发生意外，保险公司是不赔的。

同时，在保险条款中，还有明确"责任免除"条款规定，以某保险公司的某寿险条款为例，在该条款第五条是这样表述的："因下列情形之一导致被保险人身故、身体高度残疾或患重大疾病，本公司不负保险责任：

（1）投保人、受益人对被保险人的故意行为；

（2）被保险人故意犯罪、拒捕、自伤身体；

（3）被保险人服用、吸食或注射毒品；

（4）被保险人在合同生效（或复效）之日起2年内自杀；

（5）被保险人酒后驾驶、无有效驾驶执照驾驶，或驾驶无有效行驶证的机动交通工具；

（6）被保险人感染艾滋病病毒（HIV呈现阳性）或患艾滋病（ADIs）期间，或因先天性疾病身故……"

不同的险种在此条表述中，会有一定差别，投保人在填写保单时必须注意是否有相应情况，避免日后出现争议。

一旦购买保单，就要按时交费。如果投保人没有在规定日期交费，保险公司会给予一定的宽限期，一般是60天，在宽限期内发生意外事故，保险公司承担保险责任；宽限期后仍不交费的，保险公司会根据保单的现金价值自动垫付使保单有效，若垫付费用不足，则保单效用中止，再发生事故，保险公司则不承担保险责任。

保险业有个"最大诚信原则"，要求保险公司和投保人都必须履行"如实告知"

的义务。对于投保人来说，一定要如实回答保险合同中列明的各项问题，可能你一个小小的"隐瞒"，就会失去日后索赔的权利。通常，故意不告知的，保险公司对于合同解除前发生的保险事故不承担给付保险金的责任。

最后，提醒大家一个细节问题，那就是签名。一般除了没有法定行为能力的人（如未成年人），投保人、被保险人、受益人都应该是亲笔签名，不要代签，哪怕是最亲近的人，也不要让保险业务员帮忙填写，以免日后出现纠纷。

只要在投保的过程中认真对待以上细节问题，发生意外后你就会觉得保险理赔并不难。

买保险的六要六不要

随着人们保险意识的不断增强，我们身边买保险的人也逐渐多了起来。买保险就是买未来生活的保障，因而要慎重。买保险要坚持六要六不要的准则。

一、要放下成见，不要偏听偏信

保险公司是经营风险的金融企业，《保险法》规定保险公司可以采取股份有限公司和国有独资公司两种形式，除了分立、合并外，都不允许解散，所以，大可放下门第之见入保险，但重点要看公司的条款是否更适合自己，售后服务是否更值得信赖。

二、要比较险种，不要盲目购买

每个人在购买贵重商品时，都会货比三家，买保险也应如此。尽管各家保险公司的条款和费率都是经过中国人民银行批准的，但比较一下却有所不同。如领取生存养老金，有的是月领取，有的是定额领取；同是大病医疗保险，有的是包括10种大病，有的只保7种。这些一定要搞清楚，弄明白，针对个人情况，自己拿主意。

三、要研究条款，不要光听介绍

保险不是无所不保，对于投保人来说，应该先研究条款中的保险责任和责任免除这两部分，以明确这些保险单能为你提供什么样的保障，再和你的保险需求相对照，要严防个别营销员的误导。没根没据的承诺或解释是没有任何法律效力的。

四、要确定需要，不要心血来潮

买保险首先考虑自己或家庭的需求是什么，比如担心患病时医疗费负担太重而难以承受的人，可以考虑购买医疗保险；为年老退休后生活担忧的人可以选择养老金保险；希望为儿女准备教育金、婚嫁金的父母，可投保少儿保险，或教育金保险等。所以，弄清保险需要再去投保是非常重要的。

五、要考虑保障，不要考虑人情

保险是一种特殊商品。一件衣服或一套家具买来了，如果不喜欢可以不穿不用，也可以送人，而保险则不能转送。有些人买保险，只因营销员是熟人或亲友，本不想买，但出于情面，还没搞清条款，就硬着头皮买下，以后发现买到的保险是不完全适合自己需要的险种，结果是不退难受，退了经济受损失也难受。

六、要考虑责任，不要只图便宜

俗话说："一分钱一分贷"。保险也是如此，不能光看买一份保险花了多少钱，而要搞清楚这一份保险的保险金是多少，保障范围有多大，要全方位地考虑保险责任。

保险理赔注意事项

王先生2007年买了意外伤害险，期限是5年。

2007年十一假期的时候，王先生在街上行走，过马路的时候被一辆慢速行驶的车轻轻地擦了一下。王先生顿时觉得胸闷头晕。后被急救车送往医院，在途中病情加重，经过抢救无效死亡。在医院的死亡证明书上写着死亡原因是心肌梗塞。

王先生的家人拿着意外伤害险有效保单及死亡证明等材料，向保险公司索赔，但遭到保险公司的拒绝。

保险公司的理由是：王先生与轿车发生碰撞是诱因，同样的事情发生在正常人身上，是不会导致死亡的。导致王先生死亡的原因是心肌梗塞，不属于意外险责任范围。这让王先生家人很不能理解。

在保险理赔的过程中，由于各种原因，总免不了发生一些纠纷。其实单从理赔的角度来讲，只要符合保单上的规定和程序就可获得理赔；反之就得不到。

在保险理赔的过程中，要注意到以下几点。

一、及时报案

所有保险产品的索赔都是有一定期限的，因此投保人想要维护自己的权益，最重要的就是要在第一时间与保险公司及时建立联系。保险事故发生后，要通过电话、书面、传真等形式及时通知保险公司并提出给付保险金申请。对于意外事故、可能涉及身故、残疾等索赔金额较高的保险事故，要在事故发生后立即通知保险公司，否则有可能要承担因迟缓通知而致使保险公司增加的调查费用。对于一些需要及时固定，却因未报案而未固定的证据一旦灭失，保险责任难以认定，消费者面临的损失可能更大。事实上，及时报案，不仅即刻得到保险公司电话咨询人员的指导，避免了非定点医院治疗不能赔付的纠纷，还避免了日后再回出险地收集理赔资料的麻烦。

二、注意索赔时效

理赔时保险索赔必须在索赔时效内提出。超过时效,被保险人或收益人不向保险公司提出索赔,不提供必要单证和不领取保险金,视为放弃权利。险种不同,时效也不同,人寿保险的索赔时效一般为5年,其他保险的索赔时效一般为2年。索赔时效应该从被保险人或收益人知道事故发生之日算起,事故发生后,投保人、被保险人、收益人应当先止险报案,然后提出索赔请求。

三、准备好必需的申请文件

包括给付申请书、保险单、最近一次缴费凭证、相关人员的身份证明、保险合同约定的其他证明文件。

四、定点医院

根据保险合同约定,前往保险公司指定的定点医院进行诊治。若因特殊原因不能到保险公司的定点医院诊治,需及时通知保险公司,并得到保险公司的同意,否则将有可能给后续的理赔带来不便和损失。

五、进行事故调查

申请资料收齐后,保险公司的理赔部门开始着手进行调查。保险公司也许要求客户配合公司进行调研,并提供附加材料和证据。如果投保人在投保时有隐瞒病史的带病投保或被保险人没有亲笔签名等情况,都会给索赔工作的顺利进行带来障碍。最后,保险公司将审核、计算、确定赔付金额,并通知客户前往领取保险金。

六、受益人要明确

保险金受益人是保险公司支付赔款的对象,保险公司在支付前会严格审核受益人的资料以避免发生给付差错。因此,建议投保人或被保险人在签订合同时即对身故受益人予以明确。

保险专家指出,如设立多个受益人,理赔申请时受益人身份确定困难;领取理赔款时多个受益人同时到场,也给受益人带来诸多不便。一旦受益人之间发生财产分割纠纷,还需要对簿公堂,未来还有征收遗产税的隐患等。

银行理财与保险理财有何不同

银行理财和保险理财的区别主要有两点:

(1)银行理财产品不具备保障功能,保险理财则有死亡保险的保障功能。如变额寿险的缴费是固定的,在该保单的死亡给付中,一部分是保单约定的、由准备金账户承担的固定最低死亡给付额,一部分是其投资账户的投资收益额,视每一年资金收益情况,保单现金价值会相应变化;万能寿险的缴费比较灵活,投保人在缴纳首期保费后可选择在任何时候缴纳任意数额的保费，只要保单的现金价值足以支付保单的相关费用。此外，还可以根据自身需要设定死亡保障金额，即自行分配保费在准备金账户和投资账户中的比例。

2.收益不同。银行理财产品采取的主要是单利，即一定期限、一定数额的存款会有一个相对固定的收益空间。不论是固定收益还是采取浮动利息，在理财期限内，银行理财产品都采取单利。而保险理财产品则不同，大都采取复利计算。即在保险期内，投资账户中的现金价值以年为单位，进行利滚利。

第二十五章

外汇：
眼捷手快，用钱赚钱

止损、止损、再止损。高手玩的就是止损的境界。

——格言

股市是狂欢与抑郁交替发作的场所，注意股市的目的，只是想确定有没有人最近做了愚蠢的事，让我有机会用不错的价格购买一家好的企业。

——沃伦·巴菲特

外汇基础知识

一、外汇的概念

外汇的概念具有双重含义，即有动态和静态之分。

外汇的动态概念，是指把一个国家的货币兑换成另外一个国家的货币，借以清偿国际债权、债务关系的一种专门性的经营活动，是国际汇兑的简称；

外汇的静态概念，是指以外国货币表示的可用于国际之间结算的支付手段。国际货币基金组织的解释为："外汇是货币行政当局（中央银行、货币管理机构、外汇平准基金组织和财政部）以银行存款、财政部国库券、长短期政府债券等形式保有的、在国际收支逆差时可以使用的债权。"按照我国1997年1月修正颁布的《外汇管理条例》规定：外汇，是指下列以外币表示的可以用作国际清偿的支付手段和资产：外国货币，包括纸币、铸币；外币支付凭证，包括票据、银行存款凭证、公司债券、股票等；外币有价证券，包括政府债券、公司债券、股票等；其他外汇资产。

人们通常所说的外汇，一般是就其静态意义而言。

二、外汇的分类

外汇有多种分类法，按其能否自由兑换，可分为自由和记账外汇；按其来源和用途，可分为贸易外汇和非贸易外汇；按其买卖的交割期，可分为即期外汇和远期外汇。在我国外汇银行业务中，还经常要区分外币现汇和外币现钞。

外币现钞是指外国钞票、铸币。外币现钞主要由境外携入。

外币现汇是指其实体在货币发行国本土银行的存款账户中的自由外汇。所谓自由外汇，是指在国际金融市场上可以自由买卖，在国际结算中广泛使用，在国际上可以得到承认，并可以自由兑换其他国家货币的外汇。外汇现汇主要由境外汇入，或由境外携入、寄入的外币票据，经银行托收，收妥后存入。

各种外汇的标的物，一般只有转化为货币发行国本土的银行的存款账户中的存款货币，即现汇后，才能进行实际上的对外国际结算。

外国钞票不一定都是外汇。外国钞票是否称为外汇，首先要看它能否自由兑换，或者说这种钞票能否重新回流到其本国，而且可以不受限制地存入该国的一家商业银行的普通账户上去，在需要时可以任意转账，才能称之为外汇。

三、外汇交易

"外汇交易"是指同时买入一对货币组合中的一种货币而卖出另外一种货币。外汇交易不仅仅是国际贸易的一种工具，而且已成为国际上最重要的金融商品之一，外汇交易的种类也随着外汇交易的性质变化而日趋多样化。

外汇交易主要可分为现钞、现货外汇交易、合约现货外汇交易、外汇期货交易、外汇期权交易、远期外汇交易等。

1.现钞交易

现钞交易是旅游者以及由于其他各种目的需要外汇现钞者之间进行的买卖，包括现金、外汇旅行支票等。

2.现货外汇交易（实盘交易）

客户通过国内的商业银行，将自己持有的某种可自由兑换的外汇（或外币）兑换成另外一种可自由兑换的外汇（或外币）的交易，称为"外汇实盘交易"。所谓"实盘"，指的是在这种交易中，客户不能使用类似于期货交易中的融资方式，即在缴纳保证金之后从银行融资从而将交易金额放大若干倍。

3.个人外汇交易

个人外汇交易又称外汇宝，是指个人委托银行，参照国际外汇市场实时汇率，把一种外币买卖成另一种外币的交易行为。由于投资者必须持有足额的要卖出外币，才能进行交易，较国际上流行的外汇保证金交易缺少保证金交易的卖空机制和融资杠杆机制，因此也被称为实盘交易。

自从1993年12月中国工商银行上海分行开始代理个人外汇买卖业务以来，随着我国居民个人外汇存款的大幅增长，新交易方式的引进和投资环境的变化，个人外汇买卖业务发展迅速，目前已成为我国除股票以外最大的投资市场。

4.合约现货外汇交易（按金交易）

合约现货外汇交易指投资者委托从事外汇买卖的金融公司，与金融公司签订买卖外汇的合同，缴付小额的开户保证金，便可买卖十万、几十万甚至上百万美元的外汇。因此，这种合约形式的买卖只是对某种外汇的某个价格作出书面或口头的承诺，然后等待价格出现上升或下跌时，再做买卖的结算，从变化的价差中获取利润，当然也承担着亏损的风险。

外汇投资以合约形式出现，主要的优点在于节省投资金额。以合约形式买卖外汇，投资额一般不高于合约金额的5%，而得到的利润或付出的亏损却是按整个合约的金额计算的。外汇合约的金额是根据外币的种类来确定的。具体来说，每一个合约的金额分别是12 500 000日元、62 500英镑、125 000欧元、125 000瑞士法郎，每张合约的价值约为10万美元。每种货币的每个合约的金额是不能根据投资者的要求改变的，投资者可以根据自己定金或保证金的多少，买卖几个或几十个合约。一般情况下，投资者利用1 000美元的保证金就可以买卖一个合约，当外币上升或下降，投资者的盈利与亏损是按合约的金额即10万美元来计算的。

5.外汇期货交易

外汇期货交易是指买卖双方在期货交易所以公开喊价方式成交后，承诺在将来某一特定日期，以当前所约定的价格交付某种特定标准数量的外币，即买卖双方以约定的数量、价格和交割日签订的一种合约。

外汇期货买卖与合约现货买卖有共同点亦有不同点。合约现货外汇的买卖是通过银行或外汇交易公司来进行的，外汇期货的买卖是在专门的期货市场进行的。目前，全世界的期货交易所主要有：芝加哥期货交易所、纽约商品交易所、悉尼期货交易所、新加坡期货交易所、伦敦期货交易所。期货市场至少要包括两个部分：一是交易市场；另一个是清算中心。期货的买方或卖方在交易所成交后，清算中心就成为其交易对方，直至期货合同实际交割为止。外汇期货和合约外汇交易既有一定的联系，在具体运作方式也有一定的区别。

四、外汇保证金

在各种投资中，外汇保证金是最公平、最透明和最吸引人的投资方式。保证金交易就是投资者以银行、造市商或经纪商提供的融资来进行外汇交易。外汇保证金交易，是利用杠杆投资的原理，使得每一位小额投资人亦可在金融市场中买卖外国货币，而赚取利益。其基本精神和股票市场融资融券类似。

外汇保证金买卖是指仅需一定比例的保证金（通常为2%~5%之间），即可进行扩大交易额度的外汇交易。

举例而言，今天赵先生要做等值10万美元的交易，通过保证金交易，假设保证金比例为2%，赵先生只需要有2 000美元（100 000×2%），便可以进行此交易。换句话说，只要2 000美元的资金便可以进行10万美元的交易，意即资金放大了50倍。因此，若投资1万美元，即可从事50万美元的交易。

但是，当损失超过一定额度后，交易商都有停止损失的机制，如同股票市场中所谓的"断头"。因此，当账户中金额低于交易金额的一定百分比时，就会开始执行反向平仓的动作。

外汇保证金有两个特点和期货交易非常相似：首先，外汇保证金采取的是保证金方式，充分利用杠杆原理做到以小搏大；其次，外汇保证金交易可以双向操作，就是投资者既可以看涨也可以看跌，这样操作起来十分灵活。货币的汇率在1天之内会有一定的起伏，基于双向操作的原理，投资者不但可以在低价买入，高价卖出中获利；也可以在高价先卖出，然后在低价买入而获利。

外汇保证金交易没有到期日，因此投资者可以无限期持有头寸（投资者拥有或借用的资金数量），当然投资者首先要保证账户上有足额的资金，否则当资金额度不够时，会面临强行平仓的风险。

外汇保证金交易虽然能有效地控制投资者的损失额度，也能放大投资者的收益率，充分体现了其以小搏大的杠杆效应。但是正因为这种高杠杆性，也使其具有较高风险性。一个2 000美元的账户可以同时买卖相当于市价20万美元的货币，在这个比例的操作下，市场只要有1%的变动，这个账户很快就会结束。理论上来说，用最高的融资比例来操作外汇，只要市场有10美分的变动，你不但血本无归，而且损失有可能比原先开户金额还高。因此，用来操作外汇市场的资金应该是不会影响你日常生活或公司营运开销的闲置资金。

五、外汇的作用

促进国际经济、贸易的发展。用外汇清偿国际的债权债务，不仅能节省运送现金的费用，降低风险，缩短支付时间，加速资金周转，更重要的，是运用这种信用工具，可以扩大国际的信用交往，拓宽融资渠道，促进国际经贸的发展。

调剂国际资金余缺。世界经济发展不平衡导致资金配置不平衡。有的国家资金相对过剩，有的国家资金严重短缺，客观上存在着调剂资金余缺的必要。而外汇充当国际的支付手段，通过国际信贷和投资途径，可以调剂资金余缺促进各国经济的均衡发展。

外汇是一个国家国际储备的重要组成部分,也是清偿国际债务的主要支付手段。它跟国家黄金储备一样,作为国家储备资产,一旦国际收支发生逆差时可以用来清偿债务。

汇率的概念及分类

汇率是一国货币同另一国货币兑换的比率。如果把外国货币比作商品的话,那么汇率就是买卖外汇的价格,是以一种货币表示另一种货币的价格,因此也称为汇价。

确定两种不同货币之间的比价,先要确定用哪个国家的货币作为标准。由于确定的标准不同,于是便产生了几种不同的外汇汇率标价方法:

直接标价法又称为应付标价法,是以一定单位的外国货币作为标准,折算为本国货币来表示其汇率。在直接标价法下,外国货币数额固定不变,汇率小组涨跌都以相对的本国货币数额的变化来表示。一定单位外币折算的本国货币减少,说明外币汇率下跌,即外币贬值或本币升值。我国和国际上大多数国家都采用直接标价法。我国人民币汇率是以市场供求为基础的、采用有管理的浮动汇率制度。中国人民银行根据银行间外汇市场形成的价格,公布人民币对主要外币的汇率。

间接标价法又称为应收标价法,是以一定单位的本国货币为标准,折算为一定数额的外国货币来表示其汇率。在间接标价法下,本国货币的数额固定不谈,汇率小组涨跌都以相对的外国货币数额的变化来表示。一定单位的本国货币折算的外币数量增多,说明本国货币汇率上涨,即本币升值或外币贬值;反之,一定单位本国货币折算的外币数量减少,说明本国货币汇率下跌,即本币贬值或外币升值。英国一向使用间接标价法。

直接标价法和间接标价法所表示的汇率涨跌的含义正好相反,所以在引用某种货币的汇率和说明其汇率高低涨跌时,必须明确采用哪种标价方法,以免混淆。

美元标价法又称纽约标价法,是指在纽约国际金融市场上,除对英镑用直接标价法外,对其他外国货币用间接标价法的标价方法。美元标价法由美国在1978年9月1日起采用,目前是国际金融市场上通行的标价法。

从制定汇率的角度来考察,汇率分为基本汇率和交叉汇率:

基本汇率。通常选择一种国际经济交易中最常使用、在外汇储备中所占的比重最大的可自由兑换的关键货币作为主要对象,与本国货币对比,制订出汇率,这种汇率就是基本汇率。

交叉汇率。制定出基本汇率后,本币对其他外国货币的汇率就可以通过基本汇率加以套算,这样得出的汇率就是交叉汇率,又叫做套算汇率。

从汇率制度角度考察，汇率分为固定汇率和浮动汇率：

固定汇率。即外汇汇率基本固定，汇率的波动幅度局限在一个较小的范围之内。

浮动汇率。即汇率不予以固定，也无任何汇率波动幅度的上下限，汇率随着外汇市场的供求变化而自由波动。

从银行买卖外汇的角度考察，汇率分为买入汇率、卖出汇率和中间汇率：

买入汇率又叫做买入价，是外汇银行向客户买进外汇时使用的价格。因其客户主要是出口商，卖出价常被称作"出口汇率"。

卖出汇率又叫做卖出价，是外汇银行向客户卖出外汇时使用的价格。因其客户主要是进口商，卖出价常被称作"进口汇率"。

买入卖出价是根据外汇交易中所处的买方或卖方的地位而定的。买卖价之间的差额一般为1%~5%左右，这是外汇银行的手续费收益。

中间汇率。它是买入价与卖出价的平均数。在报刊上报道的汇率消息时常用中间汇率。

从外汇交易支付通知方式角度考察，汇率分为电汇汇率、信汇汇率和标汇汇率：

电汇汇率是银行卖出外汇后，以电报为传递工具，通知其国外分行或代理行付款给受款人时所使用的一种汇率。电汇是国际资金转移中最为迅速的一种国际汇兑方式，能在1~3天内支付款项，由于银行不能利用客户资金，因而电汇汇率最高。

信汇汇率是在银行卖出外汇后，用信函方式通知付款地银行转付收款人的一种汇款方式。由于邮程需要时间较长，银行可在邮程期内利用客户的资金，故信汇汇率较电汇汇率低。

标汇汇率是指银行在卖出外汇时，开立一张由其国外分支机构或代理行付款的汇票交给汇款人，由其自带或寄往国外取款。由于票汇汇率从卖出外汇到支付外汇有一段间隔时间，银行可以在这段时间内占用客户的资金，所以票汇汇率一般比电汇汇率低。

从外汇交易交割期限长短考察，汇率分为即期汇率和远期汇率：

即期汇率也叫现汇汇率，是指买卖外汇双方于成交当天或两天以内进行交割时使用的汇率。

远期汇率是指在未来一定时期进行交割，而事先由买卖双方签订合同，达成协议的汇率。到了交割日期，由协议双方按预订的汇率、金额进行交割。远期外汇买卖是一种预约性交易，是由于外汇购买者对外汇资金需求的时间不同，以及为了避免外汇风险而引进的。远期汇率与即期汇率相比是有差额的，这种差额叫远期差价。差额用升水、贴水和平价来表示。升水是表示远期汇率比即期汇率贵，贴水则表示远期汇率比即期汇率便宜，平价表示两者相等。

从外汇银行营业时间的角度考察，汇率分为开盘汇率和收盘汇率：

开盘汇率是外汇银行在一个营业日刚开始营业、进行外汇买卖时用的汇率。

收盘汇率是外汇银行在一个营业日的外汇交易终了时的汇率。

随着现代科技的发展、外汇交易设备的现代化，世界各地的外汇市场连为一体。由于各国大城市存在时差，而各大外汇市场汇率又相互影响，所以一个外汇市场的开盘汇率往往受到上一时区外汇市场收盘汇率的影响。开盘与收盘汇率只相隔几个小时，但在汇率动荡的今天，也往往会有较大的差异。

外汇买卖操作技巧

在任何投资市场上，基本的投资策略是一致的。但对于复杂多变的外汇市场而言，掌握一般的投资策略是必需的，但在这个基础之上，投资者更要学习和掌握一定的实战技巧，因为一些经过大量实践检验的投资技巧不仅充满哲理涵义，而且在实战中有很强的指导意义。我们在这里总结了许多汇市高手归纳提倡的七条外汇买卖投资技巧，供读者参考，希望投资者能从中获益。

一、关注盘局中的机会

盘局，指市价波动幅度狭窄，买卖力量势均力敌，暂时处于交锋拉锯状态的情况。无论上升行情中的盘局还是下跌行情中的盘局，一旦盘局结束，突破阻力位或支撑位，市价就会破关而成突破式前进。

对于有经验的投资者，这是入市建立头寸的良好时机。如果盘局属于长期关口，突破盘局时所建立的头寸所获必然丰厚。

二、买涨不买跌

炒汇最重要的便是在把握汇市趋势的前提下买涨不买跌，踩准汇市的上涨或下跌趋势，顺势而为。如同买卖股票的原理，外汇一样是宁买升，不买跌。因为价格上升的过程中只有一点是买错了的，即价格上升到顶点的时候。除了这一点，其他任意一点买入都是对的。在汇价下跌时买入，只有一点是买对的，即汇价已经落到最低点。因此，在价格上升时买入盈利的机会比在价格下跌时买入的几率大得多。

三、"金字塔"加码

"金字塔"加码的意思是：在第一次买入某种货币之后，该货币汇率上升，眼看投资正确，若想加码增加投资，应当遵循"每次加码的数量比上次少"的原则，这样逐次加买数会越来越少，就如"金字塔"一样。因为价格越高，接近上涨顶峰的可能性越大，危险也越大。

四、不要在赔钱时加码

在买入或卖出一种外汇后，遇到市场突然以相反的方向急进时，有些人会想加码再做，这是很危险的。例如，当某种外汇连续上涨一段时间后，交易者追高买进了该种货币。突然行情扭转，猛跌向下，交易员眼看赔钱，便想在低价位加码买一单，企图拉低头一单的汇价，并在汇率反弹时，二单一起平仓，避免亏损。这种加码做法要特别小心。如果汇价已经上升了一段时间，你买的可能是一个"顶"，如果越跌越买，连续加码，但汇价总不回头，那么结果无疑是恶性亏损。

五、延续利润

缺乏经验的投资者，在开盘买入或卖出某种货之后，一见有盈利，就立刻想到平盘收钱。获利平仓做起来似乎很容易，但是捕捉获利的时机却是一门学问。有经验的投资者，会根据自己对汇率走势的判断，决定平盘的时间。如果认为趋势会进一步朝着对他有利的方向发展，他会耐着性子，明知有利而不赚，任由汇率尽量向着自己更有利的方向发展，从而使利润延续。一见小利就平盘不等于见好即收，到头来，搞不好会盈少亏多。

六、严格执行止损点

许多投资者认为外汇买卖没有什么风险，汇率涨上去就抛，赚取差价；汇率跌了，就把钱存定期储蓄，赚取利息。只要有利息，就总能弥补损失，大不了时间长一些而已。

但有时候，利息的弥补相对于投资的损失只是杯水车薪，没什么意义。就像欧元刚面世的时候，许多人都看好它的前景，纷纷在价格为1.13元时买入欧元，然而，欧元却步入了慢慢地下跌之路，最低跌到0.82元左右，而且一跌就是两年多。如果这样的损失要用利息来弥补的话，可能至少需要七八年时间。所以，在外汇投资时也要设立一个止损点，并且要严格执行这个止损点。

订立一个止损点，一旦市场逆转，汇价跌到止损点时，要勇于操刀割肉。这是一项非常重要的投资技巧。由于外汇市场风险颇高，为了避免因万一投资失误而带来的损失，在每一次入市买卖时，我们都应该订下止损点，即当汇率跌至某个预定的价位，还可能下跌时，立即结清交易。这样操作，即使发生损失也有限，不至于使损失进一步扩大，乃至血本无归。因为即使一时割肉，但投资本钱还在，留得青山在，不怕没柴烧。

七、不要盲目追求整数点

外汇买卖中，获利时不要盲目追求整数。在实际操作时，有的人在建立头寸后，给自己定下一个盈利目标，如要赚够200美元再离开，总在等待这一时刻的到来。

盈利后，有时价格已接近目标，此时获利平盘的机会很好，但还差几个点没到位，本来可以平盘收钱，却碍于原来的目标，在等待中错过了最好的价位，坐失良机。请记住，为了强争几个点而误事是不值得的。

获得合法外汇的十二种渠道

2001年2月19日，中国证监会决定，允许境内居民以合法持有的外汇开立B股账户，交易B股股票。A、B股的价格存在着巨大的差异，B股以其较低的市盈率和价格受到了广大投资者的青睐。国内投资者想要加入B股投资的队伍，首先须合法持有外汇。国内居民合法取得外汇，有如下渠道：

（1）专利、版权：居民将属于个人的专利、版权许可或转让给非居民而取得的外汇；

（2）稿酬：居民个人在境外发表文章、出版书籍获得的外汇稿酬；

（3）咨询费：居民个人为境外提供法律、会计、管理等咨询服务而取得的外汇；

（4）保险金：居民个人从境外保险公司获得的赔偿性外汇；

（5）利润、红利：居民个人对外直接投资的收益及持有外币有价证券而取得的红利；

（6）利息：居民个人境外存款利息及因持有境外外币或有价证券而取得的利息收入；

（7）年金、退休金：居民个人从境外获得的外汇年金、退休金；

（8）雇员报酬：居民个人为非居民提供劳务所取得的外汇；

（9）遗产：居民个人继承非居民的遗产所取得的外汇；

（10）赡家款：居民个人接受境外亲属提供的用以赡养亲属的外汇；

（11）捐赠：居民个人接受境外无偿提供的捐赠、礼赠；

（12）居民个人从境外调回的、经国内境外投资有关主管部门批准的各类直接投资或间接投资的本金。

值得提醒注意的是，国内居民如果投资B股，必须将外汇汇到证券公司指定的银行保证金账户内。投资者切不可太过心急，而到黑市非法换汇。那里陷阱多多，投资者很容易上当受骗。

认识一下远期外汇买卖

远期外汇买卖是指在外汇买卖成交后，根据合同规定的币种、汇率和金额，按约定进行外汇交割的外汇交易。远期外汇交易一般按月计算，但为了客户交易需求，也可以进行几天至几星期的远期外汇交易。远期外汇交易的作用在于：可以按现在约定外汇汇率防范未来市场汇率风险，使业务收益或者成本确定下来。因此远期外汇买卖广泛地被外汇市场参与者所采用，包括贸易商为了避免国际贸易中的汇率变动，资金借贷者为了防范汇率风险、外汇银行为了防范外汇经营业务中的汇率风险、投机者为了取得利润等等，都可进行远期交易。

远期外汇买卖根据交割日是否固定，可分为固定交割日的远期外汇买卖和选择交割日的外汇买卖。例如A公司与银行达成一项为期1个月的固定交割日远期外汇买卖合同，银行按1美元兑换109日元的价格卖出100万美元买入日元，成交日期是2000年8月9日。那么到了2000年9月11日公司和银行必须按合同要求将卖出币种汇入对方指定银行，这就是1个月固定交割日的远期外汇买卖。选择交割日的外汇买卖是指远期买卖不规定外汇交割的确定日期，交易一方可以在成交后的第三天起到约定的期限内任何一个营业日，要求交易的另一方按照双方约定的远期汇率进行交割的外汇远期交易。

如何打理外汇资产

目前，我国投资者主要通过银行定期存款、外汇理财产品、个人外汇买卖和投资B股市场四个渠道来供投资外汇。

一、银行定期存款

对于定期外币存款，首先要考虑的最直观、最直接反映投资收益的因素就是利率。一般来说，利率有一个周期性的波动，在利率水平高的情况下，投资者的存款期限应尽量放长；在利率水平低的情况下，投资者的存款期限应尽量以短期为主。以2009年为例，美元的1年期利率仅为1.25%，明显处于低利率水平，因此投资者应该以短期1个月或者3个月的存款期限为主，不超过6个月。

不同的币种之间，由于存在汇率波动的因素，因此在选择存款币种的时候，要充分考虑到汇率的情况。就拿美元兑日元来说，如汇率在105~135的波动区间内，那么如果汇率接近下轨，则长期选择日元存款风险相对比较大，在这种情况下，可以适当减少日元的比重，增加美元比重，来降低存款的汇率风险。

二、外汇理财产品

为了帮助投资者规避由于人民币升值所带来的外汇贬值风险，理财市场上出现了许多针对不同投资风险偏好银行外汇理财产品，对大多数人来说，把手中外币交给银行打理是个不错的选择，特点是收益稳健、风险适中。就美元产品而言，3~6

个月到期的短线产品的收益率多在3%-5%之间，即使人民币继续升值，几个月内也不可能超过5%的收益，投资者仍然有利可图。以工商银行外汇理财产品为例：

有以销售包括美元、港币和欧元等世界主要货币在内的，与利率、汇率、信用、股票或商品等一系列挂钩的结构性产品为载体，向个人客户提供的"汇财通"外汇理财产品。产品具有本金安全、收益率同业领先、利息高于同期定期存款、投资期限灵活多样等特点。分保本、收益率确定型和保本、收益率不确定型两种，可以满足不同风险偏好客户的需求，购买方便，现钞现汇均可办理；有以境内外市场结合，客户用人民币购买此类产品即可参与境内外市场投资的"珠联币合"理财产品。本产品本金境内运作，另将预估收益的一部分投资于境外市场。即能够获得境内债券、新股申购等投资品的收益，又通过参与境外市场，博取更高收益。产品结束后，本金和收益均以人民币支付客户，客户在需要资金时不必进行外汇币种转换。

三、个人外汇买卖

在利率水平较低的情况下，炒汇可以规避一定的个人风险，带来不错的收益，当然，风险也随之增加。因为国与国之间的政治、经济政策各异，导致汇率变化频繁，加上难以预测的突发事件，更兼投机买卖盛行，汇率更难驾驭，所以炒汇并非适合每一个投资者，而需要相应的政治、经济和金融专业知识，相当的人力、时间和资金投入，比较适合有较大资金规模、有一定抗风险能力的投资者。

四、投资B股市场

国内居民外汇理财也可以选择B股市场进行投资，投资B股必须关注汇率的变动，尤其应注意政府部门是否有运用汇率工具调节经济的意向。当人民币有贬值可能时，宜卖出B股，持有外汇；当人民币有升值可能时，可以考虑买入B股，通过股市的收益弥补汇兑损失。目前全球处于经济危机和低息时期，正是扩展资产市场，低价买进B股的有利时机。

但需要提醒的是：B股市场高风险高收益，投资者可能获得非常高的收益，也有可能在市场变化不利的情况下，出现较大损失，它比较适合具有较高金融知识能力和敏锐判断力的理性投资者。另外对于风险偏好程度高，希望追求更高收益，有一定能力和渠道的成熟投资者，也可以投资香港股市或者美国股市。

初学"外汇宝"须掌握三要点

外汇宝是个人外汇买卖的一种方式。指将持有的一种外币转成另一种外币，借以规避汇率风险，获得较高收益，或满足对不同外币的实际支付需求的业务。

越来越多的投资者试图通过"外汇宝"的操作来为自己的外汇增值,如何做"外汇宝"呢,这里有三个基本的要点,是初学者必须掌握的。

一、经济指标

外汇市场分析人士通过对于各国经济情况以及经济政策分析和预期,确定合理的汇率水平,并判断当前的汇价是低估还是高估,据此对汇率水平的中长期变化趋势作出预测。

西方主要发达国家几乎每天都会公布新的经济数据,这些经济数据是反映各国经济状况的晴雨表,受到市场的普遍关注。其中美国公布的经济数据尤为全面详尽,通常有准确的时间预告。在数据公布之前,经济分析专家往往已经对数据作出预测。一项重要经济数据的公布结果可能会使外汇市场出现较大的波动,特别是当数据结果与市场预期差异较大的时候,市场往往会迅速作出反应,令汇价大幅度震荡。

因此,与经济分析专家相比,交易员往往更关心每天公布的经济数据,把握入市时机,决定操作的策略。

二、突发事件

投资者要从容搏击汇市,不仅要了解各个国家的经济面情况,还要关注一些突发事件。通常汇率对于突发因素反应敏感,大到武装冲突、军事政变,小到政坛丑闻、官员言论,都会在汇率走势上留下痕迹。

比如,市场经常围绕中东局势的变化产生波动:中东冲突紧张的时候,资金流向欧洲货币避险,美元汇率就下跌;局势缓和的时候,避险货币欧元下跌,投资者重新买回美元。

例如1991年苏联的八·一九事件发生后,由于德国与苏联在政治、经济以及地理位置上有着密切的联系,短短几天内,美元兑马克汇率上下震荡了1000点。投资者纷纷把资金转向美元,把美元看作避险货币。大量的美元买盘使美元兑马克以及其他货币的汇率骤然上升。

突发事件给"外汇宝"投资者的操作带来难度。在这种情况下,投资者不妨坚持两条原则:一是"宁可信其有,不可信其无";二是"顺势而为"。

三、央行干预

随着外汇市场上投机力量日益壮大,各种投资基金、金融机构组成的投机力量经常使汇率走势大幅升降,给有关国家的经济带来冲击。

在这种情况下,政府会通过中央银行出面,直接对外汇市场的汇率走势进行必要的干预。据统计,目前外汇市场的日交易量已经达到了1.2万亿美元,相当于全球所有国家外汇储备的总和。一家中央银行即使倾其所有外汇储备来干预市场,也不过是杯水车薪。1992年,英国中央银行英格兰银行为维持英镑汇率而干预市场,竟然不敌索罗斯的量子基金（全球著名的大规模对冲基金），损失达十多亿美元。因此在某些情况下，几家中央银行会采取联合行动，以壮声势。从1994年至1995年，美、德、日等国的中央银行多次联手干预市场，动用数十亿美元资金试图拉抬美元汇价，其中规模大的一次干预行动由17国中央银行参加。

令人印象深刻的一次是日本为了推动日元贬值，连续9次干预市场，共动用250亿美元的资金买入美元，将美元兑日元汇率由116附近推到120上方。之后美元兑日元一路走高。

个人外汇买卖指南

一、关于保值

个人外汇买卖的基本目的首先应该是保值。

(1) 存在外币资产的保值问题。如果你的外币资产，如美元比重较大，为了防止美元下跌带来的损失，可以卖出一部分美元，买入日元、澳元等其他外币，避免外汇风险。如果你想出国留学，现在就可以着手调整你所持有的外汇，避免所需外汇贬值的风险。例如你要去英国念书，但手中持有的是美元，那么你可以趁英镑下跌之际买入英镑，以防今后需要之时因英镑上涨给换汇带来的损失。

(2) 存在外币兑人民币的保值问题。举例说明，如果你手头有一大笔日元，当国际外汇市场日元兑美元汇率下跌时，中国银行挂牌价日元兑人民币汇率也将下调，那你持有的日元所合的人民币就会减少，财产就会受到亏损，因此，这时应当将日元兑换成美元。由于美元兑人民币相对稳定，以人民币计价的美元存款也将保持稳定，从而达到保值的目的。

二、套利

如果你持有一大笔日元，在日元存款利率较低的时候，可以通过个人外汇买卖业务把日元兑换成存款利率较高的英镑或美元等其他货币，然后存入银行，从中获得较多的利息。例如，2000年，老赵持有1 000 000日元，本想在银行存1年，但在当时，日元1年期存款利率仅为0.0215%，也就是说一年之后，他仅能获得215日元的利息，依当时的汇率，还不到20元人民币。因此，老赵寻找机会，在美元兑日元的汇率为108时，果断地将1 000 000日元买成9 260美元，当时美元1年期存款利率为4.4375%，所以一年之后，老赵得到了410.9125美元的利息，依当时的汇率，多赚了约3 000多元人民币。

三、套汇

套汇的基本原则是低买高卖。假如你持有10 000美元，在美元兑马克升至1.90

时买入19 000马克,在美元兑马克跌至1.82时卖出所得马克,买回10 440美元,这样一来可以赚取440美元的汇差收益。而最近以来,外汇市场起起落落,涨跌频繁,给套汇赚取汇差提供了非常有利的机会。例如在日元以从1美元兑124日元涨至105日元时,你持有10 000美元,当时以124日元的价格买入1 240 000日元,今天再以105日元的价格卖出,将得到11,810美元,净赚1810美元。

四、套汇和套利,哪个划算

如果你在交通银行进行外汇买卖的话,一段时间内,没有用账户内的资金进行交易,此时银行按定期存款付利息。在上面的例子中,从5月份你买了日元以后到9月份卖出日元,按日元3个月定期存款利率0.0188%计算,应得日元利息1 240 000×0.0188%/4=58.28日元(不到1美元,忽略不计)。这时你要想一想,如果你放着这笔美元不做日元的买卖,按美元3个月定期存款利率4.1250%计算,可得美元利息10 000×4.1250%/4=103.125(美元)。如果汇率变动过小,比如今天的日元汇价仅涨至120日元,你卖出1 240 000日元,仅可得10 333美元。

如果做日元买卖,在利息方面(比起不做日元买卖的情况)会损失约103美元,在汇差方面会赚取333美元;而不做日元买卖,在利息方面可赚取103.125美元。因此从两者对比来看,做日元买卖虽仍有盈利,但收益率就很低了。所以汇率波动过小而利率差别又很大的情况下,套汇的收益相对较低。

外汇投资误区

近两年,由于外汇存款的利息收入越来越少,许多人都将原来的储蓄存款转移到外汇买卖的投资上,希望能借此获得不错的收益。但是,在实际操作中,部分投资者由于缺少必要的外汇投资知识与投资意识,步入了外汇投资的误区。

一、缺少充分准备,盲目投资

在外汇市场上要牢记"不打无准备之仗"。不管是出于什么目的去做外汇投资,都应该事先做一些准备,了解外汇专业知识,了解各种货币的走势及趋势,分析何时是相对安全的投资点位,进行合理投资,才能获得投资收益,同时也才能对自己的投资真正负责。

许多投资者发现不同外汇的存款利率不同,就想把低息货币换成高息货币做存款,收取较高的存款利息。因此也就不管各种外汇的走势如何,现在所处的汇率水平是高还是低,盲目地进行兑换。这种想法很实际,反正我还是要做存款,那又何必在意一点点的点差呢?

其实,只要换个角度看,他们就会意识到自己这种想法的片面性。打个比方,如果某客户完成兑换后，半年内，汇率下跌3%，而他仅仅得到了2%的税后存款利息，那么其实他还是有1%的损失。

二、不知满足，过分贪婪

投资人想获取投资收益是理所当然的，但不可太贪心，有时候，投资者的失败就是由于过分贪心造成的。

货币市场上这种贪心的投机人，并不少见，他们看到一点点利就眼红，甚至寸步不让。这是贪欲在作祟。每当某种货币价格上涨时，总不肯果断地抛出自己手中所持有的某种货币，总是在心里勉励自己：一定要坚持到胜利的最后一刻，不要放弃有更多的盈利机会。这样往往就放弃了一次抛售某种货币的机会。每当某种货币价格下跌的时候，又都迟迟不肯买进，总是盼望货币价格跌了再跌。这些投资人虽然与追涨、追跌的投资人相比，表现形式不同，但有一个共同之处，就是自己不能把握自己。这种无止境的欲望，反倒会使本来已经到手的获利事实一下子落空。他们只想到高风险中有高收益，而很少想到高收益中有高风险。

三、人云亦云，盲目跟风

汇市被动受诸多复杂因素的影响，其中汇民的跟风心理对汇市影响甚大。有这种心理的投资人，看见他人纷纷购进某种货币时，也深恐落后，在不了解的情况下，也买入自己并不了解的某种货币；有时看到别人抛售某家货币，也不问他人抛售的理由，就糊里糊涂地抛售自己手中后市潜力很好的货币；有时谣言四起，由于羊群心理（跟风心理）在作怪，致使汇市掀起波澜，一旦群体跟风抛售，市场供求失衡，供大于求，汇市一泻千丈；这样往往会上那些在汇市上兴风作浪的用意不良的人的当，往往会被这些人所吞没而后悔莫及。因此，投资者要树立自己买卖某种货币的意识，不能跟着别人的意志走，一旦主意既定，就不应该轻率改变。如经充分考虑和分析，投资者预先定下了当日入市的价位和计划，就不要因眼前价格涨落影响而轻易改变决定，基于当日价位的变化以及市场消息而临时作出的决定，除非是投资圣手灵机一闪，否则一般而言都是十分危险的。

四、急功近利，频繁操作

许多投资者在投资时，总觉得手中持有的货币涨得慢，涨得少，因此频繁地买进卖出，但效果却事与愿违，收益不大。

其实，频繁操作需要时刻注意行情的走势，而大多数投资者是上班族，没有过多的精力来时刻关注汇市的波动，因而投资的效果也就是事倍功半。而且，如果发生屡买屡套的糟糕情况会使投资者的心态失衡，陷入一个恶性的循环。

投资市场有一句格言说："忍耐是一种投资"。从事投资的人，必须培养自己良好的忍性和耐力。忍耐，往往是投资成功的一个"乘数"，关系到最终的结果是正是负。不少投资者，并不是他们的分析能力低，也不是他们缺乏投资经验，而仅仅是欠缺了一份忍耐力，从而招致不必要的损失。

五、心态失常，孤注一掷

投资者由于涉及个人利益的得失，因此精神长期处于极度紧张状态。如果盈利，还有一点满足感来慰藉；如果身处逆境，亏损不断，甚至连连发生不必要的失误，这时要千万注意，不要头脑发胀失去清醒和冷静，此时，最佳的选择是抛开一切，离市休息。等休息结束时，暂时盈亏已成过去，发胀的头脑业已冷静，思想包袱也已卸下，相信投资的效率会得到提高。

从事外汇交易，要量力而为，万不可孤注一掷，把一生的积蓄或全部家底如下大赌注一样全部投入。因为在这种情况下，一旦市势本身预测不准，就有发生大亏损甚至不能自拔的可能。记住，用来投资的钱一定是"闲钱"，也就是一时之内没有迫切、准确用途的资金。因为，如果投资者以家庭生活的必须费用来投资，万一亏蚀，就会直接影响家庭生计。或者，用一笔不该用来投资的钱来生财时，心理上已处于下风，故此在决策时亦难以保持客观、冷静的态度，在投资市场里失败的机会就会增加。

第二十六章

期货：
以小搏大，大手投资

> 买其所值，卖其疯狂。
>
> ——吉姆·罗杰斯
>
> 多头和空头都可以在华尔街证券市场发大财，只有贪得无厌的人是例外。
>
> ——美国投资界格言

期货基本知识

一、期货

期货的英文为Futures，是由"未来"一词演化而来，其含义是：交易双方不必在买卖发生的初期就交收实货，而是共同约定在未来的某一时候交收实货，因此中国人就称其为"期货"。

最初的期货交易是从现货远期交易发展而来，最初的现货远期交易是双方口头承诺在某一时间交收一定数量的商品，后来随着交易范围的扩大，口头承诺逐渐被买卖契约代替。这种契约行为日益复杂化，需要有中间人担保，以便监督买卖双方按期交货和付款，于是便出现了1570年伦敦开设的世界第一家商品远期合同交易所——皇家交易所。为了适应商品经济的不断发展，1985年芝加哥谷物交易所推出了一种被称为"期货合约"的标准化协议，取代原先沿用的远期合同。这种标准化合约，允许合约转手买卖，此后保证金制度逐步完善，于是一种专门买卖标准化合约的期货市场形成了，期货成为投资者的一种投资理财工具。

二、期货市场

期货市场是买卖期货合约的市场。这种买卖是由转移价格波动风险的生产经营者和承受价格风险而获利的风险投资者参加、在交易所内依法公平竞争而进行的,并且有保证金制度为保障。保证金制度的一个显著特征是用较少的钱做较大的买卖,保证金一般为合约值的5%-15%,与现货交易和股票投资相比较,投资者在期货市场上投资资金比其他投资要小得多,俗称"以小搏大"。期货交易的目的不是获得实物,而是回避价格风险或套利,一般不实现商品所有权的转移。期货市场的基本功能在于给生产经营者提供套期保值、回避价格风险的手段,以及通过公平、公开竞争形成公正的价格。

三、期货合约

期货合约是在交易所达成的标准化的、受法律的约束,规定在将来某一特定地点和时间交割某一特定商品的合约。该合约规定了商品的规格、品种、质量、重量、交割月份、交割方式、交易方式等。它与合同既有相同之处,又有本质的区别,即是否标准化。我们把标准的"合同"称之为"合约"。该合约唯一可变的是价格,其价格是在一个有组织的期货交易所内通过竞价而产生的。

四、期货交易

期货交易是指特定商品的"标准化合约"(即"期货合约")的买卖。而期货合约对商品质量、规格、交货的时间、地点等都做了统一的规定,唯一的变量是商品的价格。买卖者交纳一定的保证金后,按一定的规则就可以通过商品期货交易所公开地竞价买卖。在现货市场上,买卖双方一方交货,另一方付款,或通过谈判和签订合同达成交易。合同中可规定商品的质量、数量、价格和交货时间、地点等。

五、套期保值及进行套期保值的方式

套期保值就是对现货保值。简单地说,就是在现货市场买进(或卖出)商品的同时,在期货市场卖出(或买进)相同数量的同种商品,这样当市场价格出现波动时,一个市场上的亏损可以通过另一个市场上的赢利来补偿。

例:某粮油公司于1996年1月在现货市场上预销10 000吨大豆,1996年5月交货,预销价是2 800元/吨。该公司担心交货时大豆价格会上涨而不能保证实际利润甚至亏损,于是就在期货市场上买进10 000吨大豆期货合约,价格是2 850元/吨。到5月份交货时,大豆价格果然上涨到3 200元/吨,每吨比预销价高400元,势必引起亏损。由于现货和期货受同一经济因素的影响,二者价格具有趋同性,这时期货价格也上涨到3 250元/吨,该公司以3 250元/吨的价格卖出原来买进的全部合约,经过对冲,期货每吨盈利400元,这样现货与期货的盈亏抵消,这就保障了利润的实现,避免了价格波动带来的风险。

套期保值的方法还有卖期保值、综合套期保值等多种。

六、期货投机及进行期货投机的方式

不以买卖实物为目的，而是利用期货价格波动，预测将来某时买进或卖出某种商品期货能够盈利，并在现时就从事这种商品期货买卖的行为叫期货投机。它与社会上利用政策和管理漏洞进行投机是截然不同的。

在期货市场里进行投机的方式多种多样，做法也较套期保值复杂：有利用商品价格的上下波动来投机；利用现货与期货的价差（基差）进行投机套利；有跨交易所、跨品种、跨月份等方式投机。因现货交易既积压资金，又要支付仓租费、运费、保险费等费用，而且手续繁琐，而投机交易可不必交收实物，只要在合约到期前平仓结算盈亏，就完成了交易。

例：某商人在1998年5月份，通过对国家政策，气候等因素多方面综合分析的判断，认为大豆价格在短期内将会有一个比较大幅度的上扬，于是于5月19日在大连商品交易所买进9月份大豆合约100张（每张10吨），价格是2 440元/吨。到了7月份，随着国家粮食政策以及水灾等原因，大豆价格果然上涨，期货价格上涨到2 700元/吨。该商人把全部期货合约陆续卖出，平均卖价为2 690元/吨。该商人获利：(2 690-2 440)×100×10=250 000（元）。扣除佣金：100×30=3 000（元）。该商人获利：250 000-3 000=24 700（元）。根据大连商品交易所的规定，该商人仅需资金为：1600×100=160 000（元）。利润率=247 000/160 000×100%=154%。

七、期货市场的基本经济功能

期货交易自产生，历经百余年的发展和完善，已成为一种相当成熟的、高层次的贸易方式。这是与期货市场本身所具有的两个基本经济功能密不可分的：

（1）回避市场风险（转移价格风险）的功能。在当今经济的每一个环节都无法避免不同程度的价格波动，即价格风险，因而人们都希望转移这种价格风险，期货市场正是回避经营风险的理想场所。期货交易者可以通过在期货市场上做"套期保值"交易来达到转移价格波动风险的目的。

（2）发现合理价格。期货交易所是一个公开、公平、公正、竞争的交易场所。众多影响供求关系的因素集中于交易所内，通过公开竞价，形成一个公正的交易价格。这个交易价格反映各种因素对所交易的今后某一个时期、某一特定商品的影响，多被用来作为该商品价值的基准价格，并通过现代化的信息传递手段迅速传递到全国各地。全国各地的人们利用这一至关重要的价格信息来制定各自的生产、经营、消费决策。

比股票更有魅力的期货交易

小江在银行工作，平时特别关注证券、期货市场。中金所推出沪深300指数期货合约后，小江整日潜心研究股指期货书籍和图表，准备参与股指期货交易。一天，小江的奶奶看到小江正在潜心研究股指期货，就勃然大怒，说道："你爷爷解放前就是因为炒棉纱期货赌输了，差点输光了全部家产，期货就是赌博，你怎么能参与赌博呢？赶快把那些期货的书都给我烧了！不然你就走出家门！"

也许有人会觉得期货交易就是投机倒把，就是赌博。其实期货交易是合法的金融市场交易活动，受到法律保护，与赌博有本质上的区别。同时，比起炒股票，期货交易更具有挑战性。

期货的特点是以小搏大、买空卖空、双向赚钱，风险很大，因此我国对期货交易的开放十分慎重。期货的炒作方式与股市十分相似，但又有十分明显的区别。

一、以小搏大

股票是全额交易，即有多少钱只能买多少股票，而期货是保证金制，即只需缴纳成交额的5%~10%，就可进行100%的交易。比如投资者有1万元，买10元一股的股票能买1 000股，而投资期货就可以成交10万元的商品期货合约，这就是以小搏大。

二、交易方向

股指期货交易既可以做多，也可以卖空；既可以先买后卖，也可以先卖后买，因此股指期货交易是双向交易。而目前我国股票交易还没有卖空机制，股票只能先买后卖，是单向交易（未来部分股票允许融券交易后情况会有所改变）。

三、交易模式

期货操作可以当天进出无限次，即T+0交易，发现操作失误可以马上平仓离场；股票市场的操作是当天买进，第二天才可以卖出，即T+1交易，盘中即使发现操作失误也只能眼巴巴地看到收盘，而无能为力。

四、时间制约

股票交易无时间限制，如果被套可以长期平仓，而期货必须到期交割，否则交易所将强行平仓或以实物交割。

五、盈亏实际

股票投资回报有两部分：其一是市场差价，其二是分红派息，而期货投资的盈亏在市场交易中就是实际盈亏。

六、交易结果

期货的交易结果是"零和博弈"（交易费用除外），从参与者的亏损面来看，不考虑手续费因素，期货市场始终是一半人赚钱，一半人亏损；股票市场的交易结果是"共赢同赔"，且股市的系统性风险目前无法规避。

七、风险巨大

期货由于实行保证金制，追加保证金制和到期强行平仓的限制，从而使其更具有高报酬、高风险的特点，在某种意义上讲，期货可以使你一夜暴富，也可能使你顷刻间一贫如洗，投资者要慎重。

期货交易的准备和流程

期货投资者要具备良好的心理素质和承担风险的能力，要具有坚强的意志、较强的自我约束力，能冷静地处理自己的交易业务，不感情用事。期货投资者面对瞬息万变的价格行情要能够镇定和冷静地分析与观察，作出合理的决策。

一、期货在入市交易之前，应该做的准备工作

（1）心理上的准备。期货价格无时无刻不在波动，自然是判断正确的获利，判断失误的亏损。因此，入市前盈亏的心理准备是十分必要的。

（2）知识上的准备。期货交易者应掌握期货交易的基本知识和基本技巧，了解所参与交易的商品的交易规律，正确下达交易指令，使自己在期货市场上处于赢家地位。

（3）市场信息上的准备。在期货市场这个完全由供求法则决定的自由竞争的市场上，信息显得十分重要。谁能及时、准确、全面地掌握市场信息，谁就能在竞争激烈的期货交易中获胜。

（4）拟定交易计划。为了将损失控制到最小，就要有节制地进行交易，入市前有必要拟定一个交易计划，作为交易的行为准则。

二、客户参与期货交易的一般过程

期货交易的完成是通过期货交易所、结算所、经纪公司和交易者这四个组成部分的有机联系进行的。

（1）期货交易者在经纪公司办理开户手续，包括签署一份授权经纪公司代为买卖合同及缴付手续费的授权书，经纪公司获此授权后，就可根据该合同的条款，按照客户的指标办理期货的买卖。

（2）经纪人接到客户的订单后，立即用电话、电传或其他方法迅速通知经纪公司驻在交易所的代表。

（3）经纪公司交易代表将收到的订单打上时间图章，即送至交易大厅内的出市代表。

（4）场内出市代表将客户的指令输入计算机进行交易。

(5) 每一笔交易完成后，场内出市代表须将交易记录通知场外经纪人，并通知客户。

(6) 当客户要求将期货合约平仓时，要立即通知经纪人，由经纪人用电话通知驻在交易所的交易代表，通过场内出市代表将该笔期货合约进行对冲，同时通过交易电脑进行清算，并由经纪人将对冲后的纯利或亏损报表寄给客户。

(7) 如客户在短期内不平仓，一般在每天或每周按当天交易所结算价格结算一次。如账面出现亏损，客户需要暂时补交亏损差额；如有账面盈余，即由经纪公司补交盈利差额给客户。直到客户平仓时，再结算实际盈亏额。

期货交割是怎么回事

一、交割的概念

期货交割是指期货合约到期时，交易双方通过该期货合约所载商品所有权的转移，了结到期未平仓合约的过程。

二、交割的方式

一般来讲，期货交割的方式有两种：实物交割和现金交割。现金交割，是指到期未平仓期货合约进行交割时，用结算价格来计算未平仓合约的盈亏，以现金支付的方式最终了结期货合约的交割方式。这种交割方式主要用于金融期货等期货标的物无法进行实物交割的期货合约，如股票指数期货合约等。实物交割，是指期货合约到期时，交易双方通过该期货合约所载的商品所有权的转移，了结到期未平仓合约的过程。商品期货交易一般采用实物交割制度。虽然最终进行实物交割的期货合约的比例非常小，但正是这极少量的实物交割将期货市场与现货市场联系起来，为期货市场功能的发挥提供了重要的前提条件。

三、期货组织结构及结算体系

期货市场的组织结构是由交易所、会员、客户逐级构成的，是个分层化的市场结构。只有会员才能进场交易，交易所必须对会员的资信负责；非会员的客户必须通过会员代理进行交易。由于会员是代理交易的主体，对其所代理的交易负全部责任，所以会员必须控制好所有客户的资金风险。如果因客户违约造成损失而不能履行赔偿责任时，会员必须代为履行赔偿责任并保留追偿的权利。与期货市场多层次组织结构相对应，结算管理体系也是分层次的。

首先，是交易所结算机构对会员公司的结算，这是第一级结算；

其次，是会员经纪公司对其代理的客户进行结算，称为第二级结算。

最终，将逐笔交易风险分级对应到每个市场参与者身上。

商品期货交易实务

一、套期保值

(1) 买入套期保值：(又称多头套期保值)是在期货市场中购入期货，以期货市场的多头来保证现货市场的空头，以规避价格上涨的风险。

例：某油脂厂3月份计划两个月后购进100吨大豆，当时的现货价为2 200元/吨，5月份期货价为2 300元/吨。该厂担心价格上涨，于是买入100吨大豆期货。到了5月份，现货价果然上涨至每吨2 400元/吨，而期货价为每吨2 500元/吨。该厂于是买入现货，每吨亏损0.02万元；同时卖出期货，每吨盈利0.02万元。两个市场的盈亏相抵，有效地锁定了成本。

(2) 卖出套期保值：(又称空头套期保制值)是在期货市场出售期货，以期货市场上的空头来保证现货市场的多头，以规避价格下跌的风险。

例：5月份供销公司与橡胶轮胎厂签订8月份销售100吨天然橡胶的合同，价格按市价计算，5月份现货价是1 200/吨，8月份期货价为每吨12 500元/吨。供销公司担心价格下跌，于是卖出100吨天然橡胶期货。8月份时，现货价跌至11 000元/吨。该公司卖出现货，每吨亏损11 000元/吨；又按每吨11 500元/吨价格买进100吨的期货，每吨盈利1 000元。两个市场的盈亏相抵，有效地防止了天然橡胶价格下跌的风险。

二、风险投资

(1) 利用某一品种价格的波动进行投机操作。

a.买空投机。

例：某投机者判断7月份的大豆价格趋涨，于是买入10张合约（每张10吨），价格为每吨2 345元。后果然上涨到2 405元/吨，于是按该价格卖出10张合约。获利：

$$(2\ 405元÷吨-2\ 345元÷吨)×10吨÷张×10张=6\ 000元$$

b.卖空投机。

例：某投机者认为11月份的小麦会从目前的1300元/吨下跌，于是卖出5张合约（每张10吨）。后小麦果然下跌至每1 250元/吨，于是买入5张合约，获利：

$$(1\ 300元÷吨-1\ 250元÷吨)×10吨÷张×5张=2\ 500元$$

(2) 套期图利。

a.利用相关品种的价差套利。

b.利用不同期货市场上同一品种的价差套利。

c.利用同一品种不同交割月的价差套利。

d.利用现货与期货的价差套利。

期权基本知识

一、期权

期权又称为选择权,是在期货的基础上产生的一种衍生性金融工具。它是指在未来一定时期可以买卖的权力,是买方向卖方支付一定数量的金额(指权利金)后拥有的在未来一段时间内(指美式期权)或未来某一特定日期(指欧式期权)以事先规定好的价格(指履约价格)向卖方购买(指看涨期权)或出售(指看跌期权)一定数量的特定标的物的权力,但不负有必须买进或卖出的义务。期权交易事实上就是这种权利的交易。买方有执行的权利也有不执行的权利,完全可以灵活选择。

二、期权的类型

按期权的权利来划分,主要有三种:看涨期权,看跌期权和双向期权。

(1)看涨期权。所谓看涨期权,是指期权的买方享有在规定的有效期限内按某一具体的敲定价格买进某一特定数量的相关商品期货合约的权利,但不同时负有必须买进的义务。

(2)看跌期权。所谓看跌期权,是指期权的买方享有在规定的有效期限内按某一具体的敲定价格卖出某一特定数量的相关商品期货合约的权利,但不同时负有必须卖出的义务。

(3)双向期权。所谓双向期权,是指期权的买方既享有在规定的有效期限内按某一具体的敲定价格买进某一特定数量的相关商品期货合约的权利,又享有在商定的有效期限内按同一敲定价格卖出某一特定数量的相关商品期货合约的权利。

三、期权交易原理

买进一定敲定价格的看涨期权,在支付一笔很少权利金后,便可享有买入相关期货的权利。一旦价格果真上涨,便履行看涨期权,以低价获得期货多头,然后按上涨的价格水平高价卖出相关期货合约,获得差价利润,在弥补支付的权利金后还有盈余。如果价格不但没有上涨,反而下跌,则可放弃或低价转让看涨期权,其最大损失为权利金。

看涨期权的买方之所以买入看涨期权,是因为通过对相关期货市场价格变动的分析,认定相关期货市场价格有较大幅度上涨的可能性,所以,买入看涨期权,支付一定数额的权利金。一旦市场价格果真大幅度上涨,那么,他将会因低价买进期货而获取较大的利润,且利润大于买入期权所付的权利金数额,最终获利,买方也可以在市场以更高的权利金价格卖出该期权合约,从而对冲获利。

如果看涨期权买方对相关期货市场价格变动趋势判断不准确，那么，如果市场价格只有小幅度上涨，买方可履约或对冲，获取一点利润，弥补权利金支出的损失；若市场价格下跌，买方则不履约，其最大损失是支付的权利金数额。

四、期权与期货的关系

期权交易与期货交易之间既有区别又有联系。

（1）两者均是以买卖远期标准化合约为特征的交易；

（2）在价格关系上，期货市场价格对期权交易合约的敲定价格及权利金确定均有影响。

（3）期货交易是期权交易的基础，交易的内容一般均为是否买卖一定数量期货合约的权利；

（4）期货交易可以做多做空，交易者不一定进行实物交收。期权交易同样可以做多做空，买方不一定要实际行使这个权利，只要有利，也可以把这个权利转让出去。卖方也不一定非履行不可，可在期权买入者尚未行使权利前通过买入相同期权的方法以解除其所承担的责任。

期货市场的风险及其防范

我们在进入期货市场进行期货交易时，有必要进一步分析在期货交易各个操作环节上的风险点，以提高自身素质，规范交易行为，把风险降到最小限度。

根据风险的不同影响作用，可分为系统风险与非系统风险；根据风险的可控性，可分为可控风险与不可控风险；根据风险的主体，可分为政府管理风险、交易所管理风险、期货经纪公司服务风险和客户交易风险。

一般来说，期货市场虽是一种"完全竞争"的市场，但仍难免受一些势力雄厚的大户的操纵和控制，造成投机性的价格起伏。

美国白银大王亨特兄弟在1980年年初炒白银不幸却失手就是一个典型的范例。

1979年初，亨特兄弟以每盎司6~7美元的价格开始在纽约和芝加哥交易所大量购买白银。至年底，亨特兄弟已控制纽约商品交易所53%的存银和芝加哥商品交易所69%的存银，拥有1.2亿盎司的现货和0.5亿盎司的期货。在他们的控制下，白银价格不断上升。

1980年1月17日白银价格涨至每盎司48.7美元，在黄金市场的刺激下，白银价格在1月21日达到50.35美元的历史最高峰，比1年前上涨八倍多。这种疯狂的投机行为，造成白银的市场供求状况与生产和消费实际脱节，市场价格严重地偏离其价值。此时，美国政府为了抑制通货膨胀，紧缩银根，利率大幅上调，期货投机者纷纷退场，致使银价暴跌。到3月底，跌至每盎司10.8美元，白银市场几乎陷入崩溃的境地。亨特兄弟在这场投机风潮中损失达数亿美元。

此外，投机者加入期货交易的目的是利用期货价格的上下波动来获利，因此，何时买进卖出，主要取决于对期货价格走势的判断，即价格预期：预期价格将上涨时买进，预期价格将下跌时卖出，预期价格将盘整时则观望。投机者的价格预期不仅受期货价格变动的各种信息的影响（基本因素分析），而且还受其对当前和历史的价格走势判断的影响（技术分析）。因此，在利好因素的刺激下，人们预期价格将上涨而纷纷购进，从而推动价格上涨；而价格上涨的趋势信息又进一步加强了人们的价格上涨预期，人们进一步购进，从而推动价格进一步的上涨。反之，在价格下跌时，人们预期价格将进一步下跌，纷纷卖出，从而推动价格进一步下跌。可见，期货交易中的价格预期和投机心理对期货价格波动具有极强的推波助澜、加剧波动的作用。

1980年黄金市场出现的空前大风暴，明显地反映了投机心理和价格预期对期货价格的影响力。1979年11月金价仅每盎司400美元左右，1980年1月21日已暴涨至838美元的历史高峰。其暴涨原因是多方面的：经济方面，石油输出国组织宣布大幅度提高油价；政治因素，苏联入侵阿富汗，伊朗劫持美国人质，美伊关系恶化，美冻结伊在美资产等。而一些大金商肆意渲染、哄抬金价所造成的投机心理更是金价暴涨的重要原因。当金价涨到最高峰时，有谣传美国政府将在1月份拍卖大量存金，这使投机者心理突然逆转，竞相抛售黄金期货。1月22日当天金价下跌103美元，到3月份即跌到460美元。这次金价的大起大落，除了经济和政治因素的影响外，投机心理因素也起了巨大的推波助澜作用。而到5月份，黄金市场风浪基本平息，人心转趋看淡，金价疲软。尽管出现一些小的刺激金价上涨的因素，但仍未能改变人们的心理预期，无法促使金价回升。因此，在预测价格走势时，必须结合各种因素分析大多数交易者的心理预期。

以上列举的大户操作和投资心理都是影响期货价格的一些重要因素，实际中的影响因素则要复杂得多。为了更好地预测期货价格走势，把握有利的交易时机，期货交易者必须注意及时而广泛地收集有关因素的准确而详尽的信息资料；综合地分析各种因素可能带来的影响，并注意与定量分析工具以及技术分析方法结合起来加以综合应用。

期货市场的各种风险对比现货市场有风险放大的特征，主要体现在下列五个方面：

（1）参与期货交易的商品通常是价格波动较为频繁的商品，期货价格易与现货价格产生强烈的共振，扩大风险面，加剧风险度。

（2）期货交易具有"以小搏大"的特征，投机性较强，交易者的过度投机心理容易诱发风险行为,增加了风险产生的可能性。

(3)期货交易不同于一般的现货交易,期货交易是连续性的合约买卖活动,风险易于延伸,引发连锁反应。

(4)期货交易量大,风险集中,造成的盈亏大。

(5)期货交易具有远期性,未来不确定性因素多,预测难度大。

作为期货市场的投资者,特别是新进入期货市场的新手,在进行期货交易时对于风险的防范,最主要的要注意下列四个方面:

(1)严格遵守期货交易所和期货经纪公司的一切风险管理制度。如若违反这些制度,将使投资者处于非常被动的地位。

(2)投资的资金、规模必须正当、适度。如果资金渠道有问题,一旦抽紧,势必影响交易;而交易规模如果失当,盲目下单、过量下单,就会使投资者面临超越自己财力、能力的巨大风险。切记,期货市场是风险投资市场,绝不是赌场,不要把自己降格为一个赌徒。

(3)要有良好的投资战略。根据自己的条件(资金、时间、健康等),培养良好的心理素质,不断充实自己,逐步形成自己的投资战略。

(4)关注信息、分析形势,注意期货市场风险的每一个环节。期货市场是一个消息满天飞的地方,要逐步培养分析能力,充分掌握有价值的信息。同时,时刻注意市场的变化,提高自己反应的灵敏度。记住,市场永远是对的。

市场风险是不可预知的,但又是可以通过分析,加以防范的。在这方面,投资者要做的工作很多,最主要的就是:在入市投资时,首先要从自己熟悉的品种做起,做好基础工作,从基本面分析做起,辅之以技术分析。千万不能逆势而为,初期一定要设好"止损点",以免损失不断扩大,难以全身而退。

总之,期货市场的风险是客观存在的,但风险又是与机遇并存的,在直面风险的同时,机遇也在向我们招手。成功永远青睐于勇敢者,而智慧与勇敢则是投资成功的双翼。

期货投资的误区

老李在上海辛辛苦苦打工十几年,赚了30万元钱。后来听说做股指期货能赚钱,于是把这30万元全部投在期货交易上,想着能翻一倍,之后就可以在上海买套房了。

"这是一辈子的积蓄呀,不可马虎!"进行股指期货交易时,老李时常会这么想,结果越想越紧张,以至于控制不了自己的情绪,做了多头:大势往上跳一跳,脸上立刻笑一笑；价位往下走一走，眉头马上皱一皱。赚到一段价位，欢天喜地；出现若干浮动损失，寝食难安。情绪起伏波动，没做多久，老李就因过度紧张病倒了。

期货交易是一项高风险的投资方式，股指期货交易者要学会控制自己的情绪。案例中的老李赌全部家当做期货交易，造成了沉重的心理负担，这是炒期货新手的误区之一。另外，炒期货过程中容易出现的问题如下。

一、把期市当赌场

具有赌博心理的期货投资者，总是希望一朝发迹，恨不得捉住一只或几只期货，好让自己一本万利。他们一旦在期货投资中获利，多半会被胜利冲昏头脑，像赌棍一样加注，恨不得把自己的身家性命都押到期货投资上去，直到输个精光为止；当期货投资失利时，常常不惜背水一战，把资金全部投在期货上，这类人多半落得个倾家荡产的下场。所以，期货市场不是赌场，不能赌气，要分析风险，建立投资计划。尤其是有赌气行为的人买卖期货时一定要首先建立投资资金比例。

二、捡便宜吃大亏

追涨杀跌当然会给投资者带来不理想的后果，但一心一意想赚点便宜有时不见得就一定有好的收益。"便宜的东西，往往不是好货。"当然也有例外。在期货市场中，有很多投资者持有这种"嫌贵贪低"的心理，只想到要买进一些持仓小、波动小的期货，而不考虑买入那些价格会大幅度波动的期货合约，认为这种投资风险太大，殊不知，风险与收益是成正比的关系。比如小麦便宜，但何年连续几个月横盘却使得很多贪低入市者手中持有的期货，成了永远抛售不出的蚀本货。

三、犹豫不决，贻误战机

一些投资人事先已经订好了投资的计划和策略，但步入现实的期货市场时，却被外界的环境所左右。例如，投资者事前已经发觉自己手中所持有的期货价格已经获利丰厚，是抛出期货的时机，同时也作出了出售期货的决策；但在临场时，听到他人你一言我一语与自己看法不同的言论时，确定的决策马上改变，从而放弃了一次抛售期货的大好时机。或者，投资者事前已看出某只期货价格很低，是适合买入的时候，并作出了趁低吸纳的投资决策。同样地，到临场一看，见到的是卖出期货的人挤成一团，纷纷抛售期货，又临阵退缩，放弃了入市的决策，从而失去了一次发财的良机。还有一种情况是，事前根本就不打算进入期货市场，当看到许多人纷纷入市时，不免心里发痒，禁不住这种气氛的诱惑，从而作出了不太理智的投资决策。还有一些人是一直要等到更便宜、更实质的期货价格才出手，认为目前所有的合约（即使是在大势上涨时）也不值得购入，应更廉价才可以入市。于是乎，越等价越高，越等越不敢入市。结果是期价连续暴涨，白等了全过程。错误地分析形势和错过买卖时机，两种错误密切相关。正由于错误地估计了形势，投资者往往会坐失良机。政治、经济形势的变化经常会给期货投资带来影响。

因此,在投资期货投资时,不能光重视期货投资动态,还要密切注视当地和国际政治、经济形势的动向。把对形势的估计和对期价走势的技术分析结合起来。这样才能及时捕捉买入或卖出信号,作出该买时买,该卖时卖的实际行动。

四、不敢赢

请记住,进入期货投资,首先应当自信。许多投资者买期货,买进后待价格上升一段时间,便迫不及待地要卖出去获利。他们相信,只有把钱装进口袋里才算安全。可是他们却忽略了期货的合理价值。一般说来,期货的市场价格不一定能完全反映现货的真实价值。所以有些投资人卖出期货后,期价依然持续不断地上升。而且往往表现为卖出后的价格挺升幅度比卖出前的上升幅度还大。因此不能见好就收,见涨就卖,要结合基本面和技术面的多重因素基准,作出平仓的决策。当然,有的期价已经过度上升,一旦买入后,期货价格肯定要下跌,而大多数投资人在这种情势下又会坚持死守下去。许多人投资期货,往往赚到的非常有限,亏蚀的却非常多,其中的一个重要原因就是不敢赢的心理在作怪。

五、不必要的恐慌

有些期货投资人因受某些环境因素和"马路消息"的影响,对期货投资或某些合约的前途失去信心,感到恐慌,于是就拼命抛售手中的期货。许多期货投资上的经验表明,不必要的恐慌往往是虚惊一场。当然发生在非常时期(如战争、经济危机等)似乎是在情理之中。但在一般的情况下,不少抛售风往往是由一些大户或其他人故意放出的。不利消息,目的是引起抛售打压或拉升期价然后趁机买进,或卖出。一般的投资者,若产生不必要的恐慌,大量抛出手中持有的期货,肯定会受到损失。所以,作为投资者,要在不利消息面前保持镇定,仔细分析消息的可靠性。若证明确有其事的话。还要看这种消息所产生的影响是长久性的,还是暂时性的,若是后者,那就没有必要抛出手中的期货。

六、漠不关心

买入期货以后,就不闻不问,听其自然发展下去。有时甚至全权委托自己的亲朋好友或经纪人操纵,自己很少介入。在期货市场中若遇到负责任的经纪人这种做法还可以赚点钱,但如果碰到只会炒单的人后果可就难以预料了,搞不好甚至会血本无归。做了期货,你就是期货市场中的一员,应时时关注期货市场的动态,关心自己的持仓。市场风险是不可预知的,但又是可以通过分析加以防范的,投资者要做的主要工作,就是积极关注、了解市场信息,根据信息作出正确的判断。要相信自己,要有自己的判断。

七、不敢输

在充满竞争，充满风险的期货市场里，既没有长胜的将军，也没有常败的士兵。关键是要随着期货市场行情的变化，采取灵活的应对策略。当期货价格方向走反时，不要被损失所纠缠，而应当当机立断，忍痛割爱。一些投资人总存在"不敢输"的心理，做对了方向，赚了差价，兴高采烈；一旦方向做反，总盼望价格能快点回来，主观上则沿着自己选择的方向去思考，而丝毫不去分析期价为什么会走反。这样做只会自欺欺人，最后吃亏的还是自己。

第二十七章

信托：贵族游戏，舍我其谁

> 信托业的应用范围可以与人类想象力相媲美。
>
> ——斯科特
>
> 逆反行为和从众行为一样愚蠢。我们需要的是思考，而不是投票表决。不幸的是，伯特兰·罗素对于普通生活的观察又在金融界中神奇地应验了："大多数人宁愿去死也不愿意去思考。许多人真的这样做了。"
>
> ——沃伦·巴菲特

信托是怎么回事

　　信托计划、信托理财现在是人们关注和谈论的话题，但从众人追捧的"香馍馍"，到只有大户才能参与的"贵族游戏"，再到各式各样的非资金信托计划，信托究竟是什么？它有什么特点？人们应该如何选择和投资呢？

　　信托起源于英国，是一种建立在信任的基础上、财产所有者出于某种特定目的或社会公共利益，委托他人管理和处分财产的法律制度。信托制度在财产管理、资金融通、投资理财和发展社会公益事业等方面具有突出的功能，尤其是在完善财产制度方面发挥了重要作用，已经为世界上许多国家所采用。就个人信托而言，发展到现在，其功能已相当广泛，包含财产移转、资产保全、照顾遗族、税务规划、退休理财、子女教育保障等。我国正处于信托观念启蒙期，推出的信托产品还只局限在投资型信托。随着人们生活水平的不断提高，信托这种安全有效的财产管理制度必将得到更加广泛地应用。

"信托"一词的一般意义，是指将自己的财产委托他人代为管理和处置，即我们俗称的"受人之托、代人理财"，涉及委托人、受托人、信托财产、信托目的和受益人。我国《信托法》将信托的含义定义为：委托人基于对受托人的信任，将其财产权委托给受托人，由受托人按委托人的意愿以自己的名义，为受益人的利益或者特定目的，进行管理或者处分。故信托是由财产的被移转或处分，及当事人间管理、处分义务的成立等两部分结合而成。这种法律行为与其他法律行为相比较，具有其独特性。这体现在以下三个方面：

（1）信托成立后受托人原则上不能变更受益人或终止其信托，也不能处分受益人的权利。

（2）受托人虽为信托财产所有人，但并不能以任何名义享受信托利益，也不得将信托财产转为自有财产或于信托财产上设定或取得权利。

（3）信托关系除因信托行为所定事由发生或因信托目的已完成或不能完成而消灭者外，原则上并不因自然人的委托人或受托人死亡、破产或丧失行为能力，或法人委托人或受托人解散、合并或撤销设立登记而消灭。

关于信托产品

从理论上来讲，信托可以对资金、有价证券、动产、不动产、知识产权等各类财产和财产权进行管理、运用和处分，又可从事投资、贷款、出租、出售、同业拆放、项目融资、公司理财、财务顾问等多方面的业务。因此，信托是一种综合性的理财工具。自我国信托法颁布以来，信托公司开发的信托产品如雨后春笋般涌出，成为投资理财市场上的一个亮点，在这些信托产品中，大部分都是投资型自益信托产品（即委托人和受益人是同一个人），主要包括如下。

一、资金信托

资金信托是指委托人基于对信托投资公司的信任，将自己合法拥有的资金委托给信托公司，由信托公司按委托人的意愿以自己的名义，为受益人的利益或者特定目的的管理、运用处分的行为。资金信托业务又包括：单一资金信托业务（即信托投资公司接受单个委托人委托、依据委托人确定的管理方式单独管理和运用信托资金）和集合资金信托业务（即信托投资公司接受两个或两个以上委托人委托、依据委托人确定的管理方式或由信托投资公司代为确定的管理方式管理和运用信托资金）。

目前，国内信托投资公司发行的信托产品均属于集合资金信托。这种资金信托的操作流程如下：

（1）信托公司（受托人）制定信托计划，并向广大投资者（委托人）发售，汇集信托资金，投资者为信托财产的受益人；

（2）信托公司作为受托人将信托资金投入到信托计划描述的项目中，信托财产从现金形态转化为股权（股权投资）或债权（向项目贷款）形态，即将资金委托给信托投资公司，信托公司按照委托人意愿并以公司的名义进行投资。

例如，上海爱建信托投资公司推出的《上海外环隧道项目资金信托计划》，就是将众多个人和机构的闲散资金集合起来，形成一定投资规模和实力的资金组合，以资本形式投资于上海外环隧道建设经营。爱建信托公司作为资金的受托人，通过受让上海外环隧道建设发展有限公司股权，获取上海外环隧道建设发展有限公司的分红，再向收益人支付信托收益。

二、证券投资基金

证券投资基金也称共同基金，就是将众多投资人的资金集合在一起，由专业机构负责投资管理的一种理财方式。基金与其他理财工具相比，最大的特色在于兼具储蓄和投资双重特性。一般来说，投资最大的期望就是财富的累积，最不想发生的情况就是本金的亏损，而基金即是以稳健投资创造获利为原则，专为没钱理财、没空理财的人所设计的金融产品。当然，基金也与其他理财工具一样，存在着如风险、获利和变现等不同程度的影响因素。

三、不动产信托

不动产信托是以出卖、管理房地产为主的信托，其收益主要来自于房租或地租。投资房地产等不动产已成为老百姓们熟悉的、继将钱存银行和买股票之后的第三大块投资领域。上海新近出现的"房屋银行"即为典型的不动产信托业务——将多余的房产"存入银行"，由该机构负责其租赁和日常维护等事务，并向储户支付受益。

四、贵重物品信托

贵重物品信托是信托投资公司的一项附加业务，由于信托公司一般都具备良好的保安措施，具有坚固可靠的金库和保险箱，信托公司可以应要求为客户保管贵重物品。

五、知识产权信托

不仅个人合法所有的财产可以信托，预期的财产权也可信托，如知识产权中的财产权部分可以委托进行抵押融资等相关管理和处分活动。

除了以上介绍的个人信托产品外，还有如人寿保险信托、遗嘱信托、子女教育信托、退休保障信托等，这些产品将随着相关条件的成熟而陆续登台，相信将给人们的家庭理财和财产规划带来更多的选择。

信托理财有哪些优势

信托独特的制度设计使其能很好地平衡财产安全性与理财效率两者间的关系，在为委托人提供充分保护的同时，方便了受托人管理财产，因而使其在个人理财中具有其他金融理财工具无法比拟的优势。这种优势主要体现在以下几个方面。

一、专业的财产管理与灵活的理财规划

与个人单独理财相比，专家理财，省时省心，风险低收益高。通过信托集中起来的个人资金，由专业人才进行操作，他们可以凭借专业知识和经验技能进行组合投资，从而避免个人投资的盲目性，以达到降低投资风险、提高投资收益的目的。同时，信托公司还可以根据客户的喜好和特性，量身定做非标准产品，通过专家理财最大限度地满足委托人的要求。这种投资方式和产品的灵活性是券商和基金公司所缺乏的，也是目前所无法提供的。

二、信托财产的独立性

信托财产的独立性可以保护家庭财产。世界各国和我国的信托法都规定，信托财产具有独立于委托人、受托人和受益人以外的独立的法律地位。合法设立的信托，其名下的财产不受委托人、受托人和受益人的死亡、破产、法律诉讼的影响，这三方的债权人均不得主张以信托财产来偿债。这就为保护家庭财产，避免因各种原因受损而建立了一道法律屏障。我们常听到一些西方的富豪在自己事业顶峰时将财产通过信托的方式转移到独立的法律主体名下，其作用就在于防止因诉讼等意外发生而使自己和后人变得一无所有。我国信托法同样为合法财产提供了这种合法的保护手段。

三、信托财产把委托人、受托人和收益人的权利和义务、责任和风险进行了严格分离

信托合同一经签订，就把收益权分离给受益人，而把运用、处分、管理权分离给了受托人。信托合同对信托财产的运用、管理、处分有着严格的现定，受托人只能按照信托合同确定的范围和方式进行运作。这种机制固定了当事人各方的责任和义务，确保了信托财产沿着特定的目的持续稳定经营，与公司制相比，是一种更为科学的制度安排。另外，信托公司素有"金融百货公司"的称号，经营灵活，运用信托财产的方式多样，既可以从事证券投资，又可以从事实业投资，还可以贷款、租赁、同业拆借、项目融资等。这在业务范围上保证了可以实行组合投资、化解金融风险。

四、合法的节税功能

作为独立的法律主体，信托财产产生的收入和利润在时间和空间上区别于委托人和受益人自身的收入和利润，这就为合法节税创造了条件。另外，在信托关系中，虽有各项税赋的发生，不过比起单纯的赠与及遗产继承，虽然可能需缴交赠与税，却有助于降低委托人的所得税、遗产税、土地增值税等。这对于已经富裕起来的阶层如何通过遗产信托把财富一代代累积下去，保持家族荣耀有特别意义。因此，经由信托财产规划，可实现合法节省赠与税及遗产税。现在，我国的财产移转大都以赠与或遗产继承的方式实现，但相信不久赠与税或遗产税必将实行，参照国外的类似法律，此两者税率均高达50%。因此，考虑税赋，就成为富裕阶层移转财产所面临的主要问题。如何降低移转成本，就成为个人信托财产规划的重心。

买信托理财产品要三看

信托理财是一种财产管理制度。信托关系中的当事人有三个，即委托人、受托人、受益人。其中受托人是以自己的名义管理、处分财产的。

在我国，信托类理财产品是指由银行发行的人民币理财产品所募集的全部资金，投资于指定信托公司作为受托人的专项信托计划。目前市场上各家银行推出的信托类理财产品主要是银行与信托公司合作，将募集资金投资于信托公司推出的信托理财计划。信托类理财产品的收益可以是固定的，也可以是浮动的。

如今，股市持续走低，房地产市场面临深度调整，市场上不少理财产品的收益率纷纷下调，而因为投资门槛较高，一直隐匿于主流理财产品之外的信托产品，凭借其较高的收益率和抗风险能力，开始受到越来越多的理财人士的关注。

收益高、稳定性好，是信托类理财产品的主要卖点。信托理财产品一般是资质优异、收益稳定的基础设施、优质房地产、上市公司股权质押等信托计划，大多有第三方大型实力企业为担保（房地产类还会增设地产、房产做抵押），在安全性上比一般的浮动收益理财产品要高出一头。同时在投资过程中，银行会不断监控、跟踪贷款的动向，从而可以在最大程度上规避信托项目的投资风险。

不过信托理财产品之所以不为许多理财者所熟悉，就是因为受制于较高的门槛。信托公司推出的各款信托产品的资金门槛大多在100万元以上，最低的也是50万元。另外，相比股票、债券，信托产品的流动性较弱，随时变现的能力相对较差。

信托专家认为，在购买信托理财产品之前，主要看清楚三点：

首先，投资信托理财产品要看投资标的。凡是投资都存在风险，研究投资标的可以大致判断出此种信托理财产品的风险等级。一般情况下，投资于房地产、股票市场的信托项目风险略高，但其预期收益也相对较高；而投资于能源、电力、市政基础设施建设等的信托项目比较稳定，风险性较低但预期收益相对较低。

其次，投资信托理财产品应该注意投资期限。信托理财产品的期限包括3个月、半年、1年、2年等多种，建议投资者选择1年以内的信托理财产品，因为未来较长时段的趋势不容易判断，时间越长，不可控制的风险越大，而1年期以内的信托类理财产品的时间长度适中，投资节奏容易把握。

最后，还要综合考量理财产品的受托人，即信托公司的投资管理能力、风险控制体系、管理团队、历史业绩等情况。并且持续关注这个信托项目的具体交易结构和后期管理情况，也就是信托财产的具体运用和投资方向、运作期限是否符合自己的投资要求、流动性情况和平均收益率怎么样。此外还需注意信托产品所采取的担保措施，谁来担保和用什么来担保，并且预期的担保措施能否及时有效地补偿信托本金等问题。

大众如何投资信托

面对信托这种新型投资理财方式和众多的信托品种，广大投资者应该如何应对，并根据自己的情况选择合适的投资品种呢？

就目前来说，市场上出现的信托产品，绝大多数都是资金信托产品和证券投资基金。证券投资基金通过几年的发展已经逐渐被人们接受，其投资方法和策略有很多介绍，就不再赘述，这里主要介绍资金信托产品的投资方法。一般来说，投资者在选择这类产品时，主要应考虑以下几个方面的因素。

一、发行信托产品（计划）的信托公司的实力和信誉度

信托收益来自信托公司按照实际经营成果向投资者的分配，信托理财的风险体现在预期收益与实际收益的差异。投资者既可能获取丰厚收益，但也可能本金亏损。产生风险有两大类原因：第一，信托公司已经尽责，但项目非预期变化或其他不确定性因素发生；第二，信托公司在信托财产管理和处置中操作失误，或违法违规操作。由于现在我国信托业处于发展初级阶段，信托公司都着重于建立良好理财业绩，以及树立知名度，所以出现第二类原因的可能性较小。至于第一类原因，最能反映信托公司的理财水平。因此，选择一个实力强、信誉好的信托公司的信托产品是成功投资信托理财产品的前提。

二、信托产品（计划）的资金投资的方向（或领域）

这将直接影响到收益人信托的收益。对资金信托产品（计划）的选择，应选择

现金流量、管理成本相对稳定的项目资产进行投资或借贷，诸如商业楼宇、重大建设工程、连锁商店、宾馆、游乐场或旅游项目以及具有一定规模的住宅小区等一些不易贬值的项目资产，而不应选择投资股市或证券的信托产品，因为我国现行法律实际上已将证券投资信托归入基金法范畴。投资者如需委托人投资证券的，可以投资共同基金，在同等风险条件下，共同基金公司比信托投资公司更为专业；也不应选择投资受托人的关系人的公司股权或其项目资产，这为信托法律所禁止。

对于信托公司推出的具有明确资金投向的信托理财品种，投资者可以进行具体分析。而有的信托公司发行了一些泛指类似信托理财品种，没有明确告知具体的项目名称、最终资金使用人、资金运用方式等必要信息，只是笼统介绍资金大概的投向领域、范围。因此，不能确定这些产品的风险何在及其大小，也看不到具体的风险控制手段，投资者获得的信息残缺不全，无法进行独立判断。对这类产品，投资者需要谨慎对待。

三、信托产品的期限

资金信托产品期限至少在1年以上。一般而言，期限越长，不确定因素就越多，如政策的改变，市场因素的变化，都会对信托投资项目的收益产生影响。另外，与市场上其他投资品种相比，资金信托产品的流动性比较差，这也是投资者需要注意的。因此，在选择信托计划时，应结合该产品的投资领域和投资期限，并尽量选择投资期短或流动性好的信托产品。

四、自己的风险承受能力

信托与其他金融理财产品一样，都具有风险。但风险总是和收益成正比的。由于当前资金信托产品的风险界于银行存款和股票投资之间，而收益比较可观，因此该类品种自推出以来，一直受到广大投资者的青睐，出现了排队购买的景象，这充分说明资金信托产品具有其独特的优势。但投资者也应该看到，信托公司在办理资金信托时，是不得承诺资金不受损失，也不得承诺信托资金的最低收益的。同时，由于信托公司可以采取出租、出售、投资、贷款、同业拆借等形式进行产业、证券投资或创业投资，不同的投资方式和投资用途的差异性很大，其风险也无法一概而论。所以，投资者在面对琳琅满目的资金信托产品（计划）时，还是应保持清醒的头脑，根据自己的风险承受能力，结合前面几个方面，综合分析具体产品的特点，有选择地进行投资。

五、需注意的其他几个问题

（1）担保问题。对于有担保的信托计划，委托人（也就是投资者）还应看担保的主体是否合法，切实了解担保方的经营状况。需要提醒的是，委托人不能只看担保方的资产规模的大小，其合适的资产负债比例、良好的利润率、稳定的现金流和企业的可持续发展，才是重要的考虑因素。而对于担保中的抵押（质押）物是否过硬，抵押（质押）比率是否安全，担保方信用级别和资金实力如何，有无保险介入、专项赔偿基金是否充足以及受益权当中次级受益权的规模和承担的义务情况等，也要特别关注。勤勉尽责的信托公司，在发行信托产品时，一般会完整、客观地告知各种具体的风险因素，分析其主次，不隐瞒，并设计有效的风险控制措施，例如第三方担保，抵（质）押、投保、与银行贷款利率挂钩等。提供的保障措施越多，越能保护委托人的利益。

（2）委托人（即投资者）的权利。根据我国《信托法》第20条的规定：委托人有权了解其信托财产的管理运用、处分及收支情况，并有权要求受托人作出说明。委托人有权查阅、抄录或者复制与其信托财产有关的信托账目以及处理信托事务的其他文件。同时，第22条还规定：受托人违反信托目的处分信托财产或者因违背管理职责、处理信托事务不当致使信托财产受到损失的，委托人有权申请人民法院撤销该处分行为，并有权要求受托人恢复信托财产的原状或者予以赔偿；该信托财产的受让人明知是违反信托目的而接受该财产的，应当予以返还或者予以赔偿。另外，第23条则规定：受托人违反信托目的处分信托财产或者管理运用、处分信托财产有重大过失的，委托人有权依照信托文件的规定解任受托人，或者申请人民法院解任受托人。因此，充分利用法律赋予委托人的这些权利，投资者可以在信托过程中根据情况采取相应的措施，从而更加主动地控制风险。

（3）信托的税收。在国外，信托税制多奉行信托导管原理和税负不增加原则。根据信托导管原理，信托是向受益人分配信托利益的管道，信托当事人之间相互转移财产的行为不具有实质经济意义，因而在税收上也就不像对普通交易行为那样课税。根据税负不增加原则，信托本身作为纳税人虽应进行纳税，但受益人因信托收益分配而取得的收益免于被重复征税。目前，由于信托的相关配套政策还未到位，资金信托产品的税收还是空白，也基本上都不用缴税。相信我国在建立信托税收制度时，应该会采纳国外通行的信托导管原理和税负不增加原则。但在这里还是要提醒投资者：在投资资金信托产品时，要关注具体产品的赋税情况，以免增加机会成本。

经过这几年的发展，信托投资理财已经逐渐被人们所认识和接受，但由于信托这种财产管理制度是从国外引进的，加上信托相关的法律和配套政策还不完善，因此，投资者在进行运用信托理财时还需要了解相关的知识，做到有备无患。但无论如何，信托已经来到我们身边，随着信托制度进一步完善，将会出现更多更好的信托产品来满足不同层次人们的理财需求，使投资者有更多的选择，创造更多的财富。

第二十八章

黄金：天然货币，永不贬值

> 我从来不在我不懂的事情上投入大量的金钱。
>
> ——彼得·林奇
>
> 如果你没有做好承受痛苦的准备，那就离开吧，别指望会成为常胜将军，要想成功，必须冷酷。
>
> ——乔治·索罗斯

炒黄金必备知识

小沈是北京市某商业银行的职员。25岁的他已经有两年的炒金经验。一谈到黄金投资，小沈就跟说数来宝一样，一套一套的。

小沈在上学的时候对就炒金业务很感兴趣，无奈没有钱让他一试身手。毕业1年后，有了点积蓄，就花1 000元买了10克黄金，走上炒金的第一步。后来，他一边工作，一边追加黄金投资。黄金价格跌跌涨涨，小沈的心情也跟着起起落落。

投资有风险，炒黄金也难免有赔有赚。"2006年年初黄金市价涨到每克120元，到银行开户的人排起了长队。这还没完，接下来金价一路飙升，两三个月里狂涨到180多元，'五一'后到了最高点。"小沈说："当时我头脑发热了，觉得还可能再涨，于是又买了5万元的黄金。结果不久就跌了，赔了几千元。不过总的讲，这几年炒金还是赚得多。"小沈现在已把多数资金投到了收益更高的股市，但对金市仍然恋恋不舍。"如果我还有一部分闲钱，就买一部分黄金不动了，隔两年再说，反正起伏也不会太大。"

曾经一段时间,黄金价格节节走高,许多投资者对此心动不已。随着各家银行相继推出各类黄金业务,越来越多的市民开始对"炒金"跃跃欲试。但真要一试身手,不禁又产生了这样的疑问:现在市场上究竟有多少黄金产品可以购买?要不要买?买什么?如何买?面临的种种问题,让人们不敢轻易去尝试。

金,又称为黄金,是一种带有黄色光泽的金属。黄金具有良好的物理属性、稳定的化学性质、高度的延展性及数量稀少等特点,不仅是用于储备和投资的特殊通货,同时又是首饰业、电子业、现代通讯、航天航空业等部门的重要材料。黄金在20世纪70年代前一度成为世界货币,目前依然在各国的国际储备中占有一席之地,是一种同时具有货币属性、商品属性和金融属性的特殊商品。

当前,市场上黄金投资的种类日渐多样化,理性投资方可保收益。国际上主要的黄金投资方式主要有以下几种。

一、实物黄金业务

实物黄金是指实物黄金的买卖,其投资保值的特性较强,是追求黄金保值人士的首选,适合有长期投资、收藏和馈赠需求的投资者。

二、纸黄金

"纸黄金"其实就是黄金的纸上交易。投资者的买卖交易记录只在个人预先开立的"黄金存折账户"上体现,而不必进行实物金的提取,这样就省去了黄金的运输、保管、检验、鉴定等步骤,其买入价与卖出价之间的差额要小于实金买卖的差价。由于不涉及实金的交收,交易成本可以更低。

当然,不管是投资"纸黄金"还是实物金,最终能否赢利还是要依赖于国际金价的走势。理财专家提醒,投资"纸黄金"应综合考虑影响价格的诸多因素,尤其要关注美元的"风向标"。

三、保证金

黄金保证金交易是指在黄金买卖业务中,市场参与者无需对所交易的黄金进行全额资金划拨,只需按照黄金交易总额支付一定比例的价款,作为黄金实物交收时的履约保证。

举例来说,如果经纪商设定的每手交易结算金额是100 000美元,要求的保证金是1 000美元,那么,就意味着只需要1 000美元多一点的本金,就可以进行100 000美元的外汇买卖。

目前的世界黄金交易中,既有黄金期货保证金交易,也有黄金现货保证金交易。

四、黄金期货

黄金期货也是按一定成交价,在指定时间交割的合约,合约有一定的标准。期货的特征之一是投资者为能最终购买一定数量的黄金而先存入期货经纪机构一笔保证金。一般而言,黄金期货购买和销售者都在合同到期日前,出售和购回与先前合同相同数量的合约而平仓,而无需真正交割实金。每笔交易所得利润或亏损,等于两笔相反方向合约买卖差额,这种买卖方式也是人们通常所称的"炒金"。

黄金期货合约交易只需10%左右交易额的定金作为投资成本,具有较大的杠杆性,少量资金能推动大额交易。所以,黄金期货买卖又称为"定金交易"。

世界上大部分黄金期货市场交易内容基本相似,主要包括保证金、合同单位、交割月份、最低波动、期货交割、佣金、日交易量、委托指令。

五、黄金股票

所谓黄金股票,就是金矿公司向社会公开发行的上市或不上市的股票,所以又可以称为金矿公司股票。由于买卖黄金股票不仅是投资金矿公司,而且还间接投资黄金,因此这种投资行为比单纯的黄金买卖或股票买卖更为复杂。投资者不仅要关注金矿公司的经营状况,还要对黄金市场价格走势进行分析。

六、黄金期权

期权是买卖双方在未来约定的价位,具有购买一定数量标的的权利而非义务。如果价格走势对期权买卖者有利,会行使其权利而获利。如果价格走势对其不利,则放弃购买的权利,损失只有当时购买期权时的费用。由于黄金期权买卖投资战术比较多并且复杂,不易掌握,因此目前世界上黄金期权市场不太多。

七、黄金基金

黄金基金是黄金投资共同基金的简称,所谓黄金投资共同基金,就是由基金发起人组织成立,由投资人出资认购,基金管理公司负责具体的投资操作,专门以黄金或黄金类衍生交易品种作为投资媒体的一种共同基金。由专家组成的投资委员会管理。黄金基金的投资风险较小、收益比较稳定,与我们熟知的证券投资基金有相同的特点。

影响黄金价格的因素

黄金投资和外汇投资、股票投资一样,要时时关注行情的变化和走势,影响黄金价格波动的因素主要有以下几个方面。

一、供求关系

金价波动是基于供求关系基础之上的。如果黄金的产量大幅增加,金价会受到影响而回落。此外,新采金技术的应用、新矿的发现、央行售金等,均会令金价承压。如果进入印度等黄金消费大国用金高峰期,或出现矿工长时间罢工等原因,总体出现供小于求的局面,金价就会受益上扬。近几年来,黄金投资需求在市场中的比重越来越大，对黄金的影响更具弹性，更敏感，所以金融衍生品市场上的一举一动都对金价走势产生重要影响。

二、美元汇率影响

由于国际金价用美元计价，黄金价格与美元走势的互动关系非常密切，通常呈现美元涨、黄金跌和美元跌、黄金涨的逆向互动关系。但在某些特殊时段尤其是黄金走势非常强或非常弱的时期，金价也会摆脱美元走势的影响。例如，2005年第四季度，由于国际对冲基金普遍看好石油、贵金属等商品类投资品种，大资金纷纷介入，导致黄金价格与美元的互动关系一度失效，金价出现了独立的走势，投资者今后在分析黄金与美元走势时必须充分考虑这一因素。不过，在基本面、资金面和供求关系等因素均正常的情况下，黄金与美元的逆向互动关系仍是投资者判断金价走势的重要依据。

三、各国的货币政策与国际黄金价格密切相关

当某国采取宽松的货币政策时，由于利率下降，该国的货币供给增加，加大了通货膨胀的可能，会造成黄金价格的上升。如20世纪60年代美国的低利率政策促使国内资金外流，大量美元流入欧洲和日本，各国由于持有的美元净头寸增加，出现对美元币值的担心，于是开始在国际市场上抛售美元，抢购黄金，并最终导致了布雷顿森林体系的瓦解。但在1979年以后，利率因素对黄金价格的影响日益减弱。

四、通货膨胀对金价的影响

对此，要做长期和短期来分析，并要结合通货膨胀在短期内的程度而定。从长期来看，每年的通胀率若是在正常范围内变化，那么其对金价的波动影响并不大；只有在短期内，物价大幅上升，引起人们恐慌，货币的单位购买力下降，金价才会明显上升。进入20世纪90年代后，世界进入低通胀时代，作为货币稳定标志的黄金用武之地日益缩小。而且作为长期投资工具，黄金收益率日益低于债券和股票等有价证券。但是，从长期看，黄金仍不失为是对付通货膨胀的重要手段。

五、原油价格的影响

石油需求出现一边倒的时候，有时会出现投机资金顺势对石油价格推波助澜，从而达到投机获利的目的。

石油作为工业的血液，其价格的定位对世界经济的发展至关重要。影响石油价格的主要因素是经济发展的程度对石油的需求与石油供应的对比关系。当然，在石油需求出现一边倒的时候，有时会出现投机资金顺势对石油价格推波助澜，从而达到投机获利的目的。黄金与石油存在一定的关联，主要体现为相对的正相关联，但其关联又呈现复杂多变的态势。

在国际原油价格呈现持续大幅上涨的时候，经济患上"高血压"，而黄金则充

当避险资金良药的角色，短期避险资金选择大量的吞服黄金，以增强对经济高血压的免疫能力，从而推动国际金价不断盘升。此刻原油与黄金存在较高正相关关系，但该正相关关系是以原油价格的运行为前提，金价的关联上扬是后反映。另外，影响金价的因素是很多的，原油价格的运行只在某一特定的时候形成相对较大的关联。

六、国际政局动荡、战争等

国际上重大的政治、战争事件都将影响金价。政府或为战争或为维持国内经济的平稳而支付费用、大量投资者转向黄金保值投资，这些都会扩大对黄金的需求，刺激金价上扬。如第二次世界大战、美越战争、1976年泰国政变、1986年"伊朗门"事件等，都使金价有不同程度的上升。比如2001年9月份的恐怖组织袭击美国世贸大厦事件曾使黄金价格飙升至当年的最高点——近300美元。

七、股市行情对金价的影响

一般来说，股市下挫，金价上升。这主要体现了投资者对经济发展前景的预期，如果大家普遍对经济前景看好，则资金大量流向股市，股市投资热烈，金价下降。

除了上述影响金价的因素外，国际金融组织的干预活动，本国和地区的中央金融机构的政策法规，也将对世界黄金价格的变动产生重大的影响。

初炒黄金要注意

金市的疯狂增长，让不少从未涉足该领域的市民都蠢蠢欲动。那么，炒金有何小窍门？新手该如何入门？以下是金融专家的意见。

一、做好准备

黄金市场的开放程度介于外汇和股票之间，炒金者既不能像外汇理财那样，一心向外看，主要关注国际政治经济形势；也不能像炒股者那样，两耳不闻窗外事，只关心国内金融市场。炒金者必须关注国际与国内金融市场两方面对于金价的影响因素，尤其是美元的汇率变动以及开放中的国内黄金市场对于炒金政策的变革性规定。因此，新手炒金一定要多了解一些影响金价的政治因素、经济因素、市场因素等，进而相对准确地分析金价走势，把握大势，才能把握盈利时机。

二、选准时机

每年的8月中旬至11月，黄金市场最大的消费国印度有多个宗教节日，将刺激对金饰的需求。此外，第四季度适逢西方的感恩节、圣诞节和中国的农历春节等传统黄金需求的旺季，因此，同年年底之前，金价一定会有上涨的空间。由于时差关系，中国的晚上，是伦敦、纽约时段的白天，是黄金走势波动较大的时候，因此晚上看行情可较好地抓住时机，一般是从北京时间下午4、5点开始到夜里12点左右。

黄金投资者可以在下跌过程中逐步建仓（指在上升的大行情中），根据个人情况先投入少量资金，在黄金走势回调时再介入成本低、易变现的黄金品种。

三、分批介入

全仓进入风险往往很大，市场是变幻莫测的，即使有再准确的判断力也容易出错。新手炒金由于缺乏经验，切忌全部投入资金，应该分批、分期投入。可以把资金分成几等份，当首份投入获利后再投入其次。此外，还要在交易中保留足够的保证金，可以避免一旦投资方向出错，追加保证金而导致被迫平仓。

如果是炒"纸黄金"的话，建议采取短期小额交易的方式分批介入，每次卖出买进10克，只要有一点利差就出手，这种方法虽然有些保守，却很适合新手操作。另外，正确分配资金也是十分重要的。

四、低吸高卖

虽然有句行话叫"买涨不买跌"，但这更多指的是实业投资，对于黄金这样的"保值"商品，还是以低价吸纳、节约成本为佳。也就是说，越是低价位，越能凸显黄金的投资价值。以金银纪念币为例，其投资成败的关键在于建仓的时机和商品的选择，投资者在市场低点时建仓，能优选特、美、稀、廉的好品种持有，可待到金银纪念币市场走向高潮时，再将手中持有的筹码全部套现，使利润最大化。

五、细心记录

新手炒金最好每日详细地记录自己的交易，看看当时是否有什么事件消息或是技术指标让你作出了交易决定，成交的价格是多少，并加以分析并记录盈亏结果。如果交易结果是获利的，表明你的分析是正确的，当相似或同样的因素再次出现时，你的交易记录将有助于你迅速作出正确的交易决定；当然，亏损的交易记录也可以提醒你不要再次犯同样的错误。

六、及时止损，切忌满仓

为避免大资金拥有者往单方向拉抬，迫使对手平仓、将其排挤出局，建议投资者在做期货黄金投资时：一不可以满仓；二要及时止损。

期货黄金的投资者在投资时要看清方向。但是在风险市场中，无论你水平多高，也不可能每次投资都是正确的。如果投资方向出错，可利用概率及时止损，避免更大的损失。例如，投资者买入看涨的黄金期货，但此后金价的走势和自己预期的相反，这时建议在金价下跌超过一定幅度时，立即实行止损操作，即将多头仓位平仓。

炒黄金能满足不同投资者需求

一、世界上最好的抵押品种

由于黄金是一种国际公认的物品，根本不愁买家承接，所以一般的银行、典当行都会给予黄金90%以上的短期贷款，而住房抵押贷款额，最高不超过房产评估价值的70%。

二、黄金市场没有庄家

任何地区性的股票市场，都有可能被人操纵；但是黄金市场却不会出现这种情况，因为黄金市场属于全球性的投资市场，现实中还没有哪一个财团或国家具有操控金市的实力。正因为黄金市场是一个透明的有效市场，所以黄金投资者也就获得了很大的投资保障。

三、金价波动大

根据国际黄金市场行情，按照国际惯例进行报价。因受国际上各种政治、经济因素，以及各种突发事件的影响，金价经常处于剧烈的波动之中，可以利用这差价进行实盘黄金买卖。

四、交易服务时间长

每个交易商的情况不同，经营时间也有所不同，经营时间最长为每天18小时交易，涵盖主要国际黄金市场交易时间。

五、资金结算时间短

当日可进行多次反向交易，提供更多投资机遇。

六、操作简单

有无基础均可，即看即会；比炒股更简单，不像选股那么麻烦，全世界都在炒这种黄金，而且没有什么庄家。

七、收益保证

黄金涨，你做多，赚；黄金跌，你做空，也赚！（股票只有涨才会赚，跌则亏或只能观望）。

八、趋势好

炒黄金在国内才刚刚兴起，股票、房地产、外汇等都已经淡漠，黄金能给人耳目一新的感觉。

九、保值强

黄金从古至今都是最佳保值产品之一，升值潜力大；特别是通货膨胀将推进黄金增值。

黄金投资忌快进快出

黄金被比喻为家庭理财的"稳压器"。黄金与其他信用投资产品不同，它的价值是天然的，而股票、期货、债券等信用投资产品的价值则是由信用赋予的，具有贬值甚至灭失的风险。在通货膨胀和灾难面前，黄金就成为一种重要的避险工具。黄金价格通常与多数投资品种呈反向运行，在资产组合中加入适当比例的黄金，可以最大限度地分散风险，有效抵御资产大幅缩水，甚至可令资产增值。

不过，风险小同时意味着收益率相对来说也小，但即使回购价格仅仅比买入价每克高1元人民币，仍然比将钱存在银行里要值。据测算，如果每克价差在5至7元人民币，那么投资收益就可达到3%~4%左右。

100年前，1盎司黄金在伦敦可以定做一套上等西装；100年后的今天，在伦敦，1盎司黄金仍然能够定做一套上等西装。据悉，在发达国家理财专家推荐的投资组合中，黄金占家庭理财产品的比重通常在5%到20%之间。这充分说明了黄金的保值作用。

对此，投资者所居住国家政治、经济、社会安全性高低不同，也是投资黄金比例高低的主要参照系数。在我国，对于普通家庭而言，通常情况下黄金占整个家庭资产的比例最好不要超过20%。只有在黄金预期会大涨的前提下，可以适当提高这个比例。

民间向来有"闲钱买黄金"的说法。因为影响黄金价格走势的因素很多，如国际政治、经济、国际汇市、欧美主要国家的利率和货币政策、各国央行对黄金储备的增减、黄金开采成本的升降等等，个人炒金者对黄金价格的短期走势是较难判断的。如果以股市里短线投机的心态和手法来炒作黄金，很可能难如人愿。

因此，投资黄金最好是考虑中长期投资，只要知道当前黄金正处于一个大的上升周期中，即使在相对高位买进，甚至被套，也不是什么严重的问题。不过，多数专家认为，介入黄金市场的时机要把握好，最好选择一个相对低点介入。

在我国，个人黄金投资刚刚放开，黄金投资市场还远未成熟。当前我国黄金市场尚处培育阶段。投资渠道还不完善，投资品种还不够丰富。国际上普遍采用的黄金指数、黄金基金等投资品种在我国还是空白。与纸黄金相比，实物黄金投资最大的特点是可以提现。但是，却不能对投资者的黄金进行回购。不少投资者认为如不能回购，实金交易风险过大。不能回购仍然是目前实物黄金交易难以全面发力的瓶颈。

因此，有业内人士建议，投资者在进行黄金投资时，必须具备足够的风险意识和必要的心理准备。同时要掌握黄金投资的相关基础知识，如黄金的交易品种及其优缺点，黄金的定价机制，金价与美元、国际原油价格的波动关系等，还要掌握黄金投资的一些基本分析手段。

黄金理财的误区

近期黄金价格屡创新高。业内人士认为，目前国际黄金市场需求旺盛，供不应求的情况不会在短期内改变，而且各种指标长期显示为对金价的利多影响，黄金的长期走势依然看好。随着国际黄金价格的不断上涨，国内市场的金价也是水涨船高。黄金日益成为投资者的"新宠"，但在最初操作的时候，有些人往往会走入投资黄金的误区。

误区一，"猜顶猜底"。

影响黄金的价格很多，在当前全球通货膨胀加剧的情况下，黄金的避险功能强化，导致黄金需求增加，金价上扬。由于最低点可遇而不可求，建议在黄金价格相对平稳或走低时再买进。

此外，在进行黄金买卖时，不应片面看重短期金价，而忽略了金价是处于"大熊"还是"大牛"的趋势。但从历史经验来看，存在季节性黄金需求。由于每年的第三季度末是印度的婚嫁节，市场对于黄金的需求旺盛，因此每年的第三季度末和第四季度黄金价格通常都会走高。

误区二，频繁短线操作。

作为非专业的普通投资者，想要通过快进快出的方法来炒金获利，可能会以失望告终。缺乏经验的投资者，在开盘买入或卖出某种货之后，一见有盈利，就立刻想到平盘收钱。获利平仓做起来似乎很容易，但是捕捉获利的时机却是一门学问。有经验的投资者，会根据自己对价格走势的判断，确定平仓的时间。如果认为市场形势会进一步朝着对他有利的方向发展，他会耐着性子，明知有利而不赚，任由价格发展，从而使利润延续。

作为炒黄金的新手，最好考虑中长期投资，只要知道当前黄金正处于一个大的上升周期中，即使在相对高位买进，甚至被套，也不是什么严重的问题。不过，多数专家认为，介入黄金市场的时机要把握好，最好选择一个相对低点介入。

误区三，"配置太多"。

黄金属于中长线的投资工具，投资人要有长期投资收藏的心理准备，不要过多看短期走势，不要存有侥幸心理。在投资过程中，当金价已上涨不少时，投资人对是否应大量购买必须谨慎。虽然黄金具有长期抵御风险的特征，但相对应的是其投资回报率也较低，黄金投资在个人投资组合中所占比例不宜太高。所以做投资要有投资组合的概念，要根据个人的资产进行配置，以降低风险。

误区四：大量投资黄金首饰。

对于家庭理财，黄金首饰的投资意义不大。因为黄金饰品都是经过加工的，商家一般在饰品的款式、工艺上已花费了成本，增加了附加值，因此变现损耗较大，保值功能相对减少，尤其不适宜作为家庭理财的主要投资产品。

误区五：通过非法渠道炒金。

非法渠道炒金因为在操作、管理上极不正规，因此比赌博的风险还要大。曾经有一些投资者因"伦敦金"杠杆交易等非法渠道炒金而遭受巨大经济损失。目前我国比较安全的黄金投资渠道：一是商业银行或黄金公司提供的实物黄金业务；二是商业银行提供的纸黄金业务；三是上海期货交易所提供的黄金期货买卖业务；四是上海黄金交易所的T+D延期交收业务。

第二十九章

收藏：
爱好赚钱，两不相误

盛世收藏，乱世藏金。

——收藏界格言

平常时间，最好静坐，愈少买卖愈好，永远耐心地等候投资机会的来临。

——罗杰斯

收藏热逐渐升温

"自从小虎队要上春晚的消息一传出，小虎队的音碟就开始动销，以前这种专辑的销量很少。"杭州音像制品公司负责采购的李小姐介绍，春晚过后，小虎队专辑成了热门货，春节以来的1个多月时间里，该公司已经补了五六次货。

不过，小虎队专辑的热销只是"怀旧消费"的一个缩影。打开淘宝等购物网站就会发现，曾一度消失在人们生活中的怀旧商品又开始在网络爆发，十几年前曾经流行过的吃的、用的、穿的，只要你能回忆到的，几乎都能买到。

在一家名为"吃在80后"的网店里，有114种怀旧食品出售：酒心巧克力、水果口味跳跳糖、话梅夹心棒棒糖、麦芽粘牙糖等，每种零食都能唤起温馨的儿时回忆。有心人发现，这些产品的交易量还真不少，一种麦芽糖，1个月成交120笔；1元一盒的华华丹1个月成交53笔；一种奶宝糖，1个月成交76笔。

收藏自古以来就是一种重要的投资途径。在古代，由于收藏品（包括字画、珠宝、邮币卡等收藏品）的高价值，体积小，甚至成为比货币更加容易携带流动的

"浓缩货币"。俗话所说的"金银细软"中的"细软"便主要是指古玩珠宝之类的收藏品。末代皇帝溥仪，在穷途末路时就没有带多少货币，而是仅仅带了一口皮箱，里面装满价值连城的古玩珠宝。

改革开放以后，尤其是进入20世纪90年代，国家经济平稳发展，人们生活水平逐步提高，我国民间收藏呈现出蓬勃发展之势，形成了一支浩浩荡荡的民间收藏队伍。从收藏爱好者的构成看，不再局限于知识层，已扩展到社会的各个阶层、各个年龄层，可以说中国民间收藏活动呈现出前所未有的繁荣景象。

收藏活动之所以能吸引越来越多的人，这与收藏的价值分不开。收藏是资产保值和投资的重要手段。有的收藏爱好者说："炒股赚的钱只是枯燥的数字，购藏艺术品却是既能升值保值，又能怡情养性，陶冶情操。""觉得艺术品投资的回报率与股票相差无几的，甚至只要选择正确，它更具有一种稳定性。"这种考虑很能代表一些人的想法。

市场经济赋予了收藏更大的价值。在众多的投资品种中，有人预测，继房地产、股票之后，那些极具经济价值的艺术藏品（如古玩、书画、观赏石）是又一大投资项目。而与前两者相比，这类藏品由于具有极高的艺术性和不可再生性，使得本身的价值、价格相对稳定，并随时间的推移、经济的增长而呈不断上升之势，具有更高的稳定性和回报率。在世界各国，都有庞大的艺术品市场和收藏队伍，并且在不断成长壮大，即使在经济危机的形势下，顶级古玩艺术品仍在市场的风风雨雨中胜似闲庭信步，屡创佳绩。

总之，藏品投资大有前途，而且藏品经营的前景也将更为广阔。

收藏投资，先刷新观念

对于初入收藏界的新手而言，首先要培养一个正确的收藏观念。

一、培养良好的收藏心态

很多人之所以买到假货，就是因为急功近利。满怀希望自己能够走运淘到一件好东西，结果屡屡上当受骗。艺术市场不同于其他市场，更不像股票、基金，今天买进明天卖出就能赚大钱。搞收藏的人，都要有这方面的兴趣，而且要多看书、多看拍卖、多看展览，多请教，尤其是多看真东西，真的看多了，才能知道什么是假。

二、把握好收藏时机

在日常生活中，经常听到一些新加入到收藏队伍的人私下抱怨时机错过，尤其是看到别人早些年以低价买下的藏品，不免连连咋舌，惊羡不已。当看到别人连连买到好的藏品时，又抱怨自己机遇不好。其实，时机每时每刻都在，关键是你自己能否抓住。

藏品的收藏价格也是随着时间在波动。对于一个现代收藏者来说，引入经济学的投资思考是必要的。怎样以有限的金钱拥有藏品，并且在有限的时间里获得最大的经济收益，这是藏家普遍关注的。

三、并非年代越久越值钱

收藏界有这样一个说法：当时就很值钱的东西，现在仍会很值钱；当时不值钱的东西，现在还是不值钱。也就是说，很多收藏爱好者认为，年代越久的收藏品就越值钱，这其实是个误区。藏品的收藏价值主要体现在历史文化价值、稀罕程度和工艺水平上。一些高古陶器，尽管有数千年的历史，但因其存世量大、制作粗劣，其价值远远低于后世的一些精稀藏品。汉代、唐代一些存世量很大的铜钱，今天在市面上不过几毛钱一枚，而一些现代工艺的翡翠器物，却能卖到数十万元。

明清时期，皇帝集中了全国最优秀的制瓷人才到景德镇，专为皇家烧制瓷器。这一时期的官窑瓷器不计成本，极为精良，在当时就身价不菲。在近年的一些拍卖会上，明清官窑瓷器的精品动辄拍出数千万元的惊人价位，而一些民用陶器、瓷器，因做工较为粗糙、没有什么工艺价值，当时也只卖几文钱一个，直至数百年后的今天，其收藏价值仍然不高，只有三五十元一件。

收藏品的价格弹性很大，即使是同一件收藏品，其价格也会因人、因地、因时而异。有些藏品可能收藏价值并不高，但有人却出于特殊爱好，或为寄托某种特别的感情，或为了配齐系列藏品中的缺品，却视其为珍宝，不惜以大价钱购得。

由于各地的收藏氛围、购买能力不尽相同，一件藏品在不同场合的"身价"可能会有很大悬殊。"地区差"因此便成为精明商人的生财之道。例如：某国画大师的一件作品，多年前在一般小城市的拍卖会上成交价仅1万元，在大城市则拍出了6万元，再拿到北京，成交价变成了几十万元。

四、藏品未来价值最重要

俗话说，物以稀为贵。藏品的存世量越少，价值就越高；存世量越多，价值就越低。这个原则可以作为选择藏品的参考，但也并非是绝对的。那些发行量很大的纪念邮票、纪念钱币、纪念章，还有非限量发行的招贴画等供求量弹性很大的藏品价值也是很高的。

收藏的意义被界定为三点：首先，该藏品是否含有人们所欲知的信息。如果是，那就可能产生较大的需求，就拥有收藏价值。其次，藏品所拥有的潜在价值是否被人们强烈关注，是否具有非凡意义。最后，一旦藏品的特殊意义被发掘，是否市场的供应量也能迅速增加。只有藏品拥有人们欲知的信息，这种信息又极为重要，而且市场又无法充足供应才有收藏价值，也会有巨大的升值空间。

文物收藏的价值是多范畴的，不仅包含了经济价值，还有社会价值。但是为了让大众更加明晰文物的价值概念，通常专家会以完全的经济价值来表述，这样会有一个更为直观的价值概念。文物鉴定专家说，一幅宋代的名画价值数千万元并不是说它就肯定能卖几千万，而是说它的经济价值和社会价值的总和是价值千万元，如果真的出售也许几百万元都没人买。这就是通常所说的有行无市。

通常说的市场有风险，投资需谨慎。对现在的投资收藏行为不仅仅要看藏品的行情，还要看它的"市情"如何。知"市情"、懂诀窍，获得丰富的经济收益才会成为可能。

五、投资的价值在于收益

投资一件藏品，目的不仅在于欣赏，更在于它能保值升值。深埋地下的文物是没有价值的，想让藏品增值，就要让其流通，而作为收藏者只能赚取一个升值环节的利润。我们常听说有人把藏品出手后又花更高价钱买回来，再以更高的价格卖出。收藏经济学认为，只有经过足够数量的流通次数，藏品的价格才能实现大的增值。这就是古玩界乃至收藏界常说的"高来高走，低来低走"。

一件藏品，包括找寻的辛苦、周转的利润、一次次的增值，还有由于判断失误带来的损失，最终都由后来的收藏投资者埋单。这样看来似乎冤大头总在后面，其实也不然，藏家只是在别人苦苦寻找、对比、参照、淘汰、选择、流通、交换等的基础上，摘取其中最公认的硕美果实而已。这一点上，最后藏家又是最大的赢家。而且历史是延续的，每个藏家也只拥有藏品的一个时期，拥有者总在未来。

收藏投资有风险

徐先生，今年65岁，从事收藏快5年了，其主要收藏方向为明代、清代、民国时期各类瓷器。

徐先生是退休后喜欢上收藏的，目前已经收藏各类瓷器1 500余件，投入资金近20万元。今年"五·一"节期间，徐先生请了一位资深的鉴定家，对其收藏的1 500多件藏品进行鉴定。徐先生本以为自己精心收藏多年的各类瓷器有不少珍品，但最终的鉴定结果让徐先生大吃一惊。原来1 500件瓷器中，有98%都是赝品，其损失至少有15万元左右。

古玩收藏一样有风险，最大的风险来自于赝品。为避免古董投资失败的陷阱，首先要自我充实，谨慎选择投资的古董并要了解其古董投资的禁忌，方能增加成功的几率；同时对于藏品投资的爱好者来说，不妨参考一下以下建议。

一、量力而行

古董投资是一项迷人的投资，若是懂得其中的奥妙，往往会越陷越深。在这里提醒投资者，千万不能超出经济能力。有些已经成名的艺术家，他们的作品动辄几百上千万元，作为大部分中产阶级和工薪阶层来说根本无力收藏；而且高价作品往往已经得到行业和大众的认可，增值潜力也相对有限。因此，对于普通大众来说，收藏的时候不要盲目乐观，而要看清自己的经济实力。

二、古玩赝品要认清

为啥别的东西造假有人管，但是古董造假却很正常、自己走眼就算自己倒霉呢？或许这就是古玩的魅力所在。造假大体分两种情况：一是崇尚古人古物而仿之；二是受利益驱动而仿之，现在绝大部分造假属于第二种。其实对于艺术品的造假也不能一概否定。就拿书画来说，当年张大千仿石涛的山水画作，骗过了很多大收藏家的眼睛；齐白石晚年作品上的工笔草虫几乎都是学生画的；明代大画家仇英仿的《清明上河图》在拍卖会上挣到几十万元；故宫目前收藏的古代书画中，相当一部分是后朝仿制的。另外，真假由谁说了算？对一件东西专家说法不一，是经常的事。还有所谓的科学检测手段，目前也已被造假者所攻破。因此打假说起来容易，做起来难。这大概就是目前打假没人管的主要原因吧。怎么办呢？一是提高自己的眼力，少交学费；二是遇到把假货当真货卖、骗钱数额较大的，勇敢地拿起法律武器来保护自己。

三、争议的作品不要买

因为书画市场上伪品甚多，如不细心，以真货的价买了假货，不仅丢了资金，还会挫伤个人锐气，挫伤自己的胆识。千万不能大意，购买时如果自己在技术上把握不准，可以请行家鉴定。

四、急于求成不可取

低于市价很多的东西可能有问题，或许有瑕疵，或是大量倾销，或是仿冒作品。要务必谨慎，不能急于求成。一定得三思而后行，不能见一样爱一样，最好平时多看书研究，多逛店家，再找出自己的收藏取向，最好能有计划地投资。

收藏投资种种

一、古董家具，寂静中酝酿行情

尽管全球范围都受到经济危机的影响，名贵木材的市场价格有所回落，但中国古典家具在拍卖市场上的价格却依然高居不下。2008年4月，中国嘉德举办的"盛世雅集——清代宫廷紫檀家具"专场中，"清乾隆紫檀雕西番莲大平头案"先以3

136万元价格成交，随后"清乾隆紫檀束腰西番莲博古图罗汉床"又拍出了3 248万元，再次刷新了中国古典家具拍卖的世界纪录。

在全世界艺术品投资热潮中，中国艺术品的价值在国际市场上不断升温，古董家具更是其中的佼佼者。高档名贵的硬木与传统国粹文化的融合使其成为高品位和高价位的代名词。收藏古董家具已经成为一桩颇为风雅且迅速流行的活动，致使许多原本就缺乏起码鉴赏力的人难以保持冷静的头脑。

收藏古董家具主要还是靠经验，要求每一个收藏者掌握一些实用的方法。例如，最简单的方法就是看家具中最不起眼的"四足一底"。首先，看家具外表陈旧的颜色是否自然、花纹是否丰富；其次，四条腿脚应该是糟糠的，一般新做家具都是外观旧、中心硬。所以，只旧不糟一定不是老家具。

收藏古董家具切忌贪图便宜，要想在市场上买到又好又便宜的古董家具是不可能的。不要盲目收藏，只有艺术价值高并具有较大升值空间的古董家具才具有真正的投资价值。因此，进入市场之前应该先多读些与古董家具相关书籍，先在理论上多做准备，然后再去市场。初涉收藏者购买家具应该首选拍卖行，那里可以保证家具的质量。古董家具市场潜力巨大，但风险也很大。要保持理性，做到成竹在胸，才能在古董家具投资和收藏中免入误区，确保自身利益不受损害。

二、东方人喜爱收藏古董钟表

一个钟表收藏爱好者说起一件亲身经历的趣事：3年前他将一台三铃南京钟以10 000元的价格卖给了苏北的一位私企老板。3年后，他去江苏某地开会，在某古玩店一眼就看到一台标价80 000元的三铃南京钟被摆放在显著位置。凭着对自己收藏品的熟悉程度，他断定这就是当年自己卖给苏北老板的那台南京钟。果然，事后他证实了自己的判断。唯一出乎意料的是，10 000元变成了80 000元。

一般来说，东方人比较喜欢收藏古董手表。像现在世界知名的十大品牌：百达翡丽、江诗丹顿、爱彼、宝珀、万国、伯爵、卡地亚、积家、劳力士、芝柏，都是顶级品牌，不仅有高质量的机芯及经典的外形，还具有历史价值与意义。

但目前升值潜力较大的是那些知名度较高，但价格不算太高的老式表。如浪琴、天梭、欧米茄、罗马、梅花、雷达等老式表，价格大约在3 000元至15 000元之间，这些表主要是做中国市场起家的，在我国有一定的存量。

对于古董钟来说，品牌不是关键，更重要的是看它的品种。量小质精的南京钟比起数量众多的西洋钟更具潜力。这种起源于南京的西董钟，外壳多采用红木、紫檀、黄花梨等名贵木材，制造非常精致。由于它的存世量已不多，现在最普通的南京钟价位约在5 000元左右，较好的要达到数十万元，而且行情还在看涨。收藏古董钟表应注意事项如下：

首先，要弄清其产地、年代、质量、功能、款式及机械构造等方面的情况，通过其落款来决定是否购买。初入门者，最好选择较有名气的品牌、较完美的品相及口碑较好的表芯。当然，这也要考虑本身的经济能力，量力而为。

其次，要注意其品相，包括机芯和轮轴是否完好，外表是否有裂痕，配饰是否齐全，走时是否精确等，并选择式样奇特、少见，或镶有珠宝、彩绘以及珐琅的钟表。

再次，和其他收藏一样，选择专题进行收藏，比如集顶级名表、集外国表、集中国表、集艺术表等。初涉古董表收藏者，应以收藏20世纪30年代至50年代的古董表为宜，因为这时的古董表不仅款式较多，而且价格适中，资金上可以承受。

最后，看的是机芯。要收藏那些原装原件的，最好是未修理的。有些古董表的表壳和表面好像很完整，但是里面的机件可能变成"联合国"或"大拼盘"，即换过不少零件，或东拼西凑而成。这类古董表的价值是大打折扣的。

三、现代艺术瓷器，收藏新热点

在国外，瓷器、景德镇与中国是一个概念，可见中国的瓷器在世界上的地位。但到了近代，与国外相比，中国陶瓷业却落后了许多。近几年，由于景德镇的陶瓷艺人和艺术家们的努力，现代艺术瓷开始被海外收藏家关注，收藏家和陶瓷爱好者开始注意到，现代艺术瓷也是一个不容忽视的新的收藏热点。分析其原因有三：

(1) 瓷器收藏历来是国内外收藏的重头戏，但大都局限在古代瓷器和官窑陶瓷。由于官窑陶瓷的投资太大，并不是普通收藏家可以玩得起的。而现代艺术瓷则不然，普通中等收入的人士即可涉足。

(2) 官窑陶瓷由于量少，买家又多，价格大都达到了一定的高度。如不是捡漏，或是罕见之品，不太可能有太大的升值，若一旦遇上赝品，损失巨大。现代瓷暂时还没有这种风险，由于是一个新的收藏热点，对收藏者来说升值的可能性更大，更具挑战性。

(3) 现代艺术瓷由于其艺术语言的当代和新颖，在家居之中具有很好的可视性与环境的协调性。这也是收藏者对其青睐的一个很直接的原因。

近两年来，香港、北京、广东等地多次成功举办景德镇现代陶瓷精品拍卖和展销会，也为现代瓷成为新的收藏热点起到推波助澜的作用。

收藏现代艺术瓷首先应清楚自己的收藏目的。一般来说，收藏一般艺术作品是出于喜爱和美化家居的需要；收藏名人名作，出于增值和提高收藏家身份的需要；按风格、年代、作者等类别进行收藏，出于成为系统化、专业化的需要。因此，收藏名人名作，不仅需要眼光，而且还要有强劲的财力支持。在准备收藏之前，首先应概略了解景德镇瓷器的成型工艺和烧焙工艺，多看多比较不同陶瓷的优缺点。在具有起码的陶瓷优劣鉴别能力的基础上就可以尝试着购买一两件价位不高的艺术瓷。

人们知道现代艺术瓷作为不应被忽视的收藏新宠,并了解了收藏中应注意的一些问题,那么具体地选择一件作品应如何鉴别呢?

首先看作品的造型。造型往往被陶瓷艺人和收藏家所忽视。因为人们最容易被色彩打动,而轻视造型本身。作为一种三维空间的艺术形式,造型的本身就能体现出一种精神,或圆润、或挺拔、或纤秀、或雄强、或文儒、或豪放。造型虽是由简单的线条组成,但提供给人们的想象力却是无穷无尽的。

其次看装饰的效果。因为是现代艺术瓷,既要看装饰是否与造型统一,更要看装饰本身是否新颖和有创造性。瓷质材料的精美决定了装饰也应是唯美的。现在有些陶瓷艺人简单地将国画画面移入瓷器装饰,效果未必很好。除少数作品外,两维空间的国画移入三维空间并不适合瓷器装饰。好的瓷器装饰应是在任何一个角度都能给人以完整性的效果,而不是有些画面太挤,有些画面太空。

再次看色泽。青花是否纯净幽远,丰富润泽,釉里红是否红而不俗,层次多变,釉色是否亮丽莹透,无斑点瑕疵。如果以上三点都比较符合要求,至少具备了收藏的基本条件。接下来要了解作者的自身条件:如果是新人新作价位偏低,大胆买下;如果是名人名作还需考察作者的年作品量。同样作品的重复量如果少,价格自然要高,如果量多,特别是重复作品多,建议要谨慎购买。从国际收藏惯例来看,收藏中青年艺术家的作品,看似有一定的风险,实际上却是最具价值回报的一项投资。

四、体育收藏正当时

谷丙夫老先生是体育收藏界的名人,跟各种藏品打了半辈子交道。他指出,体育本身不可能收藏,但它的派生物却具有历史价值和纪念意义,成为收藏者的收藏对象。

从1896年第一届现代奥运会开始,有很多奥运题材收藏品已经被人收藏。1993年国际奥委会成立了奥林匹克纪念品收藏协会,作为重大题材的奥运收藏品,在奥运会召开之前或者举行之中,是最好的升值阶段。

据了解,此前凡举办过奥运会的国家,都曾形成过收藏投资奥运纪念品的风气。国际收藏界现在已经将所有有关奥运会纪念品的收藏命名为"奥林匹克收藏"。收藏市场的"奥运风"越刮越猛,2008年发行的奥运纪念币,现在的价值已经上涨了50%,价格从9 000多元涨到了14 000多元,而且市场上几近断货。

五、收藏投资之邮票

因邮票诞生的集邮,起源于兴趣,归功于邮票丰富的选题、精心的设计、精美的印刷,通过收藏、欣赏、研究邮票及相关邮政用品,旨在求乐,人们在欣赏邮票的同时获得精神上的满足。但生活在一个以经济为主的社会中,人们在不知不觉之中也把集邮当作是一种产业,用金钱进行衡量。邮票是一种特殊的商品,一次性生产,印数和发行量限定不变,时间越久,数量越少,价格也就越高。另外,邮票还与一个国家的形势密切相关,所以又被称为"国家名片"。

小小的一张邮票,却具有非常多的学问。

邮票的种类如下:

新票:新发行未使用过的邮票。价格最高。

盖销票:盖章使用过的邮票。价格次之。

信销票:邮资凭证。有一定的邮政史料价值。价格最低。

成套票:一个完整的系统邮票。价格较高。

散票:不成套的单张邮票。价格较低。

单票、方连票、全张票:主要指新票中成套未分开的邮票。

纪念邮票、特种邮票:J字头小型张邮票、T字头小型张邮票。

错票、变体票:设计、印刷等错误造成的邮票。这种邮票极为珍贵。

邮票投资的渠道包括国家邮政机构、集邮公司、拍卖行、集市、邮寄等。

邮票投资的特点是门槛比较低,任何人都可参与,且几乎不用成本就可开始。但收益不稳定,价格波动较大。集邮除了具有一定的投资价值,还具有知识性、趣味性、文化品位等,可陶冶人们的性情。

六、收藏投资之人民币

随着人民币收藏队伍的不断壮大,一些停用退出流通领域的人民币和限量发行的金属流通纪念币越来越少,受价值规律影响,这些人民币价值直线上升,并随时间推移,增值潜力越来越大。例如:第一、第二套人民币和金属流通纪念币,其市场收藏价值已超过其面值数倍,有时甚至数百倍,就连即将退出流通的第三套人民币也都增值数倍甚至数十倍。因此,人民币作为收藏对象,具有明显的保值增值功能。

截至目前,我国共发行了五套人民币,早期的三套最有收藏价值。第一套人民币发行于1949年,当时刚解放,战后人口大量削减,而且正处于新老货币交接之时,所以并没有印刷很多的货币。这套人民币在1955年停止流通后,便慢慢淡出了人们的视野,现在存世量相当少。据称,"第一套人民币九品相的大全套,现在能卖到150万元以上。"

第二套人民币于1955年开始流通,印刷量也不大,现在全品相大全套的市场价在12万~15万元之间。另外,"这套人民币中有一张黑色十元面值的,面积很大,一般的钱包都搁不下,携带很不方便,很难保存完好品相。"这张纸币成了第二套人民币的"领头羊",现在全品相的市场价格在7万元左右。

第三套人民币于1962年开始发行,到2000年7月1日才停止流通,是五套人民币中市场流通时间最长的，长达38年。这套人民币的一大特点是版式多样，"比如一角面值的就有'背绿水印'、'红一毛'等好几个版。"现在市面上品相完好的"背绿水印"值9 000多元，"红一毛"也能卖到1 000元左右。

收藏爱好者根据自己的经济收入来选择收藏对象，经济实力雄厚的收藏家可以考虑收藏第一、第二套人民币；对中低收入水平的收藏爱好者来说，建议可以关注第二套和第三套人民币中间一些个别的有特色的纸币，盯准一个币种进行长期投资。比如第二套人民币是苏联版，其中有一张3元版，其他几套人民币都没有这个面值，很特别。现在的价位不是非常高，升值空间值得期待。另外，第三套人民币中的"红一毛"目前的价位也不高，但因为存世量很小，也有不小的升值潜力。

收藏人民币，应该注意：

首先，不是每一张人民币都有收藏价值。如已退出流通的第二套人民币纸分币，纸币上罗马文带有阿拉伯数字的纸分币收藏价值很高，而没有印数字的纸币价格可能只接近面额。

其次，除了提防假币以及挑选品种以外，收藏人民币还应注意纸币的品相。由于一些钱币品相不好，卖家往往只能低价抛售。比如一张全品相的第二套人民币"拾元券"目前价值12万元，但是一张破损严重经重新整修后的"拾元券"可能2万元也卖不出去，可见品相的重要性。如果所藏钱币保存不当，即使是用放大镜才能看见的划痕或一个针眼大小的黑点，都会导致该钱币降低一个或一个以上的等级。因此保持钱币的品相，就是让所藏的钱币增值。

目前的人民币收藏市场上，还有一股特殊人民币收藏之风，比如"特殊号码币"、"连体钞"、"错币"等，都有一群自己的"粉丝"。对此，需要区别对待，不能盲目跟风。

总之，把收藏人民币当作爱好与研究而不是炒卖，保持平常心。可以从货币学、货币史的角度进行研究学习，增长见识，开阔眼界。

阅读链接：2010年度影响中国收藏界十大事件

一、我国从美国成功追回国家一级文物唐代石椁

2010年6月17日下午，陕西省公安机关将从美国追回的唐贞顺皇后陵墓（敬陵）被盗石椁正式移交给陕西省文物部门，专家们对石椁进行修复和复原后，将长期存藏于陕西历史博物馆内免费供人参观。这是近年来我国公安机关从境外成功追回的重量体积最大、文物级别最高、件数较多的唐代文物珍品。

流失美国长达6年之久的唐贞顺皇后陵墓（敬陵）石椁采用立体减底浮雕做法，

为宫殿形状，由5块檐顶、10块廊柱、10块檐板、6块基座共31块石头组成，高约2.3米、宽约2.6米、长约4米，其内容为侍女、花卉建筑，具有极高科学、历史、艺术价值，是一件难得的唐代文物珍品，为国家一级文物。

二、吴冠中逝世

2010年6月25日23点52分，著名画家吴冠中先生在北京医院逝世，享年91岁。吴冠中是20世纪现代中国绘画的代表画家之一，为中国绘画发展做出巨大贡献。20世纪80年代开始，他不懈地探索东西方绘画，实践着"油画民族化"、"中国画现代化"的创作理念，其作品《长江三峡》《鲁迅的故乡》等深入人心。

三、商业部发布首部中国艺术品拍卖行业标准

作为我国艺术品拍卖行业的首部推荐性标准，从2010年7月1日起，《文物艺术品拍卖规程》正式实施。标准对文物艺术品拍卖中的拍卖图录、委托竞投等重要术语作出了界定，并规定了拍卖活动应当遵守的基本原则。

据悉，标准中最重要的内容，就是结合文物艺术品拍卖实践，对拍卖程序中的拍卖标的征集、鉴定与审核、保管，拍卖委托，拍卖图录的制作，拍卖会的实施，拍卖结算，争议解决途径，拍卖档案的管理等主要环节作出详细规定，以便于拍卖企业直接依据标准开展经营活动，便于拍卖各当事方积极参与拍卖，维护自身的合法权益。同时，标准还以附录形式，提供了委托拍卖合同、竞买协议、委托竞投授权书、成交确认书等四项重要的法律文书范本，为相关当事各方提供了最具有实用性和操作性的依据。

四、国内首个权益拆分艺术品资产包上市

2010年7月3日，中国第一个基于权益拆分模式的艺术品资产包——深圳文化产权交易所1号艺术品资产包正式推出。深圳文化产权交易所1号艺术品资产包包含了汕头大学教授杨培江的4幅油画及8幅宣纸彩墨作品。参照画廊日常出售价格、各大拍卖行拍卖价格及艺术专业刊物的行情报价，12幅作品市场价格共计约600万元人民币。但资产包在深圳文化产权交易所发行的初始价格确定为200万元人民币，权益拆分后所有权份额总数为1 000份，每份面值2 000元人民币。

五、以"和平"为主题圆明园罹劫150周年纪念活动启动

2010年是圆明园罹难150周年，在纪念日当天，圆明园遗址公园在晚会上发布了一份针对圆明园流散文物的全球倡议书：倡议全球持有圆明园文物的机构或个人返还文物，全球热爱和平的人士共同抵制圆明园文物的拍卖、交易，全球学术机构共同做好圆明园文化遗产的研究、保护、传播和利用工作。

六、上海世界华人收藏家大会

2010年11月5日上午，世界华人收藏家大会在上海展览中心开幕。大会由上

海市人民政府支持，上海市文物管理委员会、上海市文学艺术界联合会、上海市文化广播影视管理局、上海市人民政府新闻办公室联合主办。本届大会将主题确定为"收藏——历史传承与时代创新"，除了总结历史上收藏的经验和理论，还力求体现过去与未来的相互关系。海内外知名收藏团体如台湾清玩雅集、中华文物学会，中国香港敏求精舍、求知雅集，以及北美、新加坡等地共有600余人到会。张五常、丁绍光、陈东升、曹兴诚、何家良、Patricia P.tang、张宗宪、杨伯达等20余位重量级藏家发表主题演讲。此外，延续首届大会的传统，组委会认真组织采访和组稿，发布三大册大会文献《大会论文集》、《大会采访录》、《中国收藏学初探》，共计113万字。

七、范曾被曝流水性作业，与郭庆祥对簿公堂

2010年10月，北京昌平区人民法院的一纸传票摆在了收藏大鳄、著名收藏机构大连玥宝斋的当家人郭庆祥面前，将郭庆祥告上法庭的则是画家范曾。起因是今年5月，郭庆祥在上海《文汇报》发表的一篇文章《艺术家还是要凭作品说话》，文中就目前国内有些画家"流水线作业"，不讲求艺术品质，大量复制自己作品的现象进行了批评。谁知这一篇并未点名的文艺批评文章惹怒了范曾，他以侵害名誉权之罪，将郭庆祥告上了法庭，并索赔500万元。被告郭庆祥2010年12月28日在博客上以《我有范曾流水似作画的证据》为题公布了范曾作画时的三张照片。这是当代中国书画史上第一次因为书画批评而诉诸法律，将批评文章作者告上法庭的事件。

八、一个乾隆瓷瓶被中国买家以超过5亿人民币天价购得并引发争议

2010年11月11日的一场拍卖，让伦敦博罗（Borough）区域的Bainbridge拍卖行成为艺术圈和媒体瞩目的焦点。原来在此场拍卖中，一个估价80万英镑至120万英镑之间的清乾隆粉彩镂空瓷瓶以5 160万英镑（约5.5亿人民币）的价格成交，刷新了今年6月由黄庭坚书法《砥柱铭》创下的纪录，成为目前中国最贵艺术品。

据悉，这一清乾隆粉彩镂空瓷瓶是由伦敦一对中年兄妹在收拾已故父母的旧宅时发现的，在其家中收藏已约70年。拍卖行专家认为这个瓷瓶是乾隆三十余年官窑制品，属于皇宫收藏，但他们不知道这个花瓶究竟是怎么到英国的。据国外媒体报道，此次以天价拍走这一瓷瓶的是一位中国藏家。

九、2010，中国展览"行走"全球

在刚刚过去的2010年里，那些在海外举办的一系列展览、展会，无论是作为领导出访或重大文化活动的有力配合，还是作为独立的文化展示与交流主体，都以自己的方式和特色充分展现着中国文化的风采。例如，在瑞士举办的"瑞士文化风景线艺术节·中国主宾国"，在巴基斯坦举办的"墨韵和风——中国水墨画精品展"，

在土耳其"绣之雅蕴——中国刺绣精品展",在日本举办的、在葡萄牙举办的"中国乐器展",在印尼举办的"墨韵和风——中国国画精品展",在美国举办"丝路奥秘——新疆文物展",以及在日本举办"华夏文明之源——河南文物珍宝展"、"西藏艺术与考古展"等,均引起了很大的反响。

十、中国艺术品市场涨势如虹,正式进入资本时代。

2010年,从年初到年尾,中国艺术品收藏市场是涨声一片。据不完全统计,2010年中国艺术品拍卖市场年度总成交额为502亿余元人民币,较之2009年的225亿余元人民币增长了123%。此外,继2009年4件中国艺术品拍卖价格突破亿元大关之后,2010年又有10余件拍品价格跨过亿元门槛,且由瓷器、古代书法、古代绘画扩展到古代乐器、玉质印玺、近现代绘画与掐丝珐琅器等。亿元拍品的批量出现不仅确定了中国艺术品拍卖亿元时代的形成,而且推促了"货好即价好"概念的普及。

如何靠收藏获利

收藏可以获利,这已是收藏界公开的秘密,但具体到某一位藏友,且1年能获利多少,决定因素有两个:一个是能否找到货源,另一个是能否找到合适的买主。

对于摆地摊的藏友,只要手里有好货,哪怕你所处的位置差点,也能卖掉;如果手中没有好的收藏品,你就是在市场上占了个好位置,也是枉然。寻找好的货源,不管用什么方法,只要把货源搞到,钱就等于赚了一半。

有了货源,怎样找合适的买主,这是赚钱多少的关键。因为同一件收藏品,卖给张三可能只卖到500元,卖给李四可能就是1 000元,而卖给王五可能就是2 000元或更多。

找买主分为三种:一是主动找买主,根据收藏报刊上的地址与买主取得联系;二是被动找买主,如在收藏报刊上打广告,注明姓名、地址和电话,写明有何收藏品,让需要的买主与你联系;三是从收藏市场上留心别人买什么东西,如果自己有此种收藏品就介绍给他,并记下他的联系方式,有货后直接与其联系。有买主的好处是:有货能及时出手,还能卖个好价钱,收藏品快速循环,资金灵活周转,就实现了良性循环。

一种藏品找到了买家后,这位买家还会让你找其他的藏品,还会告诉你他用多少钱去买。如果你不懂,碰到类似的收藏品,你介绍给他,不用你下本,就能赚一笔不菲的中介费。收藏这池深水是能养得起大鱼的。只要你有能力,能找到货源,能找到合适的买主,你就能发大财,获暴利,这毫不夸张。有的买主还会教给你一些鉴定方法，与此同时你又可以免费学到很多宝贵的经验。两全其美，何乐而不为呢？

所以说，搞收藏要动脑筋，寻找货源是基础，找好买主是关键，只有这样，才能靠收藏发大财、获大利。

古玩收藏攻略

一、收藏古玩要三戒

在京城有一则趣闻：一位外地"大款"在某艺术品市场一次买下价格7位数人民币的"清代"文房用品。几天后却要求退货，卖家自知货"潮"，按照规矩收了几万元"手续费"后答应退货。

第一戒：戒冲动。

投资，是理性行为，是建立在对投资领域丰富经验和对投资项目充分论证基础上的。自己本身就外行，又没有冷静研究和咨询的过程，风险可想而知。

艺术品投资也是同理。此外，艺术品还有其特殊性：基本上"拒绝"外行投资。如果你不真心热爱艺术品，不以追求美的情感去接近它，不多年浸润其间，把辨析其艺术价值和真伪优劣变成一种近乎本能的感觉，而只以买彩票的心理想一夜之间发财，这是不现实的。而冲动，恰恰来自这种无知。据说那位"大款"在从银行打款的过程中，曾有人不止一次提醒他当心，他却一点也听不进去，一直处在极度兴奋之中。

第二戒：戒侥幸。

收藏圈子里有个人人都说的话题，叫"捡漏儿"。所谓"漏儿"，是指某件艺术品价格严重背离价值。这是社会环境影响和买卖双方心理与能力错位造成的。而"漏儿"只可能发生在内行之间，其实质是买卖双方艺术鉴赏力和市场洞察力的角斗，而赢家一定是"道行"更深的买主。因此，在艺术品市场，"漏儿"永远有，但却永远不属于外行，因为连真假高下都尚难分辨，那根本就不可能看出什么是"漏儿"。

第三戒：戒轻信。

对古代艺术品的选购，"过来人"有一句箴言："谁的话也不能全信。"意思是如果你没练就一双火眼金睛，不能对要买的东西能拿七成主意，就算专家在旁，也照样会有风险。因为专家也有局限性，走眼的事就难免发生。而那些卖主的话，就更要大打折扣，应遵循的原则是：只看货，不听话。越是信誓旦旦地说词，越要提高警惕。某拍卖公司收货的职员对某古董店老板说："给找点货呀，新的也没关系,只要到位。"这个"到位"当然是指仿品乱真的程度要"到位"。总之,艺术品市场的水很深,喜欢游泳的人可以从"浅水区"练起,逐渐游向"深水区",经年冲浪,乐此不疲,在艺术欣赏中受陶冶,练悟性,在学习与研究中逐渐丰富藏品,如此10年、20年过去,就会发现,投资在不经意间就实现了,而且回报甚丰。

二、收藏古玩"五有"

有识——刚入门的收藏者要多听行家的评价,多研究相关资讯,对古玩年代、材质、工艺、流派、真假进行深入细致的了解、鉴赏和识别。

有闲——收藏古玩是靠日积月累、积少成多,最终形成个人的藏品风格,因此收藏者必须要有充足的时间,并学会合理安排时间。

有胆——俗话说:"古玩无价。"保值增值的古玩大多都是珍品,价位偏高。这就要求购藏者有超前意识,有足够的胆量。若遇珍宝,一定要有魄力。

有缘——一件让人爱不释手的古玩珍品,往往可遇不可求。这就要求购藏者必须善于把握时机,多与古玩市场的摊主交朋友,及时了解市场行情。

有钱——工薪阶层的收藏爱好者大多资金有限,不妨每月固定拨出一笔经费,日积月累,不断提高收藏的档次和成功率,并采取以收藏养收藏的方式,随时纳精汰次,变没钱为"有钱"。

三、收藏古玩要系列化、专业化

收藏界流传着这样的话:"钱少有钱少的玩法,钱多有钱多的玩法。"收藏不只限于古玩,"今玩"同样可纳入收藏视野,关键在于"用心"。如"文革"瓷、酒瓶、钥匙扣、烟灰缸、糖纸……只要走系列化道路,便大有文章可做。某古玩城曾展出一位玩家的藏品——这位玩家没有雄厚的资金,于是,专门收藏各式各样的绣花针,从古到今,已成系列。即使有一定经济实力的玩家,也不要见什么买什么。可以投资一些大件,但无论字画、铜器、瓷器等,都得钻研透,努力向专业化方向发展。

艺术品小拍收益多

如今,许多大中城市都开设了小拍,上海有数十家拍卖行加入了小拍阵容,几乎每个月都有公司举槌开拍。

一、小拍不小

艺术品市场价位太高,脱离老百姓实际承受能力,会阻滞艺术品收藏群体的发展。低价起拍就是针对画廊等中介机构虚开高价的现象而采取的一种培育艺术市场的举措。当然,一些真正的好作品并不会因此受到太大的影响,尽管起拍价低,但最后的成交价却是比较高的。——拍品最重要的是有质量保证。

小拍较小,但并不意味就没有好货,推出的品种同样齐全,书画、瓷器、书刊、邮品、钱币……各类收藏品可谓无所不包。尽管拍品质量参差不齐,但不乏具有诱惑力的上品,如瓷器中可见古代皇家官窑小品,书画也有各种流派,不少为名家之作。这能使收藏者花费较少的资金,得到与大拍同等声誉的艺术作品。

对普通收入者而言,价格便宜是小拍最突出的优点。由于实力雄厚的大买家将注意力集中在"尖儿"上,很多价位偏低或尚未被炒热的拍品反被忽视,中小买家从中亦可得到有升值潜力的佳品。

一位竞拍者说,每月一次的小拍他几乎场场必到,场内像他这样的民间收藏爱好者不在少数。一藏友以3 300元拍进原在文物商店里标价1万元的清乾隆粉彩小笔筒,令很多朋友羡慕不已。但也有人认为这个价格偏高。其实,多数藏家几乎每周都要光顾古玩市场,在仅含10%左右真品的货物中淘金。但随着人们对收藏认识的不断加深,地摊市场中宝贝越来越少。与其如此,不妨把淘地摊的钱积累起来参与门槛较低的小拍,只需交2 000元保证金,不仅有机会以底价或低价竞得满意的藏品,而且一些两三千元的精致小艺术品还可作为人们装饰家居、馈赠亲友的首选。

二、差价获利

与许多交易市场一样,在拍卖中,买方与卖方的角色也可随时互换或同时"兼职"。当你处在买与卖双重身份的时候,你会体验到"买的没有卖的精"此话之精辟,可充分利用拍卖差价这一方式买进卖出,得到意想不到的收获。

朱先生几年前迷上了拍卖,常去观看小拍专场,他曾数次从拍卖图录中看到面值1元的1914年(民国三年)发行的"袁大头",当时市场价为60多元一枚,而拍卖成交价往往在700元至1 500元之间。于是,朱先生动了通过小拍赚钱的念头。他在邮币卡市场讨价还价后以90元的价格买入1枚"袁大头",几个月后,他抱着试一试的想法将钱币送到拍卖公司,并要求底价为150元。出乎意料的是,该拍品经过竞价,竟以1 000元成交,在支付了佣金和保险费等相关费用后,还净赚了800元,这一利润几乎是成本价的9倍。他说自己要是单纯通过地摊市场买进卖出,绝不会得到这样一个好价。

一般来讲,拍卖公司常年接收拍品委托,小拍接收的标准是价值在100元以上的物品,只需双方商定底价并签一个委托拍卖协议即可。拍卖公司收取的佣金一般是成交价的10%左右,另加1%的保险金,即一件以500元成交的物品,扣去佣金和保险金,委托人可拿到445元。而对小拍中未拍出的物品,拍卖公司一般不收取任何费用。

三、竞拍时需掌握策略

近年来，由于诸多媒体纷纷报道，使得投资字画的保值增值潜力远远超过其他投资，社会掀起了一股抢购热潮，许多人更是将原先委托金融机构投资的资金转移过来，欲寻求更大的收益。

但可供挑选的余地多了，难免会鱼目混珠，对众多买家来说，还得多长一个心眼。在入市时，尤其在参加这些低价拍卖时，应选择一些名气响、品牌好、口碑佳的大型拍卖公司。此外，还应懂得一些选择策略。据一位拍卖行的鉴定师介绍，近年来，中青年画家的作品受到藏家的追捧，尤其是低价位的中青年作品更是走俏市场。一些字画爱好者比较注重他们的绘画风格，购进后便于自己临摹研究和学习。还有一些投资者购进后，目的非常明确，就是等待时机出手获利。

品牌货成为新潮收藏概念

现在的消费者已越来越注重品牌效应，品牌经济已为市场带来了巨大的收益。品牌收藏，对大多数人来说还是一个全新的概念。

一、"古董"可乐标价5 000美元

美国佐治亚州药剂师彭伯顿在自家后院里用断了一半的船桨和一个大铜锅创制可乐时，恐怕怎么也想不到，会在全球掀起一股收藏可乐瓶的风潮。在我国台湾地区台中市的一家可乐收藏店里，一个纪念英国查尔斯王子与戴安娜王妃结婚的可乐瓶，叫价达18万新台币（约5 000美元）。因为，在众多可乐收藏迷眼里，可口可乐永恒的红白标志和无数设计独特的产品，已成为经典摆设和藏品。

据了解，目前国外的品牌收藏已成为稀松平常的事，大到汽车，小到纽扣，远至葡萄酒收藏，近至现代软件光碟，许多品牌都有一群忠实的收藏爱好者。而且，许多网站都专门设有一个进行品牌收藏的网页，网友不计其数。

二、收藏可带动品牌发展

目前我国的收藏门类有很多，譬如字画、奇石、玉器、古旧家具等，随着收藏活动的迅速发展，又涌现出大量的专题收藏，如"文革"文物收藏、雷锋专题收藏等，但专门对一个品牌的产品进行收藏的还不多见。

例如，在上海的几家大商场里，陈列着风靡全世界的芭比娃娃。在美国，几乎每个女孩都藏有数款，但国内来买芭比的人大多是小孩，他们只是将其当作普通的洋娃娃，并不用来收藏。

其实，每一个知名品牌都蕴含着丰富的文化，是一种品牌文化。我国的品牌收藏才刚刚起步，国人的品牌意识还停留在注重产品质量的层次上，一个品牌的喜

好，仅局限于这个东西的使用价值上。其实，一个品牌包含的内容极为丰富，就像都彭打火机，它的品牌中质量只是其中的一部分，还包含了文化价值——这是一个收藏观念的问题。

三、大众参与意识逐渐形成

尽管多数人对品牌收藏的概念还很模糊，但只要稍微留意一下周边，就会发现这方面的"苗头"还真不少，而且有些人已参与其中，只是没有意识到。

如色彩丰富、充满时尚气息的斯沃琪手表，每年都会推出数款限量发行的珍藏版，刚一推出便告售罄；快餐业的两大巨头肯德基和麦当劳，每隔一段时间就会推出一批同一品种多种款式的促销玩偶，像Hello Kitty、史努比等，不仅受到许多孩子们的喜爱，还成为众多年轻人追捧的藏品。就连世界名牌化妆品Christian Dior，也挤上了品牌收藏的"地铁"。

第三十章

融资淘宝，灵活应用

> 现代典当是一种方便快捷的融资方式，它的小额性、短期性、高利性等这些特点恰恰显现了典当融资方式与其他融资方式相比较而凸显出来的某种竞争优势。
>
> ——卡萨斯利

> 我从不打算在买入股票的次日就赚钱，我买入股票时，总是会先假设明天交易所就会关门，5年之后才又重新打开，恢复交易。
>
> ——沃伦·巴菲特

典当知识入门

所谓典当，是指当户将其动产、财产权利作为当物质押或者抵押给典当行，交付一定比例费用，取得当金，并在约定期限内支付当金利息、偿还当金、赎回当物的行为。通俗地说，典当就是要以财物作质押，有偿有期借贷融资的一种方式。这是一种以物换钱的融资方式，只要顾客在约定时间内还本并支付一定的综合服务费（包括当物的保管费、保险费、利息等），就可赎回当物。

典当借款同银行贷款相比：业务方式上，典当更加灵活多样，原则上有价值的物品或财产权利都可以典当；典当借款手续简便快捷，一般少则几分钟，多则三五天；借款用途不一样，典当借款多用于救急，银行贷款多用于生产或消费；典当一般期限较短，最短5天（不足5天按5天计算），最长6个月；典当一般除收取当金利息外，还按当金一定比例收取综合费。

关于什么东西可以典当，典当师认为，原则上只要来源合法、产权明晰、可以依法疏通的有价值物品或财产权利都可以典当，但不同典当行具体开展的业务不同,一般来讲房产、股票、企业债券、大额存单、车辆、金银饰品、珠宝钻石、电子产品、钟表、照相机、批量物资等都可以典当。与通常人们想象中的旧当铺不同的是,现代典当行一般不收旧衣服。通常,活物也是不典当的。

典当是一种融资行为,需有偿使用。典当行一般按当金收取综合费及当金利息。按照国家的《典当行管理办法》有关规定,质押典当月综合费率不得超过当金的4.5%,房地产抵押典当月综合费率不得超过当金的3.0%,综合费在典当时预扣,当金利息一般按同期银行贷款利率上浮30%执行。具体费、息标准根据不同典当行、不同业务种类会有所不同,客户需以典当行公告为准。

典当的基本流程可简单归纳为交当、收当、存当三个板块,具体操作程序如下:

(1)当户出具有效证件交付当物。

(2)典当行受理当物进行鉴定。

(3)双方约定评估价格、当金数额和典当期限并确认法定息费标准。

(4)双方共同清点封存当物由典当行保管。

5.典当行向当户出具当票发放当金。

要注意的是,不同典当业务需要提供的证件和办理的手续是不一样的:

(1)民品:本人身份证原件,有发票最好,可适当提高当价。包括金银饰品、珠宝钻石、电子产品、钟表、照相机等。

(2)房产:户主身份证、户口本、房屋所有权证、土地使用证等,需现场察看房产。

(3)股票:本人身份证、深沪股东账户卡,一般需签约监控。

(4)车辆:本人身份证、汽车有关证件。

(5)物资:本人身份证、相关财产证明。

根据典当行管理办法有关规定,典当期限届满或续当期限届满后,当户应在5天内赎当或续当,预期不赎当或不续当则称为绝当。绝当后,绝当物估价金额不足3万元的,典当行可以自行变卖或折价处理,损益自负;当物估价金额在3万元以上的,可以按《中华人民共和国担保法》有关规定处理,也可以双方事先约定绝当后由典当行委托拍卖行公开拍卖。拍卖收入在扣除拍卖费用及当金本息后,剩余部分应当退还当户,不足部分向当户追索。

典当技巧知多少

提起典当行,也许很多人感到陌生,但提起当铺则无人不知。"乘人之危、高利盘剥"是人们对旧时当铺的基本认识,尽管现在的典当行无论从形式还是经营内容上，都与旧时的当铺有质的不同，可仍有不少人心存障碍，不愿意轻易踏足典当行。

一项调查显示，居民进行典当的原因，有48%的人是因为银行信贷门槛高，向其融资有一定的困难，且手续繁杂才转向方便、快捷的典当行；16%的人是因为自己的存款未到期，采取典当融资既可解燃眉之急，又可避免存款的利息损失；16%的人认为是由于抵押物品的范围广；12%的人认为是因为手续费用较低，是一种较为合算的融资方式。还有8%的人是因为典当灵活方便。总之，典当行已成为人们应付小额融资、周转资金的好帮手，相对银行的抵押贷款而言，起到了补充和拾遗补缺的作用。

典当也有一定的技巧，当你了解了典当的技巧后，你对典当行的心理障碍或许就迎刃而解了。

一、典当物需合乎条件

并非物物可当，必须是典当人有权处置、能保存并可以转让的生产生活资料，如房屋、汽车、企业设备、产品、运输工具、个人的金银饰品等变现能力强的物品。典当时，个人金银饰品必须带有本人身份证明，其他物品还需具有发票；企业性质的应提交营业执照，当事人的产权证明等。

二、典当不是出卖

典当不等于出卖，当金不等于实物价值。当铺作为一种金融机构，主要业务是办理以动产、不动产、权利质（抵）押为基础的短期贷款。当金一般为物品二次流通价的50%~80%，二次流通价不是商品原售价，低于实物价值，当金少，还款也少，当户并不吃亏。

三、当金不是越高越好

当金并非越高越好，典当行的收费标准由国家统一规定，每月需支付一定的综合手续费，借的越多，交的越多。典当费用为综合手续费加利息，对于借贷者——尤其是高额借贷者来说，这也是一笔可观的费用。所以，千万不要把"当东西"与"卖东西"两个概念混淆。如果你只需要1 000元，即便你押给当铺的是价值3 000元的物品，也不必非借3 000元，否则要多交费用。

四、赎当要及时

当期不宜过长。赎当要及时。提供短期借贷是当铺融资的一个特点，如果续当时间越长，支付的综合手续费也就越多。目前全国典当行大都以月为单位，最短为5天，最长6个月。典当期满后可以续当。

迅速融资方式：汽车典当

"汽车典当"作为一种短期融资的方式之一，已经在全国各地红红火火地开展，其中以中小企业主和个人居多。在2005年4月1日起实施的《典当管理办法》中，车辆典当被明确加以规定，所谓"车辆典当"，就是指机动车所有人将其拥有的未挂牌新车或已挂牌车辆质押给典当公司，典当公司支付当金，封存质押车辆，双方约定在一定期限内由出典人结清典当本息、赎回车辆的一种贷款行为。

如果急需一笔资金，短期内又难以筹到，假如你有车的话，那么"汽车典当融资"将是一个很好的选择。

按照有关规定，办理机动车质押典当业务时，车主应先填写"机动车抵押登记申请表"，并将此申请表交到车辆典当管理所备案，办理质押登记手续，然后携带机动车登记证书、年检期内的机动车行驶证、有效期内的保险单和保险卡、有效期内的养路费、原始购车发票、车辆购置附加税凭证、车主身份证（非本市户口的客户另需本人暂住证、外国籍客户需要护照和居住证）、户口簿和车辆去典当行。如车辆属于企业所有，还需提供全体股东签字盖章的决议书、企业营业执照、法人代码证和法人身份证等。只要手续齐全，典当行就会根据汽车的使用年限、车况、外观、内部装潢、发动机情况等进行估价，随即付给当金。一般情况下，办完整套典当手续，两个小时足够。当金的多少主要视车辆的情况而定，因此在准备好各种证后，车主最好对自己车子的上述情况有所了解，使典当能快捷完成。同时，当你办完典当手续后，当行将要求你和工作人员当面查验，填写车辆状况明细表，然后封入公司的专业车辆库房。正规典当行的库房都已经向保险公司投保，以确保当物的安全。此外，典当公司还会每周将车辆发动一次，确保车辆不会因长期停驶而受损。但必须说明的是，典当行为的实施，必须由所有人亲自办理，其他人不得代替。同时，因典当行为了避免风险，要求来典汽车必须是来源安全、合法，具有可变现性质的。另外，对汽车典当期限，目前各典当行没有明确的限制。短到一个星期，长到3个月都可以。按规定，如果超出约定典当期限5天，典当行就可以把汽车视为绝当物，在此之前，典当行会以电话、挂号信等方式通知车主。

在进行汽车典当融资时，车主最关心的是车能值多少钱、车辆的当金由谁来确认？如何确认？一般来说，正规的典当行都设有评估咨询服务，当金按照二手车市的普遍行情计算，得到双方认可后即成立。此外，典当行会对当物有一种远期价值的预测，即典当行必须保证当物经过一段时间后，回赎的二手市场价值要大于当金。典当公司的当金通常是依照车辆典当时的二手市场价格的50%~70%来发放的。

例如车辆在典当时的二手价格是20万元,车主要求的当期是1个月,也可能经过续当后,当期延长至3个月。那么工作人员在承做这辆车时,就会考虑到价格浮动因素,如果预测3个月后的二手车价格为16万元,那么当金最多不超过16万元,也就是说,这辆车可当12万~15万元。同时,作为银行贷款的一种辅助补充手段,典当行在发放当金时会先扣除掉一定比例的综合费用,这个费用要比银行高一些,但有一定限度。

作为一种新的融资方式,汽车典当融资与银行贷款相比,具有十分明显的优势:

一是手续简单,融资方便。车主在进行汽车典当融资时,只需带齐相关证件,把车开到典当行,经典当公司的简单验证后,一两个小时,最长不超过1天就可以拿到当金。相比而言,到银行贷款时,贷款申请人必须要符合一定的条件,并提供相关的资信证明,有的还要提供担保,并且,即便贷款人千方百计寻求到种条件可以申请银行贷款,也是手续繁杂。

二是贷款期限灵活。汽车典当融资的期限是典当公司根据客户款实际情况制订,相对灵活,通常分为5天、10天、15天、20天、30天五种当期,客户可任意选择适宜的当期,到期后,还可续当。

值得注意的是,如果你确有典当车辆的需要,应该找那些经过省商务厅、公安厅、省市工商行政管理局批准,具备《典当经营许可证》、《特种行业许可证》、《企业法人营业执照》三证的正规典当行,这样才可避免纠纷,确保自己的合法利益。

常见融资方式:房产典当

房屋典当又称房屋"典卖"或"活卖",即房屋所有权人将自己所有的房屋交给承典人占有、使用、收益,承典人按约定向出典人一次性支付全部典金,并在典期届满之时返还房屋给出典,取回典金的行为。

一般房产典当的过程包括验证、实地考察、评估定价,签署《房地产抵押典当合同》及相关文件、办理公证(费用一般为当金的3‰,低于500元的按500元计)、办理房产抵押登记、发放贷款、偿还本息,注销登记等环节。

典当人必须将该房产的所有资料,如房产所有权证、购房合同、购房发票、土地使用证、产权人身份证、户口本及结婚证、房产所有人(共有人)的身份证、离异人应提供离婚证及离婚协议书、最近1个月物业费等结账单、第二处居住证明。如果房产为公房还需要供,国有土地使用证、土地出让合同、企业法人身份证明、法人委托书、受委托人身份证、组织机构代码、税务登记证、公司章程及简介、股东决议及公司营业执照等。

典当行实地看房并由双方协商确定典当价格后，签署房产典当贷款合同和房产抵押合同，办理公证，在完成抵押登记手续并拿到他项权证后，典当行即可向典当人发放房产典当贷款。如果一切顺利，上述所有手续可在若干个工作日内完成。

在办理房产典当时，典当人应注意已经抵押的、被查封的、将要拆迁的房产是不能典当的；典当贷款到期后，典当人应及时办理续贷或还贷手续，以免产生不必要的损失；在归还贷款后，典当人应要求典当行及时注销抵押登记，拿回所有的房产资料，保护自己的权益。在典当房产融资时，当金一般由典当行经过对房产的评估，按照房产市场价格估价，得到双方认可后确立。典当房产可获得贷款的额度一般按照目前房价的百分比发放，取决于房产所处的地理位置、小区环境、市场价格、房产的朝向和格局、新旧程度等因素。

在拿自己的住宅典当时，业主需要注意三个方面。

一、要有十足把握赎回自己的房产

房屋典当设立时，要将典当房屋转移给典当行占有，使用和收益。典当关系设立后，原业主依约定或法律规定逾期不赎的，可作为绝当处理，由典当行取得房屋所有权。也就是说，房屋典当时，双方可约定典期届满逾期不赎即视为绝当，如合同中未作此约定，依最高人民法院有关司法解释，有典期的逾期10天、无典期的经过30天未赎的，则视为绝当，绝当后，房屋原业主就丧失了该房屋的产权。

二、要征得家属及同住人同意

市民典当的房屋必须是没有权属争议的产权房，而且是无人居住的，因此，提出典当时，业主需要出具房地产证和身份证。而且，除房产所有人外，还需征得年满18岁以上家属或同住人的同意。

三、要根据需要尽量减少贷款比例

因为典当行收取的费用是与贷款金额成正比的，所以为节省费用，业主应根据需要，尽量减少贷款比例。

巧用典当行

有些人一提到典当行，就会想到电影里大大的"当"字，还有奸诈的当铺掌柜，认为典当行离自己的生活很遥远。其实，如今的典当已经成为一种融资理财新时尚。

一、去典当行里淘宝

大家都知道，典当行里有许多绝当物品，典当行会在放款额的基础上稍加微利而出售，而我们要淘的"宝"就在这里面。家电、手表、珠宝首饰、电脑、古董等，在许多典当行都有出售，在那里你可以尽情地淘自己喜欢的物品。根据规定，典当行可自行处理3万元以下的绝当物品，而3万元以上的绝当物品需要通过拍卖或其他法律程序处理。一般来说，典当行绝当品出售价格大约比其他市场的价格低两成，而且典当行在收当时，检验师已经对物品做过详细的检验，因此不必担心买到假货。而且典当行信誉度较高，即使出现问题，也不必担心解决不了。

范女士是一家知名企业的中层管理者，平日里衣着光鲜靓丽，喜欢佩戴各种有特色的首饰，但让绝大多数人想不到的是，她所佩戴的这些名贵首饰都是以相对低廉的价格买到的，其独门秘籍就是光顾典当行。"我逛典当行就像逛商场一样，在那里可以淘到自己喜欢的各种精细物品，有时只需付很少的费用。我最得意的一次'淘宝'收获，是一枚镶碎钻的宝石吊队，市场价格至少上万元，而我在典当行购买时，仅花费了6 000元。"范女士如是说。

二、把典当行当保险柜用

张先生的小区里没有地下车库，他的车只能放在楼下，每逢去外地出差时，他都会担心车的安全，加上车子长时间放在外面，保养跟不上，被磕了碰了，损失也不小。后来，他无意间发现了巧用典当的窍门，决定把车放在典当行，只花一笔很小的费用，就可以安心出差在外了。

三、让典当行为你鉴宝

雷大爷家里有一个玉碗，不知道是从什么年代传下来的，价值多少。如果将这个玉碗拿去专业的鉴定机构鉴定，会根据它的最终价值按比例收费，而如果拿到典当行，请典当行的评估师来鉴定，只要花费一笔固定的费用就可以了，并能当场给出一个比较准确的二手市场价格，这是一般专业鉴定机构无法办到的。

四、典当行里借点旅游费

董先生夫妇报名参加了赴澳旅游团，旅行社提出须交付20万元的保证金。他手头一时没有这么多现钱，正发愁的时候，在报上看到有"出境旅游融资宝"业务的消息，"只需带着自己的汽车、房产证、有价证券、金银珠宝、古玩字画等值钱的东西和证件，就可到典当行办理典当融资借款手续"。于是，董先生将自己的私家车典当了，得到了一笔钱，高高兴兴地携妻赴澳旅游了。

同时，由于家中请了保姆，董先生夫妇出国旅游时间又较长，正好"旅游融资宝"业务还提供一附带服务——免费为客户进行旅游保管业务，于是他们顺便将家中贵重的东西存放进典当行的金库中。回国后，董先生夫妇开回车子，取回贵重物品，既轻松又放心。

超值金版——家庭珍藏经典畅销书系

《会做人会说话会办事大全集》
29.00 元 16 开

《有效沟通大全集》
29.00 元 16 开

《人性的优点大全集》
29.00 元 16 开

《人性的弱点大全集》
29.00 元 16 开

《狼道大全集》
29.00 元 16 开

《在家就能做的 99 种网上生意》
29.00 元 16 开

《富人的理财习惯大全集》
29.00 元 16 开

超值金版——家庭珍藏经典畅销书系

《开一家赚钱的个性小店大全集》
29.00 元 16 开

《男人的弱点女人的弱点大全集》
29.00 元 16 开

《给心灵洗个澡大全集》
29.00 元 16 开

《再苦也要笑一笑大全集》
29.00 元 16 开

《世界名人情书大全集》
29.00 元 16 开

《真希望我 20 几岁就知道的事大全集》
29.00 元 16 开

《感恩的心大全集》
29.00 元 16 开